HORST DIETER HOPPEN

Industrieller Strukturwandel

Schriften zu Regional- und Verkehrsproblemen
in Industrie- und Entwicklungsländern
Herausgegeben von J. Heinz Müller und Theodor Dams

Band 25

Industrieller Strukturwandel

Eine empirische Untersuchung der sektoralen und regionalen Veränderungen im Sekundärbereich der Bundesrepublik Deutschland

Von

Dr. Horst Dieter Hoppen

DUNCKER & HUMBLOT / BERLIN

Gedruckt 1979 bei fotokop, wilhelm weihert, Darmstadt
Printed in Germany

ISBN 3 428 04542 4

Vorwort der Herausgeber

Die vorliegende Arbeit ist empirisch angelegt und hat den Prozeß sektoraler und regionaler Strukturwandlungen im Sekundärbereich der Bundesrepublik Deutschland in den Jahren 1960 bis 1972 zum Gegenstand. Dabei wird ein sektorales Raster von 11 Sektorgruppen und ein regionales Raster von 34 Regierungsbezirken verwendet; Beobachtungsvariable sind Beschäftigte und Bruttoproduktion.

Nach einer ausführlichen Analyse des sektoralen und regionalen Strukturwandels kommt die Untersuchung für die ihr zugrundeliegende Zeit zu folgenden wichtigen Ergebnissen:

1. Die sektorale Konzentration der Industrie hat sich in Bezug auf beide Untersuchungsvariable verstärkt.

2. Die regionale Konzentration hat dagegen eine kleine Verringerung erfahren.

3. Die strukturschwachen Regionen haben in der untersuchten Zeit im Verhältnis zu den strukturstarken ein wenig aufgeholt.

4. In Ballungsgebieten zeigt die industrielle Entwicklung oft einen „ertragsgesetzähnlichen" Verlauf, wie er auch für die Absatzentwicklung von Produkten meist typisch ist.

Auf der Basis dieser Ergebnisse erstellt sodann die Arbeit eine Prognose der wahrscheinlichen Weiterentwicklung bis 1985.

Die Ergebnisse der Untersuchung sind außerordentlich interessant und von grundlegender Bedeutung für die Regionalpolitik. Sie sind geeignet, der oft geäußerten Vermutung, daß sich die Kluft zwischen strukturschwachen und strukturstarken Regionen im Zeitverlauf immer weiter vergrößere, jedenfalls für den Untersuchungszeitraum, die Untersuchungsvariablen und das angewendete regionale Raster, entgegenzutreten. Diese Arbeit ist daher für alle, die sich mit Grundfragen der Regionalpolitik beschäftigen, von zentraler Bedeutung.

Freiburg, Oktober 1979

Theodor Dams *J. Heinz Müller*

Vorwort des Verfassers

Das wirtschaftliche Wachstum in der Bundesrepublik führte in den 60er und frühen 70er Jahren zu Veränderungen des sektoralen Pattern der Industrie: Die Konzentration von Produktion und Beschäftigung auf bestimmte Sektoren nahm zu. Die daraus in der Regel abgeleitete Schlußfolgerung, daß auch ein allgemeiner Trend zu regionaler Konzentration von Produktion und Beschäftigung bestand und weiter fortbesteht, ist jedoch zweifelhaft. Die vorliegende Arbeit, welche sich auf umfangreiches Datenmaterial stützt, kommt zu nahezu dem entgegengesetzten Ergebnis.

Da die Untersuchung zahlreiche Einzelaspekte des industriellen Strukturwandels behandelt, sei vor allem der eilige Leser auf Zusammenfassungen der Zwischenergebnisse an jedem Kapitelende hingewiesen.

Der Dank des Verfassers bei der Vorlage dieser Arbeit gilt Herrn Prof. Dr. J. Heinz Müller für konstruktiv kritische Hinweise vielfacher Art sowie seinem Kollegen und Freund Herrn Dipl.-Volkswirt Hans Pohle für seine stete Diskussionsbereitschaft und Mithilfe bei technischen Schwierigkeiten.

Der Autor dankt der Akademie für Raumforschung und Landesplanung, Hannover, für eine Förderung im Rahmen eines sechsmonatigen Forschungsauftrags sowie der Wissenschaftlichen Gesellschaft, Freiburg i. Br., und der Landeszentralbank Baden-Württemberg für ihre Unterstützung bei der Drucklegung.

Freiburg, Oktober 1979

Horst Dieter Hoppen

Inhalt

0. Einleitung: die Konzeption der Untersuchung

Betrachtet man die wirtschaftliche Entwicklung der Bundesrepublik von ihrer Entstehung bis heute, dann zeigt sich Ende der 50er, Anfang der 60er Jahre eine Zäsur: In den Jahren der Nachkriegszeit bis zum genannten, jedoch im einzelnen nicht genau bestimmbaren Zeitpunkt war die wirtschaftliche Entwicklung geprägt von den Bedingungen der Wiederaufbauphase mit durchschnittlichen jährlichen Wachstumsraten von 8%, mit Beginn der 60er Jahre verringerte sich das Wirtschaftswachstum auf durchschnittliche Jahresraten von 5%.[1] Mit dieser Verminderung des Wirtschaftswachstums vollzog sich gleichzeitig eine Verstärkung des sektoralen und regionalen Strukturwandels;[2] vor allem im Sekundärbereich zeigte sich von nun an ein starker Umschichtungsprozeß zwischen den verschiedenen Sektoren, welcher sich auch auf die regionale Wirtschaftsstruktur übertrug.

Es ist ein bekanntes Faktum, daß Wirtschaftswachstum und sektoraler Strukturwandel in engem Zusammenhang stehen:[3]

---

1) Wachstumsraten des BIP in konstanten Preisen. Quelle: Volkswirtschaftliche Gesamtrechnung des Statistischen Bundesamtes, in: Statistisches Jahrbuch 195o-73.

2) Der für die Untersuchung zentrale Begriff des "Strukturwandels" orientiert sich am Strukturbegriff von NIEHANS, welcher "Struktur" lediglich verstanden wissen will als "das Verhältnis der Teile des Ganzen". Hier und im folgenden wird daher derjenige Prozeß als "Strukturwandel" bezeichnet, welcher die Proportionen der Teile des Ganzen verändert: sektoraler bzw. regionaler Strukturwandel führt somit zu Umschichtungen innerhalb der sektoralen bzw. regionalen Verteilung der jeweils betrachteten Variablen. J.NIEHANS: Strukturwandlungen als Wachstumsprobleme, in: F.NEUMARK (Hrsg.): Strukturwandlungen in einer wachsenden Wirtschaft, Schriften des Vereins für Socialpolitik, Neue Folge, Band 3o/I (1964)S.19.

3) NIEHANS verweist darauf, daß ein gleichmäßiges Wachstum aller Sektoren zwar theoretisch denkbar , aber an Voraussetzungen geknüpft ist, welche in der Realität nicht gegeben sind. Vgl.J.NIEHANS, a.a.O., S. 24. Der genannte Zusammenhang wird durch zahlreiche empirische Untersuchungen bestätigt: Vgl. z.B.H.B.CHENERY: Patterns of Industrial Growth. American Economic Review Vol. 5o (196o) sowie für die Bundesrepublik E.GÖRGENS: Wandlungen der industriellen Produktionsstruktur im wirtschaftlichen Wachstum, Bern 1975 .

Bei steigendem Einkommen (pro Kopf) ändert sich cete - ris paribus die Zusammensetzung der Gesamtnachfrage zugunsten bestimmter Gütergruppen und der sie produzierenden Sektoren; ebenso führt der sektoral unterschiedliche technische Fortschritt zu Veränderungen der sektoralen Preisstruktur und in der Folge davon zu Substitutionsprozessen. *Rostow* verweist auf die gesamtwirtschaftliche Bedeutung dieses Strukturwandels und betont, daß sich auch bei nur flüchtiger Analyse des Wachstumspattern einer Volkswirtschaft immer wieder zwei Grundtatbestände offenbaren:[4] Zum einen differieren in einem betrachteten Zeitraum die Wachstumsraten der verschiedenen Sektoren der Volkswirtschaft erheblich, und zum zweiten ist das gesamtwirtschaftliche Wachstum direkt oder indirekt von der Entwicklung bestimmter Leitsektoren abhängig. Äußerlich wurde der Strukturwandel in der Bundesrepublik erst gegen Mitte der 60er Jahre erkennbar: die ersten "Strukturkrisen" entstanden, d.h., in einzelnen Bereichen stagnierte die Produktion, und die Beschäftigung verringerte sich, was von den Betroffenen als "Krise" empfunden wurde. Da die regionale Bevölkerungsverteilung in hohem Maße abhängig ist von der regionalen Verteilung der Arbeitsplätze, lösten der Beschäftigungsrückgang im Montanbereich des Ruhrgebietes und die gleichzeitige Expansion der industriellen Wachstumssektoren Chemische Industrie, Maschinen- und Fahrzeugbau und Elektroindustrie im Gebiet der Ballungsräume um Frankfurt, Stuttgart und München eine Nord-Süd-Wanderung innerhalb des Bundesgebietes aus.

Die Zielsetzung der vorliegenden Untersuchung ist es,den Prozeß sektoraler Strukturwandlungen im Zeitraum 1960 - 1972 transparent zu machen und seine Auswirkungen auf die

---

4) W.W. ROSTOW: Patterns of Economic Growth, Cambridge, England, 1956, 2. Auflage, S 261f..

regionale Wirtschaftsstruktur aufzuzeigen. Darüber hinaus wird auf der Grundlage dieser Strukturanalyse eine Prognose des regionalen Wachstumspattern bis 1985 vorgenommen. Da für den Untersuchungszeitraum kein Beobachtungsmaterial des Tertiärbereichs in sektoraler *und* regionaler Gliederung vorliegt, beschränkt sich die Analyse im wesentlichen auf den Sekundärbereich.[5] Diese Einschränkung ist jedoch geringer, als es auf den ersten Blick erscheint, da in regionaler Betrachtung der industriellen Entwicklung i.d.R. eine wirtschaftliche Leitfunktion zukommt, so daß regional die Entwicklung des Sekundärbereichs als Indikator für die wirtschaftliche Entwicklung insgesamt gelten kann.

Die durchgeführte Untersuchung ist entsprechend der Zielsetzung empirisch ausgerichtet und gliedert sich in drei Abschnitte:

(1) eine Analyse des sektoralen und regionalen Strukturwandels aus gesamtwirtschaftlicher Sicht,

(2) eine Analyse der regionalen Entwicklung aus kleinräumlicher Sicht und

(3) eine Entwicklungsprognose des regionalen Wachstumspattern bis 1985 auf der Grundlage der durchgeführten Strukturanalysen.

Ausgangspunkt der Untersuchung ist in Kap. 1 die Wirtschaftsstruktur der Bundesrepublik in der Drei-Sektoren-Einteilung nach Primär-, Sekundär- und Tertiärbereich. Die Eigenheiten der Wirtschaftsstruktur der Bundesrepublik hinsichtlich des bestehenden Grundmusters und seiner Veränderungen im Zeitablauf zeigen sich sehr deutlich bei einem internationalen Vergleich mit den wichtigsten westlichen Partnerstaaten. Dabei wird sichtbar, daß man die Volkswirtschaft der Bundesrepublik in der Tat als "überindustrialisiert" bezeichnen kann; der Grund dafür ergibt sich hauptsächlich aus der spezifischen Stellung der

---

5) Hier und im folgenden werden die Begriffe "Sekundärbereich" und "industrieller Bereich" synonym verwendet.

Bundesrepublik im Welthandel. Aussagen, welche für die Wirtschaft der Bundesrepublik als Ganzes, d.h. im Durchschnitt,gelten, haben jedoch bei regional differenzierter Betrachtung nur eingeschränkt Gültigkeit: die Drei-Sektoren-Strukturen der Bundesländer weisen z.T. sehr unterschiedliche Grundmuster auf, desgleichen haben die regionalen Wandlungsprozesse teilweise gegenläufige Entwicklungsrichtungen.

Durch den Übergang der Analyse in Kap. 2 von der Drei-Sektorenstruktur auf den Sekundärbereich allein ist eine hohe sektorale und regionale Disaggregation möglich. Betrachtet man die sektorale und regionale Verteilung des Sekundärbereichs im Zeitablauf formal als dreidimensionale Matrix, dann lassen sich verschiedene Aspekte des Wandlungsprozesses trennen:

(1) Änderungen der Randverteilungen, d.h. Verschiebungen der Anteile der Sektoren bzw. der Regionen, und

(2) Änderungen der Spalten- bzw. Zeilenverteilungen, d.h. Umschichtungen innerhalb der regionalen Verteilungen der Sektoren bzw.der sektoralen Verteilungen der Regionen.

Die Analyse geht aus von den Umschichtungen innerhalb der Industriestruktur der Bundesrepublik und zeigt dabei das Zusammenspiel von angebots- und nachfrageseitigen Determinanten, welche die Veränderungen des Sektorpattern induzieren. Jeder Sektor weist entsprechend seiner Produktionsfunktion ein charakteristisches Standortmuster auf.
An einen Vergleich der verschiedenen Grundmuster schließt sich die Frage an, ob und in welchem Umfang eine Entwicklung zu größerer räumlicher Konzentration oder Dispersion besteht; dabei wird zwischen regionalen Strukturwandlungen, bezogen auf die Hauptstandorte und bezogen auf das gesamte Standortpattern, unterschieden und zugleich die These überprüft, daß ausgeprägte Wachstumssektoren ihre räumliche Produktionsstruktur zunehmend konzentrieren.

Bei der Analyse der regionalen Verschiebungen richtet sich

das Augenmerk darauf, inwieweit sich regionale Umschichtungen unmittelbar aus dem sektoralen Strukturwandel herleiten und in welchem Umfang regionale Eigenentwicklungen wirksam sind. Die Wachstumspositionen der Regionen werden sektoral aufgesplittet, um festzustellen, ob der beobachtete Ausgleichungsprozeß zwischen den Regionen in der Ausstattung mit industriellen Arbeitsplätzen nur temporär Gültigkeit hat oder langfristiger Natur ist. Neben diesen quantitativen Angleichungen werden Vergleiche der regionalen Industriestrukturen durchgeführt: Es wird dabei insbesondere der Frage nachgegangen, in welchem Umfang in der Bundesrepublik eine "interregionale Arbeitsteilung" besteht und ob der sektorale und regionale Strukturwandel zu einer verstärkten Spezialisierung oder Diversifizierung in den Regionen führt.

Im zweiten Teil der Untersuchung wird in Kap. 3 die Analyse des sektoralen und regionalen Strukturwandels im industriellen Bereich aus anderem Blickwinkel und mit anderer Methodik fortgeführt. Dabei wird darauf abgestellt, die Determinanten der regionalen Entwicklung kenntlich zu machen und so das Zustandekommen der regionalen Wachstumsposition transparent zu machen. Dazu ist es erforderlich, die Analyse aus kleinräumlicher Sicht fortzuführen und dabei das Augenmerk auf die Entwicklung der regionalen Leitsektoren zu richten; es wird für jeden Leitsektor in jeder Region eine Indikatoranalyse durchgeführt, mit deren Hilfe seine Entwicklungsbedingungen regional und sektoral vergleichbar gemacht und seine Standortbedingungen aufgezeigt werden. Auf diese Weise ist es möglich, die Wachstumsposition einer Region innerhalb des regionalen Wachstumspattern aus der Entwicklung und den Entwicklungsbedingungen ihrer Leitsektoren abzuleiten.
Aus der Synopse der Ergebnisse der 34 Einzelregionen lassen sich typische Entwicklungsmuster erkennen. So wird die industrielle Entwicklung in Nord-,West- und Süddeutschland jeweils von unterschiedlichen Leitsektoren bzw. Kombinationen von Leitsektoren und deren Entwicklungsbedingungen

bestimmt. Ebenso bestehen signifikante Unterschiede zwischen Ballungsgebieten und geringer verdichteten Gebieten sowie zwischen strukturschwachen und industriell entwickelten Gebieten.

Der dritte Teil der Untersuchung enthält in Kap. 4 eine Entwicklungsprognose der regionalen Verteilung der industriellen Beschäftigung bis 1985. Diese Vorausschätzung fußt auf der Messung des regionalen Wachstumspattern im Beobachtungszeitraum. Aufgrund des bestehenden Unsicherheitsbereiches wird in ordinaler Meßbarkeit angegeben, für welche Regionen jeweils eine Verbesserung, ein Gleichbleiben oder eine Verschlechterung der Wachstumsposition erwartet werden kann. Diese Veränderungstendenzen ergeben sich aus Schätzungen über die voraussichtliche Entwicklung der regionalen Leitsektoren, d.h. es wird die im zweiten Teil erstellte Informationsbasis über den industriellen Strukturwandel in den Einzelregionen verwendet, um mögliche Veränderungstendenzen im regionalen Strukturwandel aufzuzeigen. Den Abschluß der Untersuchung bildet eine Darstellung der langfristigen Tendenzen der regionalen Verteilung der industriellen Beschäftigung (unter Einschluß der Prognose) von 195o bis 1985 und eine thesenartige Zusammenfassung der Untersuchungsergebnisse.

1. Die Wirtschaftsstruktur der Bundesrepublik

1.1. Das Grundmuster im internationalen Vergleich

Vergleicht man die Wirtschaftsstruktur verschiedener Volkswirtschaften in ihrer Drei-Sektoren-Einteilung,d.h. gegliedert in Primär-, Sekundär- und Tertiärbereich, dann zeigt sich, daß das Grundmuster jeder Wirtschaftsstruktur davon bestimmt wird, welches Entwicklungsniveau, gemessen als Einkommensniveau je Kopf, besteht und welche Stellung die betrachtete Volkswirtschaft im internationalen Handel einnimmt, d.h. auf welche Produktionsbereiche sie sich im Rahmen der internationalen Arbeitsteilung spezialisiert hat. Wägt man die Bedeutung der beiden Bestimmungsfaktoren ab, dann ist das Entwicklungsniveau die entscheidende Determinante, da sich die Spezialisierung im Rahmen des Welthandels überwiegend auf die Industrieproduktion erstreckt: Industrielle Produkte lassen sich grundsätzlich exportieren und importieren, bei Dienstleistungen ist das nur in einem Teilbereich möglich.

Die Abhängigkeit des Grundmusters der Wirtschaftsstruktur vom Entwicklungsniveau der Volkswirtschaft war Gegenstand von einer Reihe von Untersuchungen, welche alle im wesentlichen zu gleichlautenden Ergebnissen gekommen sind.[1)]

---

1) Untersuchungen über den Strukturwandel in wachsenden Volkswirtschaften sind sehr zahlreich, so daß die im folgenden zitierten Arbeiten nur die bei der vorliegenden Fragestellung verwendete Auswahl darstellt: D.BIEHL, E.HUSSMANN, S.SCHNYDER: Zur regionalen Einkommensverteilung in der Europäischen Gemeinschaft, in: Die Weltwirtschaft, 1972/1. H.CHENERY: Patterns of Industrial Growth, in: American Economic Review, Vol. 5o (196o), H.CHENERY, M.SYRQUIN: Patterns of Development 1950-1970, Oxford 1975, H.CHENERY, L.TAYLOR: Development Patterns among Countries and over Time, in: Review of Economics and Statistics, Vol.50 (1968). C.CLARK: The Conditions of Economic Progress, London, New York 196o, G.FELS, K.W.SCHATZ, F.WOLTER: Der Zusammenhang zwischen Produktionsstruktur und Entwicklungsniveau, in: Weltwirtschaftliches Archiv, Bd. 1o6 (1971), J.FOURASTIE: Die große Hoffnung des 2o. Jahrhunderts, Köln 1954 (entspricht der 3. französischen Auflage, Paris 1952) und derselbe: Die Produktion, in: derselbe (Hrsg.): Gesetze der Wirtschaft von morgen, Düsseldorf 1967, J.W.KENDRICK: Productivity Trends in the United States, New York, London 1961, derselbe: Postwar Productivity Trends in the United States, New York, London 1973 sowie S.KUSZNETS: Modern Economic Growth, Rate, Structure, and Spread, New Haven, London 1966 und derselbe: Economic

TABELLE 0.1A: INTERNATIONALER VERGLEICH DES BSP (IN MRD. US$)

	BRD	B	CH	F	GB	I	NL	S	USA
1962	94.50	13.90	11.70	80.00	84.20	45.40	14.50	15.60	582.20
1971	217.40	29.10	24.50	162.80	136.70	101.60	37.20	35.70	1068.80
ZUNAHME IN V. H.	230.00	209.00	209.00	204.00	162.00	224.00	257.00	229.00	183.00

TABELLE 0.1B: INTERNATIONALER VERGLEICH DES BSP JE EINWOHNER (IN 1000 US$)

	BRD	B	CH	F	GB	I	NL	S	USA
1962	1.64	1.50	2.01	1.67	1.56	.90	1.20	2.05	3.09
1971	3.55	3.01	3.88	3.18	2.46	1.88	2.82	4.40	5.16
ZUNAHME IN V. H.	216.00	201.00	193.00	190.00	158.00	209.00	235.00	215.00	167.00

B	Belgien	I	Italien
CH	Schweiz	NL	Niederlande
F	Frankreich	S	Schweden
GB	Großbritannien		

Quelle: OECD-Statistik, in: OECD-OBSERVER, 1964 und 1972
Es erfolgten im betrachteten Zeitraum DM-Aufwertungen gegenüber dem US-Dollar am 6.3.1961 von 5%, am 27.1o.1969 von 9,3% und am 21.12.1971 von 13,6%.

Von besonderer Bedeutung sind insbesondere die Arbeiten von *Kuznets*, da er gleichzeitig Zeitreihen- und Quer - schnittsanalysen durchgeführt hat.[2] Dabei zeigt sich, daß die Form des sektoralen Strukturwandels grundsätzlich die gleiche ist, unabhängig davon, ob man im internationalen Querschnitt Volkswirtschaften unterschiedlichen Entwicklungsniveaus vergleicht oder ob man über lange Zeiträume den Strukturwandel in mittlerweile hochentwickelten Volkswirtschaften betrachtet.[3]

Die Eigenheiten der Wirtschaftsstruktur der Bundesrepublik zeigen sich am prägnantesten in einem internationalen Vergleich mit den wichtigsten westlichen Handelspartnern. Ausgangspunkt eines Strukturvergleiches ist ein Vergleich des Entwicklungsstandes: In Tab. O.1. sind Einkommensniveau und -entwicklung in der Bundesrepublik und in den wichtigsten Partnerstaaten wiedergegeben. Es zeigt sich, daß zu Beginn der 60er Jahre in der Bundesrepublik in etwa das Niveau der meisten Partnerstaaten erreicht wurde und daß im Beobachtungszeitraum das Einkommenswachstum in der Bundesrepublik über dem Durchschnitt der Handelspartner lag. [4] Internationale Vergleiche dieser Art sind grundsätzlich problematisch; sie können jedoch Anhaltspunkte bieten, da die Hauptursachen mangelnder Vergleichbarkeit, die unterschiedlichen Preis- und Wechselkursentwicklungen,[5] dazu tendieren,sich zu kompensieren; so ist zumindest ein Vergleich der Größenordnungen möglich, und man kann daher Tab. O.1. entnehmen, daß sich im Beobachtungszeitraum der 60er und frühen 70er Jahre der Abstand zu den einkommensmäßig führenden USA verringert hat.

Growth of Nations, Total Output and Produktion Structure, Cambridge, Mass., 1971.

2) S. KUZNETS, a.a.O.

3) vgl. derselbe, a.a.O. 1971, S. 1o3f. und 144f.

4) Hier und im folgenden wird der Begriff "Einkommen" stets im Sinn von "Einkommen je Kopf" verwendet.

5) Es erfolgten im betrachteten Zeitraum DM-Aufwertungen gegenüber dem US-Dollar am 6.3.1961 von 5%, am 27.1o.1969 von 9,3% und am 21.12.1971 von 13,6%.

TABELLE 0.2A: INTERNATIONALER VERGLEICH DER WIRTSCHAFTSSTRUKTUR ENTSPRECHEND DER VERTEILUNG DES BSP (ANTEILE IN V. H.)

BEREICH	JAHR	BRD	B	CH	F	GB	I	NL	S	USA
PRIMAER	1962	5.2	7.0	.	8.7	3.9	15.5	8.8	.	3.4
	1971	2.8	3.9	.	6.0	2.9	11.5	6.2	4.4	2.9
SEKUNDAER	1962	52.6	39.2	.	45.8	44.8	41.9	41.4	.	31.7
	1971	53.5	43.8	.	48.4	43.5	40.5	42.0	39.2	33.1
TERTIAER	1962	42.2	53.8	.	45.5	51.3	42.6	49.8	.	64.9
	1971	43.7	52.3	.	45.6	53.6	48.0	51.8	56.2	63.9

TABELLE 0.2B: INTERNATIONALER VERGLEICH DER WIRTSCHAFTSSTRUKTUR ENTSPRECHEND DER VERTEILUNG DER BESCHAEFTIGUNG (ANTEILE IN V. H.)

BEREICH	JAHR	BRD	B	CH	F	GB	I	NL	S	USA
PRIMAER	1962	13.5	6.5	11.1	20.7	4.0	27.0	9.9	12.9	8.2
	1971	8.4	4.4	7.6	13.4	2.7	19.5	6.9	7.8	4.3
SEKUNDAER	1962	49.0	46.7	49.3	40.1	48.0	41.2	42.1	41.4	32.8
	1971	50.1	44.2	48.3	38.6	45.7	44.1	38.0	37.6	31.0
TERTIAER	1962	37.5	46.8	39.6	39.2	48.0	31.8	48.0	45.7	59.0
	1971	41.5	51.2	44.1	48.0	51.6	36.4	55.1	54.6	64.7

Quelle: OECD-Statistik, in: OECD-OBSERVER, 1964 und 1972

Die bei internationalen Strukturvergleichen oftmals bestehenden Verzerrungen dürften im vorliegenden Fall relativ gering sein, da es sich nur um Volkswirtschaften weitgehend gleichen Entwicklungsniveaus handelt.[6] Vergleicht man daher international die Drei-Sektoren-Struktur, Tab. O.2., dann zeigt sich, daß in der Bundesrepublik der Sekundärbereich erheblich stärker ausgeprägt ist als in den übrigen Staaten, mit Ausnahme der Schweiz. So ist ersichtlich, daß die Volkswirtschaft der Bundesrepublik im Beobachtungszeitraum die einzige unter den betrachteten war, in welcher mehr als 5o% des BSP im Sekundärbereich erwirtschaftet wurde. Der Beschäftigten - anteil des Sekundärbereiches lag ebenfalls in einer Grössenordnung von 5o%. Der internationale Vergleich der Drei-Sektoren-Struktur zeigt somit, daß in der Bundesrepublik dem Sekundärbereich eine besondere Bedeutung zukommt und man durchaus von einer "Überindustrialisierung" sprechen kann.

Die Zusammenhänge von Einkommensentwicklung und Wandel der Drei-Sektoren-Struktur werden im deutschsprachigen Raum i. d. R. mit dem Namen *Fourastié* verbunden.[7] Die

---

6) BALASSA verweist darauf, daß bei internationalen Querschnittsvergleichen der Drei-Sektoren-Struktur von Ländern mit unterschiedlichem Entwicklungsniveau eine systematische Verzerrung auftreten kann, welche zu einer Überschätzung des Sozialproduktanteils des Tertiärbereiches führt. Die Ursache dafür liegt darin, daß in Ländern mit hohem Einkommensniveau Dienstleistungen im Vergleich zu Industrieprodukten relativ teuer sind und, da die Wechselkurse vom Austausch der Industriegüter bestimmt werden, "zu teuer" in auf Dollarbasis umgerechnete Sozialprodukte eingehen, so daß sich ein zu hoher Sozialproduktanteil für den Tertiärbereich ergeben kann. Vgl. B.BALASSA: Patterns of Industrial Growth, Comment, in: American Economic Review, Vol. 51 (1961), S. 394 - 397.

7) vgl. S. CLASEN: Die Flexibilität der volkswirtschaftlichen Produktionsstruktur, Göttingen 1966, S. 19f., G.FELS u.a., a.a.O., S. 242, E.GÖRGENS, a.a.O., S. 8 und F.KNESCHAUREK: Wachstumsbedingte Wandlungen der Beschäftigungsstruktur im industriellen Produktionssektor, in: F. NEUMARK (Hrsg.): Strukturwandlungen in einer wachsenden Wirtschaft, Schriften des Vereins für Socialpolitik, N.F. Bd. 3o/II (1964), S. 72o-739; vgl. J.FOURASTIE, a.a.O. 1954 und a.a.O. 1967.

von ihm und auch von anderen Autoren [8] formulierte Drei-Sektoren-Hypothese beinhaltet ein "Entwicklungsgesetz" über den typischen Strukturwandel in einer wachsenden Volkswirtschaft in sehr langfristiger Betrachtung: Es wird davon ausgegangen, daß sich der Beschäftigtenanteil des Primärbereiches langfristig auf etwa 1o% zurückbildet, daß der Anteil des Sekundärbereiches zunächst ansteigt auf 4o bis 5o% und dann absinkt bis auf eine Beschäftigtenquote von ebenfalls 1o% und daß der Anteil des Tertiärbereiches kontinuierlich zunimmt bis auf eine Endquote von 8o% [9]. Diese für die Beschäftigten behauptete Entwicklung unterstellt *Fourastié* im wesentlichen auch für den Wandel der Drei-Sektoren-Struktur bezogen auf die Produktion.[1o]

Betrachtet man den sektoralen Strukturwandel im internationalen Vergleich, Tab. O.2., dann ist im Bereich der Beschäftigten ein Entwicklungsverlauf erkennbar in Richtung der angenommenen Endverteilung, wenngleich diese selbst notwendigerweise spekulativ ist, da sie noch in keiner Volkswirtschaft erreicht wurde. Der gewählte Beobachtungszeitraum ist für die sehr langfristig formulierte *Fourastié*-Hypothese relativ kurz, gleichwohl zeigen die Beschäftigtenanteile der drei Sektoren die vorgezeichnete Entwicklungstendenz. Der Beschäftigtenanteil des Primärsektors war generell rückläufig und unterschritt teilweise die 1o%-Schwelle, der Anteil des Sekundärbereiches hatte im Intervall von 4o bis 5o% sein Maximum und entwickelte sich dann in der Regel rückläufig, der Anteil des Tertiärbereiches erhöhte sich kontinuierlich und näherte sich der 5o%-Schwelle oder überschritt sie. Man kann davon ausgehen, daß sich dieser Strukturwandel noch stärker zeigen würde, wenn nicht zunehmend von Unternehmungen

---

8) NIEHANS verweist auf die Arbeiten von A.G.B.FISHER, C.CLARK und S.KUZNETS; vgl. J.NIEHANS, a.a.O., S. 25.

9) J. FOURASTIE, a.a.O. 1954, S. 136 und a.a.O. 1967, S. 216 und H.CHENERY , L.TAYLOR, a.a.O. S. 394.

1o) J.FOURASTIE, a.a.O. 1954, S. 1o1f. und S.27of.

des Sekundärbereiches auch Dienstleistungen produziert würden, welche dem Tertiärbereich statistisch nicht zugerechnet werden: Je komplexer die Technik vor allem von Investitions- und Rüstungsgütern ist, desto mehr enthält das Gesamtprodukt Beratungs-, Vertriebs- und Servicedienstleistungen.

Die Ursachen dieses als typisch anzusehenden Strukturwandels ergeben sich aus dem Zusammenspiel von angebots- und nachfrageseitigen Determinanten:[11] Angebotsseitig zeigt sich, daß die Möglichkeit der Steigerung der Arbeitsproduktivität im Tertiärbereich bisher signifikant geringer ist. als in den anderen Bereichen, so daß der Beschäftigtenanteil des Tertiärbereiches zunimmt.[12] Nachfrageseitig wird davon ausgegangen, daß bei wachsendem Einkommen die Nachfrage nach Dienstleistungen i.d.R. überproportional zunimmt, so daß dem Tertiärbereich auch ein wachsender Produktionsanteil zukommt.[13] Diese letztere Hypothese steht jedoch im Widerspruch zur Entwicklung im Beobachtungszeitraum; im internationalen Vergleich war zwar der Beschäftigtenanteil des Sekundärbereiches überwiegend rückläufig, der Anteil des Sekundärbereiches am BSP entwickelte sich jedoch uneinheitlich. Als Ursache für diesen nicht eindeutig rückläufigen Trend des Produktionsanteiles des Sekundärbereiches wird angeführt, daß zumindest temporär noch eine Vielzahl von Konsumgütern vorhanden ist, welche bei steigendem Einkommen überproportional nachgefragt werden, so daß der Produktionsanteil des Sekundärbereiches relativ stabil bleibt.[14] Hinzu kommen die Einflüsse auf die Zusammensetzung der Gesamtnachfrage durch die in den betrachteten Ländern i.d.R. bestehende hohe Steuerprogression.

---

11) derselbe, ebenda S. 9o

12) vgl. F.KNESCHAUREK, a.a.O., S. 72o-739, J.FOURASTIE, a.a.O.1954, S. 271 und J.NIEHANS, a.a.O. S. 3o-4o.

13) vgl. G.FELS, a.a.O.,S. 267 und J.NIEHANS, a.a.O. S. 25-3o

14) vgl. E.GÖRGENS, a.a.O., S. 14 - 16

Fragt man nach der Ursache für das Charakteristikum der Wirtschaftsstruktur der Bundesrepublik, die überdurchschnittliche Ausprägung des Sekundärbereiches, dann ist hier die zweite Determinante der Ausprägung der Drei-Sektoren-Struktur von Bedeutung: die Stellung einer Volkswirtschaft im Rahmen des Welthandels. Betrachtet man die Außenhandelsbilanzen der Bundesrepublik im Zeitraum 196o/72, dann ergibt sich folgendes Bild:[15] Über den gesamten Beobachtungszeitraum exportierte die Bundesrepublik erheblich mehr Güter des Sekundärbereiches, als sie importierte; gleichzeitig überstiegen die Dienstleistungsimporte die -exporte, so daß die Bundesrepublik im Rahmen der internationalen Arbeitsteilung (per saldo) Industriegüter gegen Dienstleistungen getauscht hat. Dabei bestand zusätzlich die Situation, daß (per saldo) die Dienstleistungsimporte nicht ausreichten, die Handelsbilanz auszugleichen; es bestand ein positiver Außenbeitrag von durchschnittlich 2% des BIP.[16] Der im internationalen Vergleich überdurchschnittlich entwickelte Sekundärbereich und der gleichzeitig unterdurchschnittlich ausgeprägte Tertiärbereich hatten demnach ihre Ursache darin, daß in der Bundesrepublik mehr Industriegüter und weniger Dienstleistungen produziert wurden, als für die Deckung des Eigenbedarfs erforderlich waren. Diese Stellung der Bundesrepublik im Welthandel wurde zu einem guten Teil durch die international unterbewertete DM ermöglicht; es zeigt sich jedoch in jüngerer Zeit, daß sich auch nach Fortfall der paritätsbedingten Preisvorteile die o.g. Tauschposition der Bundesrepublik nicht grundsätzlich geändert hat. Faßt man die festgestellten Entwicklungen zusammen, dann zeigt sich, daß in der Bundesrepublik der allgemein typische Strukturwandel zugunsten des Tertiärbereiches überlagert wurde von außenwirtschaftlichen Einflüssen: Da die Bundesrepublik per saldo industri-

---

15) Außenhandelsstatistik des Statistischen Bundesamtes, in: Statistisches Jahrbuch, 1961-1973.

16) vgl. ebenda.

elle Güter gegen Dienstleistungen getauscht hat, hat der Sekundärbereich einen signifikant höheren Anteil an BIP und Beschäftigung als im Durchschnitt der wichtigsten internationalen Handelspartner.

1.2. Regionale Unterschiede

Die Wirtschaftsstruktur der Bundesrepublik ist der "Mittelwert" der Wirtschaftsstruktur ihrer Teilräume. Betrachtet man die Drei-Sektoren-Struktur in regionaler Aufgliederung auf dem räumlichen Aggregationsniveau der Bundesländer, so zeigen sich in den Teilräumen z.T. erheblich voneinander abweichende Grundmuster, welche im Beobachtungszeitraum teilweise gegenläufige Strukturwandlungen erfuhren.

In Tab. O.3 ist die sektorale und regionale Verteilung des BIP auf Primär-, Sekundär- und Tertiärbereich für die Bundesländer wiedergegeben. Es zeigt sich eine etwas abweichende Strukturentwicklung, verglichen mit der OECD-Statistik, Tab. o.2, was z.T. durch unterschiedliche Vergleichszeitpunkte bedingt ist: Entsprechend der Bundesstatistik war der Anteil des Sekundärbereiches am BIP rückläufig, er verringerte sich im Beobachtungszeitraum um 2,1%-Punkte von 54,5% auf 52,4%.

TABELLE 0.3: INTERREGIONALER VERGLEICH DER WIRTSCHAFSTSTRUKTUR DER BUNDESLAENDER
BIP (ANTEILE IN V. H.)

BEREICH	JAHR	SH	HA	NS	BR	NW	HE	RP	BW	BY	SA
PRIMAER	1960	12.7	.9	10.7	1.8	3.1	5.5	9.5	5.7	9.1	2.8
	1972	6.6	.6	5.8	.9	1.8	2.3	4.5	3.0	3.7	1.8
SEKUNDAER	1960	42.2	48.6	50.3	46.1	60.0	50.7	51.3	58.0	51.0	60.5
	1972	42.7	40.9	50.2	46.1	54.2	47.7	55.2	57.9	53.2	52.4
TERTIAER	1960	45.1	50.5	39.0	52.1	36.9	43.8	39.2	36.3	39.9	36.7
	1972	50.7	58.5	44.0	53.0	44.0	50.0	40.3	39.1	43.1	45.8

Quelle: Statistisches Bundesamt, in: Statistische Jahrbücher 1963 und 1972

Betrachtet man die Drei-Sektoren-Struktur der einzelnen Bundesländer zu Beginn des Beobachtungszeitraums, so lagen in Nordrhein-Westfalen, Baden-Württemberg und dem Saarland die Anteile des Sekundärbereiches am BIP in einer Grössenordnung von 6o%. Der Strukturwandel im Zeitraum 1960/72 führte in Nordrhein-Westfalen und im Saarland zu einem überdurchschnittlichen Rückgang des Sekundärbereiches, so daß in diesen beiden Teilräumen eine weitgehende Annäherung an das bundesdurchschnittliche Grundmuster der Drei-Sektoren-Struktur erreicht wurde. Dieser Angleichungsprozeß fand jedoch in Baden-Württemberg nicht statt, hier blieb der Anteil des Sekundärbereiches am BIP nahezu konstant, so daß hier seit 1972 der höchste Industrialisierungsgrad aller Bundesländer besteht.

Die Wirtschaftsstrukturen der vier norddeutschen Bundesländer weisen mit Ausnahme von Hamburg unterdurchschnittliche Industrieanteile auf, welche ebenfalls mit Ausnahme von Hamburg im Beobachtungszeitraum in etwa konstant blieben. Im Stadtstaat Hamburg fand ein überdurchschnittlicher Rückgang des Sekundärbereiches und eine entsprechende Zunahme des Tertiärbereiches statt. Das ist z.T. darauf zurückzuführen, daß Verlagerungen von Industriebetrieben in das Umland von Hamburg statistisch als Abwanderungen nach Schleswig-Holstein bzw. Niedersachsen erfaßt werden, da sich der Stadtstaat auf den Agglomerationskern beschränkt. Darüber hinaus ist jedoch auch davon auszugehen, daß sich die Stellung Hamburgs als überregionales Dienstleistungszentrum im Beobachtungszeitraum weiter verstärkt hat. In den Bundesländern Rheinland-Pfalz und Bayern bestand zu Beginn des Beobachtungszeitraumes ein unterdurchschnittlicher Anteil des Sekundärbereichs, der eingetretene Strukturwandel hatte hier eine gegenläufige Tendenz zur bundesdurchschnittlichen Entwicklung, so daß seit 1972 die Sekundärbereichsanteile in beiden Bundesländern über dem Bundesdurchschnitt liegen.

Strukturwandel und Einkommensentwicklung sind eng miteinander verknüpft. Betrachtet man die Einkommensentwicklung in den Bundesländern, Tab. o.4, so zeigt sich, daß in den beiden

TABELLE 0.4A: INTERREGIONALER VERGLEICH DES BIP (IN MRD. DM)

	SH	HA	NS	BR	NW	HE	RP	BW	BY	SA	BE	BRD
1962	11.0	18.1	33.7	5.2	99.6	28.5	15.3	47.0	49.2	5.6	13.3	326.6
1971	25.9	36.4	74.5	11.7	218.5	70.4	42.0	116.5	126.4	12.2	27.9	762.6
ZUNAHME IN V.H.	235.0	201.0	221.0	225.0	219.0	247.0	274.0	248.0	257.0	218.0	210.0	233.0
ZUNAHME NORMIERT BRD=100	101.0	86.0	95.0	96.0	94.0	106.0	118.0	106.0	110.0	93.0	90.0	100.0

TABELLE 0.4B: INTERREGIONALER VERGLEICH DES BIP JE EINWOHNER (IN 1000 DM)

	SH	HA	NS	BR	NW	HE	RP	BW	BY	SA	BE	BRD
1962	4.9	9.9	5.1	7.4	6.3	5.9	4.5	6.0	5.2	5.2	6.0	5.8
1971	10.2	20.4	10.3	16.0	12.6	13.4	11.3	12.8	11.8	10.9	13.4	12.4
ZUNAHME IN V.H.	208.0	206.0	202.0	216.0	200.0	227.0	251.0	214.0	227.0	210.0	223.0	214.0
ZUNAHME NORMIERT BRD=100	97.0	96.0	94.0	101.0	93.0	106.0	117.0	100.0	106.0	98.0	104.0	100.0

Quelle: Statistisches Bundesamt, in: Statistische Jahrbücher 1963 und 1972

letztgenannten Bundesländern Rheinland-Pfalz und Bayern parallel zum industriellen Wachstum auch das höchste Einkommenswachstum erzielt wurde, was allerdings in Relation zum unterdurchschnittlichen Einkommensniveau gesehen werden muß. Vergleicht man die Rangfolge der Länder entsprechend des BIP pro Kopf der Bevölkerung, dann hatte zu Beginn des Beobachtungszeitraumes unter den Flächenstaaten Nordrhein-Westfalen die Spitzenstellung; die wirtschaftliche Entwicklung und der eingetretene Strukturwandel führten dazu, daß Nordrhein-Westfalen von Hessen und Baden-Württemberg überholt wurde. Diese unterschiedlichen Einkommensentwicklungen ergaben sich sowohl aus strukturellen Unterschieden als auch aus regionsspezifischen Sonderentwicklungen, welche im Verlauf der Untersuchung Gegenstand ausführlicher Untersuchungen sind.

TABELLE 0.5: REGIONALER VERGLEICH DER BEVOELKERUNGSENTWICKLUNG (IN MIO. EINWOHNER)

	SH	HA	NS	BR	NW	HE	RP	BW	BY	SA	BE
1962	2.31	1.83	6.64	.70	15.90	4.81	3.42	7.76	9.52	1.07	2.20
1971	2.54	1.78	7.18	.73	17.14	5.49	3.68	9.06	10.69	1.12	2.08
ZUNAHME IN V.H.	110.00	97.00	108.00	104.00	108.00	114.00	108.00	117.00	112.00	104.70	94.60
ZUNAHME NORMIERT BRD=100	101.00	89.00	99.00	95.00	99.00	104.00	98.00	107.00	103.00	96.00	86.00

Quelle: Statistisches Bundesamt, in: Statistische Jahrbücher 1963 und 1972

Da die regionale Bevölkerungsverteilung in hohem Maß abhängig ist von der regionalen Verteilung des Arbeitsplatzangebotes, induzierten die regionalen Unterschiede, vor allem die von einem Arbeitskräftemangel gekennzeichneten Arbeitsmärkte im Bereich der Hauptstandorte der Wachstumssektoren, erhebliche Umschichtungen innerhalb der regionalen Bevölkerungsverteilung der Bundesrepublik. Aus Tab. o.5 ist ersichtlich, daß in den 60er und frühen 70er Jahren eine Wanderungsbewegung innerhalb des Bundesgebietes stattgefunden hat vom Rhein-Ruhr-Raum nach Hessen, Baden-Württemberg und Bayern.

Nimmt man eine Zusammenschau der betrachteten regionalen Entwicklungen vor, dann zeigt sich, daß im Beobachtungszeitraum die Umschichtungen zwischen den Bundesländern eine Angleichung der regionalen Anteile an Beschäftigung, Bevölkerung und Einkommen bewirkt haben und daß sich die Grundmuster der regionalen Wirtschaftsstrukturen in einem Annäherungsprozeß befinden.

2. Strukturwandlungen des Sekundärbereichs aus gesamtwirtschaftlicher Sicht

2.1. Abgrenzungen des Untersuchungsgegenstandes

Für den Fortgang der Untersuchung wird nur noch ein Ausschnitt der Wirtschaftsstruktur der Bundesrepublik betrachtet: der Sekundärbereich. Diese Einschränkung des Untersuchungsgegenstandes ist erforderlich, damit eine für die Analyse des Strukturwandels und seiner Determinanten adäquate sektorale und regionale Disaggregation vorgenommen werden kann. Da flächendeckend für die gesamte Bundesrepublik nur das Datenmaterial der Amtlichen Statistik vorliegt und hierbei eine entsprechend tiefergehende Untergliederung nur im Rahmen der Industrieberichterstattung (IBE) für den Sekundärbereich erhoben wird, ist eine Beschränkung der Untersuchung auf diesen Ausschnitt der Wirtschaftsstruktur unumgänglich. Da der Entwicklung im industriellen Bereich in regionaler Betrachtung i.d.R. eine Leitfunktion zukommt, lassen sich die festgestellten regionalen Umschichtungen im Sekundärbereich in ihrer Tendenz auch auf den regionalen Strukturwandel insgesamt übertragen.

Ergebnisse und Aussagen empirischer Untersuchungen sind in hohem Maße abhängig von der Auswahl der *Beobachtungsvariablen.* Betrachtet man die Verteilung der ökonomischen Aktivitäten in sektoraler und regionaler Untergliederung, dann ist aus theoretischer Sicht die adäquate Beobachtungsvariable der produktiven Leistung der kleinsten Produktionseinheit, des Betriebs, die Wertschöpfung. Diese kann sowohl residual ermittelt werden als Bruttoproduktion abzüglich der Vorleistungen von anderen Betrieben als auch als Summe der eingesetzten primären Inputs: Löhne, Mieten, Zinsen, Pachten. Von der Amtlichen Statistik wird eine Verteilung der Wertschöpfung im o.g. Raster nicht erstellt. Daher muß, wie es bei Untersuchungen des Sekundärbereiches die Regel ist, die Untersuchung kompromißweise mit dem Input-Indikator *Beschäftigung* und dem Output-Indikator *Bruttoproduktion* durchgeführt werden, da sich aus dem Material der Amtlichen Statistik die Wertschöpfung auch nicht näherungsweise errechnen läßt.

Dieser Mangel ist jedoch nicht gravierend, da seit der regionalpolitischen Diskussion der letzten Jahre der Indikator *Beschäftigung* den gleichen Stellenwert hat wie der Indikator *Nettoproduktion* und daher eine Analyse der regionalen Verteilung und des regionalen Wachstumspattern der Beschäftigung keine Beschränkung der o.g. Zielsetzungen der Untersuchung darstellt. Darüber hinaus kann man davon ausgehen, daß die Arbeitsproduktivität regional nicht so weit differiert, als daß Vergleiche der Beschäftigung nicht auch tendenziell für die Nettoproduktion gelten würden. Hinzu kommt, daß Veränderungen der Verteilung der Beschäftigung per se reale Größen sind und nicht durch unterschiedliche Preisentwicklungen verzerrt werden, so daß ein Deflationierungsproblem nicht besteht. Da die empirische Analyse zusätzlich für den Indikator *Bruttoproduktion* durchgeführt wird, ist ein Vergleich zwischen einem Input- und einem Outputindikator möglich. Aus Gründen der Übersichtlichkeit befinden sich die Ergebnisse des Indikators *Bruttoproduktion* im Anhang.

Es ist statistisch ein allzu bekanntes Faktum, daß Ergebnisse empirischer Analysen von der Länge sowie den Anfangs- und den Endpunkten des gewählten *Beobachtungszeitraumes* abhängen. Die Wahl des Zeitraumes 1960/72 ergibt sich sowohl aus Überlegungen der "Ergebnisneutralität" als auch aus der Zielsetzung der Untersuchung. Diese stellt darauf ab, den sektoralen und regionalen Strukturwandel transparent zu machen und aus den in der Vergangenheit festgestellten Umschichtungen und Verlagerungen auf das künftige Verteilungspattern zu schließen. Diese Zielsetzung setzt voraus, daß im gewählten Beobachtungszeitraum eine "normale", d.h. keine atypische, Entwicklung stattgefunden hat. Man kann in etwa davon ausgehen, daß die künftige regionale

Verteilung der Aktivität des Sekundärbereiches von dem Strukturwandel induziert wird, der mit Ende der Wiederaufbauphase Ende der 50er, Anfang der 60er Jahre begonnen hat. Ein sinnvoller Anfangspunkt dieser Entwicklung liegt zwischen 1958 und 1961. Da die Betrachtung der Beobachtungsvariablen *Beschäftigung* im Zentrum der Untersuchung steht, wird als Anfangsjahr 196o gewählt. Zu diesem Zeitpunkt besteht eine Zäsur in der wirtschaftlichen Entwicklung der Nachkriegszeit; das wichtigste wirtschaftspolitische Problem, die Eingliederung der Arbeitslosen in den Produktionsprozeß, ist gelöst: die Zahl der offenen Stellen überstieg zum ersten Mal seit Kriegsende die Zahl der Arbeitslosen.[1] Als Endpunkt wird 1972 gewählt, weil es ein relativ "normales Jahr" war. 1973 war ein Jahr der Hochkonjunktur, das als Endpunkt einer Zeitreihe wenig geeignet ist. Durch die starke Rezession der Jahre 1974/75 sind diese beiden Jahre ebenfalls als Endpunkte ungeeignet, so daß die Entwicklung im Beobachtungszeitraum 1960/72 noch am ehesten als "typisch" gelten kann.

Für die Wahl des *sektoralen Rasters* bieten sich verschiedene Möglichkeiten. Das vorliegende Material der IBE gliedert Sektoren nach dem verarbeiteten Werkstoff oder dem Verarbeitungsgrad der Endprodukte oder beiden: Da Betriebe jedoch oft mehrere stofflich und verarbeitungsmäßig verschiedene Produkte herstellen, besteht das Problem der eindeutigen Zuordnung. Von den beiden möglichen Klassifikationen, dem Beteiligten-Prinzip, welches einen Mehrproduktbetrieb entsprechend seinem Produktionsprogramm anteilmäßig auf die verschiedenen Sektoren aufspaltet, und dem Hauptbeteiligten-Prinzip, welches den Betrieb demjenigen Sektor zuordnet, der dem Schwerpunkt der Produktion entspricht, ist nur eine Hauptbeteiligtenklassifikation flächendeckend für das Bundesgebiet vorhanden. Sofern der Produktionsschwerpunkt eines Betriebes eindeutig

---

1) vgl. Bundesanstalt für Arbeitsvermittlung und Arbeitslosenversicherung: Geschäftsbericht für das Rechnungsjahr 1962, S. 69 .

bestimmt und im Zeitablauf konstant ist, ergibt sich bei einer Hauptbeteiligtenklassifikation in dynamischer Analyse keine nennenswerte Verzerrung. Die Analyse kann jedoch fehlgeleitet werden, wenn sich der Produktionsschwerpunkt im Zeitablauf ändert und der gesamte Betrieb einem anderen Sektor zugeordnet wird. Dann können geringfügige Änderungen des Produktionsprogramms in der Statistik zu einem Strukturbruch führen, der in diesem Umfang in der Realität nicht stattgefunden hat. Man kann jedoch davon ausgehen, daß derartige Schwerpunktwechsel und ihre statistische "Übertreibung" dann die Ausnahme sind, wenn die Sektoren nach dem Kriterium größtmöglicher intrasektoraler Homogenität und intersektoraler Heterogenität abgegrenzt sind. Die Entscheidung für ein relativ grobes sektorales Raster wird darüber hinaus von der Überlegung bestimmt, daß die Sektorklassifikation nicht zu detailliert sein darf, da sonst die Rastergröße der sektoral-regionalen Verteilung zu groß und damit wenig überschaubar wird; auf geringem sektoralen Aggregationsniveau sind die Sektorgruppen überdies nicht scharf genug gegeneinander abgegrenzt, so daß Strukturwandlungen oft nur undeutlich kenntlich werden.

Die in der IBE der Amtlichen Statistik ausgewiesenen 32 Sektoren werden für die vorliegende Untersuchung nach dem genannten Kriterium größtmöglicher intrasektoraler Homogenität und intersektoraler Heterogenität auf 11 Sektorgruppen aggregiert, die sich relativ klar und operational gegeneinander abgrenzen:

1	*Steine*	Industrie der Steine und Erden
2	*Eisen*	Eisenschaffende Industrie, NE-Metallindustrie, Gießerei-Industrie, Ziehereien und Kaltwalzwerke, Stahlverformung.
3	*Chemie*	Chemische Industrie, Mineralölverarbeitung Gummi- und Asbest verarbeitende Industie.
4	*Holz 1*	Sägewerke und Holz bearbeitende Industrie, Holzschliff, Zellstoff, Papier und Pappe erzeugende Industrie.

5 *Montage*	Stahl- und Leichtmetallbau, Maschinenbau, Straßenfahrzeugbau, Schiffbau, Luftfahrzeugbau.
6 *Elektro*	Elektrotechnische Industrie, feinmechanische und optische sowie Uhrenindustrie, EBM- Industrie.
7 *Keramik*	Feinkeramische Industrie, Glasindustrie.
8 *Holz 2*	Holz verarbeitende Industrie, Kunststoff verarbeitende Industrie, Musikinstrumenten-, Spiel-, Schmuckwaren- und Sportgeräteindustrie.
9 *Papier*	Papier und Pappe verarbeitende Industrie, Druckerei- und Vervielfältigungsindustrie.
1o *Textil*	Textilindustrie, Bekleidungsindustrie, Leder erzeugende Industrie, Leder verarbeitende Industrie.
11 *Nahrung*	Ernährungsindustrie, Tabak verarbeitende Industrie.

Die Bestimmung des *regionalen Rasters* steht bei Untersuchungen räumlicher Verteilungen im engen Zusammenhang mit der gewählten Fragestellung. *Isard* zitiert das Beispiel einer Untersuchung der räumlichen Bevölkerungskonzentration in den USA, welche zu teilweise gegensätzlichen Ergebnissen gelangt, je nachdem welches regionale Raster verwendet wird. [2] Bei der vorliegenden Untersuchung besteht daher das Auswahlproblem, *welchen* räumlichen Umschichtungen das Hauptaugenmerk gelten soll: Wählt man ein relativ kleines Raster, dann werden vor allem die Umschich-

---

2) vgl. O.D. DUNCAN, R.P. CUZZORT, B. DUNCAN: Statistical Geography, Glencoe, Ill., 196o, zitiert nach W. ISARD: Methods of Regional Analysis, Cambridge, Mass., 7. Aufl., 1971, S. 262f.. Die Autoren können aufzeigen, daß sich die regionale Bevölkerungskonzentration in den USA in den letzten 5o Jahren erhöht hat, wenn man das relativ kleine regionale Raster von "counties" verwendet, und daß sie abgenommen hat, wenn man das relativ große Raster von "states" benutzt.

tungen zwischen Agglomerationskernen und Agglomerationsrändern sichtbar, wählt man ein relativ grobes Raster, dann liegen diese Umschichtungen innerhalb der betrachteten Teilräume, und es treten vor allem die Umschichtungen zwischen den Teilräumen zu Tage.

Da es bei der vorliegenden empirischen Analyse der sektoralen und regionalen Strukturwandlungen erforderlich ist, Regionen mit ähnlicher Formalstruktur zu vergleichen, deren Größenordnungen überdies möglichst vergleichbar sein sollen, ist ein niedriges Aggregationsniveau, etwa auf Kreisbasis, schon wegen der allzu großen Heterogenität dieser Regionen wenig problemadäquat. Ein hohes Aggregationsniveau, etwa auf Länderebene, scheidet als zu grobes und für eine Strukturanalyse nicht geeignetes Raster aus, da bei einem solch großen regionalen Raster erhebliche Nivellierungseffekte auftreten. Es zeigt sich daher, daß das regionale Aggregationsniveau sein Optimum auf mittlerer Ebene hat; das entspricht dem Raster der *Regierungsbezirke* (RBe). Die teilweise ungleiche Verwaltungsstruktur der Bundesländer bewirkt z. T. deutliche Niveauunterschiede; dieses Problem ist aber auch in anderen empirischen Untersuchungen nicht lösbar gewesen.[3] Insgesamt ergibt sich somit eine räumliche Untergliederung des Bundesgebietes in 34 Einzelregionen.

Die von den Statistischen Landesämtern erhobene IBE enthält auch auf dem Aggregationsniveau von RBen und zweistelliger Sektorgliederung noch *Datenlücken* aufgrund der geltenden Geheimhaltungsvorschriften, welche einen statistischen Ausweis eines Sektors in einer Region nur zulassen, wenn mehr als drei Betriebe vorhanden sind. Die fehlenden Beobachtungen sind im Durchschnitt über den

---

3) vgl. W. UEBE: Industriestruktur und Standort, Stuttgart, 1967 .
vgl. N. KLOTEN: Wandlungen der industriellen Raumstruktur in der Bundesrepublik, in: H.KÖNIG (Hrsg.): Wandlungen der Wirtschaftsstruktur in der Bundesrepublik, Schriften des Vereins für Socialpolitik, N.F. Bd. 26 (1962).

Beobachtungszeitraum in der Größenordnung von 8 % der Matrixzellen der sektoral-regionalen Industriestruktur. Diese Lücken treten vor allem bei den relativ kleinen Regionen in Niedersachsen und Bayern auf; es ist jedoch die Ausnahme, daß diese Lücken über den gesamten Beobachtungszeitraum bestehen. Daher ließen sich in nahezu allen Fällen die Datenlücken durch zeitliche Intrapolation beseitigen. In den verbleibenden Einzelfällen wurden die nicht ausgewiesenen Besetzungen als Null-Besetzungen festgelegt, da ein Vergleich der Regionssummen mit der Summe der ausgewiesenen Sektoren zeigte, daß die verbleibenden Reste sehr gering waren. Auf ein mögliches Umlageverfahren wurde verzichtet, da es eine -wenn auch geringe- systematische Verzerrung verursacht: die regionale Differenzierung wird dabei in Richtung einer Gleichverteilung beeinflußt; da aber die Fragestellung der Annäherung oder Nichtannäherung der Sektorstruktur der Teilräume an die Struktur des Gesamtraumes ein wesentlicher Teil der empirischen Analyse ist, sollte bei der Erstellung der Datenbasis eine Beeinflussung des Ergebnisses vermieden werden.

2.2. Die Sektoren

2.2.1. Die Industriestruktur der Bundesrepublik

Untersucht man den Prozeß struktureller Wandlungen, dann zeigt sich, daß im Zuge des allgemeinen Wirtschaftswachstums sich nicht nur die Drei-Sektoren-Struktur einer Volkswirtschaft ändert, sondern daß auch Verschiebungen und Umschichtungen innerhalb von Primär-, Sekundär- und Tertiärbereich stattfinden; ein Tatbestand, der von zahlreichen Untersuchungen bestätigt wird. [1] Bei der vorliegenden Untersuchung des sektoralen Strukturwandels steht die Frage im Vordergrund, ob und in welchem Umfang der in der Bundesrepublik zu beobachtende Wandlungsprozeß des Sekundärbereichs "typisch" ist für eine Volkswirtschaft mit dem Entwicklungsstand der Bundesrepublik und welche Determinanten diesem Umschichtungsprozeß zugrunde liegen.

Die Frage, welchem grundsätzlichen Wandlungsprozeß der Sekundärbereich einer Volkswirtschaft unterliegt, hat vor allem *Hoffmann* untersucht.[2] Er unterteilt den Sekundärbereich in Konsumgüter- und Kapitalgütersektoren, wobei letzteren auch diejenigen Sektoren, welche dauerhafte Konsumgüter herstellen, zugerechnet werden. [3] Auf der Grundlage dieser Unterscheidung stellt *Hoffmann* fest,

---

1) vgl. A. BURNS: Production Trends in the United States since 187o, 2. Auflage, New York 195o. H. CHENERY; a.a.O., W.G. HOFFMANN: Stadien und Typen der Industrialisierung, Jena 1931, derselbe: Stadien und Typen der Industrialisierung, Weltwirtschaftsarchiv, Bd. 1o3/II (1969), derselbe: Das Wachstum der deutschen Industriewirtschaft 195o-1968, in: derselbe (Hrsg.): Untersuchungen zum Wachstum der deutschen Wirtschaft, Tübingen 1971, J.W. KENDRICK, a.a.O. 1961, derselbe, a.a.O. 1973, S. KUZNETS, a.a.O.1966 und a.a.O. 1971, W. LEONTIEF : The Structure of the American Economy 1919 - 1939, New York, Oxford, 3. Aufl. 196o, UNITED NATIONS: Patterns of Industrial Growth 1938 - 1958, New York 196o.

2) HOFFMANN, a.a.O.1931, derselbe, a.a.O. 1969, derselbe, a.a.O. 1971.

3) derselbe, a.a.O. 1969, S. 324-327

daß in sehr langfristiger Betrachtung in einer wachsenden Wirtschaft die Anteile der Konsumgütersektoren (ohne langlebige Konsumgüter) an Produktion und Beschäftigung rückläufig sind und die Anteile der Kapitalgütersektoren (einschließlich langlebiger Konsumgüter) entsprechend zunehmen.[4] Da die Nutzungen von langlebigen Konsumgütern teilweise Dienstleistungscharakter haben, zeigt sich somit innerhalb des Sekundärbereichs ein ähnlicher Umschichtungsprozeß wie zwischen Sekundär- und Tertiärbereich. *Hoffmann* kommt zu dem Ergebnis, daß sich die Relation der Nettoproduktionsanteile von Konsumgüter- zu Kapitalgüterindustrie langfristig von etwa 5:1 auf 1:1 und möglicherweise auf 1:2 verschiebt.[5] Vergleicht man diese Hypothese über den "typischen" Strukturwandel im Sekundärbereich mit den Ergebnissen anderer Untersuchungen, so wird die darin enthal-

TABELLE 1.1: SEKTORALE VERTEILUNG DER VERARBEITENDEN INDUSTRIE

SPALTEN (1)-(6) UND (9)-(10) ANGABEN IN V. H.

SEKTOREN	BESCHAEFTIGUNG			BRUTTOPRODUKTION			BRUTTOPROD. JE BESCHAEFTIGTER			
	(1) 1961	(2) 1971	(3) VERAEND.	(4) 1961	(5) 1971	(6) VERAEND.	(7) 1961	(8) 1971	(9) VERAEND.	(10) VERAEND. NORMIERT BRD=100
STEINE	3.6	3.1	86.7	3.3	3.4	104.5	32.2	67.2	208.9	120.5
EISEN	11.1	9.9	88.9	13.9	11.0	79.1	43.6	67.3	154.3	89.0
CHEMIE	8.0	9.0	113.3	10.5	11.8	112.2	46.0	79.0	171.8	99.0
HOLZ 1	2.3	1.8	79.7	2.6	2.1	81.7	39.2	69.6	177.8	102.6
MNTAGE	23.7	25.3	107.1	21.6	23.7	109.6	31.7	56.3	177.4	102.3
ELEKTR	18.0	19.6	108.6	13.7	15.7	114.4	26.5	48.3	182.7	105.3
KERAM	2.3	2.1	89.6	1.4	1.4	99.1	21.3	40.7	191.6	110.5
HOLZ 2	5.0	5.7	113.6	3.8	5.0	131.5	26.1	52.3	200.6	115.7
PAPIER	4.0	4.4	109.2	2.9	3.4	114.2	25.5	46.2	181.4	104.6
TEXTIL	15.4	12.8	83.3	11.6	9.3	79.7	26.3	43.7	166.0	95.8
NAHRG.	6.7	6.4	94.7	14.6	13.2	90.9	75.4	125.5	166.4	96.0
SUMME/ DURCHSCHNITT	100.0	100.0	--	100.0	100.0	--	34.7	60.2	173.4	100.0

4) vgl. derselbe, ebenda

5) Die von HOFFMANN festgestellte Richtung des sektoralen Strukturwandels ist abhängig von der Aufteilung der Sektoren auf den Konsumgüter- und den Kapitalgüterbereich. Die verschiedentlich vorge-

tene Grundtendenz im wesentlichen bestätigt.[6)]

Betrachtet man die Entwicklung der Sektoranteile des Sekundärbereiches in der Bundesrepublik im Beobachtungszeitraum 1960/72, dann zeigt sich, Tab. 1.1., daß der festgestellte sektorale Strukturwandel im wesentlichen die von *Hoffmann* als "typisch" bezeichnete Entwicklungstendenz aufweist. Dabei ist im einzelnen ersichtlich, Tab. 1.1., daß sich die Anteile der Konsumgütersektoren *Textil* und *Nahrung* ebenso wie die Anteile der traditionellen Grundstoffindustrien *Steine, Eisen* und *Holz 1* verringerten. Die Anteile der Kapitalgüterindustrie (einschließlich der Industrien langlebiger Konsumgüter) *Montage, Elektro, Holz 2* und *Papier* nahmen zu; die gleiche Entwicklung zeigt sich für den Anteil des relativ jungen Grundstoffsektors *Chemie*. Eine Ausnahme von der Hypothese des "typischen" Strukturwandels war die Verringerung des Anteiles der Eisen und Metall schaffenden Industrie. Dieser Sektor gilt im internationalen Vergleich (noch) als Wachstumsbranche mit steigendem Anteil an Produktion und Beschäftigung des Sekundärbereiches.[7)] Die Situation dieses Sektors in der Bundesrepublik ist historisch bedingt von außenwirtschaftlichen Umständen geprägt; die früher bestehende Exportposition hat sich im Beobachtungszeitraum erheblich verringert, die Nettoexporte dieses Sektors waren rückläufig,[8)] so daß hier eine Schrump-

---

tragene Kritik, z.B. von A.M. LAGO: The Hoffmann Industrial Growth Development Path, an International Comparison, in: Weltwirtschaftsarchiv, Bd. 1o3/II (1969), ist daher keine Falsifikation von HOFFMANNS Hypothese. Vgl. dazu die Replik von W.G. HOFFMANN: Antikritisches zu "Stadien und Typen der Industrialisierung", in: Weltwirtschaftsarchiv, Bd. 1o4 (197o). In neueren Untersuchungen betonte HOFFMANN, daß sich der sektorale Strukturwandel zugunsten der Kapitalgütersektoren über das Verhältnis von 1:1 hinaus entwickeln kann; vgl. W.G. HOFFMANN, a.a.O. 1971, S. 3o2.

6) Vgl. A.BURNS: a.a.O., S. 49-95. H.CHENERY, a.a.O. S. 632 ff., E. GÖRGENS, a.a.O., S. 4o, J.W. KENDRICK, a.a.O. 1961, S. 2o4 ff, derselbe, a.a.O. 1973, S. 1o8 ff,S. KUZNETS, a.a.O. 1971, S. 1o4 ff. und 144 ff, und UNITED NATIONS, a.a.O. S. 7-71.

7) H. CHENERY, a.a.O.,S.633 f..

8) Außenhandelsstatistik des Statistischen Bundesamtes, in: Statistisches Jahrbuch, 196o - 1973 .

fung der Kapazitäten auf den inländischen Bedarf stattfand.

Unterteilt man die Sektoren des Sekundärbereiches entsprechend ihrer Anteilsentwicklung in Wachstums- und Stagnationssektoren, so ist dabei zu beachten, daß eine derartige Unterscheidung nur temporär Gültigkeit haben kann und in Zusammenhang mit dem gewählten Beobachtungszeitraum steht. Aufgrund der sektoral unterschiedlichen Entwicklung des technischen Fortschrittes ergibt sich für jeden Sektor eine spezifische "Lebenskurve" mit den Entwicklungsphasen Entstehung, Expansion und Stagnation; [9] entsprechend der Wahl des Beobachtungszeitraumes befinden sich die Sektoren i.d.R. auf einem jeweils unterschiedlichen Abschnitt ihrer Lebenskurve.

2.2.2. Bestimmungsfaktoren sektoralen Strukturwandels

Die Untersuchung der Ursachen für die Strukturwandlungen im Sekundärbereich hat zu Verifizierung und Quantifizierung von einer Reihe von Determinanten geführt. Den Veränderungen des Sektorpattern bei Produktion oder Beschäftigung oder bei beiden liegen Änderungen im Sektorpattern der Produktivitäten zugrunde. [1] Diese Änderungen in der sektoralen Verteilung der Produktivitäten resultieren ihrerseits aus angebots- und nachfrageseitigen Strukturwandlungen, welche sowohl isoliert als auch interdependent verknüpft auftreten: Auf der Angebotsseite ist in lang - fristiger Betrachtung der technische Fortschritt die entscheidende Determinante, mittelfristig kann die mangelnde Verfügbarkeit von bestimmten quantitativ und qualitativ relevanten Inputs den Verlauf des Strukturwandels beeinflussen; auf der Nachfrageseite sind es Änderungen in

---

9) vgl. K. BRANDT: Konzentration und Wachstum, in: H. ARNDT(Hrsg.): Konzentration in der Wirtschaft, Schriften des Vereins für Socialpolitik, N.F. Bd. 2o/I, 2. Aufl. 1971, S. 281.

Kap. 2.2.2.
1) Vgl. S. CLASEN, a.a.O. , S. 12 f.

der Zusammensetzung der Gesamtnachfrage, welche das Produktivitätspattern der Sektoren beeinflussen.[2] Die Interdependenz dieser angebots- und nachfrageseitigen Determinanten hat ihre Ursache in der Tatsache, daß sich die Nachfrageseite vor allem aufgrund des wachsenden Pro-Kopf-Einkommens ändert; ein solches Wachstum setzt jedoch technischen Fortschritt bei der Produktion voraus. Es zeigt sich somit, "daß *ein* letzter Bestimmungsgrund nicht unbedingt gegeben sein muß".[3]

Betrachtet man ausschließlich die angebotsseitigen Determinanten, so steht hier in langfristiger Betrachtung die sektorale Verteilung des technischen Fortschrittes im Vordergrund. Im Zeitablauf ergeben sich technische Fortschritte in den Sektoren in unterschiedlichem Umfang, so daß sich das sektorale Produktivitätsgefüge entsprechend wandelt.[4] Im Modell einer geschlossenen Volkswirtschaft ohne ökonomische Aktivität des Staates wird es bei Wettbewerb in den Sektoren mit überdurchschnittlichen Produktivitätsfort - schritten i.d.R. zu relativen Preissenkungen kommen. Dieser Zusammenhang bestätigte sich in empirischen Untersuchungen.[5] Da die Nachfrage i.d.R. preiselastisch reagiert, d.h. relativ billig gewordene Güter in größerem Umfang nachgefragt werden, werden Änderungen im sektoralen Preisgefüge Substitutionsprozesse auslösen, welche zu Verschiebungen

---

2) vgl. D. MERTENS: Veränderungen der industriellen Branchenstruktur in der Bundesrepublik 195o-196o, in: H. KÖNIG (Hrsg.): Wandlungen der Wirtschaftsstruktur in der Bundesrepublik, Schriften des Vereins für Socialpolitik, N.F. Bd.26 (1962), S. 451.

3) S.CLASEN; a.a.O., S. 13

4) vgl. die Ergebnisse von KENDRICK, a.a.O., 1961, S. 133 und derselbe a.a.O., 1973, S. 11o f..

5) KENDRICK ermittelt in mehreren Untersuchungen für die verarbeitende Industrie in den USA eine negative Rangkorrelation von sektoraler Produktivitäts- und Preisentwicklung in einer Größenordnung von - o.5 bis - o.6; vgl. J.W. KENDRICK, a.a.O., 1961, S. 2o1, und derselbe, a.a.O. 1973, S. 12o f.; vgl. auch W.LEONTIEF ; a.a.O. 196o, S. 87 f.; SALTER kommt bei seinen Untersuchungen in Großbritannien zu ähnlichen Ergebnissen, vgl. W.E.G. SALTER: Productivity and Technical Change, Cambridge, England, 196o, S. 119 und 147 f..

der Anteile der Sektoren an Produktion oder Beschäftigung oder an beiden führen.[6)] Daraus ergibt sich für das Pattern des Sekundärbereichs die Situation, daß Sektoren mit überdurchschnittlichen Produktivitätsfortschritten ihre Anteile zu Lasten der Sektoren mit unterdurchschnittlicher Produktivitätsentwicklung erhöhen.[7)] Dieser Einfluß der angebotsseitigen Determinanten wurde empirisch bestätigt, da in Zeiten hohen wirtschaftlichen Wachstums, welche zugleich Zeiten hohen technischen Fortschritts sind, der sektorale Strukturwandel i.d.R. besonders stark ist.[8)] So errechnete *Görgens* eine hohe positive Korrelation zwischen der Höhe des volkswirtschaftlichen Wachstums und der Höhe der sektoralen Umschichtungen, gemessen als Varianz der sektoralen Wachstumsraten[9)]. Eine Ausnahmesituation bestand lediglich in der Bundesrepublik in der Nachkriegszeit bis etwa 1955, in welcher-verglichen mit späteren Perioden-ein höheres volkswirtschaftliches Wachstum bei geringerem sektoralem Strukturwandel vorlag.[1o)]

6) Vgl. KENDRICK, a.a.O., 1961, S. 2o3 f..

7) vgl. derselbe, a.a.O. 1961, S. 2o3 f. und derselbe, a.a.O. 1973, S. 111 ; KENDRICK verweist auf gleiche Ergebnisse bei FABRICANT und FUCHS: S.FABRICANT: Employment in Manufactoring 1899-1933, an Analysis of its Relation to the Volume of Production, NBER, New York 1969., vgl. W.E.G.SALTER, a.a.O.,S. 149 f..

8) vgl. J. NIEHANS, a.a.O., S. 24, und S. KUZNETS, a.a.O., S. 322 und G. BOMBACH: Wirtschaftswachstum und Stabilität, in: Wachstum und Konjunktur, Veröffentlichungen der Deutschen Volkswirtschaftlichen Gesellschaft e.V., Darmstadt, Opladen 196o, S. 94 f..

9) GÖRGENS errechnet in einer Querschnittsanalyse über 2o Länder für den Zeitraum 1953-1967 einen Bravais-Pearson-Korrelationskoeffizient von o.91 und verweist auf vergleichbare Ergebnisse bei K.DORNER: Strukturverschiebungen in modernen Industriegesellschaften, Diss., Köln 1964; vgl. E. GÖRGENS, a.a.O., S. 25

1o) Der sektorale Strukturwandel in der Bundesrepublik zeigt bis etwa 1955 signifikant geringere Strukturverschiebungen als im Beobachtungszeitraum 196o-1972, vgl. dazu die Ergebnisse im Jahresgutachten 1965/66 des Sachverständigenrates zur Begutachtung der gesamtwirtschaftlichen Entwicklung: Stabilisierung ohne Stagnation, Stuttgart, Mainz 1965, S. 133 ;vgl. auch F.GRUMBACH, G. GREVE: Wandlungen in der Beschäftigungsstruktur , in: H.KÖNIG (Hrsg.): Wandlungen in der Wirtschaftsstruktur in der Bundesrepublik, Schriften des Vereins für Socialpolitik, N.F. Bd. 26 (1962), S. 25f..

Betrachtet man den Zusammenhang von sektoraler Produktivitätsentwicklung, gemessen als Bruttoproduktion je Beschäftigten und Anteilsentwicklung für den Sekundärbereich in der Bundesrepublik im Beobachtungszeitraum 196o/72, Tab. 1.1., dann zeigt sich, daß keine eindeutige Tendenz erkennbar ist. Als Ursache dafür ergibt sich in erster Linie, daß auf die Volkswirtschaft der Bundesrepublik auch nicht näherungsweise die o.g. Zusammenhänge für eine geschlossene Volkswirtschaft ohne ökonomische Aktivitäten des Staates übertragbar sind, wie es z.B. für die Volkswirtschaft der USA möglich ist.[11] Bei der starken Verflechtung der Wirtschaft der Bundesrepublik in den internationalen Handel muß für den betrachteten, relativ kurzen Zeitraum davon ausgegangen werden, daß die binnenwirtschaftlichen Determinanten vor allem von außenwirtschaftlichen Bestimmungsfaktoren überlagert wurden mit dem Ergebnis, daß die Wettbewerbssituation der inländischen Produzenten gegenüber ausländischen Konkurrenten auf Binnen- und Exportmärkten einen stärkeren Einfluß auf das Sektorpattern hatte als die sektoral unterschiedlichen Produktivitätsentwicklungen. Hinzu kommt eine statistische Unschärfe bei der sektoralen Erfassung der Produktivität, welche bei der vorliegenden Untersuchung nur näherungsweise als Bruttoproduktion je Beschäftigter gemessen wurde.

Nachfrageseitig lassen sich die Determinanten des sektoralen Strukturwandels an Hand der folgenden ex-post-Identität unterscheiden:[12]

$$P_i = (N_i + V_i + St_i + Ex_i) - Im_i$$

---

11) Vgl. die genannten Untersuchungen von J.W. KENDRICK, a.a.O. 1961, S. 2o1 und derselbe, a.a.O. 1973, S. 12o f. sowie W. F.G. SALTER, a.a.O., S. 119 und 147 f.

12) vgl. H.CHENERY, a.a.O., S. 626.

Der Anteil der inländischen Produktion P_i am Handelsvolumen des Sektors i, der Term in der Klammer, entfällt auf die private Endnachfrage N_i, Lieferungen V_i an andere Sektoren, den Staatsverbrauch St_i und Exporte Ex_i. Dieser inländische Produktionsanteil wird vom Importvolumen Im_i entsprechend verkürzt. Je nachdem, ob der betrachtete Sektor i mehr dem Konsum- oder dem Investitionsbereich angehört und welche internationale Wettbewerbssituation besteht, ist das Gewicht der einzelnen Komponenten der Identität unterschiedlich.

Im *Konsumgüterbereich* [13)] wird der sektorale Strukturwandel nachfrageseitig im wesentlichen von zwei Determinanten geprägt: von Veränderungen in der Zusammensetzung der Nachfrage der privaten Haushalte bei steigendem Realeinkommen und von der Reagibilität der Konsumnachfrage auf sektoral unterschiedliche Preisentwicklungen. Man kann davon ausgehen, daß Geschmacks- und Präferenzänderungen tendenziell eine größere Auswirkung auf die Zusammensetzung des Güterangebots eines Sektors haben als auf die Anteile der Sektoren selbst.

Die Nachfrage nach den Gütern eines Sektors richtet sich bei gegebenem Einkommen im wesentlichen nach der Stellung dieser Güter in der Hierarchie der Dringlichkeit zur Dekkung des lebensnotwendigen Bedarfs. [14)] Bei steigendem Einkommen wächst die Nachfrage nach Gütern zur Deckung der ökonomischen Grundbedürfnisse, wie Nahrung und Bekleidung, i.d.R. nur noch unterproportional, während die Nachfrage nach Gütern des "gehobenen Bedarfs", im wesentlichen langlebige Konsumgüter, i.d.R. überproportional zunimmt.[15)] Dabei ist der Übergang zwischen "Grundbedarf" und "gehobenen Bedarf" natürlich fließend und in Volkswirtschaften

---

13) Bei der Sektorabgrenzung der vorliegenden Untersuchung handelt es sich dabei im die Sektoren NAHRUNG, TEXTIL, KERAMIK, HOLZ 2 und PAPIER sowie Teile der Sektoren MONTAGE und ELEKTRO.

14) vgl. E.u.M. STREISSLER: Konsum und Nachfrage, Köln 1966, S.25 f.,und H.WOLD: Demand Analysis, a Study in Econometrics, Stockholm, New York 1952, S. 142.

15) vgl. E.u.M. STREISSLER, a.a.O., S.25 f. und H.WOLD, a.a.O. S. 142.

unterschiedlichen Entwicklungsniveaus entsprechend verschieden.

Der Zusammenhang von Einkommenssteigerungen und Nachfragereaktion bezüglich der einzelnen Gütergruppen läßt sich als Einkommenselastizität dieser Güter quantifizieren: es ergeben sich die bekannten Engelkurven.[16)] Diese Einkommenselastizitäten variieren sowohl innerhalb der Gütergruppe eines Sektors als auch zwischen den Sektoren. Empirische Untersuchungen ergaben dabei charakteristische Unterschiede für die verschiedenen Gütergruppen der einzelnen Sektoren, d.h. die zugehörigen Engelkurven haben einen entsprechend "steilen" oder "flachen" Verlauf.[17)] Vergleicht man die Ergebnisse verschiedener Untersuchungen, dann ergibt sich auch unter Berücksichtigung teilweise abweichender Sektorabgrenzungen eine als typisch anzusehende Rangfolge für die Gütergruppen. In der Reihenfolge zunehmender Einkommenselastizität:[18)] Nahrungsmittel- und Tabakindustrie (niedrigste Einkommenselastizität), Textil- und Lederindustrie, Druck- und Papierindustrie, Holz und Kunststoff verarbeitende Industrie, Fahrzeugbau, Elektro- und feinmechanische Industrie (höchste Elastizität). Welche quantitative Bedeutung der Einkommenselastizität bei der Erklärung des sektoralen Strukturwandels zukommt, läßt sich aus einer Untersuchung von *Chenery* erkennen.[19)] Dabei zeigte sich in einer internationalen Querschnittsanalyse, daß sich die Varianz des Anteils eines Sektors am Sekundärbereich zu 5o% aus der Varianz des Einkommens pro Kopf der Bevölkerung ergibt, d.h. die Ein -

---

16) vgl. E. u. M. STREISSLER: a.a.O., S. 83f. und R. FRISCH: New Methods of Measuring Utility, Tübingen 1932, S. 18.

17) vgl. H.S. HOUTHAKKER, L.D. TAYLOR: Consumer Demand in the United States, Cambridge, Mass., 2. Aufl., 197o, S. 259-275, und H.GOLLNICK: Ausgaben und Verbrauch in Abhängigkeit von Einkommen und Haushaltsstruktur, in: Agrarwirtschaft, Hannover 1959, Sonderheft 6/7,S. 2o1f.

18) GÖRGENS vergleicht die Ergebnisse von zehn verschiedenen Untersuchungen, vgl. E.GÖRGENS, a.a.O., S. 63.

19) vgl. H.CHENERY, a.a.O., S. 643, und S.KUZNETS, a.a.O., S. 322

kommenshöhe allein erklärt statistisch die Hälfte der Ausprägung des Sektorpattern des Sekundärbereiches; der Anteil des Sekundärbereiches insgesamt wird statistisch durch die Einkommenshöhe zu 7o% erklärt.

Die zweite wichtige nachfrageseitige Determinante für Verschiebungen der Anteile der Konsumgütersektoren an Produktion oder Beschäftigung oder beiden ist die z.T. unterschiedliche Reagibilität der Konsumnachfrage auf die sektoralen Preisentwicklungen. Diese Nachfragereaktion läßt sich für die Gütergruppe eines Sektors als Preiselastizität messen. Empirische Untersuchungen, welche verschiedene Industriestaaten verglichen haben, konnten zeigen, daß dort die Anteile von Sektoren signifikant größer sind, wo diese ein relativ niedriges Preisniveau aufweisen. [2o)]

Nachfrageseitig ergibt sich die Anteilsentwicklung eines Sektors im wesentlichen aus der Kombination von Einkommens- und Preiseffekten. In systematischer Klassifikation lassen sich vier Fälle unterscheiden:
(1) Diejenigen Sektoren, welche Konsumgüter mit hoher Einkommenselastizität und hoher Preiselastizität herstellen, werden bei wachsendem Einkommen ihre Anteile erhöhen, sofern ihre Preisentwicklung nicht dauerhaft über dem Durchschnitt der übrigen Sektoren liegt, da sich sonst Preis- und Einkommenseffekte kompensieren. Zu dieser Gruppe von Sektoren gehören die meisten derjenigen, welche dauerhafte Konsumgüter herstellen.[21)]

(2) Für einzelne dauerhafte Konsumgüter besteht eine Kombination von hoher Einkommenselastizität und niedriger Preiselastizität, z.B. für Automobile, da Mobilität z.T.

2o) M.GILBERT, I.B.KRAVIS: An International Comparison of National Products and Purchasing Power of Currencies, Paris, 1954,S. 51-6o.

21) H.S. HOUTHAKKER, L.D. TAYLOR, a.a.O., S. 2o5-2o8.

bereits eine Art Grundbedürfnis geworden ist.[22] In diesem Fall werden sich bei steigendem Einkommen die Anteile der betreffenden Sektoren erhöhen, da die Nachfrage auch auf überdurchschnittliche Preissteigerungen nicht oder nur geringfügig reagiert.

(3) Die Kombination von niedriger Einkommenselastizität und hoher Preiselastizität dürfte geringe empirische Relevanz besitzen. Theoretisch ist jedoch der Fall denkbar, daß durch Preissenkungen die Einkommenseffekte bei steigendem Einkommen temporär überkompensiert werden, so daß der Anteil des betreffenden Sektors vorübergehend steigt. Da jedoch langfristig kontinuierlichen Preissenkungen i.d.R. Grenzen gesetzt sind, ist davon auszugehen, daß die Einkommenseffekte langfristig überwiegen und sich die Anteile dieser Sektoren verringern.

(4) Die Quoten von Sektoren, welche Konsumgüter mit niedriger Einkommenselastizität und niedriger Preiselastizität herstellen, sind bei steigendem Einkommen in jedem Fall rückläufig.

Vergleicht man den Einfluß von Einkommens- und Preiseffekten auf das Sektorpattern im Konsumgüterbereich, dann zeigt sich, daß die Einkommenseffekte die langfristige Tendenz des Umschichtungsprozesses bestimmen, welche meist nur mittelfristig von Preiseffekten überlagert werden.[23] Darüberhinaus haben empirische Untersuchungen gezeigt, daß

---

22) CHOW ermittelte für Automobile eine Einkommenselastizität in einer Größenordnung von 1,5 bis 2.o und HYMANS eine Preiselastizität nahe null; vgl. G.E.CHOW: Statistical Demand Functions for Automobiles and their Use for Forcasting, in: A.C.HARBERGER (Hrsg.): The Demand for Durable Goods, Chicago, London, 196o, S. 159, zitiert nach E. GÖRGENS, a.a.O., S. 87, und vgl. S.H.HYMANS: Consumer Durable Spending, Explanation and Prediction, Brookings Paper of Economic Activity No. 2 (197o), S. 181f..

23) vgl. CH.PLASSMANN: Bestimmungsgründe der Nachfrage nach dauerhaften Konsumgütern, Berlin 1964, S. 75f. und 97, vgl. H.S. HOUTHAKKER, L.D.TAYLOR, a.a.O., S. 2o5-227.

im Regelfall eine Parallelität von Einkommens- und Preiselastizität besteht.[24] Faßt man diese Tatbestände zusammen, dann ergibt sich eine weitgehend nachfrageseitig bestimmte Erklärung für die Entwicklung des Sektorpattern des Konsumgüterbereiches in der Bundesrepublik.

Im *Investitionsgüterbereich* zeigte sich in der Bundesrepublik im Beobachtungszeitraum eine Anteilsverschiebung zu Lasten der Grundstoffindustrien und zu Gunsten der weiterverarbeitenden Industrie, d.h. zu Gunsten der Investitionsgütersektoren i.e.S., der Hersteller von Produktionsanlagen und Ausrüstungen. Betrachtet man den gesamten Investitionsgüterbereich, dann läßt sich seine "Einkommenselastizität" in einer wachsenden Volkswirtschaft an der Entwicklung der Investitionsquote ablesen. In der Bundesrepublik zeigte sich in den 5Oer Jahren ein Ansteigen der Investitionsquote von ca. 2o% auf 25%, im Untersuchungszeitraum 196o/72 blieb die Investitionsquote, von Schwankungen abgesehen, relativ konstant auf einem Niveau von 25% bis 26%.[25] Trennt man die Investitionen in Bauinvestitionen und nicht bauliche Ausrüstungen, dann wird sichtbar, daß die Quote der Bauinvestitionen von 195o bis 1972 konstant in einer Größenordnung von 13% lag, während sich der Anteil der nicht baulichen Investitionen relativ kontinuierlich von 8% auf 13% erhöhte.[26] Sieht man einmal von der Wiederaufbauphase bis Anfang der 6Oer Jahre ab, dann zeigt sich im Beobachtungszeitraum tendenziell ein Verhalten der Investoren, daß bei steigendem BIP der Anteil der nicht baulichen Investitionen wächst, während der Anteil der Bauinvestitionen konstant bleibt. In Analogie zur Einkommenselastizität von Konsumgütern besitzen demnach Ausrüstungsinvestitionen eine "Einkommenselastizität" von größer als 1. Dieser Umstand gibt

---

24) HOUTHAKKER und TAYLOR (zitiert nach E.GÖRGENS, a.a.O., S. 78) ermittelten eine entsprechende Rangkorrelation von o.81.

25) vgl. Sachverständigenrat zur Begutachtung der gesamtwirtschaftlichen Entwicklung: Jahresgutachten 1974/75, Deutscher Bundestag, Bonn 1974, S. 234f..

26) vgl. ebenda.

eine Erklärung für die Erhöhung der Anteile der Sektoren *Montage* und *Elektro*.

Die Anteilsverschiebungen innerhalb des Investitionsgüterbereiches lassen sich nur dann nachfrageseitig erklären, wenn man die volkswirtschaftlichen Lieferverflechtungen hinreichend genau ermitteln kann. Dann läßt sich aus der Konsumgüternachfrage die Investitionsgüternachfrage herleiten. Seit den Arbeiten von *Leontief* steht hierzu das statistische Instrument der Input-Output-Analyse zur Verfügung, mit dessen Hilfe sich eine Matrix der Verflechtungen zwischen Investitions- und Konsumsektoren und auch innerhalb dieser Bereiche erstellen läßt.[27] Entsprechende Untersuchungen gibt es auch für die Volkswirtschaft der Bundesrepublik.[28] Bei der vorliegenden Fragestellung nach einer Ableitung der Investitionsgüternachfrage aus der Konsumgüternachfrage besteht jedoch das theoretische wie statistische Problem, daß sich im wesentlichen Bereich der Kapitalgütersektoren, welche Investitionsgüter und langfristige Konsumgüter herstellen - dazu zählen die Bereiche Fahrzeugbau, Elektro- und feinmechanische Industrie, Holz und Kunststoff verarbeitende Industrie - eine ex-ante Trennung der Sektoren in Konsumgüter- oder Investitionsgütersektoren nicht vornehmen läßt und somit ein erheblicher Teil der Lieferbeziehungen intrasektoral stattfindet.
Die Lieferbeziehungen zwischen den Kapitalgüterindustrien und den Sektoren, welche ausschließlich Konsumgüter herstellen, wie Nahrungsmittel- und Tabakindustrie, Textil- und Lederindustrie, sind quantitativ gering, die Vorleistungen liegen in einer Größenordnung von etwa 2o% des Outputs der liefernden Sektoren.[29]

---

27) vgl. W.LEONTIEF : Input-Output Economics, in: Scientific American 1951, wiederabgedruckt in: derselbe: Input-Output Economics, New York, Oxford 1966, S. 13-29; und vgl. derselbe: Input-Output Analysis, In: Scientific American 1965, wiederabgedruckt in: derselbe: Input-Output Economics, New York, Oxford 1966, S. 134-155.

28) vgl. D.MERTENS, W. KIRNER: Investitionsverflechtungen in der BRD 195o -7o, DIW-Beiträge zur Strukturforschung, 1967/1, S. 67f.

29) vgl. dieselben,ebenda.

Ein relativ eindeutiger Verflechtungszusammenhang besteht im Grundstoffbereich beim Sektor *Steine* , welcher 7o% seines Outputs an die Bauindustrie liefert.[3o] Die Stagnation in diesem Teil des Grundstoffbereiches steht im Zusammenhang mit der Konstanz der volkswirtschaftlichen Investitionsquote für Bauten und dem Vordringen von Baumaterialien aus dem Bereich der Holz und Kunststoff verarbeitenden Industrie.

Der Sektor Chemie ist sehr heterogen, so daß auch hier zahlreiche intrasektorale Lieferverflechtungen vorliegen. Man kann jedoch davon ausgehen, daß seine Anteilserhöhung innerhalb des Sekundärbereiches im wesentlichen zu Lasten der traditionellen Grundstoffbereiche Eisen und Metall schaffende Industrie und Holzgrundstoffindustrie erfolgte. Gerade diese letztere Anteilsverschiebung zeigt, daß im Investitionsgüterbereich die Strukturwandlungen zu einem großen Teil angebotsseitig gesehen werden müssen, d.h. daß der technische Fortschritt zu Substitutionsprozessen zwischen den Sektoren geführt hat.

Der Einfluß des Staatsanteiles auf den sektoralen Strukturwandel besteht im wesentlichen aus zwei Effekten: Die Umverteilungswirkungen des progressiven Steuertarifs ändern die Zusammensetzung der Konsumnachfrage, und die staatlichen Investitionen sind Teil der Investitionsnachfrage. Bei der Fragestellung nach den Determinanten des sektoralen Strukturwandels innerhalb des Sekundärbereiches kommt der ökonomischen Aktivität des Staates, soweit sie die volkswirtschaftliche Nachfrage beeinflußt, nur eine untergeordnete Bedeutung zu: die Verteilungswirkungen auf die Konsumnachfrage bewirken lediglich eine Verzögerung im Wandel der Nachfragestruktur bei wachsendem Einkommen. Die staatlichen

---

3o) vgl. E. GÖRGENS, a.a.O., S. 12o.

Investitionen betrugen im Beobachtungszeitraum nur etwa 1/7 der Gesamtinvestitionen und entfielen zum weit überwiegenden Teil auf den Bausektor, welcher nicht zum Sekundärbereich gerechnet wird.[31)]

Eingangs der Untersuchung wurde im Kap. 1.1 gezeigt, daß die Wirtschaftsstruktur der Bundesrepublik aufgrund ihrer Stellung im Welthandel einen überdurchschnittlich ausgeprägten Sekundärbereich aufweist. Innerhalb des Sekundärbereiches ist die Wettbewerbssituation gegenüber ausländischen Anbietern sowohl auf dem Binnenmarkt wie auf Exportmärkten von Sektor zu Sektor unterschiedlich. Betrachtet man die Außenhandelsstatistiken des Beobachtungszeitraumes, dann zeigt sich, daß in den ausgesprochenen Konsumgütersektoren Nahrungsmittel- und Tabakindustrie sowie Textil- und Lederindustrie eine dauerhafte Nettoimportsituation bestand, d.h. in diesen Sektoren überstiegen die Importe die Exporte.[32)]

Eine gänzlich umgekehrte Situation bestand im Bereich der Kapitalgütersektoren bei der Produktion von Investitionsgütern und langlebigen Konsumgütern: hier überstiegen die Exporte die Importe.[33)] Die unterschiedliche internationale Wettbewerbssituation innerhalb des Sekundärbereiches hatte somit einen dämpfenden Einfluß auf die Entwicklung der "reinen" Konsumgütersektoren und einen expansiven Einfluß auf die Kapitalgütersektoren.

Vergleicht man zusammenfassend die binnenwirtschaftlichen und die außenwirtschaftlichen Determinanten, so zeigt sich für den Beobachtungszeitraum i.d.R. eine Parallelität der

---

31) vgl. Sachverständigenrat zur Begutachtung der gesamtwirtschaftlichen Entwicklung: Jahresgutachten 1974/75, a.a.O., S. 234f..

32) vgl. Außenhandelsstatistik des Statistischen Bundesamtes, in: Statistisches Jahrbuch, 196o-1973.

33) vgl. ebenda.

Einflußrichtung auf das Sektorpattern im Sekundärbereich, d.h.die expansiven Effekte kumulierten zu Gunsten der Kapitalgütersektoren und die dämpfenden Effekte zu Lasten der "reinen" Konsumgütersektoren.

2.2.3. Raum und Raumökonomik: Determinanten sektoraler Standortmuster

Die Nationalökonomie vernachlässigt - abgesehen von der Theorie der Außenwirtschaft - die unterschiedliche räumliche Inzidenz ökonomischer Prozesse, so daß *Isards* pointierte Kritik, die moderne ökonomische Theorie beschränke sich auf ein "wonderland of no dimensions", seine Berechtigung hat.[1)] Der sektorale Strukturwandel kann sich in einem betrachteten Gesamtraum nur dann regional gleichmäßig vollziehen, wenn die verschiedenen Sektoren ein zwar jeweils eigenes, aber räumlich regelmäßiges Standortpattern aufweisen. Voraussetzungen dafür sind jedoch homogene Sektoren und ein homogener Gesamtraum.

Teilt man die Betriebe des Sekundärbereiches in unterschiedliche Sektoren ein, dann ist keine Klassenbildung denkbar, bei der innerhalb der Klassen eine Heterogenität der Betriebe des gleichen Sektors vermieden werden könnte.[2)] Darüber hinaus weist das Bundesgebiet eine Vielzahl demographischer, topologischer und ökonomischer Inhomogenitäten auf, so daß ein räumlich regelmäßiges Gesamtmuster für keinen Sektor erwartet werden kann. Man muß vielmehr davon ausgehen, daß jeder Sektor eigene, sektorspezifische Standortanforderungen hat, die u.a. davon bestimmt werden, inwieweit der Sektor input- oder outputorientiert ist und welche Bedeutung der Verfügbarkeit bestimmter Qualitäten oder Quantitäten relevanter Inputs zukommt. Aus der Wechselbeziehung von Standortanforderungen und vorhandenen

---

1) W. ISARD: The General Theory of Location and Space Economics, in: Quarterly Journal of Economics, Vol. 63 (1949), S. 477.

2) Es sei denn, jeder Betrieb ist sein eigener Sektor.

Standortqualitäten ergibt sich das regionale Verteilungspattern jedes Sektors, das zwar tendenziell vom Standortmuster anderer Sektoren abweicht, aber davon nicht unabhängig ist; es bestehen regional sowohl Konkurrenzbeziehungen um knappe Inputs als auch Lieferverflechtungen vielfacher Art.

Betrachtet man das räumliche Standortpattern eines einzelnen Sektors, dann resultiert es aus seiner Produktionsfunktion und hat somit seine Grundlage im betrieblichen Standortkalkül. Die Ermittlung der gewinnmaximalen Standorte wird nicht nur im relativ seltenen Fall von Neugründungen von Betrieben durchgeführt. Da Unternehmungen oft über mehrere Produktionsstätten verfügen und sich das Wachstum von Produktionseinheiten aufgrund mangelnder Teilbarkeiten meist stufenweise vollzieht, ergibt sich bei Produktionsausdehnung das Entscheidungsproblem nach der Wahl des besseren Standortes unter bereits bestehenden. Gleichfalls stellt sich für Unternehmungen in stagnierenden Sektoren das Entscheidungsproblem, bei technischem Fortschritt ein gleichbleibendes Produktionsvolumen auf eine verringerte Zahl von Produktionsstätten zu konzentrieren und auf der Grundlage eines Standortkalküls eine Auswahl zu treffen.

Untersuchungen über die Determinanten von Standortentscheidungen und die Durchführung des Standortkalküls gehen zurück auf die Arbeiten von *Launhardt* und *A. Weber*. [3)]

---

3) Die im deutschsprachigen Bereich erste Einbeziehung der Standortproblematik in die Wirtschaftstheorie - allerdings für den Bereich der Landwirtschaft - stammt von J.H.v.THÜNEN: Der isolierte Staat in Beziehung auf Nationalökonomie und Landwirtschaft, erschienen in drei Teilen zwischen 1826 und 1863, 4. Auflage, Stuttgart 1966. Die erste Darstellung des Standortkalküls für einen industriellen Betrieb geht zurück auf W.LAUNHARDT: Der beste Standort einer gewerblichen Anlage, in: Zeitschrift des Vereins deutscher Ingenieure, Bd. 26 (1882), zitiert nach G.STAVENHAGEN: Wilhelm Launhardt, in: Handwörterbuch der Raumforschung und Raumordnung, Hannover 1966, Sp. 1o68-1o72 und A(lfred) WEBER: Über den Standort der Industrien. Erster Teil. Reine Theorie des Standorts, 2.Aufl., Tübingen 1922.

Ausgangspunkt der Überlegung ist dabei der einfachste denkbare Fall einer Standortwahl, wenn zur Produktion eines transportierbaren Outputs ein transportierbarer Input erforderlich ist, dessen punktförmige Lager- oder Sammelstelle vom ebenfalls punktförmigen Absatzmarkt räumlich getrennt ist.[4] Unterstellt man eine Einbettung beider Orte in einen homogenen ökonomischen Raum, dann wird die Wahl des Produktionsstandortes davon bestimmt, ob es ceteris paribus kostengünstiger ist, die zur Herstellung einer Output-Einheit erforderliche Menge des transportierbaren Inputs zu einem Produktionsstandort am Absatzmarkt zu transportieren oder eine Output-Einheit von einem Produktionsstandort am Inputvorkommen zum Markt zu transportieren. Ist der Transport des Inputs kostengünstiger, so ist ceteris paribus eine outputorientierte Produktionsstätte am Inputvorkommen gewinnmaximal. Da in der Realität oft zwei (oder mehr) Transportinputs in die Produktion industrieller Güter eingehen, ist bei unterschiedlichen Transportkosten für die Inputs und den Output oftmals ein transportorientierter Standort gewinnmaximal, d.h. ein Standort, an dem sich weder die Inputvorkommen noch der Absatzmarkt befinden. Die Lage eines solchen Standortes ist abhängig von der Relation der Transportkosten und der Struktur des Transportnetzes.[5]

Bei der kursorischen Diskussion der Determinanten des betrieblichen Standortkalküls wurde die Bedeutung der Transportkosten für die geographische Lage von Produktionsstandorten sichtbar. Die Struktur des Standortpattern eines Sektors wird charakterisiert sowohl durch die Anzahl der Produktionsstätten verteilt über den Raum als auch durch ihre relative Größe. Idealtypisch ist daher ein Sektorpat-

---

4) vgl. auch im folgenden A.WEBER: a.a.O., S. 15-94.

5) vgl. z.B. W.KUHN, R.E. KUENNE: An Efficient Algorithm for Numerical Solution for the Generalized Weber Problem, in: Journal of Regional Science, Vol.4 (1962), S. 21-23.

tern als *dispers* anzusehen, wenn "viele kleine" Standorte bestehen, und als *konzentriert*, wenn nur "wenige große" Standorte vorhanden sind. Da in der Realität ein Sektor immer über Standorte unterschiedlichen Produktionsniveaus verfügt, ist eine Typisierung seines Pattern hinsichtlich des räumlichen Konzentrationsgrades nur der Tendenz nach möglich.

Im wesentlichen sind es zwei Ursachenkomplexe, von deren Zusammenwirken es abhängt, ob sich das räumliche Grundmuster eines Sektors tendenziell dispers oder konzentriert ausbildet. Der erste Ursachenkomplex begünstigt die Entstehung von Produktionsschwerpunkten: Aufgrund der Inhomogenitäten des Raumes, z.B. der Größe lokaler Märkte, ist es an den verschiedenen Standorten in unterschiedlichem Maße möglich, interne oder externe Ersparnisse zu realisieren.[6] Externe Ersparnisse fallen an, wenn sich für einen Betrieb Kostensenkungen aus der Produktionstätigkeit eines anderen ergeben. *Isard* unterscheidet *localization economies* bei Spill-over-Effekten zwischen Betrieben des gleichen Sektors und *urbanization economies* bei Betrieben verschiedener Sektoren.[7] Interne Ersparnisse ergeben sich durch Senkung der Stückkosten bei einer Erhöhung des Produktionsniveaus. Zwar benutzen alle Produzenten eines Gutes im Prinzip die gleiche Produktionsfunktion, jedoch befinden sie sich entsprechend ihrem lokalen Markt und des damit verbundenen Produktionsvolumens nicht alle auf dem gleichen Abschnitt der Ertragskurve. Geht man davon aus, daß (in einem bestimmten Bereich der Ertragskurve) mit zunehmender Produktion die Grenzerträge steigen bzw. die Grenzkosten sinken, dann kann an "großen" Produktionsstandorten mit niedrigeren Stückkosten produziert werden als an "kleinen" Standorten. Das führt tendenziell dazu, daß die "großen" Anbieter ihre Marktgebiete ausdehnen und das Standortpattern

---

6) vgl. J.H.MÜLLER: Wirtschaftliche Grundprobleme der Raumordnungspolitik, Berlin 1969, S. 23.

7) vgl. W.ISARD: Location and Space Economy, New York, London 1956, S. 176ff..

des Sektors eine hohe räumliche Konzentration aufweist. Trägt der Produzent die Transportkosten und sind diese abhängig von der Entfernung,[8] dann kann er jedoch nur zu steigenden Stückkosten weitere Märkte beliefern.[9] Bei Preiskonkurrenz homogener Güter kann er sein Marktgebiet bis zu dem Punkt ausdehnen, an welchem ein anderer Produzent, welcher möglicherweise höhere Stückkosten,aber geringere Transportkosten hat, zu gleichem Preis anbietet.

Betrachtet man nur die Outputseite, dann begrenzen die Transportkosten des Outputs die Vorteile der Schwerpunktbildung der Produktion. Der von Sektor zu Sektor unterschiedliche Anteil der Transportkosten an den Gesamtkosten bzw. der Verlauf des jeweiligen Transportkostengradienten, der Kurve der Transportkosten je Stück in Abhängigkeit von der Entfernung, stellt somit den zweiten Ursachenkomplex für die Ausprägung des räumlichen Grundmusters eines Sektors dar, welcher das jeweilige Sektorpattern in Richtung räumlicher Dispersion beeinflußt. Dieser Einfluß ist umso stärker, je gleichmäßiger die relevanten Inputs über den Raum verteilt sind und je höher die Transportkosten des Outputs sind. Damit ist es bei gegebener räumlicher Verteilung der Nachfrage im wesentlichen vom Verlauf des Transportkostengradienten abhängig, ob sich ein tendenziell konzentriertes oder disperses Sektorpattern bildet.

Die Grundform des Transportkostengradienten ist abhängig vom Zusammenwirken dreier Determinanten: der Höhe der Transportfixkosten, der Möglichkeiten des Überganges von einer Transportart auf eine andere und der Wettbewerbssituation auf dem Transportmarkt.[1o] Grundsätzlich kann man davon ausgehen,

---

8) Vom HOTELLING-Fall "competion along a line", in welchem die Nachfrager die Transportkosten tragen, wird abgesehen. Vgl. H.HOTELLING: Stability in Competion, in: The Economic Journal, Vol.39 (1929),S.41-57.

9) vgl. auch im folgenden M.BECKMANN: Location Theory,New York 1968, S. 27-39 .

1o) vgl. auch im folgenden E.M. HOOVER: An Introduction to Regional Economics, New York 1971, S. 35-48.

daß Transportkosten Fixkostenbestandteile enthalten, welche sich sowohl je Einzeltransport in Form von Transportbereitstellungs-, Verladungs- und Verpackungskosten ergeben, als auch aufgrund von Kosten für Unterhalt und Bedienung der Transporteinrichtungen, welche nicht ausschließlich abhängig sind von der transportierten Menge und der Länge der Transportentfernung.[11] Ein hochentwickeltes Transportnetz wie in der Bundesrepublik besteht aus Transportachsen und Servicepunkten, an welchen der Übergang von einer Transportart auf eine andere möglich ist, wie z.B. Flug- oder Seehäfen,Bahnhöfen,Pipelineterminals etc. Da der Wechsel der Transportart i.d.R. mit Fixkosten verbunden ist, werden solche Servicepunkte oft als Produktionsstandorte gewählt, wenn die Standortwahl transportorientiert getroffen wird.

Da jede Transportart einen spezifischen Entfernungsbereich aufweist, in welchem sie kostengünstiger ist als die übrigen, besteht die Möglichkeit, je nach Entfernungskategorie die kostengünstigste Transportart zu wählen. Wie am Beispiel eines fiktiven Transportkostengradienten in Abb.1 ersichtlich ist., verstärkt sich die Abnahme der Transportkosten (je Stück)je km, da die Transportgrenzkosten je km bei dem Übergang auf eine andere Transportart treppenartig fallen: Der Transportkostengradient erhält einen degressiven Verlauf. Betrachtet man den Verlauf des Transportgradienten zwischen zwei Standorten, so wird seine Neigung auch davon bestimmt, ob die Standorte von Haupttransportachsen oder von Nebenlinien verbunden werden. Da bei Transporten auf Hauptachsen, welche eine hohe Kapazität und eine Vielzahl von Servicepunkten aufweisen, die Erzielung interner Ersparnisse je Stück möglich und meist auch eine Auslastung der

---

11) HOOVER(a.a.O.,S. 37) verweist auf eine empirische Messung eines Transportkostengradienten für Straßentransporte: Interstate Commerce Commission: Cost of Transporting Freight by Class 1 and Class 2 Motor Carriers of General Commodities, Washington,D.C., 1964, S. 3o und 33.

Abb. 1: Transportkostengradient bei drei Transportarten

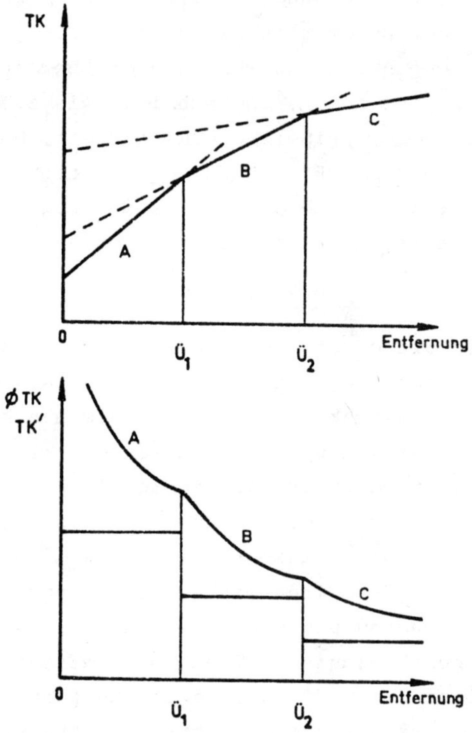

TK	Transportkosten (je Stück)
ØTK	Transportkosten (je Stück) je Entfernungseinheit
TK'	Transportgrenzkosten (je Stück) je Entfernungseinheit
A,B,C	drei Transportarten (z.B. Straßen-,Schiene-,Lufttransport)
$Ü_1$,$Ü_2$	Übergänge zwischen zwei Transportarten

Transportträger in beide Richtungen gewährleistet ist, wird der entsprechende Gradient sowohl eine vergleichsweise "flache" Neigung als auch ein verringertes Niveau aufgrund verringerter Fixkosten aufweisen.

Eine weitere Determinante des Gradientenverlaufes ist die Wettbewerbssituation auf dem Transportmarkt. Grundsätzlich ist der Wettbewerb umso intensiver, je mehr Transportarten für einen Sektor in Betracht kommen und je mehr Anbieter je Transportart zur Verfügung stehen. Dabei beschränkt sich der Wettbewerb jedoch zwischen Anbietern unterschiedlicher Transportarten auf die Entfernungen im Bereich der "Knickstellen" des Gradienten, d.h. auf diejenigen Entfernungsbereiche, für welche zwei Transportarten ein vergleichbares Kostenniveau aufweisen. Da die Besetzung der Angebotsseite am Transportmarkt entlang von Haupttransportachsen größer ist als an Nebenachsen, verstärkt sich der "flache" Verlauf des Gradienten an Hauptachsen. Darüber hinaus ermöglicht die vergleichsweise geringe Anzahl von Anbietern an Nebenachsen eine monopolistische Preisdiskriminierung der Nachfrager, wodurch der "steile" Verlauf des Gradienten in diesem Bereich noch weiter verstärkt wird.[12] Faßt man die Auswirkungen der verschiedenen Determinanten auf die Grundform des Transportkostengradienten zusammen, dann kann man grundsätzlich davon ausgehen, daß der Gradient einen "geknickt" degressiven Verlauf hat, wobei Neigung und Niveau von sektorspezifischen Transportbedingungen und der Lage des betrachteten Standortes im Transportnetz abhängen. Bevor die konkrete Ausprägung der räumlichen Sektorpattern in der Bundesrepublik untersucht wird, wird mit Hilfe eines partialanalytischen Modells aufgezeigt, wie sich in einem Ausschnitt des Gesamtraumes das Standortpattern eines Sektors in Abhängigkeit von internen oder externen Ersparnissen und dem Verlauf des Transportkosten -

12) vgl. E.M.HOOVER, a.a.O., S. 41.

gradienten ausbildet.

Miksch unterscheidet idealtypisch Standortpattern eines Sektors danach, ob Produzenten oder Nachfrager oder beide punktförmig konzentriert oder gleichmäßig über einen betrachteten Gesamtraum verteilt sind.[13)] Für die theoretische Analyse des Standortmusters eines Sektors erscheint es zweckmäßig, aus den vier denkbaren Grundtypen einen Mischtyp zu konstruieren, welcher der Realität nahekommt: Die Produzenten eines Sektors sind punktförmig verteilt, und die Nachfrager sind sowohl punktförmig (Städte) als auch gleichmäßig über den Raum (ländliche Gebiete) verteilt. Die Produzenten haben ihre Standorte in den Konzentrationspunkten der Nachfrager und realisieren je nach der Besetzung des Punktmarktes bei unterschiedlichem Umfang interne Ersparnisse, was zu unterschiedlichen Stückkosten führt. Unterstellt man Preiskonkurrenz für ein homogenes Gut und tragen die Anbieter die Transportkosten, dann bilden sich um die Standorte räumlich ausgedehnte Marktgebiete, denen entsprechend ihrer Ausdehnung ein bestimmtes Produktionsvolumen entspricht. Die Grenzen der Marktgebiete zweier Anbieter ergeben sich dort, wo beide zu gleichem Preis, d.h. der Summe von Stückkosten und Transportkosten, anbieten.

In Abb. 2 wird der Einfluß des Verlaufes des Transportkostengradienten auf die Ausprägung der Marktgebiete und damit auf die räumliche Verteilung der Produktion betrachtet. Zwei Produzenten -I und II- haben an ihren Standorten A und B unterschiedliche Stückkosten OK_I und OK_{II}, aber gleiche Transportfixkosten TF; der variable Teil des Transportkostengradienten wird einmal proportional zur Entfernung und einmal unterproportional angenommen. Es zeigt sich dabei, daß bei linearem Gradienten das Marktgebiet des Produzenten I kleiner ist als bei einem degressiven Gradienten: der

---

13) vgl. L.MIKSCH: Zur Theorie eines Räumlichen Gleichgewichts, in: Weltwirtschaftliches Archiv, Bd. 66 (1951/I), S. 7-16.

Abb. 2: Marktgebiete zweier Anbieter bei linearem und degressivem Transportkostengradienten

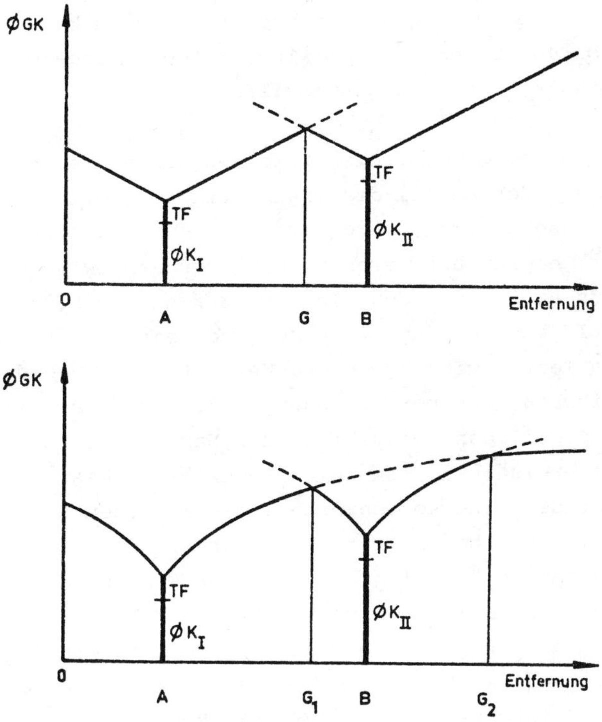

ØGK	Gesamtkosten je Stück (Summe aus Stückkosten ØK.am Standort, Transportfixkosten TF und variablen Transportkosten in Abhängigkeit von der Entfernung)
A,B	Standorte der Produzenten I,II
$G;G_1,G_2$	Grenzen der Marktgebiete

degressive Transportkostengradient verstärkt die bestehenden Stückkostenvorteile. Darüber hinaus wird bei einem degressiven Gradienten das Marktgebiet des Produzenten II vom Gebiet des Produzenten I eingeschlossen, denn rechts von G_2 bietet Produzent I zu niedrigerem Preis an als Produzent II. Ein räumliches Sektorpattern von der Form, daß das Marktgebiet eines Produzenten mit vergleichsweise höheren Stückkosten vom Marktgebiet eines Produzenten mit niedrigeren Stückkosten eingeschlossen wird, ist bei linearem Transportkostengradienten nicht möglich.[14)]

Da es von der Neigung des Transportkostengradienten abhängt, wie stark der Anteil der Transportkosten mit wachsender Entfernung zunimmt, wird davon auch die Möglichkeit für "newcomer" beeinflußt, sich an Marktgrenzen zwischen zwei Anbietern niederzulassen. In Abb. 3 sind die Produzenten I und II und zwei unterschiedliche degressive Transportkostengradienten wiedergegeben. Verläuft aufgrund der sektorspezifischen Transportbedingungen der Gradient vergleichsweise steil, dann besteht an der Marktgrenze G_1 ein relativ hohes Preisniveau; zugleich reduziert dieser Gradientenverlauf den Stückkostenvorteil des Produzenten I : AG_1 AG_2. Bei einem hohen Preisniveau an der Marktgrenze, verursacht durch den "steilen" Verlauf des Gradienten, ist für einen Produzenten III, welcher über noch höhere Stückkosten verfügt als Produzent II, die Möglichkeit eines Marktzuganges eher gegeben als bei einem "flachen" Gradienten. Aus Abb. 3 ist ersichtlich, wie ein Produzent III ein Marktgebiet G_1G_2 zu Lasten der Produzenten I und II erwerben kann.

Diese kursorische Modellanalyse eines Ausschnittes aus dem Standortpattern eines Sektors macht zwei Tatbestände deutlich:

---

14) vgl. W.LAUNHARDT: Mathematische Begründung der Volkswirtschaftslehre, Neudruck der Ausgabe von 1885, Aalen 1963, S. 159f..

Abb. 3: Marktzugang in Abhängigkeit vom Verlauf des Transportkostengradienten

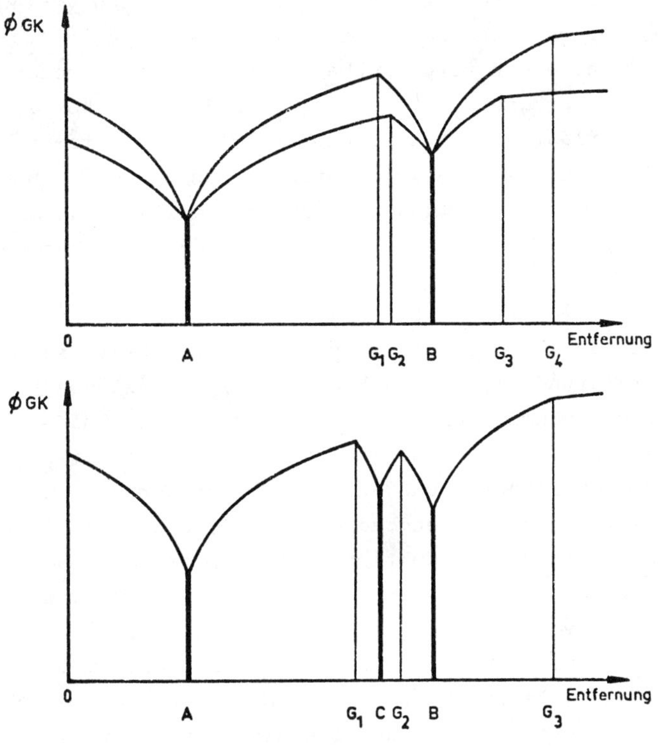

ØGK Gesamtkosten je Stück (Summe aus Stückkosten ØK. am Standort, Transportfixkosten TF und variablen Trαnsportkosten in Abhängigkeit von der Entfernung)

A,B,C Standorte der Produzenten I,II,III

G_1,G_2,G_3,G_4 Grenzen der Marktgebiete

(1) Ein räumlich konzentriertes Sektorpattern, bestehend aus wenigen "großen" überregionalen Anbietern, in deren Marktgebieten "kleine" lokale Anbieter eingeschlossen sind, bildet sich umso stärker aus, je größer die Möglichkeit der Erzielung externer oder interner Ersparnisse ist und je weiter der Transportkostengradient unterhalb einer Proportionalität zur Entfernung verläuft.

(2) Ein räumlich disperses Sektorpattern aus vielen "lokalen" Anbietern vergleichbarer Größenordnung entsteht umso ausgeprägter, je "steiler" der Transportkostengradient verläuft, da mit wachsender Transportentfernung der Transportkostenanteil entsprechend schnell zunimmt; dadurch werden Stückkostenvorteile reduziert und die Möglichkeiten des Marktzuganges für regionale "newcomer" verbessert.

Die räumlichen Grundmuster der verschiedenen Sektoren bilden sich aufgrund der intersektoralen Lieferbeziehungen nur teilweise unabhängig voneinander: Je größer der Umfang der ausgetauschten Güter und damit der Verflechtung zwischen zwei oder mehr Sektoren und je steiler der Verlauf der relevanten Transportkostengradienten ist, desto häufiger entstehen gemeinsame Produktionsstandorte mehrerer Sektoren. Die Standorttheorie hat seit den Arbeiten von *Christaller*[15) eine Vielzahl von Modellen entwickelt, welche die Bildung eines Standortpattern von mehreren Sektoren erklärt.[16) Dabei wird aufgezeigt, daß sich die Marktgebiete von Sektoren so überlagern können, daß eine Hierarchie unterschiedlich großer Standorte als System "zentraler Orte" entsteht.

---

15) W.CHRISTALLER: Zentrale Orte in Süddeutschland. Eine ökonomisch-geographische Untersuchung über die Gesetzmäßigkeit der Verbreitung und Entwicklung der Siedlungen mit städtischen Funktionen, Nachdruck der 1. Aufl. von 1933, Darmstadt 1968.

16) vgl. A.LÖSCH: Die räumliche Ordnung der Wirtschaft, 3. Aufl., Stuttgart 1962,und M.BECKMANN,a.a.O., S. 72-85, sowie E.v. BÖVENTER: Towards a United Theory of Spatial Economic Structure, in: Regional Science Association, Papers Vol. 1o (1963),S.163-187.

Da die Grundvoraussetzung dabei stets ein jeweils regelmäßiges Pattern der Einzelsektoren ist, kommt diesen Modellansätzen bei einer Analyse des Sekundärbereiches nur eine geringe empirische Relevanz zu.

2.2.4. Die räumliche Verteilung der Sektoren im Zeitablauf: Konzentration versus Dispersion.

Die räumliche Verteilung der Sektoren ist für die Jahre 1961 und 1971 in Tabelle 1.2 dargestellt. Die Tabelle enthält die regionale Verteilung je Sektor als Prozentverteilung (Spaltensummen = 1oo%), so daß ausgewiesen wird, welche prozentualen Anteile der Beschäftigung der Sektoren jeweils auf die Teilräume des Bundesgebietes entfallen. Betrachtet man das räumliche Pattern der Sektoren des Sekundärbereiches der Bundesrepublik, dann zeigen sich schon auf den ersten Blick unterschiedliche Grundmuster. Dabei ist allerdings zu beachten, daß das jeweilige Standortpattern eines Sektors im Zusammenhang gesehen werden muß mit der unterschiedlichen Größe der Teilräume, d.h. die räumliche Verteilung eines Sektors wird beeinflußt von der räumlichen Verteilung des gesamten Sekundärbereiches. Folglich ergeben sich die Charakteristika des räumlichen Grundmusters eines Einzelsektors aus seinen *Abweichungen* vom Grundmuster des Sekundärbereiches insgesamt.

Um die Grundmuster der Sektoren vergleichen zu können, inwieweit sie als dispers oder konzentriert angesehen werden können, wird eine Kennzifferanalyse durchgeführt. Ausgangspunkt ist dabei die Bildung einer Kennziffer, welche unabhängig von der Sektorgröße seine räumliche Verteilung charakterisiert: Eine solche Kennziffer ist das *Medianverhältnis*.[1] Dabei wird für jeden Sektor die Anzahl n_i der Regionen, welche insgesamt 5o% der Beschäftigten des Sektors i auf sich vereinigen, ins Verhältnis gesetzt zur entsprechenden Anzahl N der Regionen für den gesamten Sekundärbereich. Da

1) MV_i^t Medianverhältnis des Sektors i zum Zeitpunkt t, n_i^t Anzahl der Regionen, welche 5o% der Beschäftigung des Sektors i auf sich vereinigen. B_{ij}^t Beschäftigung des Sektors i in der Region j. N^t Anzahl der Regionen, welche 5o% der Beschäftigung des gesamten Sekundärbereichs auf sich vereinigen.

TABELLE 1.2 : REGIONALE VERTEILUNG DER SEKTOREN, VERGLEICHSVARIABLE: BESCHAEFTIGTE

BEOBACHTUNGSZEITPUNKT: 1961 (DREIJAHRESDURCHSCHNITT)

REGION	SEKTORGRUPPEN											REG. ANTEIL
	STEINE	EISEN	CHEMIE	HOLZ 1	MNTAGE	ELEKTR	KERAM	HOLZ 2	PAPIER	TEXTIL	NAHRG.	
SCHL-H	3.2	.8	1.4	2.6	2.9	1.9	2.2	1.3	3.3	1.9	5.2	2.3
HAMB	1.2	.7	5.3	.8	4.3	3.0	.8	1.1	5.8	.8	7.0	3.0
HANN	2.9	.7	5.9	1.3	2.9	2.3	2.3	3.3	2.8	1.4	3.8	2.6
HILD	2.8	2.1	.9	4.5	.6	2.4	2.5	2.4	1.8	.9	1.4	1.6
LUENEB	1.6	.1	.9	2.2	2.6	.2	.1	.7	.6	.5	1.5	1.1
STADE	1.0	.1	.2	.3	.2	.1	.2	.3	.4	.2	1.5	.3
OSNA	.9	1.3	.3	1.7	.6	.2	.1	.9	.9	2.3	1.2	.9
AURICH	.4	.0	.0	.1	.5	.1	.0	.1	.3	.1	.6	.2
BRAUN	1.5	2.0	.8	1.5	1.9	1.5	.5	1.0	1.4	.7	2.4	1.5
OLDENB	1.1	.2	.5	.4	1.3	.5	.4	.6	.8	1.1	1.1	.8
BREM	1.0	.1	.2	.7	2.5	.9	.0	.5	.9	.7	3.2	1.2
DUESS	7.9	27.2	17.8	5.7	12.0	11.1	9.7	4.5	10.6	12.7	9.2	13.1
KOELN	3.7	2.8	8.0	3.4	5.2	3.5	6.5	3.0	4.4	1.9	3.2	4.0
AACHEN	1.2	1.4	2.4	4.3	.7	1.4	5.0	.7	1.7	1.8	1.9	1.5
MUENST	3.4	1.8	3.1	1.1	2.1	1.3	3.1	2.5	1.6	7.3	2.2	2.8
DETMO	2.6	1.7	1.0	6.8	2.9	2.0	1.7	11.1	5.4	5.3	5.6	3.6
ARNS	5.2	28.4	2.5	4.6	7.1	9.3	2.6	3.6	4.0	2.0	4.2	8.0
DARMST	7.3	4.0	13.8	5.0	7.7	8.6	4.1	5.7	8.2	4.8	6.3	7.2
KASSEL	2.3	.6	2.4	1.8	2.2	1.2	1.1	1.8	1.5	2.5	1.3	1.8
KOBL	7.7	2.0	.9	2.5	.7	1.0	4.2	3.3	1.4	1.0	1.6	1.5
TRIER	.6	.1	.5	.8	.1	.1	.7	.2	.2	.2	.6	.2
RHES-P	4.0	.9	11.1	3.5	2.2	1.3	4.0	2.7	2.8	4.5	2.3	3.1
NWUERT	4.8	3.4	3.2	5.6	12.3	12.2	2.3	11.3	9.5	9.1	5.0	8.8
NBAD	4.3	1.6	3.1	5.0	4.1	6.2	2.1	7.7	3.8	3.1	4.7	4.1
SBAD	2.5	2.2	2.6	6.3	2.0	3.4	2.1	3.4	4.4	4.4	4.1	3.1
SWUERT	2.1	1.1	.8	4.4	3.2	3.9	.4	4.5	2.9	7.4	1.5	3.4
OBAY	3.7	.9	4.3	7.2	4.5	6.2	1.2	3.9	6.8	3.6	4.4	4.3
NIEBAY	3.5	.0	.8	2.9	.6	.8	2.7	1.3	.4	1.2	1.7	1.0
OBPFAL	3.5	1.0	.4	1.8	.2	1.2	11.3	1.1	.8	1.2	1.0	1.2
OBFRA	3.1	.3	.4	1.5	1.2	1.6	18.0	4.9	1.9	5.8	2.1	2.5
MITFRA	3.0	1.8	1.2	1.0	2.3	7.4	4.5	5.9	4.2	1.5	2.6	3.3
UNTFRA	2.3	.5	1.2	4.3	2.5	1.4	1.3	1.1	1.5	2.3	1.8	1.8
SCHWA	2.4	1.1	1.8	3.2	2.6	1.1	1.6	3.0	2.4	5.2	2.5	2.5
SAARL	1.2	6.9	.4	1.3	1.4	.7	.6	.6	.7	.6	1.7	1.6
SUMME	100.0	100.0	100.0	100.0	100.0	100.0	100.0	100.0	100.0	100.0	100.0	100.0
SEKTOR-ANTEIL	3.6	11.1	8.0	2.3	23.7	18.0	2.3	5.0	4.0	15.4	6.7	100.0

TABELLE 1.2 : REGIONALE VERTEILUNG DER SEKTOREN, VERGLEICHSVARIABLE: BESCHAEFTIGTE

BEOBACHTUNGSZEITPUNKT: 1971 (DREIJAHRESDURCHSCHNITT)

REGION	SEKTORGRUPPEN											REG. ANTEIL
	STEINE	EISEN	CHEMIE	HOLZ 1	MNTAGE	ELEKTR	KERAM	HOLZ 2	PAPIER	TEXTIL	NAHRG.	
SCHL-H	3.2	.8	1.6	2.5	2.9	2.2	2.1	1.9	4.7	1.4	5.3	2.4
HAMB	1.1	.6	4.2	.5	3.0	2.3	.8	.8	3.8	.4	5.8	2.4
HANN	3.0	.8	4.8	1.5	3.0	2.2	2.7	3.1	2.6	1.4	4.4	2.6
HILD	2.7	1.9	1.0	2.9	.7	2.5	2.6	1.9	2.8	.8	1.2	1.5
LUENEB	1.6	.1	1.1	1.8	3.3	.5	.1	.9	.7	.7	2.0	1.4
STADE	1.0	.1	.3	.3	.3	.1	.2	.4	.4	.2	1.9	.4
OSNA	1.1	1.3	.1	2.6	.7	.2	.1	1.0	1.0	2.6	1.8	1.0
AURICH	.4	.0	.0	.3	.9	.1	.0	.3	.2	.2	.6	.3
BRAUN	1.5	2.0	.9	1.2	2.0	1.4	.6	.8	1.3	.6	2.0	1.5
OLDENB	1.0	.1	.4	.4	1.3	.7	.4	.7	1.0	1.1	1.6	.9
BREM	.6	.0	.2	.7	1.7	1.0	.0	.3	.8	.5	4.1	1.1
DUESS	7.7	25.9	18.1	5.1	10.7	9.3	9.8	4.1	10.1	10.3	8.6	11.8
KOELN	3.3	2.8	7.4	4.0	5.2	3.2	6.1	2.4	4.3	1.4	2.9	3.9
AACHEN	.9	1.3	2.1	4.7	.9	1.4	5.7	.7	1.9	1.7	1.9	1.5
MUENST	3.7	1.7	3.3	1.4	2.4	1.7	3.6	3.1	1.9	7.1	2.6	2.9
DETMO	2.3	1.9	1.0	7.4	2.3	2.1	1.7	10.7	5.8	5.5	5.3	3.4
ARNS	5.1	27.4	2.5	4.7	6.2	8.0	2.9	3.9	4.0	2.0	4.4	7.3
DARMST	8.1	4.1	14.0	3.8	7.3	8.8	3.7	7.2	8.6	4.6	5.9	7.4
KASSEL	2.2	.8	2.5	1.3	2.5	1.2	.7	2.2	1.6	2.7	1.5	1.9
KOBL	6.4	1.7	1.3	2.7	1.1	1.2	5.0	3.5	1.7	1.3	1.6	1.7
TRIER	.6	.2	.1	.7	.2	.2	.6	.6	.3	.7	.7	.4
RHES-P	3.6	.8	9.8	3.7	2.7	1.4	4.7	2.8	2.6	4.4	2.2	3.2
NWUERT	4.9	4.2	2.7	5.3	13.0	11.8	3.2	9.7	9.3	8.4	4.8	9.0
NBAD	4.9	2.0	5.5	5.3	3.8	5.8	2.9	6.2	3.3	2.5	3.3	4.2
SBAD	3.1	2.9	3.2	7.7	2.1	4.2	1.9	4.0	4.1	4.6	3.1	3.4
SWUERT	2.8	1.4	.9	4.8	3.6	3.9	.7	4.5	2.6	7.7	1.6	3.5
OBAY	4.7	1.0	4.5	7.9	5.5	7.0	1.2	3.9	6.6	4.0	4.6	4.9
NIEBAY	2.9	.2	.6	2.6	.6	1.4	3.0	1.5	.5	2.0	1.8	1.2
OBPFAL	3.9	.9	.4	1.9	.2	1.8	11.5	1.2	.8	1.7	1.4	1.3
OBFRA	3.0	.3	.5	1.3	1.1	1.4	14.5	5.2	1.7	6.3	1.8	2.3
MITFRA	2.8	2.0	1.1	1.0	1.8	6.9	3.6	5.2	3.9	1.8	2.6	3.2
UNTFRA	2.5	.7	1.2	3.7	2.9	1.4	1.5	1.3	2.0	3.3	1.9	2.0
SCHWA	2.5	1.4	2.1	3.2	2.5	1.8	1.3	3.1	2.7	4.9	3.1	2.6
SAARL	.9	6.9	.7	1.2	1.8	.9	.7	1.0	.2	1.0	1.7	1.7
SUMME	100.0	100.0	100.0	100.0	100.0	100.0	100.0	100.0	100.0	100.0	100.0	100.0
SEKTOR-ANTEIL	3.0	9.7	9.1	1.8	25.6	19.8	2.0	5.8	4.4	12.4	6.3	100.0

aufgrund der Unteilbarkeit der Regionen die 5o%-Schwelle in unterschiedlichem Umfang überschritten wird, wird ein Korrekturfaktor k einbezogen, welcher diese Unschärfen berücksichtigt. Es ergibt sich somit folgende Kennziffer:

$$MV_i^t = \frac{n_i^t}{N^t} \cdot k_i^t \quad \text{mit} \quad k_i^t = \frac{b_i^t}{B_{..}^t} \quad \text{und} \quad b_i^t = \sum_j^n B_{ij}^t$$

Das Medianverhältnis MV_i eines Einzelsektors i hat den Wert 100%, wenn für den betrachteten Sektor die gleiche Anzahl von Regionen 5o% der Beschäftigten auf sich vereinigen wie für den gesamten Sekundärbereich (und wenn der im Korrekturfaktor gleich 1 ist). Ist das Pattern eines Einzelsektors i stärker räumlich konzentriert, so ist sein Medianverhältnis kleiner als 1oo%, der kleinste theoretisch mögliche Wert beträgt o,15%, wenn sich die Beschäftigung eines Sektors vollständig auf eine Einzelregion konzen - triert. Ist das Pattern eines Einzelsektors jedoch stärker dispers als das Pattern des gesamten Sekundärbereiches, dann ist das Medianverhältnis größer als 1oo%, der größte theoretisch mögliche Wert beträgt 226%, wenn eine räumliche Gleichverteilung besteht, d.h. jede Region einen absolut gleichen Anteil an der Beschäftigung des Sektors hat.

TAB. 1.3: RAEUMLICHE KONZENTRATION DER SEKTOREN
VERGLEICHSVARIABLE: BESCHAEFTIGTE

SEKTOR	MEDIANVERHAELTNIS 1961 (1)	1971 (2)	CHI-Q.-KOEFFIZIENTEN 1961 (3)	1971 (4)
STEINE	128.0	122.7	325.	293.
EISEN	24.0	24.4	11384.	9714.
CHEMIE	52.6	59.3	3277.	3873.
HOLZ 1	118.3	110.7	234.	219.
MNTAGE	87.9	88.0	5095.	5406.
ELEKTR	74.6	75.3	4776.	4701.
KERAM	66.0	74.2	784.	596.
HOLZ 2	91.3	98.5	976.	1014.
PAPIER	92.0	97.2	709.	774.
TEXTIL	88.4	90.7	3154.	2226.
NAHRG.	116.3	122.2	673.	536.

In Tabelle 1.3 sind in den Spalten (1) und (2) die Medianverhältnisse der Einzelsektoren für die Jahre 1961 und 1971 wiedergegeben. Betrachtet man die Verteilung der Kennziffern, dann lassen sich die Einzelsektoren in vier Gruppen unterteilen:

(1) Drei Sektoren mit $MV_i > 100\%$.
Die Sektoren *Steine*, *Holz 1* und *Nahrung* weisen jeweils ein räumliches Grundmuster auf, das eine geringere räumliche Konzentration besitzt als der Sekundärbereich insgesamt. Diese Sektoren haben somit ein vergleichsweise disperses Pattern. Dieser Umstand kann nicht überraschen, da sowohl die Grundstoffbereiche der Industrie der Steine und Erden und der Holzindustrie als auch die Nahrungs- und Genußmittelindustrie über räumlich gleichmäßig verteilte Inputs verfügen und der Transport über Outputs einen "steilen" Transportkostengradienten aufweist, d.h. die Transportkosten nehmen mit steigender Entfernung im Vergleich zum Warenwert sehr schnell zu. Die an Schwerpunktstandorten erzielten internen oder externen Ersparnisse werden mit wachsender Entfernung der Märkte vom Standort sehr schnell überkompensiert von den Transportkosten, so daß sich vergleichsweise disperse Standortpattern ausgebildet haben.

(2) Drei Sektoren mit $90\% < MV_i < 100\%$.
Die Sektoren *Holz 2*, *Papier* und *Textil* weisen jeweils räumliche Grundmuster auf, welche einen vergleichbaren Konzentrationsgrad besitzen wie der Sekundärbereich insgesamt. Die regionale Verteilung dieser Sektoren in Tabelle 1.2 läßt erkennen, daß diese Sektoren in den industriellen Schwerpunkten i.d.R. nur unterproportional vertreten sind und daß teilweise Produktionsschwerpunkte außerhalb der Ballungsräume bestehen. Man kann davon ausgehen, daß diese Sektoren, die Holz und Kunststoff verarbeitende Industrie, die Druck- und Papierindustrie und die Textil- und Lederindustrie, absatz- *und* kostenorientierte Standorte aufweisen, d.h. daß diese Sektoren einerseits in Marktnähe produzieren, aber

andererseits Standorte in Ballungsgebieten (zunehmend) meiden, da dort das hohe Kostenniveau der ubiquitären Inputs durch interne oder externe Ersparnisse nicht ausgeglichen werden kann.

(3) Drei Sektoren mit 6o% $< MV_i <$ 9o%.
Die Sektoren *Montage*, *Elektro* und *Keramik* besitzen jeweils ein Standortpattern, welches signifikant stärker räumlich konzentriert ist als das des Sekundärbereichs insgesamt. Die Sektoren des Fahrzeug- und Maschinenbaues und der Eletro- und feinmechanischen Industrie sind vor allem in den Ballungsräumen stark vertreten und haben daher teilweise die gleichen Hauptproduktionsstandorte. Die an diesen Standorten erzielten externen oder internen Ersparnisse werden von den relativ "flachen" Transportkostengradienten nicht überkompensiert, da die Transportkosten auch bei großer Entfernung von den Märkten nur einen relativ geringen Anteil des Warenwertes ausmachen. Ähnliches gilt für die Keramik- und Glasindustrie, welche ihre zwei traditionellen Hauptstandorte in Oberfranken und in der Oberpfalz besitzt.

(4) Zwei Sektoren mit 2o% $< MV_i <$ 6o%.
Die Sektoren *Eisen* und *Chemie* haben die höchste räumliche Konzentration der Beschäftigung von allen Sektoren. Die Eisen- und Metall schaffende Industrie hat ihre Standorte immer noch überwiegend an den (ehemaligen) Lagerstätten des Inputs Kohle, welche entsprechend höhere Transportkosten aufweist als Eisenerz oder Roheisen. Mit dem wachsenden Einsatz von Importkohle sind die Anteile der Hauptstandorte jedoch rückläufig. Die chemische Industrie hat ihre Hauptstandorte transport- wie inputorientiert entlang der "Rheinschiene", da hier sowohl die erforderlichen Kapazitäten für Massentransporte bestehen als auch die Möglichkeit zu Wasserentnahme und Abwassereinleitung gegeben ist.

Betrachtet man die Entwicklung des räumlichen Konzentrationsgrades, gemessen als Medianverhältnis, im Zeitablauf, dann hat sich dieser für den gesamten Sekundärbereich verringert. Der Beschäftigungsanteil der acht größten Regionen sank von 53,1 auf 52,o%. Diese rückläufige Entwicklung der räumlichen Konzentration zeigte sich in allen Sektoren mit Ausnahme des Sektors *Nahrung* ; bei diesem relativ dispers verteilten Sektor ergab sich eine geringfügige Erhöhung der räumlichen Konzentration seines Standortpattern.

Bei einer Beurteilung der Entwicklung des räumlichen Konzentrationsgrades an Hand des Medianverhältnisses muß beachtet werden, daß in diese Kennziffer nur die Entwicklung an den Hauptstandorten eingeht. Um festzustellen, ob der Beschäftigungsrückgang in den Ballungsgebieten zur Folge hat, daß eine insgesamt gleichmäßigere räumliche Verteilung entsteht oder ob eine Konzentration im Bereich "mittelgroßer" Standorte stattfindet, ist eine zusätzliche Kennzifferanalyse erforderlich.

Um die Frage zu beantworten, welche Konzentrations- oder Dekonzentrationstendenz bzgl. des Gesamtpattern eines Sektors besteht, wird für jeden Sektor ein Chi-Quadrat-Test durchgeführt[2)], der Auskunft darüber gibt, ob die regionale Verteilung des Sektors von einer regionalen Gleichverteilung abweicht. Wesentlich ist bei dieser Untersuchung jedoch nicht, ob das regionale Verteilungspattern als regionale Gleichverteilung gelten kann, sondern ob es sich im Zeitablauf tendenziell einer Gleichverteilung annähert oder davon entfernt. Alle Sektoren, auch diejenigen, welche ein relativ disperses regionales Pattern aufweisen, wie die Sektorgruppen *Steine*, *Holz 1* und *Nahrung*, weisen für ein Signifikanzniveau von 95% ein regionales Verteilungspattern auf, welches signifikant von einer regionalen Gleichverteilung abweicht.

---

2) Vgl. E.KREISZIG: Statistische Methoden und ihre Anwendung, 3.Aufl., Göttingen 1972, S. 229 - 234.

In Tabelle 1.3, Spalte (3) und (4), sind die errechneten Chi-Quadrat-Koeffizienten für die Beobachtungszeitpunkte 1961 und 1971 wiedergegeben. Prinzipiell gilt, je größer ein Koeffizient ist, desto mehr weicht die regionale Verteilung des Sektors von einer regionalen Gleichverteilung ab, d.h. desto stärker ist seine regionale Wirtschaftsstruktur konzentriert. Dabei muß jedoch beachtet werden, daß die Werte der Koeffizienten niveauabhängig sind, d.h. bei zwei Sektoren von unterschiedlicher Größe, aber mit gleichem Verteilungspattern hat der größere Sektor den größeren Chi-Quadrat-Koeffizienten. Daher ist ein intersektoraler Vergleich nur zwischen annähernd gleich großen Sektoren möglich. Eine Rangfolge der Sektoren, entsprechend ihrem räumlichen Konzentrationsgrad , kann mit dieser Kennziffer nicht gebildet werden.

Die Chi-Quadrat-Koeffizienten zeigen, daß sich - betrachtet man das gesamte Standortpattern - die räumliche Konzentration in vier der fünf Wachstumssektoren erhöht hat: für die Sektoren *Chemie*, *Montage*, *Holz 2* und *Papier*. Der Wachstumssektor *Elektro* verzeichnet eine nur sehr geringfügige Verringerung seines räumlichen Konzentrationsgrades. Die übrigen Sektoren mit stagnierender oder rückläufiger Beschäftigung zeigen insgesamt eine Entwicklung zu einer gleichmäßigeren räumlichen Verteilung, welche vor allem im Sektor *Textil* besonders ausgeprägt ist.

Faßt man die Ergebnisse der Kennzifferanalyse von Medianverhältnis und Chi-Quadrat-Koeffizienten zusammen, dann ergibt sich folgendes Bild:
(1) Der räumliche Konzentrationsgrad der Standortpattern nimmt für diejenigen Sektoren, deren Beschäftigung stagniert oder rückläufig ist, ab; dabei macht es keinen Unterschied, ob man die Entwicklung an den Hauptstandorten oder bezogen auf das gesamte Standortpattern betrachtet. Es besteht somit bei stagnierenden Sektoren eine positive Korrelation zwischen der Abnahme ihres Beschäftigungsanteils am

Sekundärbereich und der abnehmenden räumlichen Konzentration ihres Standortpattern.

(2) Bei Wachstumssektoren, welche ihre Anteile an der Beschäftigung des Sekundärbereiches erhöht haben, bestehen zwei gegenläufige Entwicklungen innerhalb ihres Standortpattern ; in den Ballungsgebieten zeigt sich auch bei ihnen der allgemein rückläufige Trend der Beschäftigung, insgesamt nimmt der räumliche Konzentrationsgrad ihrer Standortpattern jedoch zu. Das bedeutet, daß eine räumliche Konzentration an "mittelgroßen" Standorten stattfindet, welche den Rückgang an den Hauptstandorten überkompensiert. Die Elektro- und feinmechanische Industrie bildet hiervon nur teilweise eine Ausnahme, da der Rückgang an den Hauptstandorten durch die Konzentration an "mittleren" Standorten nicht ganz kompensiert wurde.

2.3. Die Regionen

2.3.1. Die 34 Einzelregionen

Bei einer empirischen Analyse der regionalen Wirtschaftsentwicklung in der Bundesrepublik stellt sich zu Beginn die definitorische Frage: Was ist eine Region? Wie kann sie identifiziert werden? Der Gesamtraum bietet sich jeder Analyse als ein Kontinuum, so daß eine Aufteilung in Regionen stets ein willkürliches Moment enthält. Eine prägnante Antwort auf die Frage nach der Identifikation einer Region gibt *Isard:*"..the region may be both a concept and a concrete reality."[1] In dieser Definition sind die beiden konstitutiven Grundelemente jeder Regionsidentität genannt, welche in einem gegenseitigen Spannungsverhältnis stehen: Abstraktion aufgrund einer Untersuchungskonzeption und das real erfaßbare Vorhandensein von Regionen als eigenständige Einheiten. Die Fragestellung einer Untersuchung ist Teil der Konzeption der Region, d.h. aus der Fragestellung leiten sich die Kriterien her, nach denen Regionen abgegrenzt werden. Gleichzeitig bestehen jedoch real erfaßbare Trennungslinien, welche die Regionsabgrenzungen nicht völlig willkürlich machen. Bei einer bestimmten Fragestellung kann es zweckmäßig sein, z.B. von Norddeutschland als Region auszugehen etwa im Unterschied zu Süddeutschland, wenn etwa die Sichtbarmachung relevanter Unterschiede zwischen Norddeutschland und Süddeutschland Ziel der Untersuchung ist. Bei einer anderen Problemstellung kann es erforderlich sein, z.B. innerhalb Norddeutschlands den Großraum Hamburg als Region anzusehen etwa im Unterschied zu einer Region Friesland. In beiden Fällen erfolgt eine Abgrenzung nach dem Abstraktionsprinzip, welches die Kriterien für die Regionsgrenzen bestimmt.

Grundsätzlich sind zwei unterschiedliche Regionsabgrenzungen möglich: *homogene* Regionen und *Nodal*regionen. Die Iden-

---

1) W.ISARD: Regional Science, the Concept of Region, and Regional Structure, in: The Regional Science Association, Papers Vol.2 (1956),S.18.

tifikation von homogenen Regionen erfolgt entsprechend der Fragestellung durch mindestens ein relevantes Merkmal, welches die betreffende Regionsgruppe in vergleich - barer Ausprägung aufweist:[2] Kohlenreviere besitzen wirtschaftlich genutzte Lagerstätten von Steinkohle, strukturschwache Regionen haben eine unterdurchschnittliche Ausstattung mit sekundären und tertiären Arbeitsplätzen, Ballungsräume weisen eine überdurchschnittliche Bevölkerungsdichte auf, etc. Bei der Abgrenzung homogener Regionen sind intraregionale Unterschiede des relevanten Merkmals stets signifikant geringer als interregionale Unterschiede.

Nodalregionen haben demgegenüber als gemeinsames Merkmal eine bestimmte Formalstruktur, welche es ermöglicht, die Region als eine Art "Organismus" anzusehen.[3] Idealtypisch besteht eine Nodalregion aus einem Kern ("node") in Form einer Agglomeration und dem dazu gehörenden Einzugsgebiet. Da zwischen dem Kerngebiet und dem Umland eine Vielzahl von Beziehungen besteht und dementsprechend eine Vielzahl von Austauschprozessen stattfindet, wird die Nodalregion als eine ökonomische und demographische Einheit betrachtet. Die Abgrenzung erfolgt entsprechend der Fragestellung und den daraus abgeleiteten Kriterien danach, inwieweit die Bindungen innerhalb der Region stärker sind als zwischen den Regionen: Arbeitsmärkte im Sinne von Arbeitsmarktregionen lassen sich mit Hilfe der Pendlerbeziehungen abgrenzen, [4]Versorgungsbereiche von tertiären Diensten ergeben sich aufgrund der Versorgungsbeziehungen,[5] etc.

---

2) Die synthetische Abgrenzung einer Region aufgrund eines konstitutiven Merkmals geht zurück auf H.W.ODUM, H.E.MOORE: American Regionalism, New York 1938, zitiert nach E.STEIDLE: Region, in: Handwörterbuch der Raumforschung und Raumordnung, Hannover 1966, Sp. 1582f., vgl. auch J.BOUDEVILLE: Les Espaces Economiques, Paris 1961, S. 8-11.

3) vgl. J.BOUDEVILLE, a.a.O., S.11-15 sowie N.J.LENORT: Entwicklungsplanung in Stadtregionen,Köln u.Opladen 1961,S. 61 f..

4) Vgl. P.KLEMMER: Abgrenzung regionaler Arbeitsmärkte in der BRD für die Zwecke der Gemeinschaftsaufgabe "Verbesserung der regionalen Wirtschaftsstruktur", Bochum 1972.

5) vgl. V.v.MALCHUS: Zentrale Orte und ihre Verflechtungsbereiche in Baden-Württemberg, Freiburg 1967.

Da die Fragestellung der Untersuchung auf die Sichtbarmachung von Strukturwandlungen abstellt, ist es notwendig, eine Abgrenzung von Regionen mit ähnlicher Formalstruktur zu verwenden, um Unterschiede in der Realstruktur aufzeigen zu können. Das gilt sowohl für das Grundmuster als auch für die Strukturänderungen im Zeitablauf. Bei der vorliegenden Untersuchung werden deshalb Nodalregionen verglichen; das gewählte regionale Raster der RBe enthält zwar teilweise Unschärfen, da die Verwaltungsgrenzen z.T. historisch bestimmt sind und sich die ökonomische und demographische Entwicklung nicht an diesen Grenzen orientiert, aus den oben genannten Gründen erscheint dieses Raster jedoch operational. Im weiteren Verlauf der Untersuchung werden aufgrund festgestellter Gemeinsamkeiten Gruppen von Nodalregionen zu homogenen Regionen zusammengefaßt und Grundtypen regionalen Strukturwandels aufgezeigt.

Betrachtet man das Regionspattern der Bundesrepublik auf dem gewählten regionalen Niveau der Regierungsbezirke in Tabelle 1.4, dann zeigen sich schon auf dem ersten Blick deutliche Größenunterschiede bezüglich der Anteile an Beschäftigung und Bruttoproduktion: So entfielen 1961 auf das Ruhrgebiet (RBe Düsseldorf und Arnsberg) 22,6% der industriellen Beschäftigung und 24,1% der industriellen Bruttoproduktion; diese Anteile waren im Beobachtungszeitraum rückläufig und betrugen 1971 entsprechend 19,7% und 2o,9%. Betrachtet man die sieben größten industriellen Regionen der Bundesrepublik, dann vereinigten diese im Jahre 1961 49,5% der industriellen Beschäftigung und 51,6% der industriellen Bruttoproduktion auf sich. Diese Anteile verringerten sich, so daß 1971 der Gesamtanteil dieser Regionen nur noch 48,5%bzw. 5o,3% betrug. Dabei fand auch zwischen diesen Hauptindustrieregionen eine Umschichtung statt, denn die Regionen Südhessen (RB Darmstadt) und Nordwürttemberg erhöhten ihre Anteile an Beschäftigung und Bruttoproduktion.

Das Niveau der Industrietätigkeit in den unterschiedlich

TABELLE 1.4: REGIONALE VERTEILUNG DER VERARBEITENDEN INDUSTRIE

REGIONEN	BESCHAEFTIGUNG			BRUTTOPRODUKTION			INDUSTRIEBESATZ (IN BESCH. JE 1000 EINWOHNER)			
	(1) 1961	(2) 1971	(3) VERAEND.	(4) 1961	(5) 1971	(6) VERAEND.	(7) 1961	(8) 1971	(9) VERAEND.	(10) VERAEND. NORMIERT BRD=100
SCHL-H	2.2	2.3	106.2	2.5	2.6	104.0	75.0	75.0	99.9	106.5
HAMB	2.9	2.5	85.0	4.6	3.6	79.1	127.7	115.2	90.2	96.2
HANN	2.5	2.5	103.2	2.7	2.9	110.4	136.1	135.5	99.6	106.1
HILD	1.6	1.5	94.9	1.3	1.2	95.4	131.7	125.4	95.2	101.5
LUENEB	1.1	1.5	134.4	2.2	1.9	85.3	94.5	114.4	121.0	129.0
STADE	.3	.4	131.6	.3	.4	134.6	38.2	47.3	123.8	132.0
OSNA	1.0	1.1	105.8	1.2	1.1	93.6	115.3	113.4	98.3	104.8
AURICH	.2	.3	167.7	.3	.4	133.7	43.4	67.7	156.2	166.4
BRAUN	1.6	1.5	96.1	1.5	1.4	97.8	145.7	142.5	97.8	104.2
OLDENB	.9	.9	103.2	.7	.8	117.2	88.1	84.7	96.2	102.5
BREM	1.2	1.2	99.0	1.6	1.8	110.7	141.3	138.1	97.7	104.2
DUESS	13.7	12.0	87.8	15.2	13.2	86.6	203.4	175.1	86.1	91.8
KOELN	4.0	3.9	97.5	5.2	4.8	92.5	149.8	129.4	86.4	92.1
AACHEN	1.9	1.7	90.7	1.6	1.4	84.5	157.5	134.2	85.2	90.9
MUENST	4.5	3.8	85.4	4.2	3.8	88.8	158.9	129.9	81.8	87.1
DETMO	3.3	3.3	101.3	3.0	3.2	104.9	162.3	153.9	94.9	101.1
ARNS	8.9	7.7	86.9	8.9	7.7	87.2	198.5	170.7	86.0	91.7
DARMST	6.7	7.2	107.0	6.6	6.8	103.6	150.9	143.8	95.3	101.6
KASSEL	1.8	1.9	108.5	1.4	1.5	110.6	112.0	115.6	103.2	110.0
KOBL	1.5	1.6	109.5	1.4	1.6	114.6	93.2	96.8	103.9	110.7
TRIER	.2	.3	145.3	.3	.4	140.5	40.2	58.2	144.7	154.2
RHES-P	2.9	3.0	103.8	2.7	3.7	134.7	136.0	135.2	99.4	105.9
NWUERT	8.1	8.6	105.7	7.6	7.8	102.8	214.1	199.7	93.2	99.4
NBAD	3.9	3.9	102.1	3.6	3.9	108.2	182.1	168.1	92.3	98.4
SBAD	2.9	3.3	111.4	2.8	3.0	108.8	144.3	141.5	98.1	104.6
SWUERT	3.1	3.4	108.4	2.6	2.7	107.2	180.2	170.4	94.5	100.8
OBAY	4.0	4.6	116.6	4.0	5.5	139.1	115.4	113.5	98.3	104.8
NIEBAY	.9	1.1	124.2	.6	.7	126.7	74.7	90.1	120.6	128.6
OBPFAL	1.2	1.3	109.8	.7	.8	104.8	104.5	109.4	104.7	111.6
OBFRA	2.3	2.2	95.5	1.7	1.7	95.8	170.7	163.9	96.0	102.3
MITFRA	3.0	3.0	100.7	2.3	2.5	112.5	172.9	163.9	94.8	101.1
UNTFRA	1.7	1.9	115.1	1.3	1.4	109.3	121.6	132.1	108.6	115.8
SCHWA	2.2	2.5	111.4	1.9	2.0	107.2	130.8	135.1	103.2	110.0
SAARL	2.2	2.1	94.5	1.7	1.7	97.6	163.8	152.8	93.3	99.4
SUMME/ DURCHSCHNITT	100.0	100.0	--	100.0	100.0	--	148.4	139.2	93.8	100.0

großen Einzelregionen läßt sich mit Hilfe der Kennziffer "Industriebesatz" vergleichen, welche die Anzahl der Beschäftigten des industriellen Bereichs, bezogen auf 1 000 Einwohner, ausweist. Der Industriebesatz und seine Veränderung in den Regionen der Bundesrepublik sind ebenfalls in Tabelle 1.4, in den Spalten (7) bis (10), wiedergegeben. Das Wachstumspattern zeigt deutlich, daß im wesentlichen dort eine überdurchschnittliche Zunahme des industriellen Niveaus stattfand, wo ein unterdurchschnittliches Niveau bestand und z.T. noch besteht. Im Jahre 1961 lag in acht Regionen der Industriebesatz unter 100 Beschäftigten je 1 000 Einwohner; alle diese Regionen zeigten eine überdurchschnittliche Zunahme der industriellen Beschäftigung. Im Jahre 1971 haben die acht Spitzenregionen ein Niveau von über 150 Beschäftigten im Industriebereich je 1 000 Einwohner erreicht, aber alle diese Regionen haben im Beobachtungszeitraum eine überdurchschnittliche Abnahme verzeichnen müssen. Es zeigt sich somit, daß das relative Niveau der industriellen Beschäftigung regional eine unverkennbare Tendenz zur Angleichung aufweist.

2.3.2. "Mechanismen" regionaler Wirtschaftsentwicklung

Geht man davon aus, daß die Triebkräfte des wirtschaftlichen Wachstums grundsätzlich im Gesamtraum liegen, [1] dann werden sich die Einflüsse der gesamtwirtschaftlichen Entwicklung auf die regionalen Wirtschaftsentwicklungen umso stärker auswirken, je intensiver die wirtschaftlichen Verflechtungen zwischen den Regionen sind. Die Intensität dieser Verflechtungen ergibt sich aus dem Niveau des interregionalen Handels und ist somit abhängig vom bestehenden Transportnetz und den jeweiligen Transportkostengradienten. Je umfangreicher der interregionale Handel ist, desto geringer ist die Entwicklungsautonomie der Einzelregionen innerhalb des Gesamtraumes. In einer hoch arbeitsteiligen

---

1) vgl. H.GERFIN: Gesamtwirtschaftliches Wachstum und regionale Entwicklung, in: Kyklos, Bd. 17 (1964), S. 574.

Volkswirtschaft wie in der Bundesrepublik ist daher eine regionale Entwicklungsautonomie nur marginal vorhanden und zeigt sich in regionalen Wachstumsdifferenzen von wenigen Prozentpunkten.

Untersucht man die Bestimmungsfaktoren, welche den beobachteten Verschiebungen der regionalen Anteile an Beschäftigung und Bruttoproduktion zugrunde liegen, dann zeigen sich gesamtwirtschaftliche und spezifisch regionale Determinanten: Die gesamtwirtschaftlich bestimmten Einflüsse ergeben sich unmittelbar aus dem sektoralen Strukturwandel und haben entsprechende Auswirkungen auf die regionalen Wirtschaftsentwicklungen; die regional bestimmten Einflüsse haben ihre Ursache in den von Region zu Region teilweise unterschiedlichen Standortbedingungen für die verschiedenen Sektoren, wodurch regionale Entwicklungen abweichend von und z.T. entgegen gesamtwirtschaftlichen Entwicklungen zustande kommen können.

Der Einfluß der gesamtwirtschaftlichen Entwicklung ist bei einer gegebenen interregionalen Verflechtung abhängig von der relativen Größe einer Region: Je größer ihr Anteil an Produktion und Beschäftigung der Gesamtwirtschaft ist, desto mehr hat sie auch unmittelbar Anteil an der gesamtwirtschaftlichen Entwicklung;[2)] dem interregionalen Handel als "Transmissionsriemen" der gesamtwirtschaftlichen Entwicklung kommt dann eine entsprechend verringerte Bedeutung zu: eine relativ "große" Region entwickelt sich dementsprechend nach den Determinanten volkswirtschaftlichen Wachstums durch Investition und technischen Fortschritt. Da bei der vorliegenden Untersuchung das Bundesgebiet als Gesamtraum von 34 Einzelregionen betrachtet wird, sind diese Regionen im Vergleich zum Gesamtraum i.d.R. relativ "klein", so daß sich die ge-

---

2) vgl. J.C.STABLER: Exports and Evolution. The Process of Regional Change, in: Land Economics, Vol. 44 (1968), S. 14f..

samtwirtschaftliche Entwicklung im wesentlichen über die Transmission der interregionalen Handelsverflechtungen auf die wirtschaftliche Entwicklung der Einzelregionen auswirkt.

Der gesamtwirtschaftliche Einfluß, soweit er die nachfrageseitigen Determinanten betrifft, wird von der Exportbasistheorie dargestellt. Der Grundgedanke dieses theoretischen Ansatzes, welcher aus der Stadtentwicklungstheorie stammt, besteht darin, daß sich die ökonomische Entwicklung einer Stadt aus ihren Import-Export-Beziehungen mit ihrem Umland erklären läßt:[3] Die Stadt ist zu einem großen Teil Produktionsstandort für das Umland und hat aus dieser Stellung den Entwicklungsvorteil, daß eine Vielzahl von Zulieferproduktionen als Folge der Produktion für das Umland entstehen. Dieser Grundgedanke wurde auf die Analyse der regionalen wirtschaftlichen Entwicklung übertragen: Eine Region produziert im Rahmen einer interregionalen Arbeitsteilung bestimmte Güter für andere Regionen, und von der Entwicklung dieser interregionalen Exporte wird die Situation der regionalen Wirtschaft in ähnlichem Maß beeinflußt wie eine Stadt von ihren Austauschbeziehungen mit ihrem Umland. Der Erklärungswert der Exportbasistheorie für die regionale Wirtschaftsentwicklung war Gegenstand der wissenschaftlichen Debatte zwischen *North* und *Tiebout;* dieser Theoriestreit machte die Möglichkeiten und Grenzen dieses Ansatzes in prägnanter Form sichtbar.[4]

Faßt man die unterschiedlichen Ansätze zusammen, dann besteht die Exportbasistheorie aus einem kurzfristigen *und*

---

3) vgl. R.ANDREWS: The Mechanics of Urban Economic Base. The Historical Development of the Base Concept, in: Land Economics, Vol. 29 (1953), S. 161-167; und H.HOYT: Holmer Hoyt on the Development of the Concept of Economic Base, in: Land Economics, Vol. 3o (1954), S.182f..

4) D.NORTH: Location Theory and Regional Growth, in: Journal of Political Economy, Vol.63 (1955), S. 243-258, C.M.TIEBOUT: Exports and Regional Growth, in: Journal of Political Economy, Vol.64 (1956), S. 16o-164 und D.NORTH: A Reply, in: Journal of Political Economy, Vo. 64 (1956), S. 165-168. NORTH betrachtet die Exportbasistheorie

einem langfristigen Erklärungsansatz. Betrachtet man die kurzfristigen Auswirkungen einer Erhöhung der regionsexternen Nachfrage, dann ergibt sich eine Analogie zum Außenhandelsmultiplikator:[5)] zusätzliche interregionale Exporte erhöhen sowohl die intraregionale Nachfrage nach Vorleistungen und Diensten für die Produktion der Exporte als auch die intraregionalen Haushaltseinkommen; letzteres führt zu einer Erhöhung der Konsumnachfrage. Bei gegebener marginaler Konsumquote ist dann die Einkommenssteigerung der Region davon abhängig, in welchem Umfang die in der Folge der zusätzlichen interregionalen Exporte entstandene Nachfrage durch intraregionale Produktion gedeckt werden kann bzw. in welchem Umfang zusätzliche interregionale Importe induziert werden. Je größer der Anteil der zusätzlichen Nachfrage ist, welcher durch die Wirtschaftsleistungen der Region selbst abgedeckt werden kann, umso stärker steigen regionale Produktion und Beschäftigung.

Der langfristige wirtschaftliche Aufstieg einer Region setzt voraus, daß der kurzfristige Multiplikatorprozeß langfristig in Gang gehalten wird, d.h. daß die Region durch eine dauerhafte Erhöhung ihrer Exporte ihren regionalen Anteil an Produktion und Beschäftigung erhöht. *North* zeigt auf, daß am Beginn des langfristigen Wachstums unterentwickelter Regionen in den USA und Kanada die Nachfrage nach den natürlichen Ressourcen dieser Regionen stand.[6)] Der wirtschaftliche Aufstieg vollzog sich sowohl über stei-

---

als regionale Wachstumstheorie: "The success of the export base has been the determining factor of the rate of growth of regions". D.NORTH, a.a.O. 1955, S. 257.TIEBOUT sieht die Exportbasistheorie nur als Teilstück einer regionalen Einkommens- und Beschäftigungstheorie: "...the concept of export base is merely one aspect of a general theory of short-run regional income determination." C.M.TIEBOUT, a.a.O., S. 164.

5) vgl. auch im folgenden J.H.MÜLLER: Das Basic-Nonbasic-Konzept,in: Methoden der empirischen Regionalforschung, 2.Teil. Veröffentlichungen der Akademie für Raumforschung und Landesplanung, Hannover 1975, S.53f. und K.RITTENBRUCH: Zur Anwendbarkeit der Exportbasiskonzepte im Rahmen von Regionalstudien, Berlin 1967,S.2o-29 sowie A.FISCHER: Die Struktur von Wirtschaftsräumen.Ein Beitrag zur Anwendung statistischer Methoden in der Regionalforschung,Wiesbaden 1969,S. 1o8f..

6) vgl.auch im folgenden D.NORTH,a.a.O.1955,S.246f.und J.C.STABLER

gende Exporte als auch über eine kontinuierliche Importsubstitution, d.h. die in der Folge der Exporte erhöhte intraregionale Nachfrage wurde in steigendem Maße durch regionale Produktion gedeckt, wodurch der Produktions- und Beschäftigungseffekt der Exporte entsprechend verstärkt wurde.

Diejenigen Sektoren, welche durch ihre Exporte die Wirtschaftsentwicklung "tragen", werden als "basic sectors" bezeichnet im Unterschied zu den "non-basic sectors", welche in ihrem Umfang vom Niveau der Exportsektoren bzw. den davon beeinflußten regionalen Haushaltseinkommen abhängen.[7)]

Der Verlauf eines regionalen Entwicklungsprozesses ist darüber hinaus abhängig vom *absoluten* Umfang seiner interregionalen Exporte, welcher im Zusammenhang steht mit der *Größe* des Gesamtmarktes der Export-Sektoren; folglich sind in einer "großen" Gesamtwirtschaft die regionalen Wachstumseffekte i.d.R. größer als in einer "kleinen" Gesamtwirtschaft: So erklärt z.B. *Harris* den wirtschaftlichen Aufstieg der Region von *Pittsburg* mit der Größe des US-Marktes für Stahl;[8)] entsprechendes gilt für den wirtschaftlichen Aufstieg des Ruhrgebiets im Deutschen Reich.

Bei interregionalem Handel sind die Exporte einer Region die Importe anderer Regionen und umgekehrt. Es entsteht entsprechend dem "Gesetz" der komparativen Kostenvorteile eine interregionale Arbeitsteilung. Demzufolge ist die wirtschaftliche Entwicklung einer Region davon abhängig, welche Tauschrelationen, "terms of trade", im interregionalen Handel bestehen.[9)] Eine günstige Tauschposition

---

a.a.O., S. 13 .

7) vgl. J.H.MÜLLER, a.a.O. 1975, S. 53f. und K.RITTENBRUCH, a.a.O.,S.16f.

8) vgl. C.HARRIS: The Market as a Factor in the Localization of the Industry in the United States, in: Annals of the Association of American Geographers, Vol.44 (1954), S. 318f..

9) vgl. M.L.GREENHUT: Needed- A Return to the Classics in Regional Economic Development,in: Kyklos Bd. 19 (1966),S. 462-468 und

ermöglicht entsprechend hohe Exporteinkommen, welche, sofern sie in der Region zum Aufbau von "non-basic sectors" führen, die wirtschaftliche Entwicklung der Region beschleunigen.

Faßt man die Erklärungsansätze der Export basistheorie zusammen, dann ist *North* zuzustimmen, daß sich auch die langfristige Entwicklung einer Region durch die Wettbewerbsposition ihrer interregionalen Exportsektoren, ihrer "basic sectors", erklären läßt. Da die Exportbasistheorie jedoch nur auf die nachfrageseitigen Determinanten regionalen Wirtschaftswachstums abstellt, bedarf sie einer Ergänzung, welche die angebotsseitigen und zugleich spezifisch regionalen Determinanten einbezieht.

Die Entwicklung eines Sektors in einer Region zu einem interregionalen Exportsektor ist bei gegebener Nachfrage abhängig davon, inwieweit die Standortbedingungen in der Standortregion seine interregionale Wettbewerbsposition begünstigen. Die Bestimmungsfaktoren regionaler Standortqualität, die *Standortfaktoren*, ergeben sich aus Niveau und Struktur regionaler Inputs und des regionalen Marktes sowie dem Zugang zu auswärtigen Inputs und zu auswärtigen Märkten[1o)]. Bei der Diskussion der Determinanten des Standortmusters eines Sektors wurde bereits auf die Bedeutung lokaler Märkte am Produktionsstandort hingewiesen. Da beim verwendeten regionalen Raster von der Konzeption der Nodal-

---

D.NORTH, a.a.O. 1956, S. 166.

1o)vgl. auch im folgenden J.C.STABLER, a.a.O., S. 16-19. Ein Erklärungsversuch der interregionalen Austauschbeziehungen in Analogie zur Theorie des internationalen Handels ist unergiebig, seit sich gezeigt hat, daß erhebliche Schwierigkeiten bestehen, das Trade Pattern zwischen industriell entwickelten Ländern mit Hilfe des Heckscher-Ohlin-Theorems zu erklären. Vgl. S.B.LINDER: International Trade and the Composition of Production, in: R.S.WECKSTEIN (Hrsg.): Expansion of World Trade and the Growth of National Economies,New York, London 1968, S.2oof. und W.LEONTIEFF: Domestic Production and Foreign Trade. The American Capital Position. Re-examined, in: Economia Internationale, Bd.7 (1954), insb.S.25f. sowie J.N.BHAGWATI: The Pure Theory of International Trade. A Survey, in: The Economic Journal, Vol.74 (1964), S.21-26.

region ausgegangen wird und daher jede Region eine oder mehrere Agglomerationen mit punktförmig konzentrierten Märkten aufweist, bieten sich für absatzorientierte Sektoren entsprechende Standvorteile, wenn sie ihre Produktion an den lokalen Märkten der Region aufbauen. Je nach Volumen des lokalen Marktes und Verlauf der sektoralen Produktionsfunktion ist es möglich, interne Ersparnisse zu realisieren. Der dadurch entstehende interregionale Wettbewerbsvorteil wird oft noch dadurch verstärkt, daß eine Preisdiskriminierung zu Lasten der regionalen Nachfrager und zugunsten der weiter entfernt liegenden Nachfrager erfolgt.[11)] Für Konsumgütersektoren bieten Agglomerationen mit ihrer hohen Bevölkerungskonzentration und dem überdurchschnittlichen Einkommensniveau je Haushalt einen entsprechenden Standortvorteil Im Investitionsgüterbereich ergibt sich eine regionale Standortgunst durch das Vorhandensein im Produktionsprozeß nachgeordneter Sektoren,welche eine regionale Nachfrage entwickeln. Die Bedeutung der Standortgunst aufgrund des regionalen Marktes ist von Sektor zu Sektor unterschiedlich und ist stets in Verbindung mit dem Transportkostengradienten eines Sektors zu sehen, d.h. in Abhängigkeit vom Verlauf der Transportstückkosten mit wachsender Entfernung und ihrem Kostenanteil an den Gesamtstückkosten.

Von größerer Bedeutung als der regionale Absatzmarkt ist i.d.R. der regionale Faktormarkt. Da in der Bundesrepublik der Großteil der Rohstoffe importiert wird, sind als regionale Inputs vor allem die Qualität und die Ergiebigkeit des regionalen Arbeitsmarktes von Bedeutung, sowie das regionale Angebot an Vorleistungen durch non-basic Sektoren. Da es in der industriellen Produktion in hohem Maße darauf ankommt, einen reibungslosen Produktionsablauf zu

---

11) vgl. M.BECKMANN, a.a.O., S 34f. .

sichern, ist für einen Sektor eine Region mit einer hochentwickelten Struktur von relevanten non-basic Sektoren ein günstiger Standort, da schnelle Verfügbarkeit einer Vielzahl von Serviceleistungen Produktionsrisiken mindert.

Hier zeigt sich eine Wechselbeziehung von basic und non-basic Sektoren. Zu Beginn einer regionalen Entwicklung nimmt der non-basic Bereich entsprechend dem Wachstum des basic Bereiches zu. Ist ein bestimmtes non-basic Niveau erreicht, so wird davon die regionale Standortqualität verbessert, und es ist möglich, daß sich in Abhängigkeit davon weitere basic Sektoren entwickeln. Von diesem Zusammenspiel wurde in der Vergangenheit vor allem die wirtschaftliche Entwicklung der großen Ballungsgebiete geprägt. *Lichtenberg* hebt in seiner Untersuchung der Determinanten der wirtschaftlichen Entwicklung der Agglomeration von New York hervor, daß es gerade die Vielfalt der non-basic Sektoren war - er nennt sie "external economies industries" -,welche die Entwicklung der Exportsektoren von New York ermöglicht hat.[12] Das Beispiel New York zeigt gleichzeitig und geradezu idealtypisch, daß die Erzielung externer Ersparnisse in Relation zu den Agglomerationsnachteilen in Form von überdurchschnittlichen Faktorpreisen und Steuerlasten gesehen werden muß: Die Analyse der sektoralen Standortstruktur in Kap. 2.2.4 . zeigte, daß in der Bundesrepublik mittlerweile die Agglomerationsnachteile die -vorteile überwiegen, denn in allen Sektoren ist ein Trend sichtbar, Produktions- und Beschäftigungswachstum an Hauptstandorten, welche i.d.R. Ballungsgebiete sind, zu begrenzen.

Die Standortqualität einer Region wird in erheblichem Maße von ihrer Verkehrslage im Gesamtraum beeinflußt; diese Verkehrslage ergibt sich aus der geographischen Lage und den bestehenden Anbindungen des Transportsystems an wirtschaftliche Schwerpunkte im Gesamtraum.[13] Von besonderer Bedeu-

---

12) vgl. R.M. LICHTENBERG: One-Tenth of a Nation, Cambridge, Mass., 1960 zitiert nach E.HOOVER, a.a.O., S. 79-85.

13) vgl. auch im folgenden J.C.STABLER, a.a.O., S. 17f. .

tung für die regionale Standortqualität ist hier vor allem das Vorhandensein von Servicepunkten und Kreuzungen der Hauptverkehrsachsen, da hier besonders günstige Anbindungen bestehen. Aus dem Binnenmarkt und dem Zugang zu den regionalen Märkten des Gesamtraumes ergibt sich das Marktpotential einer Region,welches sich auch empirisch ermitteln läßt, indem die regionalen Märkte entsprechend ihrer Entfernung zu den betrachteten Regionen bzw. entsprechend den Transportkosten abdiskontiert werden.[14] Empirische Untersuchungen der regionalen Markt - potentiale in der Bundesrepublik ergaben erwartungsgemäß, daß Standorte im Ruhrgebiet die höchste Potentiale aufweisen aufgrund der Größe des lokalen Marktes und der relativ zentralen Verkehrslage.[15]

In der Situation der Bundesrepublik im internationalen Handel hat der Zugang zu auswärtigen, d.h. ausländischen Inputs besondere Bedeutung, da der Großteil industrieller Rohstoffe eingeführt wird. Eine verkehrsgünstige Lage für die Anlieferung ausländischer Inputs hat daher eine ähnliche Bedeutung wie in früheren Zeiten das Vorhandensein von regionalen Lagerstätten. Auch hier sind Servicepunkte und Kreuzungen von Hauptverkehrsachsen vorteilhafte Standorte, und die Lage einer Region im Transportnetz des Gesamtraumes ist von Einfluß auf ihre Standortqualität. Da aufgrund des technischen Fortschritts und des fortschreitenden Ausbaus des Verkehrsnetzes das Transportnetz des Gesamtraumes keine Konstante ist, bewirken die laufenden Erweiterungen eine zunehmende Angleichung der Verkehrsgunst der Regionen.

---

14) vgl. W.ISARD, a.a.O. 196o, Chapter 11,S. 493-568.

15) vgl. R.THOSS: Einkommenspotential und Multiplikatoranalyse, in: Raumforschung und Raumordnung, 1969/5-6, S. 222-225.

2.3.3. Das regionale Wachstumspattern: relatives Wachstum, Struktureffekt und Standorteffekt

Aus dem aufgezeigten Zusammenspiel von gesamtwirtschaftlichen und spezifisch regionalen Einflüssen ergibt sich das regionale Wachstumspattern: Die Analyse der regionalen Verteilung des Industriebesatzes in Kap. 2.3.1 zeigte eine Tendenz zu einer gleichmäßigeren regionalen Verteilung industrieller Arbeitsplätze. Ausgehend von dieser Grundtendenz richtet sich die empirische Analyse im folgenden auf die Fragestellung, welchen quantitativen Beitrag gesamtwirtschaftliche bzw. spezifisch regionale Einflüsse auf die Entwicklung der einzelnen Regionen haben und welche Ursachen der Ausprägung des regionalen Wachstumspattern somit tendenziell zugrunde liegen. Als statistisches Instrument zur Trennung dieser beiden Determinanten regionaler Entwicklung wird die Shift-Analyse verwendet.[1)]

Ausgangspunkt ist die Bildung einer methodisch einfachen Kennziffer, des Regionalfaktors:[2)]

$$R_{\cdot j} = \frac{B^1_{\cdot j} \;/\; B^o_{\cdot j}}{B^1_{\cdot\cdot} \;/\; B^o_{\cdot\cdot}}$$

Dieser Regionalfaktor gibt das relative Wachstum einer Region bzw. ihre Wachstumsposition innerhalb des regionalen Wachstumspattern an, indem die regionale Entwicklung zur gesamtwirtschaftlichen ins Verhältnis gesetzt wird. Sind Beschäftigung (oder Bruttoproduktion) in der betrachteten

---

1) Grundprinzip und Methodik der Shift-Analyse werden im folgenden nur sehr knapp dargestellt, eine ausführliche Diskussion des statistischen Instruments findet sich in einer früheren Untersuchung des Autors, vgl. auch die dort angegebene Literatur. H.D.HOPPEN: Die Shift-Analyse. Untersuchungen über die empirische Relevanz ihrer Aussagen, in: Raumforschung und Raumordnung, 1975/1.

2) Die mathematische Symbolik der Formeln: B^t_{ij} Beschäftigung des Sektors i in der Region j zum Zeitpunkt t, $B^t_{i\cdot}$ Beschäftigung des gesamten Sektors i zum Zeitpunkt t, $B^t_{\cdot j}$ Beschäftigung in der Region j zum Zeitpunkt t, $B^t_{\cdot\cdot}$ Beschäftigung des gesamten Sekundärbereichs zum Zeitpunkt t.

Region schneller gewachsen als im Gesamtraum, so ist der Regionalfaktor größer als 1oo%; ist die regionale Beschäftigung (oder Bruttoproduktion) im gleichen Maße gewachsen, so ist R_j =1oo%; sind sie weniger gewachsen, dann ist R_j<1oo%. Der Regionalfaktor ist demnach derjenige Proportionalfaktor, mit dem das gesamtwirtschaftliche Wachstum multipliziert werden muß, um das regionale zu erhalten. Aus einem Katalog derartiger Kennziffern wird das regionale Wachstumspattern sichtbar: es zeigt sich, in welchem Umfang die einzelnen Teilräume an der gesamtwirtschaftlichen Entwicklung partizipieren konnten.

Eine wesentliche Frage der Interpretation eines Kataloges derartiger Regionalfaktoren ist die Bedeutung des Fixpunktes 1oo%. Ist dieser normierte Durchschnittswert das "Ergebnis" der unterschiedlichen regionalen Entwicklungen, oder handelt es sich hierbei um die "eigentliche" Wirtschaftsentwicklung, von welcher diejenige der Region lediglich marginal abweicht? Geht man davon aus, daß es nur eine marginale Entwicklungsautonomie für Teilräume gibt und daß auch bei regionaler Betrachtung die Volkswirtschaft vorrangig als ökonomisches Ganzes zu sehen ist, dann erscheint eine Interpretation des Fixpunktes 1oo% als Vergleichsmaßstab gerechtfertigt.

Methodisch ergeben sich zwei Varianten, den gesamtwirtschaftlich bedingten und den spezifisch regionalen Anteil der regionalen Wachstumsposition statistisch zu trennen: das regionale Wachstum läßt sich als Summe oder als Produkt beider Determinanten auffassen. Betrachtet man es als Summe, dann läßt sich eine ex-post Zerlegung in Form einer doppelten Varianzzerlegung durchführen. Für die bestehende Fragestellung wird die zweite Variante der Shift-Analyse, welche die Wachstumsposition als Produkt darstellt, gewählt; dabei wird die Kennziffer Regionalfaktor R_j in zwei verkettete Indizes zerlegt.

(1) $$R_{\cdot j} = \frac{\sum_i B^1_{ij} / \sum_i B^o_{ij}}{\sum_i B^1_{i.} / \sum_i B^o_{i.}}$$

Betrachtet man das Niveau B^t_{ij} eines Sektors i in einer Region j zum Zeitpunkt t als regionalen Anteil c^t_{ij} am Gesamtniveau $B^t_{i\cdot}$ des Sektors i, dann gilt:

(2) $$B^t_{ij} = c^t_{ij} \; B^t_{i.}$$

Eingesetzt in die ursprüngliche Form (1)

(3) $$R_{\cdot j} = \frac{\sum_i c^1_{ij} \; B^1_{i.} / \sum_i c^o_{ij} \; B^o_{i.}}{\sum_i B^1_{i.} / \sum_i B^o_{i.}}$$

Zähler und Nenner werden mit $\sum_i c^o_{ij} \; B^1_{i.}$ erweitert, d.h. mit dem hypothetischen Beschäftigungsniveau aus der Verteilung der Anteile zum Zeitpunkt o und dem Niveau der Sektoren zum Zeitpunkt 1. Nach Umformung ergibt sich:

(4) $$R_{\cdot j} = \frac{\sum_i c^o_{ij} \; B^1_{i.} / \sum_i c^o_{ij} \; B^o_{i.}}{\sum_i B^1_{i\cdot} / \sum_i B^o_{i.}} \cdot \frac{\sum_i c^1_{ij} \; B^1_{i.}}{\sum_i c^o_{ij} \; B^1_{i.}}$$

(5) $$R_{\cdot j} = STR_{\cdot j} \cdot STA_{\cdot j}$$

Der Strukturfaktor STR_j mißt die regionale Entwicklung bezogen auf die gesamtwirtschaftliche Entwicklung zu *konstanten Gewichten:* der Zähler ist ein Lapeyres-Index; es wird auf diese Art diejenige hypothetische Entwicklung ermittelt, welche sich für die Region ergeben hätte, wenn sich alle Sektoren regional proportional zu den Gesamtsektoren entwickelt hätten. Der Strukturfaktor gibt somit bei gegebener Industriestruktur der Region den Anteil des gesamtwirtschaftlichen sektoralen Strukturwandels an der Entwicklung der Region an; gleichzeitig ist er ein Maß für die Wachstumsqualität der Industriestruktur, denn Regionen mit einem überdurchschnittlichen (unterdurchschnittlichen) Anteil an den Wachstumssektoren weisen Strukturfaktoren von größer (kleiner) als 1oo% auf.

Der Standortfaktor STA_j ist ein Paasche-Index, er mißt den Anteil regionsspezifischer Einflüsse an der regionalen Gesamtentwicklung, indem zu konstantem Niveau der Gesamtsektoren der Einfluß der *Veränderung der Gewichte*, d.h. der regionalen Anteile, erfaßt wird. Dazu wird das regionale Niveau am Ende des Beobachtungszeitraumes zu demjenigen hypothetischen ins Verhältnis gesetzt, das sich ergeben hätte, wenn sich die Industriestruktur nicht geändert hätte. Eine Veränderung der regionalen Anteile an den Gesamtsektoren bedeutet, daß sich die Sektoren in der Region schneller bzw. langsamer entwickelt haben als die Gesamtsektoren. Diesen regional abweichenden Entwicklungen liegen regional unterschiedliche Entwicklungsbedingungen zugrunde, und aus der Gesamtheit dieser Abweichungen für eine betrachtete Region ergibt sich ihre spezifische Eigenentwicklung unabhängig vom gesamtwirtschaftlichen sektoralen Strukturwandel.

In Tab. 1.5 sind die Ergebnisse der Shift-Analyse zusammengefaßt. Ein Blick auf den Katalog der Regionalfaktoren 1961/71 zeigt ein relativ einheitliches Muster der Verlagerungsgewinne und -verluste: im wesentlichen mußte Nordrhein-Westfalen Verluste hinnehmen, ebenso Hamburg und Bremen sowie Teile Niedersachsens und Bayerns, welche im Zonenrandgebiet liegen. Die Situation für die beiden Hansestädte wird allerdings statistisch verzerrt wiedergegeben, da die statistisch erfaßten Teilräume in diesem Fall nur

TABELLE 1.5 : SHIFT-ANALYSE, VERGLEICHSVARIABLE: BESCHAEFTIGTE

REGION	REGIONALFAKTOR			STRUKTURFAKTOR			STANDORTFAKTOR		
	1961/66	1966/71	1961/71	1961/66	1966/71	1961/71	1961/66	1966/71	1961/71
SCHL-H	100.2	104.0	104.2	100.4	100.1	100.2	99.8	103.8	104.0
HAMB	88.6	88.0	78.0	102.8	102.2	105.1	86.2	86.1	74.2
HANN	102.0	100.5	102.5	102.2	101.9	104.2	99.8	98.6	98.3
HILD	98.4	99.5	98.0	99.2	100.2	99.1	99.2	99.3	98.9
LUENEB	118.0	110.4	130.3	101.4	101.6	102.6	116.4	108.7	127.0
STADE	112.4	109.8	123.5	99.1	98.1	96.7	113.4	112.0	127.6
OSNA	100.0	106.2	106.2	96.3	95.3	91.7	103.8	111.5	115.8
AURICH	133.1	121.2	161.4	101.5	101.3	102.4	131.2	119.7	157.6
BRAUN	97.6	99.7	97.3	100.3	100.3	100.7	97.3	99.4	96.6
OLDENB	98.0	107.7	105.6	100.2	99.8	99.8	97.8	108.0	105.7
BREM	90.5	95.4	86.4	101.4	100.6	102.4	89.3	94.9	84.4
DUESS	95.3	94.2	89.7	99.4	99.4	98.7	95.9	94.7	90.9
KOELN	100.2	97.1	97.3	101.7	101.8	103.4	98.6	95.4	94.1
AACHEN	99.1	97.8	97.0	98.6	98.4	97.2	100.5	99.4	99.8
MUENST	100.0	103.0	102.9	97.7	97.1	94.5	102.3	106.0	109.0
DETMO	99.0	96.5	95.5	99.3	99.2	98.7	99.7	97.3	96.8
ARNS	94.7	96.5	91.4	98.6	99.3	98.2	96.0	97.2	93.1
DARMST	102.4	100.9	103.4	101.7	101.7	103.4	100.7	99.3	100.0
KASSEL	104.6	103.4	108.1	100.2	99.9	99.9	104.4	103.5	108.2
KOBL	103.0	105.9	109.0	98.1	98.6	96.4	105.0	107.4	113.1
TRIER	120.6	117.8	142.1	98.4	97.4	96.3	122.5	121.0	147.5
RHES-P	99.9	101.0	100.9	100.7	100.0	100.7	99.2	101.0	100.2
NWUERT	101.0	101.0	102.0	101.1	101.4	102.5	99.9	99.6	99.5
NBAD	99.2	101.0	100.2	101.2	101.4	102.8	98.0	99.6	97.5
SBAD	104.0	104.1	108.3	99.2	99.1	98.2	104.8	105.0	110.3
SWUERT	101.6	101.6	103.3	98.8	98.6	97.4	102.8	103.1	106.1
OBAY	107.9	107.0	115.4	101.3	101.3	102.6	106.5	105.6	112.5
NIEBAY	111.7	108.3	120.9	98.2	97.9	96.1	113.8	110.6	125.9
OBPFAL	109.7	100.7	110.4	96.9	97.3	94.2	113.2	103.5	117.3
OBFRA	96.2	96.0	92.3	97.0	96.6	93.8	99.2	99.4	98.4
MITFRA	98.7	97.7	96.4	101.7	102.3	104.3	97.0	95.5	92.4
UNTFRA	106.2	106.3	112.9	99.6	99.0	99.0	106.6	107.4	114.1
SCHWA	106.2	99.0	105.2	98.5	98.5	96.3	107.8	100.6	109.2
SAARL	98.9	108.9	107.8	97.1	97.6	94.8	101.9	111.6	113.6
BRD	100.0	100.0	100.0	100.0	100.0	100.0	100.0	100.0	100.0

die Agglomerationskerne, nicht aber die tatsächlichen Wirtschaftsräume erfassen. Da sich in den Ballungsräumen die Standorte der Industrieproduktion zunehmend an die Peripherie verlagern, nimmt der Anteil der Agglomerationskerne ab. Aus diesem Grunde sind die Verlagerungsgewinne der angrenzenden Regionen Schleswig-Holstein, Lüneburg, Stade und Oldenburg im wesentlichen im unmittelbaren Umland der beiden Hansestädte entstanden. Man kann somit davon ausgehen, daß in Norddeutschland im Beobachtungszeitraum keine nennenswerten interregionalen Umschichtungen erfolgt sind.

Der industrielle Großraum an Rhein und Ruhr verzeichnete im Beobachtungszeitraum nur ein unterdurchschnittliches industrielles Wachstum, während die Industrie der Regionen in Hessen, Rheinland-Pfalz, Baden-Württemberg, Bayern (ohne Ober- und Mittelfranken) und dem Saarland über - durchschnittlich an der Wirtschaftsentwicklung teilhatten. Hier zeigt sich die regionale Umschichtung von Westdeutschland nach Süddeutschland.

Betrachtet man das Zustandekommen der Regionalfaktoren aus Strukturfaktor und Standortfaktor, dann ergibt sich in systematischer Klassifikation folgendes Pattern:
(1) Sechs Regionen mit R > 1oo%, STR > 1oo%, STA > 1oo%. Diese Regionen erzielten sowohl aufgrund einer wachstumsgünstigen Industriestruktur als auch wachstumsbeschleunigender Standortvorteile Beschäftigungsgewinne. Es handelt sich hierbei um zwei Regionen im Einzugsbereich von Hamburg, Schleswig-Holstein und Lüneburg, sowie Aurich, das hessische Rhein-Main-Gebiet (RB Darmstadt), den RB Rheinhessen-Pfalz, den Anteil von Rheinland-Pfalz am Rhein-Main-Gebiet und am Rhein-Neckar-Raum, sowie den Münchener Raum (RB Oberbayern).

(2) Drei Regionen mit R > 1oo%, STR > 1oo%, STA < 1oo%. Ein überdurchschnittliches Wachstum allein aufgrund einer wachstumsgünstigen Industriestruktur wurde im RB Hannover, im Mittleren-Neckar-Raum (RB Nordwürttemberg) und in Nordbaden realisiert; hier wirkte der Standorteinfluß wachstumsdämpfend.

(3) Vierzehn Regionen mit R > 1oo%, STR < 1oo%,STA > 1oo%. Diese größte Gruppe von Regionen hat ein überproportionales Wachstum bei wachstumsungünstiger Struktur durch standortbedingte Sondereinflüsse erzielt. Diese Regionen haben gemeinsam, daß sie i.d.R. unterdurchschnittlich groß sind und keine großen Agglomerationen aufweisen, aber in "mittlerer" Entfernung dazu liegen. Es sind die RBe Stade, Osnabrück, Oldenburg, Münster, Kassel, Koblenz, Trier, Südbaden, Südwürttemberg-Hohenzollern, Niederbayern, Oberpfalz, Unterfranken, Schwaben und das Saarland. Man kann davon ausgehen,

daß hier regionsspezifische Sonderentwicklungen stattgefunden haben, welche durch ein stetig verbessertes Transportsystem und den Verdrängungswettbewerb in den Ballungsräumen begünstigt wurden. Es darf allerdings nicht übersehen werden, daß in schwächer strukturierten Gebieten schon wenige überdurchschnittlich wachsende Unternehmungen oder einige größere Industrieansiedlungen bei dem relativ gering ausgebildeten Sekundärbereich zu hohen Wachstumsraten führen, obwohl die prinzipielle Strukturschwäche fortbesteht. Wachstumsanalysen müssen daher im Zusammenhang mit Niveauvergleichen gesehen werden, denn es ist ja bekannt, daß sich von einem relativ niedrigen Niveau aus hohe Wachstumsraten leichter realisieren lassen.

(4) Fünf Regionen mit R $<$ 1oo%, STR $>$ 1oo%, STA $<$ 1oo%. Diese Regionen zeigen die entgegengesetzten Charakteristika der vorstehend genannten. Es handelt sich i.d.R. um Regionen mit großen Agglomerationen, welche eine wachstumsgünstige Industriestruktur aufweisen, die aber offensichtlich nur noch über begrenzte Wachstumsmöglichkeiten verfügen: die Hansestädte Hamburg und Bremen, der RB Köln sowie der RB Mittelfranken mit der Agglomeration Nürnberg-Fürth-Erlangen und der RB Braunschweig.

(5) Sechs Regionen mit R $<$ 1oo%, STR $<$ 1oo%, STA $<$ 1oo%. Die Regionen, welche sowohl aufgrund einer wachstumsungünstigen Wirtschaftsstruktur als auch ungünstiger regionaler Einflüsse nur eine unterdurchschnittliche Entwicklung vollzogen, sind neben den Teilräumen des Ruhrgebiets Regionen in geographischen Randlagen: die RB Hildesheim,Aachen, Detmold und Oberfranken.

Das herausragende Ergebnis der Analyse des regionalen Wachstumspattern ist, daß der weit überwiegende Teil der schwächerstrukturierten Regionen offensichtlich Anschluß an die Entwicklung der hochindustrialisierten Regionen gefunden hat. Der Anteil dieser unterdurchschnittlich industrialisierten Regionen an der Beschäftigung des Sekundärbereiches betrug 1961 22,9% und stieg bis 1971 auf 24,8%. Hier hat eine klar erkennbare Umschichtung zugunsten des ländlichen Raumes stattgefunden.

Betrachtet man dieses Ergebnis unter dem Aspekt langfristiger Strukturwandlungen, dann ist eine regional gleichmäßigere Verteilung von Beschäftigung (und Bruttoproduktion) des Sekundärbereiches langfristig nur möglich, wenn sich das überproportionale Wachstum in den genannten Regionen auch auf Wachstumsbranchen erstreckt. Andernfalls kann nämlich die Situation bestehen, daß stagnierende Sektoren wie z.B. *Textil* und *Nahrung* die Ballungsräume verlassen, weil sie dort der Konkurrenz um Ressourcen den Wachstumssektoren nicht standhalten können und daher ihre Produktion zunehmend in den ländlichen Raum verlagern und sich dort die i.d.R. ohnehin wenig wachstumsgünstige Industriestruktur noch weiter verschlechtert. In diesem Fall wäre ein überdurchschnittliches Wachstum nur eine mittelfristige Erscheinung, welche lediglich für den Beobachtungszeitraum Gültigkeit hätte, da aufgrund des überproportionalen Anwachsens von Stagnationssektoren eine Verschlechterung der Wachstumsposition in den folgenden Perioden erwartet werden muß. Der langfristige regionale Strukturwandel ist folglich davon abhängig, in *welchen* Sektoren die "aufholenden" Regionen Verlagerungsgewinne erzielt haben. Auf diese Problematik hat vor allem *Ashby* bei entsprechenden Strukturuntersuchungen in den USA hingewiesen.[3)]

Für die empirische Analyse wird der sich im Wachstumsprozeß vollziehende intraregionale Strukturwandel sichtbar, wenn man sektorale Regionalfaktoren R_{ij} bildet:

---

3) vgl. L.D.ASHBY: The Geographical Redistribution of Employment. An Examination of the Elements of Change, in: Survey of Current Business 1964/1o, S. 19.

TABELLE 1.6 : INDUSTRIESTRUKTUR DER REGIONEN, VERGLEICHSVARIABLE: BESCHAEFTIGTE

BEOBACHTUNGSZEITPUNKT: 1961 (DREIJAHRESDURCHSCHNITT)

REGION	SEKTORGRUPPEN											SUMME
	STEINE	EISEN	CHEMIE	HOLZ 1	MNTAGE	ELEKTR	KERAM	HOLZ 2	PAPIER	TEXTIL	NAHRG.	
SCHL-H	5.0	3.6	4.7	2.6	30.4	15.0	2.2	2.9	5.8	12.6	15.3	100.0
HAMB	1.4	2.7	13.9	.6	33.4	18.1	.6	1.8	7.7	4.2	15.6	100.0
HANN	4.0	3.0	18.3	1.2	26.6	15.9	2.1	6.4	4.3	8.3	9.8	100.0
HILD	6.4	14.9	4.8	6.7	8.6	28.0	3.6	7.8	4.6	8.7	5.9	100.0
LUENEB	5.4	1.3	6.7	4.8	55.9	3.8	.1	3.2	2.3	7.3	9.4	100.0
STADE	11.1	4.0	5.1	2.1	19.1	3.3	1.4	4.4	5.6	11.3	32.7	100.0
OSNA	3.5	15.7	2.6	4.2	15.4	3.4	.1	4.7	3.9	38.1	8.4	100.0
AURICH	6.4	2.2	.8	1.5	53.8	6.0	.0	2.2	5.0	4.0	18.1	100.0
BRAUN	3.6	15.2	4.3	2.3	30.2	18.6	.7	3.4	3.7	7.5	10.6	100.0
OLDENB	4.4	3.0	4.4	1.1	37.8	11.6	1.1	3.7	3.7	20.7	8.5	100.0
BREM	2.8	.5	1.3	1.4	48.8	13.1	.0	2.2	3.0	9.0	17.7	100.0
DUESS	2.1	23.0	10.8	1.0	21.6	15.2	1.7	1.7	3.3	14.9	4.7	100.0
KOELN	3.3	7.8	15.9	1.9	30.6	15.9	3.7	3.7	4.4	7.3	5.3	100.0
AACHEN	2.7	10.4	12.4	6.5	10.9	16.7	7.5	2.3	4.3	18.0	8.4	100.0
MUENST	4.3	7.0	8.7	.9	17.6	8.1	2.5	4.3	2.2	39.3	5.1	100.0
DETMO	2.6	5.4	2.2	4.4	19.1	10.1	1.1	15.6	6.1	22.8	10.6	100.0
ARNS	2.3	39.5	2.5	1.3	21.0	20.9	.8	2.3	2.0	3.8	3.5	100.0
DARMST	3.6	6.2	15.4	1.6	25.5	21.7	1.3	4.0	4.6	10.3	5.9	100.0
KASSEL	4.7	3.5	10.8	2.4	29.2	12.6	1.5	5.1	3.4	22.1	4.8	100.0
KOBL	17.6	14.1	4.7	3.8	10.6	11.6	6.3	10.7	3.5	10.1	6.9	100.0
TRIER	9.1	6.2	14.9	7.2	13.4	5.3	6.9	3.8	3.2	15.0	15.1	100.0
RHES-P	4.5	3.3	28.2	2.6	16.6	7.2	2.9	4.4	3.6	22.0	4.8	100.0
NWUERT	2.0	4.3	2.9	1.5	33.2	25.0	.6	6.4	4.3	16.0	3.8	100.0
NBAD	3.7	4.2	6.0	2.8	23.3	26.9	1.2	9.3	3.7	11.4	7.5	100.0
SBAD	2.9	7.8	6.5	4.7	15.4	19.6	1.6	5.4	5.7	21.8	8.7	100.0
SWUERT	2.2	3.7	1.9	3.0	22.0	20.6	.3	6.7	3.4	33.3	3.0	100.0
OBAY	3.1	2.2	8.0	3.9	25.0	26.1	.6	4.6	6.4	12.9	7.0	100.0
NIEBAY	12.5	.6	6.3	6.7	13.4	15.0	6.3	6.6	1.8	19.2	11.6	100.0
OBPFAL	10.7	9.6	2.5	3.5	4.3	19.1	22.1	4.6	2.6	15.2	5.8	100.0
OBFRA	4.3	1.5	1.2	1.4	10.9	11.1	16.3	9.7	3.0	35.1	5.6	100.0
MITFRA	3.3	6.2	2.8	.7	16.4	40.6	3.1	9.1	5.1	7.3	5.3	100.0
UNTFRA	4.5	3.1	5.4	5.5	32.6	14.3	1.6	3.1	3.4	19.6	6.8	100.0
SCHWA	3.4	4.8	5.7	2.9	24.7	7.9	1.4	6.2	3.8	32.5	6.7	100.0
SAARL	2.6	48.1	1.9	1.9	20.2	8.3	.8	2.0	1.6	5.5	7.1	100.0
BRD	3.6	11.1	8.0	2.3	23.7	18.0	2.3	5.0	4.0	15.4	6.7	100.0

TABELLE 1.6 : INDUSTRIESTRUKTUR DER REGIONEN, VERGLEICHSVARIABLE: BESCHAEFTIGTE

BEOBACHTUNGSZEITPUNKT: 1971 (DREIJAHRESDURCHSCHNITT)

REGION	SEKTORGRUPPEN											SUMME
	STEINE	EISEN	CHEMIE	HOLZ 1	MNTAGE	ELEKTR	KERAM	HOLZ 2	PAPIER	TEXTIL	NAHRG.	
SCHL-H	4.0	3.2	6.0	1.9	30.5	18.2	1.8	4.6	8.7	7.1	14.0	100.0
HAMB	1.4	2.6	16.2	.4	32.3	19.3	.7	2.1	7.2	2.2	15.5	100.0
HANN	3.5	2.8	16.7	1.0	29.0	16.7	2.1	6.8	4.4	6.4	10.5	100.0
HILD	5.3	12.0	5.7	3.4	11.6	31.7	3.4	7.2	7.9	6.8	4.9	100.0
LUENEB	3.5	.4	7.2	2.3	59.0	7.0	.1	3.8	2.2	5.7	8.7	100.0
STADE	7.8	2.5	6.5	1.3	23.7	6.6	1.2	6.4	4.3	8.0	31.7	100.0
OSNA	3.3	12.7	1.2	4.7	18.1	4.4	.1	6.2	4.5	33.0	11.7	100.0
AURICH	3.1	.8	.4	1.4	64.4	6.4	.0	4.5	2.9	5.4	10.7	100.0
BRAUN	3.0	13.3	5.4	1.5	35.1	19.7	.8	3.2	4.0	5.4	8.5	100.0
OLDENB	3.4	1.5	3.8	.8	36.1	16.6	1.0	4.8	4.8	15.9	11.2	100.0
BREM	1.7	.4	1.3	1.1	41.5	18.4	.0	1.9	3.3	6.1	24.2	100.0
DUESS	2.0	21.4	14.0	.8	23.2	15.7	1.7	2.0	3.8	10.9	4.6	100.0
KOELN	2.5	7.1	17.3	1.8	34.3	16.3	3.2	3.5	4.9	4.4	4.7	100.0
AACHEN	1.7	8.5	13.0	5.6	15.0	18.1	7.8	2.8	5.5	14.1	7.9	100.0
MUENST	3.8	5.6	10.4	.9	20.9	11.2	2.5	6.2	2.8	30.2	5.5	100.0
DETMO	2.0	5.4	2.7	3.9	17.0	12.3	1.0	18.4	7.5	20.0	9.8	100.0
ARNS	2.1	36.5	3.2	1.2	21.8	21.8	.8	3.1	2.4	3.4	3.8	100.0
DARMST	3.3	5.3	17.3	.9	25.2	23.5	1.0	5.7	5.1	7.7	5.0	100.0
KASSEL	3.5	3.9	11.9	1.2	33.2	12.4	.7	6.6	3.7	17.8	4.9	100.0
KOBL	11.3	9.8	7.2	2.8	16.7	14.5	6.0	12.0	4.5	9.4	5.8	100.0
TRIER	5.4	5.9	2.3	3.6	17.6	9.7	3.2	9.2	3.7	25.9	13.3	100.0
RHES-P	3.4	2.4	28.4	2.1	21.4	9.0	3.0	5.1	3.6	17.2	4.3	100.0
NWUERT	1.6	4.5	2.8	1.1	37.2	26.2	.7	6.3	4.5	11.6	3.4	100.0
NBAD	3.5	4.6	12.2	2.3	23.7	27.8	1.4	8.7	3.5	7.4	5.0	100.0
SBAD	2.7	8.5	8.8	4.1	15.8	24.4	1.1	6.9	5.3	16.8	5.7	100.0
SWUERT	2.4	4.0	2.4	2.4	25.9	21.7	.4	7.5	3.3	27.0	2.9	100.0
OBAY	2.8	1.9	8.4	2.9	28.6	28.3	.5	4.6	5.9	10.0	5.9	100.0
NIEBAY	7.4	1.7	4.9	4.0	13.4	23.8	5.1	7.2	1.9	21.2	9.6	100.0
OBPFAL	9.1	6.6	2.5	2.6	3.4	26.8	18.0	5.6	2.7	16.0	6.6	100.0
OBFRA	3.9	1.4	1.9	1.0	12.1	12.3	12.6	13.1	3.2	33.7	4.9	100.0
MITFRA	2.7	6.1	3.3	.6	14.5	43.2	2.3	9.6	5.5	7.2	5.1	100.0
UNTFRA	3.7	3.3	5.2	3.3	35.8	13.2	1.5	3.7	4.3	20.1	5.9	100.0
SCHWA	2.9	5.1	7.3	2.2	25.1	13.8	1.0	7.1	4.5	23.5	7.4	100.0
SAARL	1.6	38.9	3.5	1.2	26.7	10.1	.9	3.5	.5	7.0	6.0	100.0
BRD	3.0	9.7	9.1	1.8	25.6	19.8	2.0	5.8	4.4	12.4	6.3	100.0

$$R_{ij} = \frac{B^1_{ij} \; / \; B^o_{ij}}{B^1_{i.} \; / \; B^o_{i.}}$$

Das Wachstum des Sektors i in einer Region j wird ins Verhältnis gesetzt zum Wachstum des Sektors im Gesamtraum. Ist $R_{ij} > 100\%$, so ist der Sektor in der betreffenden Region schneller gewachsen als im Gesamtraum, und die Region hat ihren Anteil an diesem Sektor vergrößert; ist $R_{ij} = 100\%$, so hat sich der auf die Region entfallende Anteil des Sektors nicht geändert; ist $R_{ij} < 100\%$, so ist der Anteil geschrumpft.

Da der Regionalfaktor R_j der gesamten Region das gewogene arithmetische Mittel der sektoralen Regionalfaktoren der Region ist, stellen die sektoralen Regionalfaktoren eine branchenmäßige Aufsplittung des globalen Regionalfaktors R_j dar: es wird sichtbar, "wie" und "wo" das relative Wachstum des gesamten Teilraumes zustande kam.

Die Industriestrukturen der Regionen sind in Tab. 1.6 dargestellt, die Tabelle stellt das Sektorpattern jeder Region als Prozentverteilung (Zeilensumme=1oo%) dar, so daß erkennbar ist, welche Beschäftigungsanteile die Sektoren an der jeweiligen Gesamtbeschäftigung der Regionen aufweisen. Mit Ausnahme des i.d.R. hohen Anteils des Sektors Montage zeigen sich z.T. sehr unterschiedliche regionale Industrie - strukturen. Diese regionalen Unterschiede sind im nächsten Kapitel Gegenstand einer Kennzifferanalyse.

In Tab. 1.7 sind die sektoralen Regionalfaktoren aller Regionen zusammengefaßt. Zur Ermittlung der Grundtendenz der Entwicklung des regionalen Verteilungspattern richtet sich das Hauptaugenmerk der Analyse auf den Strukturwandel derjenigen Teilräume, die einen Regionalfaktor von > 1oo%, einen Strukturfaktor von < 1oo% und einen Standortfaktor von > 1oo%

TABELLE 1.7: VERAENDERUNGEN DER ANTEILE. VERGLEICHSVARIABLE: BESCHAEFTIGTE

BEOBACHTUNGSZEITPUNKTE: 1961/1971 (DREIJAHRESDURCHSCHNITTE)

REGION	SEKTORGRUPPEN											REG. ANTEIL
	STEINE	EISEN	CHEMIE	HOLZ 1	MNTAGE	ELEKTR	KERAM	HOLZ 2	PAPIER	TEXTIL	NAHRG.	
SCHL-H	98.7	105.7	115.7	98.4	96.7	114.8	96.2	142.0	142.7	72.9	101.9	104.2
HAMB	92.3	85.7	79.0	67.2	69.8	75.5	102.7	78.2	66.6	50.8	82.8	78.0
HANN	106.1	109.2	81.3	110.4	103.4	97.8	115.7	93.6	95.8	98.2	117.3	102.5
HILD	96.0	90.1	101.2	64.3	122.3	100.8	104.5	77.7	153.7	95.2	87.0	98.0
LUENEB	99.9	45.8	121.8	80.7	127.2	218.0	147.1	132.9	113.8	126.4	128.8	130.3
STADE	102.7	88.1	136.9	98.8	141.8	224.3	119.5	154.3	86.6	108.6	127.9	123.5
OSNA	118.5	98.1	42.6	153.5	115.5	124.8	119.9	120.4	111.9	114.3	158.0	106.2
AURICH	92.5	67.0	70.2	194.6	178.7	156.4		283.6	85.5	270.7	101.9	161.4
BRAUN	96.0	97.2	106.3	82.0	104.6	93.6	125.5	78.7	96.1	87.0	83.4	97.3
OLDENB	96.6	60.3	79.3	99.2	93.3	137.3	108.4	117.7	125.1	100.8	148.7	105.6
BREM	62.1	78.9	75.1	87.7	68.0	110.2		64.1	86.8	72.7	126.2	86.4
DUESS	101.1	95.3	101.1	92.7	89.1	84.2	101.2	90.7	94.3	81.5	93.8	89.7
KOELN	87.2	101.1	92.1	119.1	100.9	90.6	95.0	79.1	99.0	72.9	92.2	97.3
AACHEN	72.3	90.5	88.4	108.0	123.5	95.5	113.9	101.4	113.3	94.4	97.5	97.0
MUENST	107.6	94.0	107.0	132.9	113.0	129.2	116.1	127.5	119.6	98.2	118.6	102.9
DETMO	86.9	109.0	101.9	109.4	78.6	105.6	98.0	96.8	107.2	104.1	94.3	95.5
ARNS	98.8	96.4	101.7	109.0	87.8	86.6	103.2	105.8	100.2	101.6	106.0	91.4
DARMST	112.2	100.9	101.0	75.1	94.5	101.7	89.8	126.6	104.7	96.0	93.6	103.4
KASSEL	95.3	137.5	103.6	69.8	113.7	96.6	56.9	120.2	107.4	108.2	117.9	108.1
KOBL	82.8	86.5	145.2	103.8	158.9	123.8	117.2	105.0	128.0	126.0	97.9	109.0
TRIER	99.8	154.4	19.1	91.8	172.7	236.2	74.4	295.6	150.0	304.8	133.7	142.1
RHES-P	90.2	83.8	87.7	105.3	120.3	114.6	117.8	100.5	92.1	98.0	96.6	100.9
NWUERT	96.6	121.9	85.6	96.6	105.7	97.1	134.3	86.3	97.5	91.9	97.5	102.0
NBAD	112.2	125.3	177.2	106.3	94.3	94.1	131.9	80.5	86.6	80.8	71.4	100.2
SBAD	119.3	134.7	127.5	122.1	102.8	122.5	84.0	118.9	92.0	103.7	75.8	108.3
SWUERT	133.4	127.5	113.5	106.8	112.5	98.8	155.5	99.3	91.6	104.0	106.7	103.3
OBAY	123.4	113.8	105.4	110.9	122.1	113.6	108.5	99.1	97.2	111.1	103.9	115.4
NIEBAY	84.7	391.0	81.8	93.3	111.8	174.2	110.5	113.3	116.5	165.8	106.9	120.9
OBPFAL	111.1	86.6	96.0	106.0	80.8	140.7	101.5	115.5	104.7	144.4	134.2	110.4
OBFRA	99.1	98.3	127.1	85.2	94.8	92.9	80.5	107.1	89.9	110.1	86.3	92.3
MITFRA	93.3	108.3	98.8	106.8	78.8	93.2	80.7	87.4	94.9	118.1	99.1	96.4
UNTFRA	109.9	137.2	94.5	87.5	114.7	94.7	119.5	115.8	130.4	143.8	104.7	112.9
SCHWA	106.2	127.6	117.2	103.1	98.9	166.9	84.8	103.5	113.8	94.5	124.1	105.2
SAARL	78.5	99.5	172.7	88.0	131.8	119.1	136.9	162.1	30.8	170.4	97.3	107.8
SEKTOR-ANTEIL	100.0	100.0	100.0	100.0	100.0	100.0	100.0	100.0	100.0	100.0	100.0	100.0

aufweisen, da eine der notwendigen Bedingungen einer langfristigen regionalen Angleichung darin besteht, daß sich in den betrachteten Regionen die Wachstumsqualität der Industriestruktur nicht verschlechtert. Ein Blick auf Tab.1.7 zeigt, daß sich das Wachstum in den betreffenden Regionen i.d.R. auf breiter Front vollzieht: in 11 der betrachteten 14 Regionen wuchsen die regionalen Anteile von mindestens 8 Sektoren. Zur Operationalisierung der Analyse wird die Veränderung der Anteile an den drei Hauptwachstumsbranchen *Chemie*, *Montage* und *Elektro* sowie der beiden Hauptstagnationsbranchen *Textil* und *Nahrung* ausgewertet. Der dritte Hauptstagnationssektor *Eisen* hat aufgrund seiner hohen regionalen Konzentration auf Ruhrgebiet und Saarland für die betreffenden Regionen nur geringe Relevanz.

Betrachtet man zuerst die Tendenz einer Strukturverschlechterung, so zeigt sich, daß in 11 der 14 Regionen der Anteil der Sektoren *Textil* und/oder *Nahrung* zugenommen hat. Ein Teil des günstigen Regionalfaktors dieser Regionen resultiert somit aus der Erhöhung des Anteils an stagnierenden Sektoren. Hier zeigt sich eine Verlagerung dieser Branchen in schwächer strukturierte Räume. Dem steht entgegen, daß ebenfalls in 11 Regionen die Anteile an mindestens zwei der drei Wachstumssektoren gestiegen sind, was in jedem Fall eine Tendenz zu einer Verbesserung der Wachstumsqualität der Industriestruktur dieser Regionen darstellt und zeigt, daß die Tendenz zu Verlagerungen sich nicht einseitig auf stagnierende Branchen beschränkt. In fünf Regionen vergrößerten sich die Anteile an allen drei Wachstumssektoren, so daß hier in besonderem Maße eine Tendenz zur Strukturverbesserung festgestellt werden kann.

Wägt man die gegenläufigen Tendenzen des Strukturwandels in den "aufholenden" Regionen gegeneinander ab, so zeigt sich, daß die überdurchschnittliche Entwicklung des Sekundärbereiches in den genannten schwächer industrialisierten Regionen i.d.R. nicht zu einer Verschlechterung der Wachstumsqualität der Industriestruktur geführt hat, da i.d.R. den Verlagerungsgewinnen in den Stagnationsbranchen vergleichbare Gewinne in den Wachstumsbranchen gegenüberstehen. Man kann daher davon ausgehen, daß die regionale Angleichung langfristiger Natur ist.

2.3.4. Wandlungen der regionalen Industriestrukturen: Spezialisierung versus Diversifizierung

Nachdem mit Hilfe der Shift-Analyse aufgezeigt werden konnte, in wieweit das regionale Wachstumspattern bei der bestehenden räumlichen Verteilung der Sektoren aus der gesamtwirtschaftlichen und den spezifisch regionalen Entwicklungen zustande gekommen ist, stellt sich nun die Frage, ob der regionale Strukturwandel zu einer Verstärkung der "interregionalen Arbeitsteilung" geführt hat, d.h., ob die Industriestrukturen der Regionen eine Grundtendenz zu größerer *Spezialisierung* oder zu größerer *Diversifizierung* aufweisen. Zur Beantwortung dieser Fragestellung wird eine Kennziffernanalyse durchgeführt, welche die genannte Fragestellung sowohl hinsichtlich der regionalen Leitsektoren als auch der gesamten Industriestruktur untersucht. Die erste Kennziffer ist das Medianverhältnis: Es wird für jede Region die Anzahl der Sektoren, auf welche insgesamt 5o% der Beschäftigung entfallen, ins Verhältnis gesetzt zur entsprechenden Anzahl der Sektoren im gesamten Sekundärbereich. Aufgrund der Unteilbarkeit der Sektoren wird die 5o%-Schwelle i.d.R. (geringfügig) überschritten, was jedoch durch einen Korrekturfaktor berücksichtigt wird:

$$MV_j^t = \frac{n_j^t}{N^t} \cdot k_j^t \quad \text{mit} \quad k_j^t = \frac{b_j^t}{B_{..}^t} \quad \text{und} \quad b_j^t = \sum_i^n B_{ij}^t$$

---

1) MV_j^t Medianverhältnis der Region j zum Zeitpunkt t, n_j^t Anzahl der Sektoren, welche 5o% der Beschäftigung der Region j auf sich vereinigen, N^t Anzahl der Sektoren, welche 5o% der Beschäftigung des gesamten Sekundärbereichs auf sich vereinigen.

Das MV_j einer Region j hat den Wert von 1oo%, wenn die gleiche Anzahl von Sektoren 5o% der Beschäftigung auf sich vereinigen wie im gesamten Sekundärbereich (und wenn der Korrekturfaktor gleich 1 ist): Dann besteht regional die gleiche Spezialisierung bzw. Diversifizierung wie im Gesamtraum. Weist eine Region einen höheren Spezialisierungsgrad auf, d.h. vereinigen regional eine geringere Anzahl von Sektoren 5o% der Beschäftigung auf sich, dann ist das Medianverhältnis kleiner als 1oo%; der theoretisch kleinste Wert beträgt o,19%, wenn 1oo% der regionalen Beschäftigung auf einen Sektor entfallen, das ist entsprechend die größte denkbare regionale Spezialisierung. Weist das Sektorpattern einer Region jedoch eine stärkere Diversifizierung auf als das Pattern der Bundesrepublik insgesamt, dann ist das MV_j der betreffenden Region j größer als 1oo%; der theoretisch größte Wert beträgt 2o9%, wenn für das Sektorpattern eine Gleichverteilung besteht, d.h. alle Sektoren den gleichen Anteil (von 9,o9%) aufweisen, das entspricht der größtmöglichen sektoralen Diversifizierung.

In Tab. 1.8 sind in den Spalten (1) und (2) die Medianverhältnisse der Regionen zusammengefaßt. In systematischer Klassifikation ergeben sich vier Gruppen:

(1) Sieben Regionen mit MV_j > 1oo%.
In den sieben Regionen RBe Hildesheim, Aachen, Koblenz, Trier, Südbaden, Niederbayern und Oberpfalz bestand eine geringere Spezialisierung und somit eine größere Diversifizierung als im Bundesdurchschnitt. Betrachtet man die Ausstattung dieser Regionen mit industriellen Arbeits - plätzen, dann bestand zu Beginn des Beobachtungszeitraumes - mit Ausnahme von Aachen - ein unterdurchschnittlicher Industriebesatz, welcher jedoch im Beobachtungszeitraum überdurchschnittlich zunahm. Die Industriestruktur dieser Regionen besitzt nur eine unterdurchschnittliche Wachstumsqualität, mit Ausnahme von Aachen und Hildesheim wurde die strukturelle Wachstumsschwäche jedoch von regionalen Sonderentwicklungen überkompensiert, so daß i.d.R.

TABELLE 1.8: WANDLUNGEN DER REGIONALEN INDUSTRIESTRUKTUR

VERGLEICHSVARIABLE: BESCHAEFTIGTE

REGION	MEDIANVERHAELTNIS 1961 (1)	1971 (2)	CHI-QUADRAT-KOEFF. 1961 (3)	1971 (4)
SCHL-H	94.1	92.2	120.	129.
HAMB	73.9	74.7	299.	209.
HANN	94.4	92.6	137.	109.
HILD	110.7	104.5	203.	208.
LUENEB	34.0	32.7	324.	296.
STADE	73.5	69.6	529.	537.
OSNA	70.8	75.4	341.	358.
AURICH	35.4	29.9	558.	543.
BRAUN	89.2	70.3	178.	197.
OLDENB	65.1	73.1	341.	348.
BREM	57.2	58.7	297.	357.
DUESS	95.5	95.8	10142.	8585.
KOELN	91.5	74.7	291.	300.
AACHEN	131.3	128.0	203.	226.
MUENST	66.9	75.4	292.	229.
DETMO	99.3	104.3	441.	487.
ARNS	62.9	66.1	6242.	5266.
DARMST	91.2	87.6	1815.	2147.
KASSEL	74.2	75.6	134.	123.
KOBL	141.0	141.4	294.	224.
TRIER	130.4	101.8	545.	536.
RHES-P	75.8	86.3	512.	447.
NWUERT	65.4	60.8	3577.	4002.
NBAD	75.8	74.8	296.	273.
SBAD	100.5	101.4	83.	109.
SWUERT	68.8	72.8	332.	326.
OBAY	74.5	67.7	332.	563.
NIEBAY	126.7	99.0	328.	286.
OBPFAL	101.2	95.1	446.	438.
OBFRA	74.1	97.3	681.	569.
MITFRA	66.8	66.8	373.	345.
UNTFRA	72.6	68.9	138.	128.
SCHWA	66.6	92.6	152.	92.
SAARL	55.7	58.7	411.	363.

der regionale Anteil an der Beschäftigung des Sekundärbereiches zunahm. Dieses überdurchschnittliche Wachstum wurde i.d.R. begleitet von einer Verringerung der regionalen Diversifizierung, so daß sich in diesen überdurchschnittlich diversifizierten Regionen in der Regel eine Parallelität von abnehmender Diversifizierung und überdurchschnittlichem Wachstum ergab.

(2) 7 Regionen mit $9o\% < MV_j < 1oo\%$

Eine Gruppe von sieben Regionen besitzt eine Industriestruktur, welche eine ähnliche Diversifizierung aufwies wie das Sektorpattern der Bundesrepublik: Schleswig-Holstein, RBe Hannover, Braunschweig,[2] Düsseldorf, Köln, Dortmund und Südhessen. Da sich das Sektorpattern der Bundesrepublik als regionaler "Durchschnitt" ergibt, kann die Industriestruktur einer Region mit einem Medianverhältnis geringfügig unter 1oo% als durchaus diversifiziert angesehen werden. Bezüglich des Industriebesatzes ist diese Gruppe von Regionen relativ heterogen, drei Regionen weisen einen unterdurchschnittlichen und vier Regionen einen überdurchschnittlichen Industriebesatz auf. Die Wachstumsqualität der Industriestruktur ist überwiegend günstig, die Standortbedingungen führten jedoch überwiegend zu einem nur unterdurchschnittlichen Wachstum. Das Medianverhältnis nahm i.d.R. ab, d.h., unabhängig vom industriellen Entwicklungsniveau zeigte sich in dieser Gruppe von Regionen mit einer diversifizierten Industriestruktur eine Tendenz zu einem Abbau der Diversifizierung. Die damit verbundene stärkere Spezialisierung führte jedoch nicht generell zu einer überdurchschnittlichen Wachstumsposition.

(3) 18 Regionen mit 5o% $< MV_j <$ 9o%

Die größte Gruppe, welche über die Hälfte der Regionen umfaßt, wies gegenüber dem Sektorpattern der Bundesrepublik eine signifikant höhere Spezialisierung auf: Hamburg, RBe Stade, Osnabrück und Oldenburg, Bremen, RBe Münster, Arnsberg, Nordhessen, Rhein-Hessen-Pfalz, Nordwürttemberg, Nordbaden, Südwürttemberg, Oberbayern, Oberfranken, Mittelfranken, Unterfranken, Schwaben und das Saarland. In der Mehrheit der Regionen bestand, verbunden mit der hohen Spezialisierung, eine überdurchschnittliche interregionale Wachstumsposition, welche ganz oder teilweise durch günstige regionale Entwicklungsbedingungen zustande kam. Bezüglich ihres industriellen Entwicklungsniveaus, gemessen als Industriebesatz, ist diese Gruppe relativ heterogen. Es zeigt

2) Braunschweig wird dieser Gruppe hinzugerechnet, obwohl das Medianverhältnis 1961 nur 89,2% betrug, weil der Abstand zur nächstniedriger diversifizierten Region 14%-Punkte umfaßt und demnach "unterhalb" von dieser Region ein Einschnitt besteht.

sich dabei, daß sich in hochindustrialisierten Regionen im Beobachtungszeitraum die Spezialisierung der Industriestruktur weiter erhöhte oder konstant blieb. Demgegenüber nahm in Regionen mit einem unterdurchschnittlichen Industriebesatz die Spezialisierung i.d.R. ab, hier war bei einer Erhöhung des Industriebesatzes eine Tendenz zu verstärkter Diversifizierung festzustellen.

(4) 2 Regionen mit $MV_j < 5o\%$
In den beiden Regionen RBe Lüneburg und Aurich bestand eine extreme Spezialisierung, hier entfielen auf nur einen Sektor mehr als 5o% der industriellen Beschäftigung. Beide Regionen weisen einen unterdurchschnittlichen Industriebesatz auf, der sich im Beobachtungszeitraum jedoch erhöhte; ebenso war die interregionale Wachstumsposition überdurchschnittlich, sowohl aufgrund der günstigen Wachstumsqualität der Industriestruktur als auch aufgrund günstiger Standortbedingungen. Entgegen der Tendenz, daß unterdurchschnittlich entwickelte Regionen mit hoher Spezialisierung i.d.R. dann überdurchschnittlich wachsen, wenn sich die Spezialisierung verringert, nahm die Spezialisierung in beiden Regionen im Beobachtungszeitraum zu. Das ist im wesentlichen darauf zurückzuführen, daß der alleinige Leitsektor der beiden Regionen, der Sektor *Montage*, ein Wachstumssektor ist und in den Regionen günstige Standortbedingungen vorfindet.

Vergleicht man diesen Wandel der regionalen Industriestrukturen mit dem Wandel der Industriestruktur der Bundesrepublik im Zeitablauf, dann entfielen bundesweit 1961 auf die drei größten Sektoren 57,1% der Beschäftigung, 1971 waren es 57,8%: Die "Spezialisierung" der Industriestruktur der Bundesrepublik ist somit nahezu konstant geblieben, regional bestehen jedoch die o.g. gegenläufigen Entwicklungen.

Da die Kennzifferanalyse mit Hilfe des Medianverhältnisses auf die Entwicklung bezüglich der regionalen Leitsektoren abstellt, wird eine zweite Analyse in Form von Chi-Quadrat-

Tests durchgeführt,[3] welche die Tendenz des Strukturwandels bezogen auf die gesamte Industriestruktur erfaßt. Dazu wird für jede Region ein Test durchgeführt, welcher das regionale mit dem gesamtwirtschaftlichen Sekundärprofil vergleicht. Alle Tests ergaben für ein Signifikanzniveau von 95%, daß alle regionalen Industriestrukturen signifikant von der gesamtwirtschaftlichen abweichen. Es zeigt sich somit, daß die visuell erkennbare "interregionale Arbeitsteilung" sich auch statistisch bestätigen läßt. Wegen der genannten Niveauempfindlichkeit der Kennziffern sind interregionale Vergleiche nur zwischen ähnlich großen Regionen möglich.

Die absolut größten Koeffizienten ergeben sich für die Industriestruktur des Ruhrgebiets, seine beiden Teilräume weisen jeweils höhere Kennziffern auf als vergleichbar große Regionen wie der Mittlere-Neckar-Raum und der Rhein-Main-Raum. Auffallend ausgeglichen ist die Wirtschaftsstruktur des Münchener Raumes. Diejenigen Ballungsräume, deren Anteile sich erhöht haben, zeigen eine Tendenz zu verstärkter Spezialisierung ihrer Industriestruktur; im Ruhrgebiet ergibt sich eine Parallelität von Anteilsverringerung und größerer Diversifizierung.

Analysiert man das Veränderungspattern der Chi-Quadrat-Koeffizienten näher, dann hat sich von 34 Regionen in 13 der Spezialisierungsgrad vergrößert und in 21 verringert, jedoch waren diese Änderungen i.d.R. geringfügig. Nimmt man eine Änderung der Koeffizienten im Zeitablauf von $\pm$ 1o% als relative Konstanz an, dann ist in knapp der Hälfte (15) der Teilräume der Spezialisierungsgrad konstant geblieben, in 7 Teilräumen ist er gewachsen, und in 12 Teilräumen hat er sich verringert. Das gleichzeitig zu beobachtende Auftreten von überproportionalem Wachstum bei gestiegenem Spezialisierungsgrad ist somit im wesentlichen auf die drei Ballungsräume Frankfurt, Stuttgart und München be-

---

3) vgl. E.KREISZIG, a.a.O., S. 229-234.

schränkt; für die übrigen Regionen gilt überwiegend ein Trend zu einer gleichmäßigeren Industriestruktur.

Faßt man die Ergebnisse der Kennzifferanalyse von Medianverhältnis und Chi-Quadrat-Koeffizienten zusammen, dann ergibt sich folgendes Bild:

(1) Zwischen den Regionen der Bundesrepublik besteht eine "interregionale Arbeitsteilung", d.h., verglichen mit der Industriestruktur der gesamten Bundesrepublik weist die Mehrheit der Regionen eine signifikant spezialisiertere Industriestruktur auf: auf die regionalen Leitsektoren entfällt ein höherer Beschäftigungsanteil als auf die gesamtwirtschaftlichen.

(2) Die regionalen Wandlungen der Industriestruktur zeigen zwei gegenläufige Tendenzen: In Regionen mit einer diversifizierten Industriestruktur war unabhängig vom Entwicklungsniveau eine Tendenz zu stärkerer Spezialisierung feststellbar; in Regionen mit einer ausgeprägten Spezialisierung und einem unterdurchschnittlichen Industriebesatz bestand eine Tendenz zu einer Verringerung der Spezialisierung bzw. zu einer Erhöhung der Diversifizierung; in den (wenigen) Regionen mit einem überdurchschnittlichen Industriebesatz und einem hohen Spezialisierungsgrad zeigte sich überwiegend eine Konstanz oder eine Zunahme der bereits bestehenden Spezialisierung.

3. Strukturwandlungen des Sekundärbereichs aus regionaler Sicht

3.1. Methodische Anlage

3.1.1. Regionale Leitsektoren

Die bisherige Analyse der sektoralen und regionalen Industriestruktur und ihrer Wandlungen im Zeitablauf machte aus *gesamtwirtschaftlicher* Sicht eine Reihe von Tatbeständen deutlich. Im folgenden wird das Zustandekommen des regionalen Wachstumspattern durch den sektoralen Strukturwandel auf *regionaler* Ebene untersucht. Bei einer solchen Problemstellung ist eine andere Untersuchungsperspektive erforderlich: die kleinräumliche Betrachtungsweise. Die Ursachen für das Zustandekommen des regionalen Wachstumspattern bleiben grundsätzlich die gleichen wie aus gesamtwirtschaftlicher Sicht: *Perloff* u.a. : " The major characteristics of the economic growth pattern of the individual regions... are related to industry composition or within-industry locational changes."[1) Bei regionaler Einzelbetrachtung ergeben sich vor allem folgende Fragestellungen: Welche regionsinternen Strukturwandlungen fanden insbesondere bei den regionalen Leitsektoren statt und in welchem Umfang waren daran die jeweiligen Standortbedingungen beteiligt?

Wie an früherer Stelle ausgeführt, steht die wirtschaftliche Entwicklung einer Region im Spannungsfeld von regionsexternen und -internen Determinanten: je kleiner der Anteil einer Region am Gesamtraum ist, desto höher ist das Gewicht der regionsexternen Bestimmungsfaktoren. Bei der Analyse von 34 Einzelregionen innerhalb des Bundesgebietes stehen daher die externen Determinanten im Vordergrund. Die regionale Wirtschaftsentwicklung und der regionale Strukturwandel werden in hohem Maße davon bestimmt, in welchem Umfang eine

---

1) H.S. PERLOFF, E.S.DUNN, E.E.LAMPARD, R.F. MUTH: Regions, Resources and Economic Growth, 2. Auflage, Baltimore, 1961, S. 64.

Region regionsexterne Nachfrage auf sich ziehen kann, da die regionale Nachfrage i.d.R. nicht ausreicht, die Ressourcen der Region voll auszuschöpfen. *Siebert* spricht in diesem Zusammenhang davon, daß ein "bestimmtes Minimum an Außennachfrage" notwendige Bedingung der regionalen Wirtschaftsentwicklung ist.[2] Die Exportbasistheorie geht von einem Wachstumsimpuls durch eine gestiegene Außennachfrage aus und zeigt den sich anschließenden Wachstumsprozeß auf; die Ursache für den auslösenden Impuls wird jedoch nicht ausgewiesen. Nach der vorstehenden Untersuchung der Determinanten des *sektoralen* Strukturwandels in einer Gesamtwirtschaft sind Ursachen für Änderungen der Außennachfrage einer Region unschwer zu identifizieren: Die Wandlungen in der Zusammensetzung der Gesamtwirtschaft führen bei einer vorhandenen Spezialisierung der regionalen Produktion wie in der Bundesrepublik im Zeitablauf zu Änderungen der regionsexternen Nachfrage.

Linder verweist auf den nahezu trivialen, aber oft vernachlässigten Tatbestand, daß nur interregional exportiert werden kann, was bereits regional nachgefragt wird, und daß folglich im industriellen Bereich die regionale Nachfrage ein (von Sektor zu Sektor unterschiedliches) Mindestniveau haben muß, um eine regionale Produktion überhaupt zu ermöglichen.[3] Für einen regionalen Wachstumsprozeß, in dem Sinne, daß eine Region einen wachsenden Anteil an Produktion und Beschäftigung des Gesamtraumes erwirbt, sind im industriellen Bereich somit meist *zwei* Grundbedingungen erforderlich: ein Mindestniveau an regionaler *und* an regionsexterner Nachfrage.

Bei Wandlungen der Zusammensetzung der Gesamtnachfrage wird das Trade Pattern zwischen den Regionen von der "availability" der verstärkt nachgefragten Güter geprägt:[4] die re-

---

2) H.SIEBERT: Zur Theorie regionalen Wachstums, Tübingen 1967, S. 89

3) vgl. S. LINDER: An Essay on Trade and Transformation, New York, 1961, zitiert nach J.N.BHAGWATI: The Pure Theory of International Trade. A Survey, in: The Economic Journal, Vol. 74 (1964), S.28f..

4) vgl. I.B.KRAVIS: "Availability" and other Influences on the Comodity

gionsexterne Nachfrage tritt dort verstärkt auf, wo ein relativ hohes regionales Produktionsniveau bereits vorhanden ist. In der Bundesrepublik besteht i. d.R. eine relativ hohe regionale Spezialisierung der Produktion; unterstellt man eine Produktionselastizität, welche vom Produktionsniveau relativ unabhängig ist, dann sind die Wachstumsimpulse aufgrund gestiegener Außennachfrage in den Regionen am größten, welche eine entsprechend günstige Spezialisierung aufweisen. Die Exportbasistheorie beschreibt den Multiplikatorprozeß, welcher aufgrund dieses Impulses in Gang kommt. Da die Wandlungen der Nachfragestruktur i.d.R. langsam erfolgen, können die Ressourcen zur Produktion für die regionsexterne Nachfrage entsprechend langsam mobilisiert werden, so daß Kostensteigerungen, welche als Preissteigerungen zu einem Rückgang der externen Nachfrage führen können, nicht notwendigerweise eintreten müssen. Je mehr die Ressourcen einer expandierenden Region ausgeschöpft werden, desto mehr entsteht eine Sogwirkung auf mobile Produktionsfaktoren anderer Regionen. Die in der Folge davon entstehenden regionalen Umschichtungen von Beschäftigung und Kapital werden z.T. dadurch erleichtert, daß durch die Wandlungen der Zusammensetzung der Gesamtnachfrage in den Regionen, welche eine Spezialisierung auf Güter mit stagnierender Nachfrage aufweisen, Produktionsfaktoren freigesetzt werden: Hieran zeigt sich die Verknüpfung von sektoralem *und* regionalem Strukturwandel.

Die Exportbasistheorie macht keinen Unterschied, ob der Wachstumsimpuls aus region s externer Nachfrage sich auf die Produktion von Konsum- oder Investitionsgütern erstreckt. Diese Vereinfachung vernachlässigt die Kapazitätseffekte von Investitionsgüterexporten,[5] von denen u.U. eine negative Rückwirkung auf die übrigen Exporte der betrachte-

Composition of Trade, in: Journal of Political Economy, Vol. 64 (1956) S. 143 .

5) vgl. H.SIEBERT, a.a.O. S. 91 f..

ten Region ausgehen kann: Wenn eine Region Konsumgüter und Investitionsgüter zur Herstellung dieser Konsumgüter exportiert, ist es wahrscheinlich, daß diese Investitionsgüter in der importierenden Region zur Importsubstitution verwendet werden. Das führt mittelfristig in der exportierenden Region zu einer Verringerung der Konsumgüterexporte und zu einer Ausrichtung der Produktionsstruktur auf die Produktion von Investitionsgütern. Eine auf diese Art verringerte Außennachfrage muß jedoch nicht zu einer Verringerung des regionalen Wachstums führen, da es möglich und bei verstärkten Investitionsgüterexporten wahrscheinlich ist, daß sich die *terms of trade* der Region verbessern und sich deshalb die Exporterlöse insgesamt nicht verringern.

Eine Verbesserung der terms of trade ergibt sich, wenn sich das Preisverhältnis von Export- zu Importgütern erhöht, so daß je Einheit Export mehr Importeinheiten getauscht werden. Relativ zu den Importpreisen gestiegene Exportpreise sind jedoch nur dann von Vorteil, wenn keine negative Mengenreaktion der regionsexternen Nachfrage erfolgt. Das ist dann der Fall, wenn entweder die Preiselastizität der Exportgüter nahe null ist oder wenn die Preiselastizität dieser Güter von der Einkommenselastizität kompensiert wird. Diesen theoretischen Überlegungen kommt auch empirische Relevanz zu, wie die Untersuchungen von *Pfister* zeigen.[6)] Daraus geht hervor, daß die wirtschaftliche Expansion der Pazific-North West Region in den USA in den Jahren 1929-55 in engem Zusammenhang steht mit der Verbesserung ihrer terms of trade gegenüber den übrigen Regionen der USA. Diese Verbesserung der terms of trade kam im wesentlichen durch die durch Übernachfrage bedingten Preissteigerungen im größten Leitsektor der Region, der Bau- und Nutzholzindustrie, zustande.

Eine Verbesserung der interregionalen terms of trade ist nicht ausschließlich an Investitionsgüterexporte geknüpft,

---

6) vgl. R.L.PFISTER: Terms of Trade as a Tool of Regional Analysis, in: Journal of Regional Science, Vol. 3/ II(1961), S. 63f..

sondern grundsätzlich bei allen industriellen Gütern möglich. Im Regelfall und in langfristiger Betrachtung findet sie jedoch nur bei Gütern mit hoher Einkommenselastizität statt, so daß eine eventuell bestehende Preiselastizität kompensiert werden kann. Dabei handelt es sich, wie vorstehend in Kap. 2.2.2. aufgezeigt wurde, um langlebige Konsumgüter und Investitionsgüter. Regionen, welche eine Spezialisierung auf Sektoren dieser Produktionsbereiche aufweisen, haben einen entsprechenden Wachstumsvorteil.

Faßt man diese Überlegungen zusammen, dann ergeben sich wirtschaftliche Entwicklung und Strukturwandel einer Einzelregion aus ihrer Spezialisierung im Rahmen der interregionalen Arbeitsteilung und den Möglichkeiten der Anpassung dieser Spezialisierung an Änderungen der Zusammensetzung der Gesamtnachfrage. Damit richtet sich für den Fortgang der Untersuchung das Hauptaugenmerk auf die regionalen Leitsektoren, da ihr Niveau und ihre anteilmäßige Zusammensetzung die Spezialisierung einer Region bestimmen.

Bei einer empirischen Analyse stellt sich zunächst das Problem einer operationalen Identifikation. Grundsätzlich sind regionale Leitsektoren diejenigen Sektoren, welche das Wirtschaftsniveau einer Region in solchem Maße beeinflußen, daß es wesentlich von der Entwicklung dieser Sektoren abhängt, welche Wachstumsposition die Region innerhalb des regionalen Wachstumspattern realisiert. Ein typisches Beispiel für die Bedeutung von Leitsektoren ist die Stahl erzeugende und Stahl verarbeitende Industrie im Ruhrgebiet, deren Stagnation zu Abwanderungen und damit zu einem wirtschaftlichen Schrumpfungsprozeß der gesamten Region führte. Weitere Beispiele sind die Sektoren *Montage* und *Elektro* im Mittleren-Neckar-Raum und im Münchener Raum, deren Expansion den Teilräumen ein überdurchschnittliches Wachstum ermöglichte. Diese Branchen sind regionale Leitbranchen aufgrund ihres überproportional großen Anteils am Sekundärbereich ihrer Region. Diese hohen Anteile am Sekundärbereich der jeweiligen Teilräume kommen zustande, weil die Leitbranchen als interregionale Exportsektoren von ihrem regionalen Standort aus einen überregionalen Markt versorgen und somit eine Produktionsleistung in der Region realisieren, welche über den regionalen Eigenbedarf hinaus - geht. Unterstellt man eine homogene Nachfragestruktur im Gesamtraum, dann liegt eine Exportbeziehung im engeren Sinn vor, wenn der Anteil eines Sektors am Sekundärbereich seiner Standortregion größer ist als der Anteil dieses Sektors am gesamten Sekundärbereich.[7)]

Es ist jedoch der Fall gegeben, daß ein Sektor nach dem oben genannten Kriterium als Exportsektor angesehen werden kann, daß er aber am Sekundärbereich seiner Standortregion nur einen relativ geringen Anteil hat, so daß ihm keine eigentliche Leitfunktion zukommt. Umgekehrt treten Fälle auf, daß Sektoren regional zwar einen relativ grossen Anteil am Sekundärbereich ihrer Region aufweisen, daß aber von einer Exportfunktion im oben definierten Sinne nicht oder noch nicht gesprochen werden kann. Dieser Umstand, daß Exportsektoren keine Leitfunktion und "großen" Sektoren keine Exportfunktion zukommt, ergibt sich teilweise aus der Sektorabgrenzung nach dem Homogenitätsprinzip, welche zu relativ ungleich großen Sektorgruppen geführt hat. Die Ergebnisse zeigen jedoch, daß im Regelfall eines Leitsektors beide Kriterien zusammentreffen: Exportfunktion und relative Größe. Für diejenigen Fälle, in welchen nur jeweils ein Kriterium erfüllt ist, wird das Kriterium der relativen Größe als das entscheidende angesehen. Der Grund dafür ist die Tatsache, daß sich der Einfluß eines Sektors auf die Aktivität des Sekundärbereiches seiner Region im wesentlichen aus seiner relativen Größe ergibt. Die Exportfunktion wirkt sich nur mittelbar auf die regionale Wirtschaftsentwicklung aus; denn die Exportbeziehungen sind aus regionaler Sicht nur soweit von Bedeutung, wie sie ein hohes Niveau des Sektors in der Re-

---

7) vgl. G.HILDEBRAND, A.MACE: The Employment Multiplier in an Expanding Industrial Market. Los Angeles County 194o - 47, in: The Review of Economics and Statistics, Vol 23 (195o), S. 342 - 349 .

gion ermöglichen. Hinzu kommt, daß häufig der Fall auftritt, daß relativ große Sektoren ohne Exportfunktion im oben definierten Sinne ein Niveau nur geringfügig unterhalb der Exportschwelle aufweisen und die Trendanalyse anzeigt, daß ein Exportniveau in absehbarer Zeit erreicht wird. Ebenso ist natürlich der Fall gegeben, daß Leitsektoren stagnieren und absehbar ist, daß sie künftig ihre Leitfunktion verlieren werden.

Bei der empirischen Analyse wurde jeder Sektor einer Region als Leitsektor betrachtet, dessen Anteil am Sekundärbereich seiner Standortregion größer war als 9%, demjenigen Anteil, welcher einer Gleichverteilung der Sektoren entspricht. Dieser Schwellenwert erscheint unter operationalen Gesichtspunkten sinnvoll, da bei einem kleineren Wert zuviele Sektoren in die Analyse eingehen und die Überschaubarkeit des Ergebnisoutputs beeinträchtigen. Bei einem höheren Schwellenwert kommt den verbleibenden Sektoren ein theoretisch nicht gerechtfertigtes hohes Gewicht zu.

3.1.2. Standortbedingungen: Interaktion von Sektor und Standort

Die Ausbildung von regionalen Leitsektoren erklärt sich bei gegebener Gesamtnachfrage aus ihren Produktionsbedingungen in der Standortregion: die Erzielung externer oder interner Ersparnisse führt i.d.R. zu einer Ausdehnung der Marktgebiete über die Grenzen der Region hinaus und somit zu einer interregionalen Exportstellung. Bei der empirischen Analyse bestehen nun erhebliche methodische Schwierigkeiten, die relevanten Standortfaktoren, welche die sektorspezifische Standortqualität eines Leitsektors bestimmen, zu spezifizieren und zu quantifizieren.[1] So ist aufgrund der Ergebnisse zahlreicher Untersuchungen unstrittig,[2]

---

1) vgl. auch D.SCHRÖDER: Strukturwandel, Standortwahl und regionales Wachstum, Stuttgart 1968, S. 99.

2) D.BIEHL, E.HUSSMANN, K.RAUTENBERG, S.SCHNYDER und V.SÜDMEYER: Bestimmungsgründe des regionalen Entwicklungspotentials, Tübingen

daß z.B. Agglomerationsvorteile bestehen, etwa in Form von qualitativ und quantitativ ergiebigen regionalen Faktor- und Absatzmärkten; es ergeben sich jedoch methodische Schwierigkeiten bei einer *flächendeckenden* Analyse, diejenigen Standortfaktoren zu identifizieren, welche z.B. bei zwei ähnlich strukturierten Regionen einer der beiden eine überdurchschnittliche Entwicklung ermöglichen, die Entwicklung der anderen jedoch dämpfen. So haben z.B. vergleichbar strukturierte Regionen wie der Münchener Raum und der Kölner Raum - beide haben annähernd den gleichen Strukturfaktor - aufgrund regionsspezifischer Entwicklungsbesonderheiten eine unterschiedliche Position im regionalen Wachstumspattern: der Münchener Raum wuchs überproportional, der Kölner Raum unterproportional.

Zur methodischen Schwierigkeit, ein explizites Erklärungsmodell zu spezifizieren, kommt das statistische Problem der Verfügbarkeit geeigneten Beobachtungsmaterials. Bei der vorliegenden empirischen Untersuchung wurde anfänglich der Versuch unternommen, ein multiples Regressionsmodell zu schätzen, welches die Ausprägung der regionalen Leitsektoren statistisch "erklären" kann. Dabei wurde vor allem durch die Verwendung der exogenen Variablen *Marktpotential* ein brauchbarer Erklärungswert erhofft. Es zeigte sich jedoch, daß auch bei unterschiedlich spezifizierten Modellvarianten sowie der Anwendung der step-wise Regression die erzielten Erklärungswerte R^2 unterhalb von o,5 blieben; das heißt, daß der nicht erklärte Teil der Varianz stets größer war als der erklärte. Eine mögliche Ursache dafür ist, daß erzwungenermaßen stets ein hoher Zusammenhang zwischen Modellspezifikation und Verfügbarkeit von statistischem Beobachtungsmaterial bestand, so daß entgegen einer theoretisch erforderlichen Modellspezifikation eine Be-

---

1975, S. 51-55, R.M.LICHTENBERG, a.a.O. zitiert nach E.HOOVER, a.a.O., S. 79-85, H.W.RICHARDSON: Agglomentation Potential. A Generalization of the Income Potential Concept, in: Journal of Regional Science,Vol.14 (1974), S. 325-335, D.SCHRÖDER, a.a.O., S. 112 - 114.

schränkung auf diejenigen exogenen Variablen unumgänglich war, für welche flächendeckend Beobachtungen vorlagen. Es blieb daher unklar, ob der geringe Erklärungswert auf eine falsche Spezifikation des Modells oder auf Mängel des Beobachtungsmaterials zurückzuführen war.[3)]

Als Ausweg aus dieser methodisch schwierigen Situation wird im folgenden ein *impliziter* Ansatz zur Messung des Einflusses der sektorspezifischen Standortqualität auf die Ausprägung von Leitsektoren gewählt, welcher eine Anwendung der Varianzzerlegung beinhaltet und in der vorliegenden Form in der empirischen Regionalforschung noch nicht verwendet worden ist. Ausgangspunkt der Überlegungen ist der Umstand, daß die Standortqualität einer Region i.d.R. keine ökonomische Eigenschaft schlechthin ist, sondern erst aus der *Interaktion* von Sektor *und* Standortregion resultiert. Eine Erklärung der Ausprägung des Beschäftigungsniveaus eines Sektors in einer Region aufgrund der Standortbedingungen ist somit implizit möglich, indem der Teil des Beschäftigungsniveaus kenntlich gemacht wird, welcher einer günstigen oder ungünstigen Interaktion von Sektor und Region zuzurechnen ist. Dieser Anteil am Beschäftigungsniveau läßt sich residual ermitteln: es ist derjenige Teil, welcher die Differenz zum Erwartungswert aufgrund des Niveaus des Gesamtsektors und des Niveaus der Standortregion bildet.Eine Quantifizierung dieser Interaktion ergibt sich wie folgt:

(1) Das Niveau eines industriellen Sektors i in einer Region j ist in einer hoch arbeitsteiligen Volkswirtschaft wie in der Bundesrepublik abhängig vom durchschnittlichen Niveau des Sekundärbereiches. Das gesamtwirtschaftlich durchschnittliche Niveau ist "Fundament" jeder industriellen Einzelaktivität:

$$x_{ijt} = f(m_t)$$

(2) Da den Sektoren zu einem Beobachtungszeitpunkt auf-

3) Bei flächendeckender Analyse sind derartige Fälle keine Seltenheit; vgl. auch H.D.HOPPEN, B.KÄSHAMMER: Empirische Untersuchungen der Wanderungsströme innerhalb des Bundesgebietes, in: Raumforschung und Raumordnung, 1976/4, S. 171-173.

grund von Niveau und Struktur der Gesamtnachfrage ein unterschiedlicher Anteil an der Aktivität des Sekundärbereiches zukommt, ist das Niveau eines Sektors in einer Region auch abhängig vom durchschnittlichen Niveau der Sektorgruppe, welcher er zugeordnet ist:

$$x_{ijt} = f(m_t, a_{it})$$

(3) Die Teilräume des Gesamtraumes haben einen unterschiedliches Niveau, so daß auch ein Einfluß des Regionsniveaus auf das Niveau der Sektoren auf ihrem Gebiet besteht:

$$x_{ijt} = f(m_t, a_{it}, b_{jt})$$

(4) Aus der speziellen Kombination von Sektor und Region ergibt sich aufgrund der sektorspezifischen Standortbedingungen ein Einfluß auf das Niveau des Sektors in dieser Region. Diese sektoral-regionale Interaktion kann daher als ein Maß für den Einfluß der sektorspezifischen Standortgunst auf das Niveau des Sektors angesehen werden:

$$x_{ijt} = f(m_t, a_{it}, b_{jt}, ab_{ijt})$$

Eine Möglichkeit, diese formale Beziehung zu konkretisieren, ist eine Varianzzerlegung, wie sie im Rahmen einer Varianzanalyse vorgenommen wird.[4] Das Niveau x_{ijt} ergibt sich ex-post stets aus der Summe der Komponenten m_t, a_{it}, b_{jt}, und ab_{ijt} es gilt:

$$x_{ijt} = m_t + a_{it} + b_{jt} + ab_{ijt} \qquad (1)$$

Das Niveau eines Sektors in einer Region läßt sich statistisch erklären aus Gesamtmittelwert und aus den Abweichungen vom Gesamtsektor- und Regionsmittelwert sowie einem Residuum, das sich aus der spezifischen Verknüpfung von Sektor und Region ergibt:

$$x_{ijt} = \bar{x}_{..t} + (\bar{x}_{i.t} - \bar{x}_{..t}) + (\bar{x}_{.jt} - \bar{x}_{..t}) + (x_{ijt} - \bar{x}_{.jt} - \bar{x}_{i.t} - \bar{x}_{..t}) \qquad (2)$$

Die Beziehung (2) ist ex-post stets erfüllt. Vergleicht man sie mit Gleichung (1), so zeigt sich eine formale Gleichheit.

4) Vgl. auch zum folgenden E.WEBER: Grundriß der biologischen Statistik, Stuttgart 1967, S. 229-326 und H.SCHEFFÉ: The Analysis of Variance, New York, London 1959 .

Da sich das absolute Niveau eines Sektors in einer Region stets ex-post erklären läßt, aus dem gesamtwirtschaftlichen Niveau zuzüglich sektoraler und regionaler Abweichungen und eines Restes, der sich aus der Kombination von Sektor und Region ergibt, ist es möglich, Gleichung (2) als Schätzfunktion für Gleichung (1) zu betrachten.

Von besonderer Bedeutung für die Analyse der sektorspezifischen Entwicklungsbedingungen eines Sektors in einer Region ist der Interaktionsterm ab_{ijt}. Bei genauerer Betrachtung ergibt sich folgende Aussage:

$$ab_{ijt} = (x_{ijt} - \bar{x}_{i.t}) - (\bar{x}_{.jt} - \bar{x}_{..t})$$

Es wird die Differenz zweier Differenzen gebildet: Die erste Differenz zeigt einen Überschuß (oder ein Defizit) des regionalen Niveaus des Sektors gegenüber seinem gesamtsektoralen Durchschnitt. Die zweite Differenz besteht zwischen regionalem und gesamtwirtschaftlichem Durchschnitt. Eine regionale Standortgunst besteht dann, wenn die erste Differenz größer ist als die zweite, d.h.,wenn der Sektor regional stärker von seinem Gesamtsektordurchschnitt abweicht als der regionale vom gesamtwirtschaftlichen Durchschnitt.

Im Zeitablauf ist im Restglied nicht nur die Interaktion von Sektor und Region, sondern auch ein nicht spezifizierter Zufallseinfluß enthalten. Die Trennung von systematischem und zufälligem Anteil erfolgt durch eine Trendanalyse. Die theoretischen Werte (der Regression auf die Zeit) können als systematischer Anteil der Interaktion am Entstehen des regionalen Niveaus gelten, so daß der Interaktionsterm der Form ab^*_{ijt} ein Maß für die regionalen Standortbedingungen ist:

$$ab^*_{ijt} = ab_{ijt} + e_{ijt}$$

In Tabelle 2.0 ist beispielhaft eine Varianzzerlegung der

TABELLE 2.0: VARIANZZERLEGUNG DES NIVEAUS EINES SEKTORS IN EINER REGION
BEOBACHTUNGSVARIABLE: BESCHAEFTIGTE (IN 1000)

SEKTOR	JAHR	(1) EMPIRISCHES NIVEAU X_{IJT}	(2) SEKTOR-DURCHSCHNITT $M_T + A_{IT}$	(3) REGIONALE ABWEICHUNG B_{JT}	(4) INTERAKTION AB_{IJT}	(5) REST E_{IJT}
MONTAGE	1960	50.5	48.8	-4.2	3.4	2.5
	1961	51.1	51.2	-4.3	3.3	1.0
	1962	51.6	52.9	-4.3	3.1	-.1
	1963	48.7	52.4	-4.6	3.0	-2.2
	1964	48.1	53.0	-4.7	2.9	-3.1
	1965	52.0	54.8	-4.6	2.7	-.9
	1966	53.6	55.0	-4.5	2.6	.5
	1967	51.7	51.7	-3.8	2.5	1.4
	1968	52.0	52.6	-3.6	2.3	.7
	1969	54.6	56.7	-4.0	2.2	-.4
	1970	56.1	58.5	-4.1	2.1	-.5
	1971	57.3	59.3	-3.9	2.0	-.2
	1972	57.1	57.8	-3.7	1.8	1.2
ELEKTRO	1960	23.7	37.6	-4.2	-10.0	.3
	1961	25.6	39.5	-4.3	-9.8	.3
	1962	26.3	39.4	-4.3	-9.7	1.0
	1963	26.5	39.8	-4.6	-9.6	.8
	1964	26.6	40.7	-4.7	-9.4	-.0
	1965	26.7	42.2	-4.6	-9.3	-1.6
	1966	26.3	41.8	-4.5	-9.2	-1.8
	1967	25.7	39.2	-3.8	-9.0	-.6
	1968	27.6	40.4	-3.6	-8.9	-.3
	1969	30.5	43.7	-4.0	-8.8	-.4
	1970	34.4	46.2	-4.1	-8.6	.9
	1971	34.4	45.2	-3.9	-8.5	1.5
	1972	32.7	44.8	-3.7	-8.3	-.1
NAHRUNG	1960	25.6	14.3	-4.2	15.7	-.2
	1961	25.4	14.4	-4.3	-8.3	-.1
	1962	26.1	14.7	-4.3	-8.3	-.1
	1963	26.3	14.8	-4.6	-8.3	-.1
	1964	26.1	14.6	-4.7	-8.3	-.1
	1965	26.1	14.6	-4.6	-8.3	-.1
	1966	25.8	14.6	-4.5	-8.3	-.1
	1967	24.6	14.2	-3.8	-8.3	-.1
	1968	26.2	14.2	-3.6	-8.3	-.1
	1969	26.2	14.3	-4.0	-8.3	-.1
	1970	26.2	14.4	-4.1	-8.3	-.1
	1971	26.3	14.5	-3.9	-8.3	-.1
	1972	25.8	14.2	-3.7	-8.3	-.1

Leitbranchen der Region Schleswig-Holstein dargestellt. Die Region hat die Leitbranchen *Montage*, *Elektro* und *Nahrung*. Die Sektorgruppe Montage hat eine positive Interaktion, aber diese ist mit ca. 3ooo Beschäftigten bei einem Niveau von ca. 5o ooo relativ gering. Das Niveau eines Sektors in Schleswig-Holstein liegt im Durchschnitt um ca. 4 ooo Beschäftigte unter dem Sektordurchschnitt; die erwartete sektorale Besetzung (m+a) des Sektors *Montage* liegt bei etwa 5o ooo. Betrachtet man das realisierte Niveau dieses Sektors in Schleswig-Holstein, so erklärt es sich weitgehend aus dem sektoralen Durchschnitt, so daß die relativ geringe positive Interaktion lediglich den negativen Regionseinfluß ausgleicht.

Ein gänzlich anderes Bild zeigt sich beim Leitsektor *Elektro*. Die durchschnittliche Besetzung dieses Sektors liegt bei ca. 4o.ooo Beschäftigten. Das Niveau dieses Sektors in Schleswig-Holstein liegt erheblich niedriger, und das bestehende Defizit kann nur zu einem geringem Teil aus dem prinzipiell niedrigeren Niveau Schleswig-Holsteins erklärt werden; der größte Teil des Niveaudefizits erklärt sich aus einer hohen negativen Interaktion von diesem Sektor und dieser Region: Es zeigt sich somit, daß für den Sektor *Elektro* in Schleswig-Holstein ungünstige Standortbedingungen bestehen.

Eine gegenteilige Situation ergibt sich für den Sektor *Nahrung*. Sein Niveau in Schleswig-Holstein übersteigt die durchschnittliche Besetzung dieses Sektors erheblich. Dies ergibt sich allein aufgrund der hohen positiven Interaktion, welche über die Hälfte des Niveaus dieses Sektors in Schleswig-Holstein erklärt: es besteht folglich eine hohe sektorspezifische Standortgunst für diesen Sektor in Schleswig-Holstein.

Diese Interpretationsbeispiele zeigen, daß die Größenordnung des zufallsbereinigten Interaktionsterms ab^*_{ijt} im Vergleich zum regionalen Niveau des Sektors sowie zu den übrigen Komponenten, der durchschnittlichen sektoralen Besetzung $(m + a_i)$ und der relativen Niveauposition der Region (b_j) zu sehen ist. Betrachtet man die Entwicklung der Interaktion im Zeitablauf, so zeigt sich die Entwicklungsrichtung der sektorspezifischen Standortqualität für den betrachteten Leitsektor in seiner Standortregion.

Das Bild der sektorspezifischen Standortbedingungen wird durch Einbeziehung der sektorspezifischen Wachstumsbedingungen vervollständigt. Es ist ein bekanntes Faktum, daß die Standortbedingungen für die Ausprägung eines hohen (oder niedrigen) Beschäftigungs*niveaus* und für ein hohes (oder niedriges) Beschäftigungs*wachstum* nicht immer gleichgerichtet sind: vor allem auf hohem Produktions- bzw. Beschäftigungsniveau zeigen sich trotz prinzipieller Standortgunst Wachstumshemmnisse. Regionale Wachstumsgunst oder -ungunst werden seit langem mit Hilfe verschiedener Varianten der Shiftanalyse implizit gemessen. Um eine zur sektoral-regionalen Interaktion vergleichbare Information zu erhalten, wird mit Hilfe des Differenzen-Modells der Shiftanalyse für jeden Leitsektor eine Zeitreihe erstellt, aus welcher die Entwicklung der sektorspezifischen Wachstumsgunst des Standortes erkenntlich wird. Die absoluten Zu- oder Abnahmen der Beschäftigung eines betrachteten Sektors werden für jeden Beobachtungszeitpunkt zerlegt in diejenigen Zu- oder Abnahmen, welche der Entwicklung des Gesamtsektors entsprechen, und das verbleibende Residum:[5)]

$$dx_{ijt} = dx_{i.t} + dr_{ijt}$$

Im Zeitablauf schwanken die Residuen dr_{ijt} i.d.R. von Periode zu Periode, da sie zahlreichen zufälligen Einflüssen ausgesetzt sind. Die regionale Wachstumsgunst oder -ungunst läßt sich als systematischer Einfluß mit Hilfe einer Trendanalyse (Regression auf die Zeit) kenntlich machen:

---

5) vgl. H.D.HOPPEN: Die Shift-Analyse..., a.a.O., S.7-9 und die dort angegebene Literatur.

$$dx_{ijt} = dx_{i.t} + d\hat{r}_{ijt} + e_{ijt}$$

Die Trendwerte $d\hat{r}_{ijt}$ geben den zufallsbereinigten systematischen Anteil des Standorteinflusses am Wachstum des Leitsektors wieder. Wenn die sektorspezifischen Wachstumsbedingungen des Standortes dem Leitsektor ein überdurchschnittliches Wachstum ermöglichen, dann sind diese zufallsbereinigten Wachstumsgewinne positiv; bei nur durchschnittlichem oder unterdurchschnittlichem Wachstum sind sie null oder negativ. Diese "systematischen" Wachstumsgewinne werden unnormiert in absoluter Höhe angegeben und sind daher unmittelbar sowohl mit der empirisch festgestellten Entwicklung der Beschäftigung als auch mit der sektoral-regionalen Interaktion vergleichbar. Aus dem Verlauf der Zeitreihe dieser zufallsbereinigten Verlagerungen ergibt sich die Veränderung oder Stabilität der regionalen Wachstumsgunst der betrachteten Leitbranchen im Beobachtungszeitraum. Eine Verbesserung oder Verschlechterung der Grundtendenz der Wachstumsqualität im Beobachtungszeitraum ist ein Indikator dafür, ob künftig ein Wachstumsspielraum besteht oder ob eine weitere Expansion am Standort nur noch verlangsamt möglich ist.

3.1.3. Der Indikatorkatalog der empirischen Analyse

Für die empirische Analyse wird standardmäßig ein Indikatorkatalog verwendet, welcher für jeden Leitsektor ein Bild seiner Entwicklung, der darin enthaltenen Entwicklungstrends und der regionalen Standortgunst gibt. Dieser Indikatorkatalog enthält elf Einzelindikatoren, welche in den drei Gruppen *Entwicklung*, *Trendvergleich* und *Standortqualität* zusammengefaßt sind.

Die erste Indikatorgruppe *Entwicklung* enthält die Indikatoren (1) "empirisches Niveau", (2) "regionaler Anteil" und (3) "interregionaler Vergleich". Der Indikator (1) gibt das absolute Niveau der Beschäftigten zu den Beobachtungszeitpunkten an, der Indikator (2) den prozentualen Anteil des Leitsektors an den Beschäftigten der Region und der Indikator (3) den Exportbasiskoeffizienten E, welcher angibt, ob der Sektor am Standort überproportional, proportional oder unterproportional vertreten ist:[1)]

$$E = \frac{x_{ijt} / x_{.jt}}{x_{i.t} / x_{..t}}$$

Die zweite Indikatorgruppe beinhaltet die Indikatoren der Trendanalyse, (4) "Trend L", (5) "Trend M", (6) "Proportional" und (7) "Parallel". Der Indikator (4) gibt die Trendwerte einer Trendanalyse (Regression auf die Zeit) über die 13 Zeitpunkte des Beobachtungszeitraumes wieder, und der Indikator (5) die Trendwerte einer mittelfristigen Trendanalyse, welche den Beobachtungszeitraum in drei Fünfjahreszeiträume, 196o/64, 1964/68 und 1968/72, unterteilt, wobei in der Standardtabelle von den doppelt aufgenommenen Zeitpunkten 1964 und 1968 jeweils der Trendwert des zweiten und des dritten Fünfjahreszeitraumes ausgewiesen ist. Der Indikator (6) gibt das hypothetische Beschäftigungsniveau an, das sich jeweils eingestellt hätte, wenn die regionale Beschäftigung des Sektors von Jahr zu Jahr mit der Wachstumsrate des Gesamtsektors gewachsen wäre.
Der Indikator (7) ist ein Erwartungswert; er ergibt sich aus der Summe der Komponenten m + a + b der Varianzzerlegung und stellt somit dasjenige hypothetische Beschäftigungsniveau dar, welches sich ergeben hätte, wenn das Niveau des Sektors seinem Erwartungswert entsprechen würde.

In der dritten Indikatorgruppe sind die Indikatoren der Standortbedingungen, (8) "Interaktion L", (9) "Interaktion M", (1o) "Wachstum L" und (11) "Wachstum M", zusammengefaßt. Die Indikatoren (8) und (9) geben die Auswirkungen der Standortqualität, gemessen als absoluter (positiver oder negativer) Anteil am Beschäftigungsniveau, wieder, welcher auf die Interaktion

---

1) Vgl. W.ISARD: Methods of Regional Science, a.a.O., S. 123f..

von Sektor und Standortregion entfällt; die Entwicklung der Interaktion wird vom Indikator (8) im langfristigen Verlauf (über den gesamten Beobachtungszeitraum) ermittelt und vom Indikator (9) in mittelfristiger Entwicklung (über drei Fünfjahreszeiträume). Die Indikatoren (1o) und (11) quantifizieren die sektorspezifische Wachstumsqualität als diejenige absolute Zu- oder Abnahme des Beschäftigungsniveaus, welche durch positive oder negative Wachstumsbedingungen am Standort bedingt ist: Der Indikator (1o) enthält die langfristige Entwicklung, der Indikator (11) den mittelfristigen, in drei Teiltrends zerlegten Verlauf.

Der Indikatorkatalog ist so angelegt, daß sich durch Vergleich der Einzelindikatoren eine Reihe von Eigenschaften der Entwicklung während des Beobachtungszeitraumes sichtbar machen lassen. Aus den Indikatoren der ersten Gruppe ergibt sich eine Beurteilung der Größenordnung des absoluten Niveaus der Beschäftigung aus regionaler und interregionaler Sicht. Es ist erkennbar, wie die vollzogene Entwicklung das Gewicht des Leitsektors innerhalb der Region beeinflußt hat, wo er in Konkurrenz mit den übrigen Sektoren um die Ressourcen der Region steht, und ob und in welchem Umfang sich die interregionale Wettbewerbsposition in Konkurrenz mit Anbietern des gleichen Sektors aus anderen Regionen verändert hat.

In der zweiten Indikatorgruppe wird die langfristige Entwicklung des Beschäftigungsniveaus aufgezeigt, und durch eine Zerlegung in mittelfristige Trends wird der Gesamttrend "erklärt", d.h. ob und in welchem Umfang er sich z.B. aus Abschnitten stärkeren oder schwächeren Wachstums zusammensetzt. Von besonderer Bedeutung ist dabei der Fünfjahreszeitraum am Ende des Beobachtungszeitraumes. Hier zeigt sich aus einem Vergleich der lang- und mittelfristigen Trendwerte, ob gegen Ende des Untersuchungszeitraumes eine Beschleunigung oder Verlangsamung der Entwicklung stattfand. In der letzten Zeile der Ergebnismatrix sind Trendprognosen für den Zeitpunkt 198o wiedergegeben, jeweils eine Schätzung, welche sich aus dem Trend L ergibt, und eine Schätzung,welche sich aus dem Wachstum der letzten fünf Jahre (Trend M) ergibt. Der Indikator (6) gibt im Vergleich mit dem Indikator (1) u.a. die Konjunkturempfindlichkeit des Sektors in der Region an. Liegt z.B.das vom Indikator (6) angezeigte hypothetische Niveau der Beschäftigung im Rezessionsjahr 1967 unter dem realisierten Niveau (1), dann ist regional der Beschäftigungsrückgang geringer und damit die Konjunkturstabilität höher gewesen als im Durchschnitt des Sektors; zugleich liefert der Indikator (6) eine wichtige Trendvariante für 198o, nämlich dasjenige Niveau, welches sich ergibt, wenn das regionale Niveau des Sektors von 1972 mit der im Beobachtungszeitraum gemessenen durchschnittlichen Wachstumsrate des Sektors im Gesamtraum extrapoliert wird.

Der Indikator (7) ist der o.g.Erwartungswert: Es wird die Größenordnung des Niveaus angegeben, welche aufgrund der durchschnittlichen Sektorbesetzung und der Regionsgröße erwartet werden kann, wenn man von einem sektorspezifischen Standorteinfluß auf das Niveau absieht. Dieser Standorteinfluß wird von den Indikatoren (8) und (9) wiedergegeben.Die Summe der Indikatoren (7) und (8) oder (7) und (9) ergibt ex-post (zu- oder abzüglich des im Zeitablauf anfallenden Zufallseinflusses) das realisierte Niveau (1). Es wird sichtbar, welcher Anteil des realisierten Niveaus auf die Interaktion von Sektor und Standort entfällt. Sind die Indikatoren (8) und (9) negativ, so verringern sie das erwartete Niveau (7) entsprechend der sektorspezifischen Standortungunst. Das Vorzeichen und die Größenordnung der Indikatoren (8) und (9) müssen folglich stets im Zusammenhang mit den Indikatoren (7) und (1) gesehen werden.

Die von den Indikatoren (1o) und (11) wiedergegebene sektorspezifische Wachstumsqualität der Standortregion ist ebenfalls in Vorzeichen und Größenordnung in Relation zum Indikator (1) zu sehen. Die Indikatoren der Standortqualität bezüglich des Wachstums liefern Trendprognosen für den Zeitpunkt 198o. Auch hier werden Trendprognosen aufgrund eines langfristigen und aufgrund eines Trends, der sich aus der Entwicklung der letzten fünf Jahre ergibt, gegenüberstellt, um eine Beschleunigung oder Verlangsamung der Entwicklung zum Ende des Beobachtungszeitraumes in verschiedenen Trendvarianten berücksichtigen zu können. Diese Prognosen zeigen zusammen mit dem Verlauf der Indikatoren der Wachstumsgunst den "Wachstumsspielraum" des Sektors für seine Entwicklung in den nächsten Jahren.

3.2. Ergebnisse der 34 Einzelregionen

3.2.1. Anwendungsbeispiel: Die Entwicklung der Leitsektoren in der Region Schleswig-Holstein

Der Industriebereich der Region Schleswig-Holstein realisierte im Beobachtungszeitraum ein überdurchschnittliches Wachstum; in Tabelle 1.7. ist eine Wachstumsposition von 1o4,2% ausgewiesen, welche im wesentlichen in der zweiten Hälfte des Beobachtungszeitraumes erzielt wurde und überwiegend aufgrund einer standortbedingten Entwicklung entstanden ist. Die Leitbranchen der Region, *Montage*, *Elektro* und *Nahrung*, vereinigten 1972 ca. 63% der Beschäftigung des Sekundärbereiches auf sich.

In Tabelle 2.1. sind die Ergebnisse der empirischen Analyse für Schleswig-Holstein zusammengefaßt. Mit Abstand wichtigste Leitbranche der Region ist die Sektorgruppe *Montage*, welche im Beobachtungszeitraum einen Anteil von etwa 3o% an der Beschäftigung des Industriebereiches hatte. Trotz der Zunahme der Beschäftigung von ca. 5o.6oo auf 57.ooo blieb der Anteil an der Beschäftigung der Region weitgehend konstant. Im interregionalen Vergleich verschlechterte sich die Wettbewerbsposition der Montageindustrie Schleswig-Holsteins nur geringfügig. Der Trendvergleich zeigt, daß der Sektor Montage im Zeitraum 196o/64 schrumpfte, im Zeitraum 1964/68 langsam und ab 1968 verstärkt wuchs. Die Gegenüberstellung der Ergebnisse des Indikators (6) mit dem empirischen Niveau (1) zeigt, daß in der 1965 beginnenden Ex - pansionsphase eine überdurchschnittliche Konjunkturstabilität bestand, so daß der Rückgang während der Rezession 1967 geringer war als im Durchschnitt des Sektors. Der Indikator (7) zeigt, daß die Größenordnung des empirischen Niveaus(1) nur wenig oberhalb des Erwartungswertes liegt, so daß von einer ausgeprägten sektorspezifischen Standortgunst nur mit Einschränkung gesprochen werden kann. Die Größenordnung der Indikatoren (8) und (9) bestätigt das. Die Wachstumsqualität

TABELLE 2. 1: ENTWICKLUNG DER BESCHAEFTIGUNG IN SCHLESWIG-HOLSTEIN

INDUSTRIEGRUPPE MONTAGE

	ENTWICKLUNG			TRENDVERGLEICH				STANDORTQUALITAET			
JAHR	(1) EMPIR. NIVEAU	(2) REGION. ANTEIL	(3) INTERREG VERGL.	(4) TREND L	(5) TREND M	(6) PROPOR-TIONAL	(7) PARA-LLEL	(8) INTER-AKT. L	(9) INTER-AKT. M	(10) WACHS-TUM L	(11) WACHS-TUM M
1960	50.6	30.8	1.33	48.9	51.5	--	44.6	3.4	5.9	--	--
1961	51.1	30.2	1.28	49.5	50.7	53.1	46.8	3.3	4.4	-.9	-1.1
1962	51.6	30.1	1.25	50.2	50.0	52.9	48.6	3.1	2.8	-.8	-1.3
1963	48.7	29.0	1.21	50.8	49.3	51.1	47.9	3.0	1.2	-.6	-1.6
1964	48.1	28.6	1.18	51.4	50.0	49.2	48.3	2.9	.6	-.5	.7
1965	52.0	29.9	1.23	52.0	50.7	49.8	50.2	2.7	1.5	-.3	.7
1966	53.7	30.9	1.25	52.7	51.5	52.1	50.5	2.6	2.3	-.2	.7
1967	51.7	30.9	1.25	53.3	52.2	50.4	47.8	2.5	3.2	-.0	.6
1968	52.0	30.1	1.22	53.9	52.9	52.7	49.0	2.3	2.3	.1	-1.3
1969	54.7	30.2	1.20	54.5	54.2	56.1	52.8	2.2	2.3	.3	-.7
1970	56.1	30.0	1.19	55.2	55.4	56.4	54.5	2.1	2.3	.4	-.1
1971	57.3	30.6	1.19	55.8	56.7	56.9	55.5	2.0	2.2	.5	.4
1972	57.1	30.8	1.20	56.4	58.0	55.9	54.2	1.8	2.2	.7	1.0
1980	--	--	--	61.4	68.2	67.7	--	.8	2.1	1.8	5.5

SPALTEN (1), (4) BIS (11) BESCHAEFTIGTE IN 1000, SPALTE (2) IN V. H.

REGION :SCHLESWIG-HOLSTEIN

des Standortes wandelte sich im Zeitablauf, zu Beginn war sie negativ, sie wurde aber zunehmend besser und nahm positive Werte an.

Die erkennbare Entwicklungsrichtung der Wachstumsgunst bis 198o macht eine weitere Expansion wahrscheinlich: Der langfristige Trend zeigt eine Zunahme auf ca. 61.4oo Beschäftigte, der Trend der letzten fünf Jahre liegt ebenso darüber wie eine Extrapolation des Niveaus von 1972 mit dem durchschnittlichen Wachstum der Branche; die Interaktion ist von der Größenordnung her wenig bedeutsam, hat aber weiter ein positives Vorzeichen, die sektorspezifische Wachstumsgunst des Standortes nimmt weiter zu. Aufgrund dieser günstigen Wachstumsaussichten kann man mit hoher Wahrscheinlichkeit davon ausgehen, daß der Anteil des Sektors Montage an der industriellen Beschäftigung Schleswig-Holsteins zumindest konstant bleibt oder aber leicht zunimmt und sich die interregionale Wettbewerbsposition leicht verbessert.

Die Sektorgruppe *Elektro* steigerte ihre Beschäftigung von ca. 23.7oo auf 32.7oo und konnte damit im Beobachtungszeitraum ihren Anteil an der Beschäftigung des Industriebereiches von 14,5%auf 18% vergrößern. Ihr kommt, wie die Entwicklung des Indikators (2) zeigt, ein wachsendes Gewicht für die Entwicklung der Wirtschaft Schleswig-Holsteins zu. Im interregionalen Vergleich besitzt diese Sektorgruppe am Ende des Beobachtungszeitraumes zwar noch eine unterdurchschnittliche interregionale Wettbewerbsposition, jedoch ist zu erwarten, daß sich das bestehende Defizit bis etwa 198o ausgleicht. Vergleicht man den langfristigen Trend (4) mit dem mittelfristigen (5), so zeigt sich, daß eine Wachstumsperiode im ersten Drittel von einer Stagnationsphase gefolgt wird und daß im letzten Fünfjahreszeitraum eine besonders ausgeprägte Expansion erfolgt. Der Indikator (6) zeigt für das Rezessionsjahr 1967 eine überdurchschnittliche Konjunkturstabilität. Aus dem Vergleich der Indikatoren (7) und (1) ergibt sich, daß das Niveau

INDUSTRIEGRUPPE ELEKTRO- UND FEINMECHANIK

JAHR	ENTWICKLUNG (1) EMPIR. NIVEAU	(2) REGION. ANTEIL	(3) INTERREG VERGL.	TRENDVERGLEICH (4) TREND L	(5) TREND M	(6) PROPOR-TIONAL	(7) PARA-LLEL	STANDORTQUALITAET (8) INTER-AKT. L	(9) INTER-AKT. M	(10) WACHS-TUM L	(11) WACHS-TUM M
1960	23.7	14.5	.81	23.5	24.4	--	33.4	-10.0	-9.5	--	--
1961	25.7	15.1	.83	24.3	25.1	24.9	35.1	-9.9	-9.3	.2	.4
1962	26.3	15.3	.85	25.1	25.7	25.6	35.0	-9.7	-9.2	.2	.2
1963	26.5	15.8	.87	25.9	26.4	26.5	35.3	-9.6	-9.1	.2	-.0
1964	26.6	15.8	.85	26.7	26.4	27.1	36.0	-9.4	-10.4	.3	-.9
1965	26.7	15.4	.82	27.5	26.5	27.6	37.6	-9.3	-10.2	.3	-.4
1966	26.3	15.2	.81	28.2	26.6	26.4	37.3	-9.2	-10.0	.3	.1
1967	25.7	15.3	.82	29.0	26.7	24.7	35.3	-9.0	-9.9	.3	.6
1968	27.6	16.0	.84	29.8	29.2	26.5	36.8	-8.9	-9.1	.4	1.7
1969	30.5	16.9	.87	30.6	30.5	29.9	39.7	-8.8	-8.7	.4	1.2
1970	34.4	18.4	.92	31.4	31.9	32.3	42.1	-8.6	-8.3	.4	.6
1971	34.4	18.4	.93	32.2	33.3	33.7	41.4	-8.5	-7.9	.4	.2
1972	32.7	17.7	.89	33.0	34.7	34.1	41.1	-8.4	-7.5	.5	-.4
1980	--	--	--	39.2	45.9	38.9	--	-7.3	-4.5	.7	-4.4

SPALTEN (1), (4) BIS (11) BESCHAEFTIGTE IN 1000, SPALTE (2) IN V. H.

REGION :SCHLESWIG-HOLSTEIN

der Gruppe *Elektro* geringer war als aufgrund der durchschnittlichen Sektorbesetzung und der Größe der Region erwartet werden konnte. Die Indikatoren (8) und (9) zeigen die vorhandene negative Interaktion von Sektor und Standortregion in lang- und mittelfristiger Analyse. Die relativ hohe negative Interaktion nimmt jedoch relativ konstant ab, gegen Ende des Beobachtungszeitraumes beschleunigt sich diese Entwicklung. Die Wachstumsgunst des Standortes hat eine zunehmende Tendenz, welche im Zeitablauf jedoch Schwankungen unterworfen ist. Die Verschlechterung der Wachstumsgunst gegen Ende des Beobachtungszeitraumes ist im wesentlichen durch den Niveaueinbruch von 1971 auf 1972 bedingt.

Insgesamt kann man von einer Verbesserung der sektorspezifischen Standortqualität ausgehen, so daß eine weitere regional und interregional überdurchschnittliche Expansion wahrscheinlich ist: Der langfristige Trend ergibt für 198o ein Niveau von ca. 39.2oo Beschäftigten, der Trend der letzten fünf Jahre liegt wesentlich höher, ebenfalls die Trendextrapolation des Niveaus von 1972 mit dem durchschnittlichen Wachstum der Sektorgruppe im Beobachtungszeitraum.

Das Niveau der Beschäftigung der Industriegruppe *Nahrung* stagnierte während des Beobachtungszeitraumes bei ca. 26.ooo Beschäftigten, wodurch sich der Anteil an der industriellen Beschäftigung Schleswig-Holsteins von 15,6% auf 14,o% verringerte. Die interregionale Wettbewerbsposition dieses Sektors blieb in etwa konstant, da diese Sektorgruppe allgemein zu den stagnierenden Sektoren gehört und die Entwicklung in Schleswig-Holstein etwa dem Durchschnitt entspricht. Der Trendvergleich zeigt die ausgeprägte Stagnation der Beschäftigung. Der Konjunktureinbruch 1967 war jedoch in Schleswig-Holstein stärker als im Durchschnitt des Sektors. Der Erwartungswert des Niveaus der Nahrungsmittel- und Tabakindustrie in Schleswig-Holstein aufgrund des durchschnittlichen Sektorbesatzes und der Regionsgröße ist erheblich niedriger als das tatsächliche Niveau. Die hohe positive Interaktion zeigt die entsprechend hohe sektorspezifische

INDUSTRIEGRUPPE NAHRUNG UND TABAK

	ENTWICKLUNG			TRENDVERGLEICH				STANDORTQUALITAET			
JAHR	(1) EMPIR. NIVEAU	(2) REGION. ANTEIL	(3) INTERREG VERGL.	(4) TREND L	(5) TREND M	(6) PROPOR-TIONAL	(7) PARA-LLEL	(8) INTER-AKT. L	(9) INTER-AKT. M	(10) WACHS-TUM L	(11) WACHS-TUM M
1960	25.6	15.6	2.29	25.7	25.5	--	10.1	15.7	15.4	--	--
1961	25.4	15.0	2.26	25.8	25.7	25.8	10.0	15.7	15.6	-.0	-.1
1962	26.1	15.2	2.27	25.8	25.9	25.9	10.3	15.7	15.8	-.0	-.0
1963	26.3	15.7	2.31	25.8	26.1	26.3	10.2	15.7	16.0	-.0	.0
1964	26.1	15.5	2.33	25.8	26.0	26.0	10.0	15.7	16.2	.0	-.3
1965	26.1	15.0	2.32	25.9	25.9	26.0	9.9	15.6	15.9	.0	-.0
1966	25.8	14.9	2.27	25.9	25.8	26.2	10.1	15.6	15.6	.0	.2
1967	24.6	14.7	2.16	25.9	25.7	25.1	10.4	15.6	15.3	.0	.4
1968	26.2	15.2	2.27	26.0	26.3	24.6	10.6	15.6	15.8	.0	.9
1969	26.2	14.5	2.27	26.0	26.2	26.4	10.4	15.6	15.7	.1	.6
1970	26.2	14.0	2.25	26.0	26.1	26.3	10.3	15.6	15.6	.1	.2
1971	26.3	14.0	2.23	26.0	26.1	26.3	10.6	15.5	15.6	.1	-.1
1972	25.8	14.0	2.21	26.0	26.0	25.8	10.5	15.5	15.5	.1	-.4
1980	--	--	--	26.2	25.4	25.7	--	15.4	14.7	.2	-2.9

SPALTEN (1), (4) BIS (11) BESCHAEFTIGTE IN 1000, SPALTE (2) IN V. H.

REGION :SCHLESWIG-HOLSTEIN

Standortgunst, welche das erreichte Niveau ermöglicht hat. Die Interaktion bleibt im Zeitablauf weitgehend konstant.

Die Trendprognosen für 198o weisen recht einheitlich auf eine weitere Stagnation dieses Sektors auf einem Niveau von 25.ooo bis 26.ooo Beschäftigten hin, so daß sich sein Anteil an der industriellen Beschäftigung Schleswig-Holsteins weiter verringern und damit sein Gewicht für die Entwicklung der Wirtschaft dieser Region weiter abnehmen wird.

Die überdurchschnittliche Wachstumsposition Schleswig-Holsteins kam im wesentlichen dadurch zustande, daß sich die größte Branche, *Montage*, in etwa entsprechend dem Sektordurchschnitt entwickelte, die Sektorgruppe *Elektro* überproportional zunahm sowohl im regionalen wie im interregionalen Vergleich und sich der Beschäftigungsabbau im Bereich *Nahrung* regional langsamer vollzog als im Gesamtsektor. Da zu erwarten steht, daß sich diese Entwicklung im Prognosezeitraum weitgehend fortsetzen wird, ist eine weiterhin knapp überdurchschnittliche Wachstumsposition der Region wahrscheinlich; dabei wird sich jedoch die Wachstumsqualität der Industriestruktur etwas verringern, da die erwartete Zunahme des Sektors *Montage* unterhalb der Rate des Gesamtsektors liegt und der erwartete Abbau im Stagnationsbereich *Nahrung* geringer als im Sektordurchschnitt ausfällt.

3.2.2. Hamburg, Niedersachsen und Bremen

(1) Hamburg

Das Niveau der Beschäftigung im industriellen Bereich hat sich im Bundesland Hamburg im Beobachtungszeitraum erheblich verringert: Der Anteil der Region an der industriellen Gesamtbeschäftigung sank von 3% 1961 auf 2,4% 1971. Die industrielle Entwicklung Hamburgs ist mit einem Regionalfaktor von 78% die ungünstigste aller betrachteten Regionen. Diese

TABELLE 2. 2: ENTWICKLUNG DER BESCHAEFTIGUNG IN HAMBURG

INDUSTRIEGRUPPE CHEMIE

	ENTWICKLUNG			TRENDVERGLEICH				STANDORTQUALITAET			
JAHR	(1) EMPIR. NIVEAU	(2) REGION. ANTEIL	(3) INTERREG VERGL.	(4) TREND L	(5) TREND M	(6) PROPORTIONAL	(7) PARALLEL	(8) INTERAKT. L	(9) INTERAKT. M	(10) WACHSTUM L	(11) WACHSTUM M
1960	31.0	14.0	1.77	30.3	31.1	--	17.6	12.7	13.4	--	--
1961	30.8	13.9	1.74	30.2	30.7	32.3	17.7	12.6	13.1	-1.0	-.7
1962	30.4	13.9	1.74	30.0	30.3	31.1	17.5	12.6	12.9	-.9	-.9
1963	29.9	14.2	1.74	29.9	29.9	31.0	17.1	12.6	12.7	-.8	-1.1
1964	29.4	14.2	1.71	29.7	29.6	30.6	17.1	12.5	12.4	-.8	-1.3
1965	29.3	14.2	1.69	29.6	29.1	30.5	17.2	12.5	12.0	-.7	-1.0
1966	29.2	14.4	1.68	29.5	28.5	29.6	17.2	12.4	11.6	-.6	-.8
1967	27.1	14.4	1.63	29.3	28.0	28.3	16.5	12.4	11.3	-.6	-.6
1968	27.8	15.1	1.68	29.2	28.5	27.8	16.5	12.3	11.6	-.5	-.2
1969	28.9	15.4	1.71	29.0	28.8	29.6	16.9	12.3	12.0	-.5	-.2
1970	30.4	16.1	1.76	28.9	29.2	30.3	17.3	12.2	12.4	-.4	-.2
1971	29.7	16.2	1.77	28.8	29.5	30.1	16.8	12.2	12.9	-.3	-.2
1972	29.1	16.5	1.80	28.6	29.8	29.2	16.2	12.1	13.2	-.3	-.2
1980	--	--	--	27.5	32.6	36.1	--	11.7	16.5	.2	-.2

SPALTEN (1), (4) BIS (11) BESCHAEFTIGTE IN 1000, SPALTE (2) IN V. H.

REGION :HAMBURG

INDUSTRIEGRUPPE MONTAGE

JAHR	ENTWICKLUNG (1) EMPIR. NIVEAU	(2) REGION. ANTEIL	(3) INTERREG VERGL.	TRENDVERGLEICH (4) TREND L	(5) TREND M	(6) PROPOR-TIONAL	(7) PARA-LLEL	STANDORTQUALITAET (8) INTER-AKT. L	(9) INTER-AKT. M	(10) WACHS-TUM L	(11) WACHS-TUM M
1960	74.0	33.5	1.44	73.5	75.6	--	49.7	22.6	24.9	--	--
1961	74.4	33.5	1.42	72.1	73.2	77.7	51.6	21.0	22.1	-2.4	-2.3
1962	73.0	33.3	1.38	70.7	70.9	76.9	52.9	19.3	19.3	-2.4	-2.9
1963	67.1	32.0	1.33	69.3	68.5	72.4	51.7	17.7	16.5	-2.4	-3.5
1964	65.8	31.8	1.32	67.9	66.5	67.8	51.8	16.0	13.6	-2.4	-2.1
1965	65.6	31.8	1.30	66.5	65.0	68.1	53.1	14.4	12.7	-2.3	-1.8
1966	64.3	31.7	1.29	65.1	63.4	65.8	53.1	12.7	11.9	-2.3	-1.5
1967	61.2	32.6	1.32	63.7	61.9	60.4	49.7	11.1	11.0	-2.3	-1.2
1968	60.3	32.7	1.32	62.3	62.5	62.4	50.1	9.5	10.8	-2.3	-2.3
1969	62.9	33.5	1.33	60.9	61.3	65.0	53.4	7.8	8.8	-2.2	-2.4
1970	61.8	32.8	1.30	59.5	60.1	64.9	54.6	6.2	6.8	-2.2	-2.5
1971	59.6	32.5	1.26	58.1	58.9	62.7	55.2	4.5	4.8	-2.2	-2.6
1972	56.0	31.7	1.24	56.7	57.8	58.1	53.4	2.9	2.8	-2.2	-2.7
1980	--	--	--	45.5	48.3	66.4	--	-10.2	-13.3	-1.9	-3.4

SPALTEN (1), (4) BIS (11) BESCHAEFTIGTE IN 1000, SPALTE (2) IN V. H.

REGION :HAMBURG

INDUSTRIEGRUPPE ELEKTRO- UND FEINMECHANIK

	ENTWICKLUNG			TRENDVERGLEICH				STANDORTQUALITAET			
JAHR	(1) EMPIR. NIVEAU	(2) REGION. ANTEIL	(3) INTERREG VERGL.	(4) TREND L	(5) TREND M	(6) PROPOR-TIONAL	(7) PARA-LLEL	(8) INTER-AKT. L	(9) INTER-AKT. M	(10) WACHS-TUM L	(11) WACHS-TUM M
1960	38.4	17.4	.97	40.9	39.4	--	38.6	2.0	.4	--	--
1961	40.2	18.1	1.00	40.4	39.6	40.4	39.9	1.3	.4	-.4	-.0
1962	41.0	18.7	1.04	39.8	39.8	40.1	39.4	.7	.5	-.5	-.4
1963	39.7	18.9	1.03	39.3	40.0	41.5	39.1	.0	.6	-.6	-.8
1964	39.6	19.2	1.03	38.8	40.9	40.6	39.6	-.7	.5	-.6	-.4
1965	40.2	19.5	1.04	38.2	39.5	41.1	40.6	-1.3	-.2	-.7	-.8
1966	39.7	19.6	1.04	37.7	38.0	39.8	40.0	-2.0	-1.0	-.8	-1.2
1967	36.3	19.3	1.03	37.2	36.6	37.2	37.2	-2.7	-1.8	-.9	-1.6
1968	34.4	18.7	.98	36.7	34.8	37.5	37.9	-3.3	-4.4	-1.0	-2.8
1969	34.6	18.4	.95	36.1	34.9	37.2	40.4	-4.0	-4.9	-1.1	-2.1
1970	36.1	19.1	.96	35.6	35.0	36.6	42.3	-4.7	-5.4	-1.2	-1.3
1971	35.6	19.4	.98	35.1	35.1	35.3	41.0	-5.3	-5.8	-1.2	-.6
1972	34.4	19.5	.98	34.5	35.2	35.2	40.3	-6.0	-6.3	-1.3	.1
1980	--	--	--	30.3	35.9	41.0	--	-11.4	-10.0	-2.0	5.9

SPALTEN (1), (4) BIS (11) BESCHAEFTIGTE IN 1000, SPALTE (2) IN V. H.

REGION :HAMBURG

INDUSTRIEGRUPPE NAHRUNG UND TABAK

JAHR	E N T W I C K L U N G			T R E N D V E R G L E I C H				S T A N D O R T Q U A L I T A E T			
	(1) EMPIR. NIVEAU	(2) REGION. ANTEIL	(3) INTERREG VERGL.	(4) TREND L	(5) TREND M	(6) PROPOR-TIONAL	(7) PARA-LLEL	(8) INTER-AKT. L	(9) INTER-AKT. M	(10) WACHS-TUM L	(11) WACHS-TUM M
1960	34.6	15.7	2.31	34.9	34.9	--	15.2	19.5	19.6	--	--
1961	34.6	15.6	2.35	34.3	34.3	34.9	14.8	19.4	19.4	-.6	-.5
1962	34.1	15.6	2.32	33.7	33.8	35.3	14.7	19.3	19.3	-.5	-.6
1963	33.0	15.7	2.31	33.1	33.2	34.4	14.1	19.1	19.1	-.5	-.7
1964	32.5	15.7	2.36	32.5	32.6	32.6	13.5	19.0	19.2	-.5	-.3
1965	32.1	15.6	2.41	31.9	31.9	32.3	12.9	18.8	18.9	-.5	-.3
1966	31.4	15.5	2.37	31.3	31.2	32.2	12.7	18.7	18.6	-.5	-.3
1967	30.0	16.0	2.36	30.7	30.5	30.6	12.2	18.6	18.3	-.5	-.4
1968	30.1	16.3	2.43	30.1	29.9	30.0	11.7	18.4	18.4	-.5	-.4
1969	29.2	15.6	2.44	29.5	29.4	30.2	11.0	18.3	18.3	-.5	-.5
1970	28.7	15.2	2.45	28.8	28.9	29.4	10.5	18.2	18.2	-.5	-.5
1971	28.6	15.6	2.47	28.2	28.3	29.0	10.3	18.0	18.2	-.5	-.5
1972	27.7	15.7	2.49	27.6	27.8	28.1	9.8	17.9	18.1	-.5	-.5
1980	--	--	--	22.8	23.5	27.7	--	16.8	17.4	-.5	-.5

SPALTEN (1), (4) BIS (11) BESCHAEFTIGTE IN 1000, SPALTE (2) IN V. H.

REGION :HAMBURG

Entwicklung des Sekundärbereiches war ausschließlich standortbedingt (Standortfaktor 74,2), denn bei einem Strukturfaktor von 1o5,1 besteht eine überdurchschnittliche Wachstumsqualität der Industriestruktur. Die vollzogene Entwicklung erklärt sich - darauf wurde bereits hingewiesen - aus der regionalen Sondersituation der Hansestadt, daß nämlich Verlagerungen von Betrieben in die Randbezirke des Ballungsraumes statistisch als Abwanderungen in die Nachbarregionen Schleswig-Holstein, RB Stade und RB Lüneburg erfaßt werden, da die Peripherie des Ballungsraumes nicht mehr zum Gebiet der Hansestadt gehört. Der Sekundärbereich der Region verfügt über die vier Leitsektoren *Chemie*, *Montage*, *Elektro* und *Nahrung*, welche im Beobachtungszeitraum etwa 8o% der industriellen Beschäftigung auf sich vereinigt haben.

Die Beschäftigung der Industriegruppe *Chemie* war im Beobachtungszeitraum leicht rückläufig von 31.ooo auf 29.ooo Beschäftigte. Der Beschäftigungsanteil dieses Sektors erhöhte sich jedoch von 14% auf 16,5%. Die interregionale Wettbewerbsposition war überdurchschnittlich und blieb relativ konstant. Die Trendanalyse zeigt, daß gegen Ende des Beobachtungszeitraumes eine Stabilisierung des Beschäftigungsrückganges eintrat. Aus dem Vergleich der Indikatoren (1) und (6) ist ersichtlich, daß während der Rezession 1967 regional eine überdurchschnittliche Konjunkturempfindlichkeit bestand. Vergleicht man die Indikatoren (7) und (8), so ist erkennbar, daß eine hohe positive Interaktion von Sektor und Standort bestand. Diese Interaktion blieb langfristig wie mittelfristig relativ konstant; die regionalen Wachstumsbedingungen waren negativ, jedoch mit abnehmendem Trend. Bei den Status-quo-Prognosen weist der langfristige Trend auf eine weitere Abnahme des Beschäftigungsniveaus, der Trend der letzten fünf Jahre demgegenüber auf eine mögliche Rückgewinnung des alten Niveaus. Eine Entwicklung proportional zum Gesamtsektor ist angesichts der besonderen Situation wenig wahrscheinlich. Eher ist davon auszugehen, daß bei weiterem Rückgang der Abwanderungsverluste sich die

Beschäftigung auf dem derzeitigen Niveau stabilisiert.

Der größte Leitsektor der Region Hamburg ist die Industriegruppe *Montage*. Sie hatte von allen Leitsektoren den größten Rückgang der Beschäftigung zu verzeichnen: Das Niveau nahm von 74.000 auf 56.000 Beschäftigte ab, der Anteil am Sekundärbereich der Region sank von 33,5% auf 31,7%. Zugleich verringerte sich die überdurchschnittliche interregionale Wettbewerbsposition. Der Beschäftigungsrückgang verlief relativ kontinuierlich, wie die Zerlegung des langfristigen Trends, Indikator (5), zeigt. Die Konjunkturstabilität in der Rezession war höher als im Durchschnitt des Gesamtsektors, Indikator (6). Aus dem Vergleich der Indikatoren (7) und (8) geht hervor, daß eine hohe positive Interaktion von Sektor und Standort vorlag, welche jedoch während des Beobachtungszeitraumes stark abnahm. Die Trendprognosen weisen in Richtung weiteren Rückganges: Es ist daher zu erwarten, daß die Beschäftigung des Sektors auch weiterhin abnimmt.

Die Beschäftigung der Industriegruppe *Elektro* nahm von 38.400 auf 34.000 Beschäftigte ab, der Beschäftigungsanteil des Sektors erhöhte sich jedoch von 17,4% auf 19,4%; im interregionalen Vergleich hat die Wettbewerbsposition nur wenig abgenommen. Die Trendanalyse zeigt eine relativ kontinuierliche Verringerung der Beschäftigung. Im Rezessionsjahr 1967 erfolgte ein stärkerer Konjunktureinbruch in der Region als im Durchschnitt des Sektors. Aus dem Vergleich der Indikatoren (7) und (8) wird sichtbar, daß die zu Beginn des Beobachtungszeitraumes positive Interaktion von Sektor und Standort im Zeitablauf zunehmend negative Werte annahm, das Zusammenwirken von Standortanforderungen und Standortbedingungen war für das Niveau des Sektors zunehmend ungünstiger. Die Trendprognosen der künftigen Entwicklung dieser Industriegruppe zeigen im wesentlichen zwei mögliche Perspektiven: eine weitere Abnahme oder eine Stagnation auf dem bestehenden Niveau. Aufgrund der Standortbedingungen erscheint eine Stabilisierung auf einem verringerten Niveau als wahrscheinlicher.

Die Beschäftigung der Industriegruppe *Nahrung* verringerte sich von ca. 34.6oo auf 27.7oo Beschäftigte. Dieser Rückgang entsprach in etwa der Entwicklung der Region und war geringer als im interregionalen Vergleich: Die Wettbewerbsposition nahm zu. Die Trendanalyse zeigt, daß der Beschäftigungsabbau weitgehend kontinuierlich erfolgte, die Konjunkturstabilität lag dabei unter dem Sektordurchschnitt. Aus dem Vergleich der Indikatoren (7) und (8) ist ersichtlich, daß das relativ hohe Beschäftigungsniveau auf eine hohe positive Interaktion von Sektor und Standort zurückzuführen ist. Diese Interaktion nahm im Beobachtungszeitraum nur wenig ab. Die Trendprognosen weisen in Richtung weiterer Abnahme, wobei der Trend aufgrund der Entwicklung der letzten fünf Jahre über dem langfristigen Trend liegt. Die Entwicklung der Standortbedingungen macht eine Verlangsamung des Schrumpfungsprozesses wahrscheinlich.

Der hohe Beschäftigungsrückgang im industriellen Bereich der Hansestadt konzentrierte sich auf den Bereich *Montage*; die rückläufige Entwicklung in den Bereichen *Chemie* und *Nahrung* war quantitativ erheblich geringer. Die weitere Entwicklung der industriellen Beschäftigung in Hamburg ist somit im Kern ein Sektorproblem, welches davon bestimmt ist, ob die Verlagerung von Produktionsstätten des Sektors *Montage* in die umliegenden Regionen abgeschlossen ist oder nicht. Der fortgesetzte Aufbau von Industrien an der Unterelbe deutet darauf hin, daß die Verlagerungstendenzen weiter bestehen.

(2) RB Hannover

Der industrielle Bereich der Region RB Hannover hat im Beobachtungszeitraum ein geringfügig überdurchschnittliches Wachstum verzeichnet (Regionalfaktor 1o2,5%); diese Wachstumsposition kam ausschließlich aufgrund der Wachstumsqua-

TABELLE 2. 3: ENTWICKLUNG DER BESCHAEFTIGUNG IN HANNOVER

INDUSTRIEGRUPPE CHEMIE

	E N T W I C K L U N G			T R E N D V E R G L E I C H				S T A N D O R T Q U A L I T A E T			
JAHR	(1) EMPIR. NIVEAU	(2) REGION. ANTEIL	(3) INTERREG VERGL.	(4) TREND L	(5) TREND M	(6) PROPOR-TIONAL	(7) PARA-LLEL	(8) INTER-AKT. L	(9) INTER-AKT. M	(10) WACHS-TUM L	(11) WACHS-TUM M
1960	34.0	18.7	2.36	35.8	33.8	--	14.1	21.3	19.7	--	--
1961	34.5	18.3	2.29	35.7	34.6	35.4	14.7	20.9	19.9	-.0	-.2
1962	35.1	18.1	2.27	35.6	35.3	34.9	15.2	20.4	20.1	-.2	-.0
1963	36.0	18.4	2.25	35.5	36.1	35.8	15.8	19.9	20.3	-.3	.1
1964	37.0	18.7	2.25	35.4	37.6	36.8	16.2	19.5	21.2	-.5	-.5
1965	37.7	18.7	2.23	35.4	36.8	38.3	16.7	19.0	20.3	-.6	-.6
1966	36.6	18.4	2.15	35.3	36.0	38.1	16.8	18.5	19.3	-.8	-.7
1967	33.9	18.2	2.06	35.2	35.2	35.5	16.4	18.0	18.4	-.9	-.8
1968	34.9	18.1	2.03	35.1	36.3	34.8	17.2	17.6	18.6	-1.1	-.2
1969	36.2	17.9	1.99	35.0	35.6	37.1	18.2	17.1	17.5	-1.2	-.7
1970	36.5	17.4	1.90	34.9	34.8	38.0	19.2	16.6	16.4	-1.4	-1.2
1971	34.4	16.7	1.83	34.9	34.0	36.1	18.8	16.2	15.3	-1.5	-1.7
1972	31.9	15.9	1.74	34.8	33.2	33.8	18.4	15.7	14.3	-1.7	-2.2
1980	--	--	--	34.1	26.9	39.6	--	11.9	5.6	-2.8	-5.9

SPALTEN (1), (4) BIS (11) BESCHAEFTIGTE IN 1000, SPALTE (2) IN V. H.

REGION :HANNOVER

INDUSTRIEGRUPPE MONTAGE

JAHR	ENTWICKLUNG			TRENDVERGLEICH				STANDORTQUALITAET			
	(1) EMPIR. NIVEAU	(2) REGION. ANTEIL	(3) INTERREG VERGL.	(4) TREND L	(5) TREND M	(6) PROPOR-TIONAL	(7) PARA-LLEL	(8) INTER-AKT. L	(9) INTER-AKT. M	(10) WACHS-TUM L	(11) WACHS-TUM M
1960	47.0	25.8	1.11	49.8	47.8	--	46.2	2.1	.7	--	--
1961	50.5	26.7	1.13	50.6	49.9	49.3	48.6	2.2	1.7	.6	.6
1962	52.6	27.1	1.12	51.4	52.0	52.2	50.6	2.3	2.6	.5	.9
1963	54.1	27.7	1.15	52.2	54.1	52.2	50.4	2.3	3.6	.4	1.2
1964	55.8	28.2	1.17	53.0	55.9	54.6	51.0	2.4	3.8	.3	-.9
1965	56.2	27.9	1.14	53.8	55.0	57.7	52.7	2.5	3.2	.2	-.5
1966	53.8	27.1	1.10	54.6	54.0	56.3	52.7	2.6	2.7	.1	-.1
1967	50.5	27.1	1.10	55.4	53.1	50.6	49.5	2.7	2.1	.0	.3
1968	53.8	28.0	1.13	56.2	55.7	51.5	50.8	2.7	3.1	-.0	1.5
1969	57.2	28.3	1.12	57.0	56.8	58.0	54.7	2.8	3.1	-.1	.9
1970	60.3	28.8	1.14	57.8	57.9	59.0	56.5	2.9	3.0	-.2	.3
1971	60.3	29.3	1.14	58.6	59.1	61.1	57.2	3.0	3.0	-.3	-.4
1972	58.1	28.9	1.13	59.4	60.3	58.8	55.6	3.1	2.9	-.4	-1.0
1980	--	--	--	65.9	69.5	68.9	--	3.7	2.5	-1.0	-5.9

SPALTEN (1), (4) BIS (11) BESCHAEFTIGTE IN 1000, SPALTE (2) IN V. H.

REGION :HANNOVER

INDUSTRIEGRUPPE ELEKTRO- UND FEINMECHANIK

JAHR	ENTWICKLUNG (1) EMPIR. NIVEAU	(2) REGION. ANTEIL	(3) INTERREG VERGL.	TRENDVERGLEICH (4) TREND L	(5) TREND M	(6) PROPOR-TIONAL	(7) PARA-LLEL	STANDORTQUALITAET (8) INTER-AKT. L	(9) INTER-AKT. M	(10) WACHS-TUM L	(11) WACHS-TUM M
1960	29.0	15.9	.89	29.0	29.5	--	35.0	-6.7	-6.0	--	--
1961	29.9	15.9	.87	29.5	29.8	30.4	36.9	-6.9	-6.5	-.1	-.0
1962	31.0	16.0	.89	29.9	30.1	29.9	37.1	-7.1	-7.0	-.1	-.2
1963	30.2	15.5	.84	30.3	30.4	31.3	37.8	-7.3	-7.6	-.1	-.4
1964	30.3	15.3	.82	30.7	30.9	30.9	38.7	-7.5	-8.6	-.1	-.5
1965	31.6	15.7	.83	31.1	30.7	31.4	40.1	-7.7	-8.4	-.1	-.2
1966	31.2	15.7	.84	31.5	30.6	31.3	39.6	-7.9	-8.2	-.0	.0
1967	29.2	15.7	.84	31.9	30.5	29.2	37.0	-8.1	-8.0	-.0	.3
1968	30.9	16.1	.84	32.3	32.1	30.2	38.6	-8.3	-8.1	-.0	.3
1969	33.3	16.5	.84	32.7	32.8	33.4	41.7	-8.5	-8.3	.0	.2
1970	35.2	16.8	.84	33.2	33.4	35.2	44.1	-8.7	-8.5	.0	.1
1971	34.0	16.5	.84	33.6	34.1	34.4	43.1	-8.9	-8.8	.0	-.0
1972	33.9	16.9	.85	34.0	34.8	33.6	42.5	-9.1	-9.0	.1	-.1
1980	--	--	--	37.3	40.2	40.4	--	-10.8	-11.0	.2	-1.0

SPALTEN (1), (4) BIS (11) BESCHAEFTIGTE IN 1000, SPALTE (2) IN V. H.

REGION :HANNOVER

INDUSTRIEGRUPPE NAHRUNG UND TABAK

	E N T W I C K L U N G			T R E N D V E R G L E I C H				S T A N D O R T Q U A L I T A E T			
JAHR	(1) EMPIR. NIVEAU	(2) REGION. ANTEIL	(3) INTERREG VERGL.	(4) TREND L	(5) TREND M	(6) PROPOR-TIONAL	(7) PARA-LLEL	(8) INTER-AKT. L	(9) INTER-AKT. M	(10) WACHS-TUM L	(11) WACHS-TUM M
1960	17.8	9.8	1.44	18.5	17.9	--	11.7	6.2	6.2	--	--
1961	18.4	9.8	1.47	18.8	18.5	17.9	11.8	6.5	6.4	.4	.3
1962	19.2	9.9	1.47	19.1	19.0	18.8	12.4	6.8	6.7	.4	.3
1963	19.8	10.1	1.49	19.4	19.5	19.3	12.8	7.1	6.9	.4	.3
1964	19.7	10.0	1.50	19.7	19.9	19.6	12.7	7.4	7.3	.3	.5
1965	19.7	9.8	1.51	20.0	20.2	19.6	12.5	7.7	7.7	.3	.4
1966	21.7	10.9	1.67	20.3	20.6	19.7	12.4	8.0	8.2	.3	.4
1967	20.9	11.2	1.65	20.6	20.9	21.2	12.1	8.3	8.6	.3	.3
1968	20.9	10.9	1.62	20.9	21.1	20.8	12.4	8.6	8.7	.3	.1
1969	21.4	10.6	1.66	21.2	21.2	21.0	12.3	8.9	8.9	.2	.1
1970	21.5	10.3	1.66	21.5	21.4	21.5	12.3	9.2	9.1	.2	.1
1971	21.6	10.5	1.66	21.8	21.5	21.7	12.3	9.5	9.3	.2	.1
1972	21.5	10.7	1.69	22.1	21.6	21.2	12.0	9.8	9.5	.2	.1
1980	--	--	--	24.6	22.7	21.4	--	12.2	11.3	.0	.1

SPALTEN (1), (4) BIS (11) BESCHAEFTIGTE IN 1000, SPALTE (2) IN V. H.

REGION :HANNOVER

lität der Industriestruktur zustande (Strukturfaktor 1o4,2%), der Standorteinfluß dämpfte das Wachstum (Standortfaktor 98,3%). Der Sekundärbereich der Region hatte vier Leitsektoren *Chemie*, *Montage*, *Elektro* und *Nahrung*, welche zusammen gut 7o% der industriellen Beschäftigung auf sich vereinigten.

Die Industriegruppe *Chemie* entwickelte sich abweichend vom sektoralen und regionalen Trend: ihr Niveau stagnierte bei etwa 34.ooo bis 35.ooo Beschäftigten, sofern man vom Niveaueinbruch des letzten Beobachtungszeitpunktes absieht. Ihr Beschäftigungsanteil sank von ca. 18% auf 16%; die weit überdurchschnittliche interregionale Wettbewerbsposition nahm ebenfalls ab. Die Trendanalyse zeigt den geringfügigen Rückgang der Beschäftigung; in fünfjährige Trends zerlegt ergibt sich in der ersten Hälfte des Beobachtungszeitraumes ein Ansteigen des Beschäftigungsniveaus und danach ein Rückgang. Der Konjunktureinbruch im Rezessionsjahr 1967 war regional stärker als im Sektordurchschnitt. Aus dem Vergleich der Indikatoren (7) und (8) wird sichtbar, daß das relativ hohe Beschäftigungsniveau im wesentlichen von der hohen positiven Interaktion von Sektor und Standort bedingt wurde. Die regionalen Wachstumsbedingungen waren ungünstig und verschlechterten sich im Verlauf des Beobachtungszeitraumes. Die langfristig abgestützte Trendprognose signalisiert eine Stagnation des Beschäftigungsniveaus bei ca. 34.ooo Beschäftigten; der mittelfristige Trend zeigt einen weiteren Beschäftigungsrückgang. Aufgrund der regionalen Entwicklungsbedingungen erscheint es als wahrscheinlich, daß sich der regionale Anteil des Sektors weiter verringern wird und eine Entwicklung des Beschäftigtenniveaus unterhalb der Prognose des langfristigen Trends stattfindet.

Die Beschäftigung der Industriegruppe *Montage* hat sich von ca. 47.ooo auf 58.ooo erhöht. Ihr Beschäftigungsanteil hat sich damit von 25,8% auf 28,9% vergrößert; die etwas überdurchschnittliche interregionale Wettbewerbsposition blieb relativ konstant. Die Trendanalyse zeigt, daß sich die Entwicklung in drei Abschnitten vollzog: Zu Beginn des Beobachtungszeitraumes bestand eine Wachstumsphase, dann erfolgte ein Rückgang und gegen Ende vollzog sich ein erneutes Anwachsen des Niveaus. Die Konjunkturstabilität entsprach in etwa dem Sektordurchschnitt. Aus dem Vergleich der Indikatoren (7) und (8) wird sichtbar, daß die Interaktion von Sektor und Standort positiv, aber quantitativ relativ gering war. Die regionalen Wachstumsbedingungen waren zu Beginn des Beobachtungszeitraumes positiv, schwächten sich aber im Zeitverlauf ab und nahmen schließlich negative Werte an. Die künftige Entwicklung dürfte in Richtung eines weiteren Wachstums erfolgen, wobei wegen der negativen Wachstumsgunst die untere Variante (langfristiger Trend) als wahrscheinlich gelten kann, so daß die weitere Vergrösserung des regionalen Anteiles nur geringfügig sein wird.

Das Niveau der Beschäftigung der Industriegruppe *Elektro* erhöhte sich von 29.ooo auf 34.ooo Beschäftigte; der Beschäftigungsanteil stieg dabei von 15,9% auf 16,9%. Die interregionale Wettbewerbsposition war überdurchschnittlich und verringerte sich im Beobachtungszeitraum nur geringfügig. Die Trendanalyse zeigt, daß das Wachstum relativ kontinuierlich verlief; die Konjunkturstabilität entsprach dem Sektordurchschnitt. Aus dem Vergleich der Indikatoren (7) und (8) ist erkennbar, daß die Interaktion von Sektor und Standort negativ war und sich diese Situation weiter verschlechterte. Die regionalen Wachstumsbedingungen waren ausgeglichen. Aufgrund der sektorspezifischen Standortbedingungen ist als künftige Entwicklung ein Wachstum in der Größenordnung des Sektordurchschnittes oder etwas geringer wahrscheinlich.

Die Beschäftigung der Industriegruppe *Nahrung* nahm entgegen dem Branchentrend zu; die Steigerung der Beschäftigung von ca 18.ooo auf 21.5oo Beschäftigte bedeutete eine Vergrößerung des Beschäftigungsanteiles von 8,8% auf 1o,7%. Die interregionale Wettbewerbsposition war überdurchschnittlich und verbesserte sich noch zusätzlich. Die Zunahme der Beschäftigung erfolgte relativ kontinuierlich, jedoch war die Konjunkturempfindlichkeit größer als im Sektordurchschnitt. Der Vergleich der Indikatoren (7) und (8) zeigt, daß etwa ein Drittel des Niveaus auf die positive Interaktion von Sektor und Standort entfiel . Die regionalen Wachstumsbedingungen waren positiv, jedoch mit abnehmendem Trend. Für die künftige Entwicklung ist ein weiteres Wachstum zu erwarten, wobei aufgrund der Standortbedingungen die mittlere Variante, der Trend der letzten zwölf Jahre, wahrscheinlich ist.

Die Entwicklung des industriellen Bereiches der Region RB Hannover war davon gekennzeichnet, daß der größte Leitsektor *Montage* in etwa proportional zum Branchendurchschnitt expandierte und dabei seinen Anteil am Sekundärbereich der Region erhöhte. Demgegenüber verringerte die Industriegruppe *Chemie* ihren regionalen Anteil; die Elektro- und feinmechanische Industrie sowie die Nahrungsmittel- und Tabakindustrie erhöhten ihre Anteile. Die weitere Entwicklung der Region ist in hohem Maße davon abhängig, wie sich der Bereich Montage entwickelt. Da sich hier aufgrund der Indikatoranalyse eine Verlangsamung des Wachstums abzeichnet, erscheint eine Verringerung der Wachstumsposition des Sekundärbereiches der Region wahrscheinlich.

(3) RB Hildesheim

Der Sekundärbereich der Region RB Hildesheim blieb hinter der allgemeinen Entwicklung des Bundesgebietes zurück; die Wachstumsposition (Regionalfaktor 98,o%) ergab sich zu etwa gleichen Teilen aus der wenig wachstumsgünstigen Industriestruktur (Strukturfaktor 99,1%), sowie den wenig günstigen Standortbedingungen (Standortfaktor 98,9%). Die industriellen Leitsektoren der Region sind die Industriegruppen *Eisen*, *Montage* und *Elektro*, welche im Beobachtungszeitraum zusammen ihren Anteil an der industriellen Beschäftigung von etwa 5o auf 55% steigern konnte.

Die Beschäftigung der Industriegruppe *Eisen* sank von 16.6oo

TABELLE 2. 4: ENTWICKLUNG DER BESCHAEFTIGUNG IN HILDESHEIM

INDUSTRIEGRUPPE EISEN UND METALL

	ENTWICKLUNG			TRENDVERGLEICH				STANDORTQUALITAET			
JAHR	(1) EMPIR. NIVEAU	(2) REGION. ANTEIL	(3) INTERREG VERGL.	(4) TREND L	(5) TREND M	(6) PROPOR-TIONAL	(7) PARA-LLEL	(8) INTER-AKT. L	(9) INTER-AKT. M	(10) WACHS-TUM L	(11) WACHS-TUM M
1960	16.6	14.6	1.31	17.3	17.0	--	14.7	2.4	2.1	--	--
1961	17.5	15.0	1.34	17.0	16.9	17.2	15.2	2.4	2.2	-.1	.0
1962	17.0	15.0	1.38	16.8	16.7	17.2	14.3	2.4	2.3	-.1	.0
1963	16.0	13.8	1.30	16.5	16.6	16.5	13.8	2.4	2.5	-.1	.1
1964	16.6	14.2	1.34	16.2	17.1	16.2	14.0	2.4	2.7	-.1	.5
1965	16.5	13.8	1.30	15.9	16.4	17.0	14.2	2.3	2.7	-.1	.1
1966	16.3	14.0	1.36	15.6	15.7	15.9	13.2	2.3	2.6	-.1	-.2
1967	15.2	14.0	1.39	15.3	14.9	15.0	11.9	2.3	2.5	-.1	-.5
1968	13.7	12.5	1.24	15.0	14.0	15.3	12.0	2.3	1.7	-.1	-1.1
1969	14.1	12.2	1.24	14.7	14.1	14.1	12.1	2.3	1.8	-.1	-.7
1970	14.5	12.0	1.21	14.4	14.2	14.9	13.0	2.2	2.0	-.1	-.3
1971	14.4	12.0	1.24	14.1	14.3	14.1	12.3	2.2	2.1	-.1	.2
1972	14.1	12.0	1.26	13.8	14.4	13.7	11.6	2.2	2.3	-.1	.6
1980	--	--	--	11.5	15.2	12.9	--	2.1	3.6	-.1	4.0

SPALTEN (1), (4) BIS (11) BESCHAEFTIGTE IN 1000, SPALTE (2) IN V. H.

REGION :HILDESHEIM

INDUSTRIEGRUPPE MONTAGE

JAHR	ENTWICKLUNG (1) EMPIR. NIVEAU	(2) REGION. ANTEIL	(3) INTERREG VERGL.	TRENDVERGLEICH (4) TREND L	(5) TREND M	(6) PROPOR-TIONAL	(7) PARA-LLEL	STANDORTQUALITAET (8) INTER-AKT. L	(9) INTER-AKT. M	(10) WACHS-TUM L	(11) WACHS-TUM M
1960	9.3	8.2	.35	9.4	9.4	--	40.0	-31.6	-31.3	--	--
1961	9.6	8.3	.35	9.7	9.8	9.7	42.0	-31.9	-31.8	.1	.1
1962	10.7	9.4	.39	10.1	10.3	10.0	43.3	-32.1	-32.2	.2	.2
1963	10.9	9.4	.39	10.5	10.7	10.6	43.2	-32.3	-32.6	.2	.2
1964	10.9	9.3	.38	10.9	10.9	11.0	43.7	-32.6	-33.8	.2	-.4
1965	11.5	9.6	.39	11.3	11.1	11.3	45.3	-32.8	-33.3	.2	-.0
1966	11.2	9.7	.39	11.6	11.3	11.5	45.2	-33.1	-32.7	.2	.3
1967	10.4	9.6	.39	12.0	11.5	10.6	42.4	-33.3	-32.1	.2	.7
1968	12.5	11.4	.46	12.4	12.6	10.6	43.3	-33.5	-32.2	.2	1.0
1969	13.2	11.3	.45	12.8	13.0	13.5	46.9	-33.8	-33.0	.2	.7
1970	13.3	11.0	.44	13.2	13.4	13.6	48.4	-34.0	-33.8	.3	.4
1971	14.1	11.9	.46	13.6	13.8	13.5	49.3	-34.2	-34.6	.3	.2
1972	13.9	11.8	.46	14.0	14.2	13.8	48.0	-34.5	-35.4	.3	-.1
1980	--	--	--	17.0	17.2	16.5	--	-36.3	-41.9	.4	-2.2

SPALTEN (1), (4) BIS (11) BESCHAEFTIGTE IN 1000, SPALTE (2) IN V. H.

REGION :HILDESHEIM

INDUSTRIEGRUPPE ELEKTRO- UND FEINMECHANIK

JAHR	ENTWICKLUNG (1) EMPIR. NIVEAU	(2) REGION. ANTEIL	(3) INTERREG VERGL.	TRENDVERGLEICH (4) TREND L	(5) TREND M	(6) PROPOR-TIONAL	(7) PARA-LLEL	STANDORTQUALITAET (8) INTER-AKT. L	(9) INTER-AKT. M	(10) WACHS-TUM L	(11) WACHS-TUM M
1960	31.6	27.8	1.55	31.6	31.6	--	28.8	2.6	2.5	--	--
1961	33.3	28.6	1.57	32.1	32.1	33.2	30.3	2.6	2.5	.1	-.3
1962	31.1	27.5	1.53	32.6	32.6	33.2	29.8	2.6	2.4	.0	.0
1963	32.5	28.0	1.53	33.2	33.1	31.5	30.6	2.6	2.3	.0	.4
1964	34.4	29.4	1.58	33.7	35.3	33.2	31.4	2.6	3.2	-.0	.6
1965	36.1	30.2	1.61	34.2	34.8	35.7	32.7	2.6	3.0	-.1	.4
1966	34.7	29.8	1.59	34.7	34.3	35.8	32.1	2.6	2.8	-.1	.1
1967	32.4	30.0	1.60	35.2	33.7	32.5	29.9	2.6	2.6	-.1	-.1
1968	33.7	30.6	1.61	35.7	35.9	33.5	31.1	2.6	3.5	-.2	.8
1969	37.7	32.4	1.67	36.2	36.5	36.4	33.9	2.6	3.1	-.2	.3
1970	39.6	32.9	1.65	36.8	37.0	39.8	36.1	2.7	2.7	-.2	-.2
1971	37.6	31.5	1.60	37.3	37.5	38.8	35.2	2.7	2.3	-.3	-.6
1972	36.3	30.8	1.55	37.8	38.0	37.2	35.0	2.7	2.0	-.3	-1.1
1980	--	--	--	41.9	42.1	43.3	--	2.7	-1.1	-.6	-4.9

SPALTEN (1), (4) BIS (11) BESCHAEFTIGTE IN 1000, SPALTE (2) IN V. H.

REGION :HILDESHEIM

auf 14.1oo Beschäftigte, so daß sich ihr Beschäftigungsanteil von 14,6% auf 12,o% ermäßigte. Die interregionale Wettbewerbsposition blieb überdurchschnittlich und nahm nur geringfügig ab. Die Trendanalyse zeigt ein relativ kontinuierliches Absinken in der ersten Hälfte des Beobachtungszeitraumes, in der zweiten Hälfte stabilisierte sich der Rückgang bei etwas mehr als 14.ooo Beschäftigten. Der Konjunktureinbruch erfolgte mit etwa einjähriger Verzögerung. Der Vergleich der Indikatoren (7) und (8) zeigt, daß nur eine geringe positive Interaktion von Sektor und Standort bestand. Die regionalen Entwicklungsbedingungen schwankten im Zeitablauf und waren gegen Ende des Beobachtungszeitraumes positiv. Die Trendprognosen beinhalten zwei Möglichkeiten: eine Abnahme (Trend L) und eine leichte Zunahme (Trend M.) Wegen der günstigen Entwicklung der Standortbedingungen erscheint die mittlere Variante (proportional) wahrscheinlich.

Die Beschäftigung der Industriegruppe *Montage* erhöhte sich überproportional von 9.3oo auf 13.9oo Beschäftigte und steigerte damit sowohl ihren Beschäftigungsanteil von 8,2% auf 11,8% als auch die interregionale Wettbewerbsposition, welche jedoch unterdurchschnittlich blieb. Die Trendanalyse zeigt ein kontinuierliches Wachstum; die Konjunkturstabilität entsprach in etwa dem Sektordurchschnitt. Aus dem Vergleich der Indikatoren (7) und (8) wird die hohe negative Interaktion von Sektor und Standort erkennbar. Die regionalen Wachstumsbedingungen waren günstig. Für die künftige Entwicklung ist ein weiteres Wachstum wahrscheinlich, alle drei Trendvarianten weisen in Richtung einer Niveausteigerung.

Der größte Leitsektor der Region, die Industriegruppe *Elektro* erhöhte ihre Beschäftigung von 31.6oo auf 36.3oo Beschäftigte. Dadurch stieg der Beschäftigungsanteil von 27,8% auf 3o,8%. Im interregionalen Vergleich blieb die Wettbewerbsposition überdurchschnittlich und relativ konstant. Die Zerlegung des langfristigen Trends zeigt, daß eine Wachstumsphase zu Beginn des Beobachtungszeitraumes in eine Stagnationsphase überging und gegen Ende der sechziger Jahre erneut eine Expansion stattfand. Die Konjunkturstabilität war regional geringer als im Sektordurchschnitt. Der Vergleich der Indikatoren (7) und (8) zeigt nur eine geringe positive Interaktion von Sektor und Standort. Die regionalen Wachstumsbedingungen waren überwiegend günstig mit ansteigendem Trend. Die Trendprognosen weisen in Richtung weiterer Zunahme; aufgrund der sich mittelfristig jedoch verschlechternden Wachstumsgunst erscheint die untere Trendvariante, ein gebremstes Wachstum, wahrscheinlich.

Die Entwicklung des industriellen Bereiches der Region RB Hildesheim war im Beobachtungszeitraum davon geprägt, daß der regionale Anteil der Eisen und Metall schaffenden Industrie zurückging und die weiterverarbeitenden Sektoren *Montage* und *Elektro* zunahmen. Dadurch wurde die Wachstumsqualität des Sekundärbereiches der Region verbessert. Einer weiteren Stärkung der Wachstumsposition der Region in den kommenden Jahren steht jedoch entgegen, daß aufgrund der Indikatoranalyse die Wachstumsaussichten des beschäftigungsstärksten Sektors, *Elektro*, im interregionalen Vergleich nur unterdurchschnittlich sind.

(4) RB Lüneburg

Der Industriebereich der Region RB Lüneburg zeigt eine extreme Monostruktur: Die Entwicklung der regionalen Wirtschaft war im wesentlichen abhängig vom Leitsektor *Montage*, welcher ca. 58% der Beschäftigung auf sich vereinigte. Die Wettbewerbsposition des Sektors war weit überdurchschnittlich und blieb in etwa konstant. Das Wachstum der Beschäftigung verlief, vom Konjunktureinbruch 1967 abgesehen, relativ kontinuierlich, wobei die Konjunkturstabilität in etwa dem Sektordurchschnitt entsprach. Der Vergleich der Indikatoren (7) und (8) zeigt eine positive Interaktion von Sektor und Standort, welche im Zeitablauf weiter zunahm. Ebenso bestanden günstige regionale Wachstumsbedingungen, welche sich jedoch verschlechterten. Die Trendprognosen weisen

TABELLE 2. 5: ENTWICKLUNG DER BESCHAEFTIGUNG IN LUENEBURG

INDUSTRIEGRUPPE MONTAGE

JAHR	E N T W I C K L U N G			T R E N D V E R G L E I C H				S T A N D O R T Q U A L I T A E T			
	(1) EMPIR. NIVEAU	(2) REGION. ANTEIL	(3) INTERREG VERGL.	(4) TREND L	(5) TREND M	(6) PROPOR-TIONAL	(7) PARA-LLEL	(8) INTER-AKT. L	(9) INTER-AKT. M	(10) WACHS-TUM L	(11) WACHS-TUM M
1960	41.6	55.8	2.40	44.0	41.1	--	36.4	6.3	4.0	--	--
1961	43.7	55.3	2.35	46.0	44.5	43.6	38.6	7.4	6.1	1.6	1.0
1962	48.0	56.4	2.34	48.0	47.8	45.2	40.7	8.6	8.2	1.5	1.8
1963	51.4	57.4	2.38	50.0	51.2	47.6	40.8	9.7	10.3	1.4	2.7
1964	54.4	58.4	2.42	51.9	54.8	52.0	41.5	10.8	12.5	1.3	1.0
1965	56.3	59.2	2.42	53.9	55.9	56.3	43.1	11.9	13.5	1.2	1.4
1966	58.5	59.6	2.42	55.9	56.9	56.4	43.6	13.0	14.6	1.2	1.8
1967	55.0	59.0	2.40	57.9	58.0	55.0	41.1	14.1	15.7	1.1	2.1
1968	60.3	60.5	2.44	59.9	60.8	56.0	42.4	15.3	17.1	1.0	1.0
1969	62.4	59.3	2.35	61.8	62.2	65.1	45.9	16.4	17.2	.9	.9
1970	64.0	59.0	2.33	63.8	63.6	64.4	47.3	17.5	17.2	.8	.8
1971	65.4	59.2	2.29	65.8	64.9	64.9	48.5	18.6	17.3	.8	.6
1972	65.7	58.9	2.30	67.8	66.3	63.7	47.5	19.7	17.4	.7	.5
1980	--	--	--	83.6	77.2	77.9	--	28.6	18.1	.0	-.7

SPALTEN (1), (4) BIS (11) BESCHAEFTIGTE IN 1000, SPALTE (2) IN V. H.

REGION :LUENEBURG

in Richtung weiteren Wachstums; da die regionale Wachstumsgunst abnimmt, ist eine Zunahme proportional zum Gesamtsektor wahrscheinlich. Damit wird die Entwicklung der Region zwar künftig weiterhin überproportional bleiben, jedoch ist zu erwarten, daß sich die Wachstumsposition etwas verschlechtert.

(5) RB Stade

Der Sekundärbereich der Region RB Stade verzeichnete im Beobachtungszeitraum einen überdurchschnittlichen Aufschwung. Der Regionalfaktor betrug 123,5% und wurde bei wenig wachstumsgünstiger Industriestruktur durch einen Standortfaktor von 127,6% bewirkt. Es fanden dabei im wesentlichen Verlagerungen aus der Region Hamburg in die Region Stade statt, da -wie schon ausgeführt- in der Region Hamburg Industrieflächen zunehmend knapp wurden. Die beiden Leitsektoren der Region, die Industriegruppen *Montage* und *Nahrung* vereinigten 52,9% der Beschäftigung des Sekundärbereiches auf sich. Ein Blick auf Tabelle 1.7. zeigt zusätzlich hohe Wachstumsraten in den allerdings noch gering ausgebildeten Bereichen *Chemie*, *Elektro* und *Holz 2*.

Die Beschäftigung im Bereich *Montage* stieg von 4.3oo auf 7.1oo Beschäftigte, so daß sich der Beschäftigungsanteil von 2o,o% auf 23,1% erhöhte. Im interregionalen Vergleich bestand dennoch eine unterdurchschnittliche Wettbewerbsposition, welche sich jedoch verbesserte. Die Expansion des Montagebereiches verlief in drei Phasen: Zu Beginn des Beobachtungszeitraumes vollzog sich ein geringes Wachstum, in der Mitte beschleunigte sich diese Entwicklung und gegen Ende zeigte sich ein Abflachen der Wachstumsraten. Die Konjunkturstabilität war während der Expansionsphase in der Mitte des Beobachtungszeitraumes außerordentlich hoch, so daß 1967 kein Konjunktureinbruch erfolgte. Der Vergleich der Indikatoren (7) und (8) zeigt eine hohe negative Interaktion von Sektor und Standort, welche nur ein geringes Beschäftigungsniveau zuließ. Die regionalen Wachstumsbedingungen waren positiv. Für die künftige Entwicklung ist ein

TABELLE 2. 6: ENTWICKLUNG DER BESCHAEFTIGUNG IN STADE

INDUSTRIEGRUPPE MONTAGE

	E N T W I C K L U N G			T R E N D V E R G L E I C H				S T A N D O R T Q U A L I T A E T			
JAHR	(1) EMPIR. NIVEAU	(2) REGION. ANTEIL	(3) INTERREG VERGL.	(4) TREND L	(5) TREND M	(6) PROPOR-TIONAL	(7) PARA-LLEL	(8) INTER-AKT. L	(9) INTER-AKT. M	(10) WACHS-TUM L	(11) WACHS-TUM M
1960	4.3	20.0	.86	4.0	4.2	--	31.6	-28.6	-28.2	--	--
1961	4.1	18.8	.80	4.2	4.3	4.5	33.4	-29.0	-28.9	.1	-.1
1962	4.3	18.7	.77	4.5	4.4	4.3	35.1	-29.3	-29.7	.1	.0
1963	4.4	18.5	.77	4.8	4.5	4.3	34.8	-29.7	-30.4	.1	.1
1964	4.7	19.9	.82	5.1	4.9	4.5	35.2	-30.1	-31.1	.1	.4
1965	5.6	22.0	.90	5.4	5.3	4.9	36.7	-30.5	-30.7	.1	.4
1966	5.7	22.2	.90	5.6	5.7	5.6	37.0	-30.9	-30.2	.1	.4
1967	6.2	24.5	1.00	5.9	6.1	5.4	34.9	-31.2	-29.7	.2	.4
1968	6.4	25.2	1.02	6.2	6.4	6.3	35.6	-31.6	-30.4	.2	-.1
1969	6.7	24.5	.97	6.5	6.6	6.9	38.8	-32.0	-31.4	.2	-.0
1970	6.8	24.5	.97	6.8	6.8	6.9	40.0	-32.4	-32.4	.2	.0
1971	6.9	23.7	.92	7.0	6.9	6.9	41.1	-32.7	-33.3	.2	.1
1972	7.1	23.1	.90	7.3	7.1	6.7	40.1	-33.1	-34.3	.2	.2
1980	--	--	--	9.6	8.4	8.4	--	-36.2	-42.0	.3	.7

SPALTEN (1), (4) BIS (11) BESCHAEFTIGTE IN 1000, SPALTE (2) IN V. H.

REGION :STADE

INDUSTRIEGRUPPE NAHRUNG UND TABAK

JAHR	ENTWICKLUNG (1) EMPIR. NIVEAU	(2) REGION. ANTEIL	(3) INTERREG VERGL.	TRENDVERGLEICH (4) TREND L	(5) TREND M	(6) PROPOR-TIONAL	(7) PARA-LLEL	STANDORTQUALITAET (8) INTER-AKT. L	(9) INTER-AKT. M	(10) WACHS-TUM L	(11) WACHS-TUM M
1960	6.9	32.1	4.72	7.2	7.0	--	-2.9	10.1	10.0	--	--
1961	7.1	32.4	4.89	7.4	7.3	7.0	-3.3	10.4	10.3	.2	.2
1962	7.8	33.6	5.01	7.6	7.6	7.3	-3.1	10.6	10.6	.2	.2
1963	8.0	33.4	4.91	7.7	7.9	7.9	-2.8	10.9	11.0	.2	.2
1964	8.0	33.8	5.07	7.9	8.2	7.9	-3.2	11.1	11.6	.2	.2
1965	8.3	32.6	5.03	8.1	8.2	8.0	-3.5	11.3	11.5	.2	.2
1966	8.4	32.7	5.00	8.3	8.3	8.3	-3.4	11.6	11.4	.2	.1
1967	8.4	33.5	4.94	8.5	8.4	8.2	-2.6	11.8	11.3	.2	.1
1968	8.3	32.9	4.91	8.7	8.5	8.4	-2.8	12.1	11.7	.2	.1
1969	8.9	32.7	5.12	8.9	8.7	8.4	-3.6	12.3	12.1	.2	.2
1970	9.1	32.5	5.23	9.1	9.0	8.9	-4.1	12.6	12.6	.2	.2
1971	9.4	32.2	5.10	9.3	9.3	9.1	-3.7	12.8	13.0	.2	.2
1972	9.4	30.6	4.85	9.4	9.5	9.2	-3.5	13.1	13.4	.2	.2
1980	--	--	--	11.0	11.6	9.3	--	15.0	16.7	.2	.4

SPALTEN (1), (4) BIS (11) BESCHAEFTIGTE IN 1000, SPALTE (2) IN V. H.

REGION :STADE

Niveau unterhalb des prognostizierten Niveaus des Trends L zu erwarten, in Höhe der Prognosen des Trends M und der Prognose proportional zur Entwicklung des Gesamtsektors.

Die Entwicklung der Beschäftigung der Industriegruppe *Nahrung* verlief abweichend vom Branchentrend, ihre Beschäftigung steigerte sich von 6.9oo auf 9.4oo Beschäftigte. Dabei blieb der Beschäftigungsanteil im wesentlichen konstant in einer Größenordnung von 32%. Die interregionale Wettbewerbsposition war relativ hoch und blieb ebenfalls weitgehend konstant. Das Wachstum der Beschäftigung dieser Industriegruppe vollzog sich relativ kontinuierlich und zeigte im Vergleich zum Gesamtsektor eine überdurchschnittliche Konjunkturstabilität. Der Indikator (7) zeigt einen negativen Erwartungswert, welcher sich aufgrund der additiven Verknüpfung bei der geringen Sektor und Regionsgröße ergibt. Das realisierte Niveau ergab sich somit im wesentlichen aus der hohen positiven Interaktion von Sektor und Standort. Die regionalen Wachstumsbedingunen waren konstant positiv. Aufgrund der günstigen Standortbedingungen ist zu erwarten, daß sich die Prognose des langfristigen Trends realisieren wird.

Die industrielle Entwicklung der Region RB Stade war im Beobachtungszeitraum davon geprägt, daß sich die beiden industriellen Leitbranchen überdurchschnittlich entwickelten. Ein Strukturproblem ergibt sich jedoch künftig daraus, daß die bundesweit schrumpfende Nahrungsmittelindustrie beschäftigungsstärkster Leitsektor ist und es fraglich erscheint, ob sich dieser Sektor regional auf Dauer entgegen den bundesweiten Trend entwickeln kann. Es ist jedoch für die Zeit bis 198o zu erwarten, daß sich der Industriebereich dieser Region weiterhin überdurchschnittlich entwikkelt, und die Region "aufholen" kann im Vergleich zu den hochindustrialisierten Regionen.

(6) RB Osnabrück

Der industrielle Bereich der Region RB Osnabrück realisierte

TABELLE 2. 7: ENTWICKLUNG DER BESCHAEFTIGUNG IN OSNABRUECK

INDUSTRIEGRUPPE EISEN UND METALL

	ENTWICKLUNG			TRENDVERGLEICH				STANDORTQUALITAET			
JAHR	(1) EMPIR. NIVEAU	(2) REGION. ANTEIL	(3) INTERREG VERGL.	(4) TREND L	(5) TREND M	(6) PROPORTIONAL	(7) PARALLEL	(8) INTERAKT. L	(9) INTERAKT. M	(10) WACHSTUM L	(11) WACHSTUM M
1960	10.1	15.4	1.38	10.4	10.6	--	10.4	-.1	-.1	--	--
1961	10.8	15.9	1.42	10.3	10.4	10.5	10.8	.1	.1	-.0	.1
1962	10.8	15.7	1.44	10.2	10.3	10.5	10.2	.2	.2	-.0	-.0
1963	9.9	14.4	1.36	10.2	10.2	10.5	9.5	.4	.4	.0	-.1
1964	9.9	14.5	1.36	10.1	10.0	9.9	9.6	.5	.1	.0	-.1
1965	10.0	14.2	1.34	10.0	9.9	10.1	9.7	.7	.5	.0	.0
1966	9.9	14.2	1.38	9.9	9.8	9.6	9.0	.8	.9	.0	.1
1967	9.5	14.4	1.42	9.9	9.7	9.1	8.1	1.0	1.3	.1	.2
1968	9.8	14.5	1.45	9.8	9.7	9.6	8.1	1.1	1.5	.1	-.3
1969	9.7	13.9	1.42	9.7	9.7	10.1	7.9	1.3	1.5	.1	-.1
1970	9.6	12.9	1.30	9.6	9.7	10.2	8.8	1.4	1.5	.1	.0
1971	9.4	12.3	1.26	9.5	9.7	9.4	8.5	1.6	1.4	.1	.2
1972	9.9	12.8	1.35	9.5	9.7	9.0	7.9	1.7	1.4	.1	.4
1980	--	--	--	8.9	9.5	9.0	--	2.9	1.3	.2	1.7

SPALTEN (1), (4) BIS (11) BESCHAEFTIGTE IN 1000, SPALTE (2) IN V. H.

REGION :OSNABRUECK

INDUSTRIEGRUPPE MONTAGE

JAHR	ENTWICKLUNG (1) EMPIR. NIVEAU	(2) REGION. ANTEIL	(3) INTERREG VERGL.	TRENDVERGLEICH (4) TREND L	(5) TREND M	(6) PROPOR-TIONAL	(7) PARA-LLEL	STANDORTQUALITAET (8) INTER-AKT. L	(9) INTER-AKT. M	(10) WACHS-TUM L	(11) WACHS-TUM M
1960	9.7	14.8	.64	10.2	9.8	--	35.6	-26.4	-26.6	--	--
1961	10.1	14.9	.63	10.5	10.3	10.2	37.6	-26.7	-26.9	.2	.2
1962	11.4	16.5	.68	10.8	10.9	10.4	39.3	-27.1	-27.3	.2	.2
1963	11.4	16.6	.69	11.0	11.4	11.2	38.9	-27.5	-27.6	.2	.3
1964	11.7	17.1	.71	11.3	12.2	11.5	39.3	-27.9	-28.0	.2	.1
1965	12.4	17.6	.72	11.6	11.9	12.1	40.8	-28.3	-28.1	.1	.0
1966	12.2	17.6	.72	11.9	11.7	12.4	41.0	-28.7	-28.2	.1	-.0
1967	10.7	16.1	.65	12.2	11.4	11.5	38.6	-29.0	-28.2	.1	-.1
1968	11.4	16.9	.68	12.5	12.0	10.9	39.4	-29.4	-28.7	.1	.7
1969	12.4	17.7	.70	12.7	12.5	12.2	42.7	-29.8	-29.5	.1	.5
1970	14.5	19.3	.77	13.0	13.0	12.8	44.3	-30.2	-30.2	.1	.3
1971	13.6	17.7	.69	13.3	13.5	14.6	45.4	-30.6	-31.0	.1	.0
1972	13.2	17.2	.67	13.6	14.0	13.3	44.3	-30.9	-31.7	.0	-.2
1980	--	--	--	15.9	18.0	15.7	--	-34.0	-37.7	-.0	-2.0

SPALTEN (1), (4) BIS (11) BESCHAEFTIGTE IN 1000, SPALTE (2) IN V. H.

REGION :OSNABRUECK

INDUSTRIEGRUPPE LEDER UND TEXTIL

JAHR	ENTWICKLUNG (1) EMPIR. NIVEAU	(2) REGION. ANTEIL	(3) INTERREG VERGL.	TRENDVERGLEICH (4) TREND L	(5) TREND M	(6) PROPORTIONAL	(7) PARALLEL	STANDORTQUALITAET (8) INTERAKT. L	(9) INTERAKT. M	(10) WACHSTUM L	(11) WACHSTUM M
1960	25.6	39.0	2.47	25.2	26.0	--	19.9	4.8	5.9	--	--
1961	26.0	38.3	2.50	25.1	25.6	25.7	19.7	5.3	5.9	-.2	-.0
1962	25.4	36.9	2.44	25.0	25.2	25.8	19.4	5.8	6.0	-.0	-.1
1963	25.0	36.5	2.44	25.0	24.9	25.1	19.1	6.3	6.0	.0	-.2
1964	24.2	35.3	2.42	24.9	24.6	24.5	18.3	6.7	5.9	.1	-.0
1965	24.5	35.0	2.45	24.9	24.3	24.2	18.0	7.2	6.4	.2	.1
1966	24.8	35.6	2.50	24.8	24.1	24.3	17.8	7.7	7.0	.3	.3
1967	23.5	35.5	2.57	24.8	23.8	22.6	15.9	8.2	7.5	.4	.5
1968	23.5	34.9	2.59	24.7	23.9	23.2	15.4	8.7	8.1	.5	.2
1969	24.8	35.3	2.67	24.7	24.3	24.3	15.7	9.1	9.0	.6	.4
1970	24.9	33.4	2.63	24.6	24.7	24.5	15.1	9.6	9.9	.7	.7
1971	25.1	32.6	2.65	24.5	25.2	24.0	14.4	10.1	10.7	.8	.9
1972	25.5	33.2	2.72	24.5	25.6	24.3	13.9	10.6	11.5	.9	1.1
1980	--	--	--	24.0	29.0	21.2	--	14.4	18.3	1.7	3.0

SPALTEN (1), (4) BIS (11) BESCHAEFTIGTE IN 1000, SPALTE (2) IN V. H.

REGION :OSNABRUECK

INDUSTRIEGRUPPE NAHRUNG UND TABAK

JAHR	ENTWICKLUNG (1) EMPIR. NIVEAU	(2) REGION. ANTEIL	(3) INTERREG VERGL.	TRENDVERGLEICH (4) TREND L	(5) TREND M	(6) PROPOR-TIONAL	(7) PARA-LLEL	STANDORTQUALITAET (8) INTER-AKT. L	(9) INTER-AKT. M	(10) WACHS-TUM L	(11) WACHS-TUM M
1960	5.2	7.9	1.16	5.3	5.3	--	1.1	4.2	4.3	--	--
1961	5.7	8.5	1.28	5.6	5.6	5.2	.8	4.5	4.6	.2	.2
1962	6.1	8.9	1.33	5.9	6.0	5.9	1.0	4.9	5.0	.2	.3
1963	6.4	9.3	1.37	6.2	6.4	6.2	1.2	5.2	5.3	.2	.3
1964	6.6	9.6	1.45	6.5	6.7	6.3	.9	5.6	6.0	.3	.3
1965	7.0	10.0	1.54	6.8	6.8	6.6	.5	6.0	6.0	.3	.2
1966	6.7	9.7	1.48	7.1	6.9	7.0	.6	6.3	6.0	.3	.2
1967	7.0	10.6	1.56	7.4	6.9	6.5	1.2	6.7	6.0	.3	.1
1968	7.0	10.4	1.55	7.7	7.2	7.0	1.0	7.0	6.6	.4	.4
1969	7.9	11.2	1.75	8.0	7.8	7.0	.3	7.4	7.2	.4	.4
1970	8.5	11.4	1.84	8.3	8.3	7.9	.1	7.7	7.8	.4	.4
1971	9.1	11.8	1.88	8.6	8.9	8.6	.6	8.1	8.4	.4	.5
1972	9.2	12.0	1.89	8.9	9.5	8.9	.7	8.5	9.0	.4	.5
1980	--	--	--	11.4	14.0	9.2	--	11.3	13.7	.6	.6

SPALTEN (1), (4) BIS (11) BESCHAEFTIGTE IN 1000, SPALTE (2) IN V. H.

REGION :OSNABRUECK

im Beobachtungszeitraum ein überdurchschnittliches Wachstum (Regionalfaktor 1o6,2%) aufgrund günstiger Standortbedingungen (Standortfaktor 115,8%) bei nur unterdurchschnittlich wachstumsgünstiger Industriestruktur. Die industriellen Leitbranchen der Region sind die Sektoren *Eisen, Montage, Textil* und *Nahrung;* sie vereinigten zusammen etwa drei Viertel der Beschäftigung des Sekundärbereiches auf sich.

Die Industriegruppe *Eisen* stagnierte bei etwa 1o.ooo Beschäftigten, der Beschäftigungsanteil verringerte sich infolgedessen von 15,4% auf 12,8%. Die interregionale Wettbewerbsposition war überdurchschnittlich und blieb relativ konstant. Die Trendanalyse zeigt einen leichten Beschäftigungsrückgang, welcher sich gegen Ende des Beobachtungszeitraumes jedoch stabilisiert. Die Konjunkturstabilität lag über dem Sektordurchschnitt. Aus dem Vergleich der Indikatoren (7) und (8) wird sichtbar, daß das realisierte Beschäftigungsniveau in etwa dem Erwartungswert entsprach: Es lag nur eine geringe Interaktion von Sektor und Standort vor. Gegen Ende des Beobachtungszeitraumes unterschritt der Erwartungswert jedoch das tatsächliche Niveau, so daß eine positive, jedoch quantitativ geringe Interaktion von Sektor und Standort bestand. Die Wachstumsgunst der Region war ausgeglichen. Für die künftige Entwicklung ist es wesentlich, daß sowohl eine geringe positive Interaktion als auch keine negativen Wachstumsbedingungen bestehen, so daß eine Stagnation auf dem bestehenden Niveau erwartet werden kann.

Die Beschäftigung der Industriegruppe *Montage* erhöhte sich im Beobachtungszeitraum von 9.7oo auf 13.2oo Beschäftigte; der Beschäftigungsanteil erhöhte sich gleichzeitig von 14,8% auf 17,2%, die interregionale Wettbewerbsposition blieb jedoch unterdurchschnittlich und erhöhte sich nur geringfügig. Das Wachstum vollzog sich relativ kontinuierlich, der Konjunktureinbruch im Rezessionsjahr 1967 war stärker als im Sektordurchschnitt. Der Vergleich der Indikatoren (7) und (8) zeigt, daß eine hohe negative Interaktion von Sektor und Standort vorliegt. Die regionalen Wachstumsbedingungen waren günstig. Die Trendprognosen weisen in Richtung weiterer Zunahme, aufgrund der regionalen Entwicklungsbedingungen ist ein sektoral überproportionales Wachstum jedoch nicht wahrscheinlich. Man kann davon ausgehen, daß ein Wachstum in der Größenordnung des langfristigen Trends bzw. des Sektordurchschnitts (proportional) realisiert wird.

Die Industriegruppe *Textil* war die wichtigste Leitbranche der Region. Ihre Beschäftigung stagnierte bei etwa 25.ooo Beschäftigten, wodurch sich ihr Anteil am Sekundärbereich der Region von 39% auf 33% verringert hat. Ihre interregionale Wettbewerbsposition war jedoch weit überdurchschnittlich und nahm noch leicht zu. Die Entwicklung der Beschäftigung war gekennzeichnet von einem Rückgang in der ersten Hälfte des Beobachtungszeitaumes und einem Ansteigen in der zweiten Hälfte. Die Konjunkturstabilität war regional höher als im Sektordurchschnitt. Der Vergleich mit den Indikatoren (7) und (8) zeigt, daß eine hohe positive Interaktion von Sektor und Standort vorlag. Die regionalen Wachstumsbedingungen waren überwiegend günstig und verbesserten sich im Zeitablauf. Aufgrund der günstigen Standortbedingungen ist zu erwarten, daß die Industriegruppe regional ihr Beschäftigungsniveau halten und sich dem Schrumpfungsprozess des Gesamtsektors vorläufig entziehen kann.

Die Industriegruppe *Nahrung* war der kleinste der vier Leitsektoren der Region. Ihr Beschäftigungsniveau erhöhte sich von 5.2oo auf 9.2oo Beschäftigte. Ihr Wachstum war somit regional wie sektoral überdurchschnittlich. Ihr Beschäftigungsanteil stieg von 7.9% auf 12%,und ihre interregionale Wettbewerbsposition verbesserte sich erheblich. Die Trendanalyse zeigt ein kontinuierliches Wachstum, die Konjunkturstabilität lag über dem Sektordurchschnitt. Aus dem Vergleich der Indikatoren (7) und (8) wird sichtbar, daß eine hohe positive Interaktion von Sektor und Standort bestand, zugleich lagen günstige regionale Wachstumsbedingungen vor.

Aufgrund der Standortbedingungen während des Beobachtungszeitraumes ist eine Entwicklung oberhalb des Sektordurchschnittes in der Größenordnung des langfristigen Trends zu erwarten.

Die wirtschaftliche Entwicklung des industriellen Bereiches der Region RB Osnabrück war davon gekennzeichnet, daß sich im Metallbereich eine Umschichtung von der Grundstoff- zur verarbeitenden Industrie vollzog. Der Rückgang im Bereich *Textil* erfolgte langsamer als im Sektordurchschnitt; die Beschäftigung des Bereiches *Nahrung* erhöhte sich entgegen dem rückläufigen Trend des Gesamtsektors. Insgesamt ist somit eine Tendenz der Verschlechterung der Wachstumsqualität der Industriestruktur erkennbar, welche auf die künftige Entwicklung einen dämpfenden Einfluß haben wird.

(7) RB Aurich

Der Industriebereich der Region RB Aurich hat im Beobachtungszeitraum ein weit überdurchschnittliches Wachstum realisiert: Der Regionalfaktor betrug 161,4%. Dieses Wachstum wurde im wesentlichen von der Expansion des Leitsektors *Montage* getragen, welcher im Beobachtungszeitraum sein Beschäftigungsniveau verdoppelte und seinen Beschäftigungsanteil von 55,6% auf 62,7% erhöhte. Die interregionale Wettbewerbsposition dieses Sektors war weit überdurchschnittlich und hat sich noch weiter verbessert. Die Expansion verlief relativ kontinuierlich, hat sich jedoch gegen Ende des Beobachtungszeitraumes etwas verlangsamt. Die Konjunkturstabilität lag über dem Sektordurchschnitt. Der Vergleich der Indikatoren (7) und (8) zeigt, daß eine hohe negative Interaktion von Sektor und Standort bestand, welche im Zeitablauf jedoch abnahm. Die regionalen Wachstumsbedingungen waren günstig. Die künftige Entwicklung wird mit Wahrscheinlichkeit weiterhin über dem Branchendurchschnitt liegen, jedoch ist eine Expansion, wie sie im langfristigen Trend zum Ausdruck kommt, weniger wahrscheinlich als ein Wachstum wie in der zweiten Hälfte des Beobachtungszeitraumes.

TABELLE 2. 8: ENTWICKLUNG DER BESCHAEFTIGUNG IN AURICH

INDUSTRIEGRUPPE MONTAGE

JAHR	E N T W I C K L U N G			T R E N D V E R G L E I C H				S T A N D O R T Q U A L I T A E T			
	(1) EMPIR. NIVEAU	(2) REGION. ANTEIL	(3) INTERREG VERGL.	(4) TREND L	(5) TREND M	(6) PROPOR-TIONAL	(7) PARA-LLEL	(8) INTER-AKT. L	(9) INTER-AKT. M	(10) WACHS-TUM L	(11) WACHS-TUM M
1960	7.9	55.6	2.39	6.9	8.2	--	31.0	-25.0	-23.5	--	--
1961	8.7	53.8	2.28	7.9	8.4	8.3	32.9	-24.7	-24.2	.5	.0
1962	8.8	52.1	2.16	8.8	8.5	9.0	34.5	-24.5	-24.9	.5	.1
1963	8.1	50.0	2.08	9.7	8.6	8.7	34.1	-24.3	-25.7	.5	.1
1964	9.0	49.7	2.06	10.7	9.4	8.2	34.7	-24.0	-26.1	.5	1.1
1965	11.4	56.2	2.30	11.6	10.9	9.3	36.3	-23.8	-24.7	.5	1.3
1966	13.0	58.4	2.37	12.6	12.4	11.4	36.7	-23.5	-23.2	.5	1.5
1967	12.9	60.1	2.44	13.5	13.9	12.2	34.6	-23.3	-21.7	.5	1.7
1968	15.7	64.2	2.59	14.5	15.9	13.1	35.5	-23.0	-20.9	.5	1.5
1969	16.0	61.6	2.44	15.4	16.4	16.9	38.7	-22.8	-21.5	.5	1.0
1970	17.3	64.5	2.55	16.4	16.8	16.6	39.9	-22.5	-22.2	.5	.4
1971	18.0	66.0	2.55	17.3	17.2	17.6	40.9	-22.3	-22.8	.6	-.1
1972	16.8	62.7	2.44	18.3	17.6	17.6	39.8	-22.1	-23.5	.6	-.6
1980	--	--	--	25.9	21.0	19.9	--	-20.1	-28.7	.6	-4.9

SPALTEN (1), (4) BIS (11) BESCHAEFTIGTE IN 1000, SPALTE (2) IN V. H.

REGION :AURICH

INDUSTRIEGRUPPE NAHRUNG UND TABAK

	ENTWICKLUNG			TRENDVERGLEICH				STANDORTQUALITAET			
JAHR	(1) EMPIR. NIVEAU	(2) REGION. ANTEIL	(3) INTERREG VERGL.	(4) TREND L	(5) TREND M	(6) PROPORTIONAL	(7) PARALLEL	(8) INTERAKT. L	(9) INTERAKT. M	(10) WACHSTUM L	(11) WACHSTUM M
1960	2.8	19.5	2.87	2.9	2.7	--	-3.5	6.5	6.4	--	--
1961	2.8	17.5	2.65	2.9	2.8	2.8	-3.9	6.5	6.5	.0	.0
1962	2.9	17.3	2.59	2.9	2.9	2.9	-3.7	6.5	6.6	.0	.1
1963	2.9	18.1	2.66	2.9	3.0	2.9	-3.5	6.5	6.7	.0	.1
1964	3.2	17.7	2.65	2.9	3.2	2.9	-3.7	6.5	7.1	.0	.1
1965	3.0	14.6	2.26	2.9	3.1	3.2	-4.0	6.5	6.7	.0	.0
1966	3.0	13.7	2.09	2.9	2.9	3.0	-3.7	6.5	6.4	.0	-.0
1967	2.8	12.9	1.90	2.9	2.8	2.9	-2.9	6.5	6.0	.0	-.1
1968	2.7	11.0	1.65	2.9	2.7	2.8	-2.9	6.6	6.0	.0	.0
1969	2.8	10.7	1.68	2.9	2.8	2.7	-3.7	6.6	6.3	-.0	.0
1970	2.9	10.9	1.75	2.9	2.8	2.8	-4.2	6.6	6.5	-.0	.0
1971	2.9	10.6	1.68	2.9	2.9	2.9	-3.9	6.6	6.8	-.0	.0
1972	2.8	10.5	1.67	2.8	2.9	2.8	-3.8	6.6	7.0	-.0	.0
1980	--	--	--	2.8	3.2	2.8	--	6.6	9.0	-.0	.0

SPALTEN (1), (4) BIS (11) BESCHAEFTIGTE IN 1000, SPALTE (2) IN V. H.

REGION :AURICH

Der zweite Leitsektor der Region ist die Industriegruppe *Nahrung*, welche bei knapp 3.000 Beschäftigten stagnierte und deren Beschäftigungsanteil sich im Beobachtungszeitraum von 19,5% auf 10,5% verringerte. Die interregionale Wettbewerbsposition war überdurchschnittlich, verschlechterte sich jedoch . Die Trendanalyse zeigt die Stagnation des Beschäftigungsniveaus in der Größenordnung von 3.000 Beschäftigten. Der Erwartungswert des Beschäftigtenniveaus, Indikator (7), ist aufgrund der geringen Sektor- und Regionsgröße negativ. Das tatsächliche Niveau erklärt sich somit im wesentlichen aufgrund der hohen positiven Interaktion von Sektor und Standort. Die Trendprognosen signalisieren eine weitere Stagnation dieses Sektors, wodurch sich seine Bedeutung für die wirtschaftliche Entwicklung der Region weiter verringert.

Der Industriebereich der Region RB Aurich ist somit ausgeprägt monostrukturiert und wird weitgehend von der Entwicklung im Montagebereich abhängen. Da dieser Bereich prinzipiell zu den Wachstumsbranchen zählt, ist eine weitere überdurchschnittliche Entwicklung des Industriebereiches dieser Region zu erwarten.

(8) RB Braunschweig

Der Sekundärbereich der Region RB Braunschweig blieb hinter der gesamtwirtschaftlichen Entwicklung zurück. Trotz wachstumsgünstiger Industriestruktur (Strukturfaktor 100,7%) wurde nur ein unterdurchschnittliches Wachstum realisiert (Regionalfaktor 97,3%) aufgrund regionaler Standortungunst (Standortfaktor 96,6%). Die Leitsektoren der Region sind die Industriegruppen *Eisen*, *Montage* und *Elektro*, welche zusammen etwa zwei Drittel der Beschäftigung des Sekundärbereiches der Region auf sich vereinigten.

Die Beschäftigung der Industriegruppe *Eisen* verringerte sich im Beobachtungszeitraum von 16.200 auf 14.500 Beschäftigte, wodurch sich der Beschäftigungsanteil von 14,5%

TABELLE 2. 9: ENTWICKLUNG DER BESCHAEFTIGUNG IN BRAUNSCHWEIG

INDUSTRIEGRUPPE EISEN UND METALL

	ENTWICKLUNG			TRENDVERGLEICH				STANDORTQUALITAET			
JAHR	(1) EMPIR. NIVEAU	(2) REGION. ANTEIL	(3) INTERREG VERGL.	(4) TREND L	(5) TREND M	(6) PROPOR-TIONAL	(7) PARA-LLEL	(8) INTER-AKT. L	(9) INTER-AKT. M	(10) WACHS-TUM L	(11) WACHS-TUM M
1960	16.2	15.4	1.37	16.7	16.8	--	14.0	2.3	2.3	--	--
1961	17.7	15.8	1.41	16.6	16.6	16.8	14.8	2.4	2.4	.1	.0
1962	15.9	14.3	1.31	16.4	16.4	17.3	14.1	2.6	2.4	.1	-.0
1963	16.0	14.4	1.36	16.3	16.2	15.4	13.4	2.7	2.5	.0	-.1
1964	16.0	14.4	1.36	16.1	16.1	16.2	13.5	2.8	2.4	.0	-.0
1965	16.0	14.3	1.35	16.0	16.0	16.3	13.5	3.0	2.9	.0	.1
1966	16.2	14.6	1.42	15.8	15.9	15.4	12.7	3.1	3.3	-.0	.2
1967	15.7	15.1	1.50	15.7	15.8	14.9	11.5	3.2	3.8	-.0	.3
1968	15.6	14.9	1.48	15.5	15.8	15.9	11.5	3.3	4.0	-.1	-.6
1969	15.5	14.2	1.45	15.4	15.5	16.1	11.5	3.5	3.8	-.1	-.4
1970	15.6	13.6	1.37	15.2	15.2	16.3	12.4	3.6	3.6	-.1	-.3
1971	14.9	12.9	1.32	15.1	15.0	15.1	12.0	3.7	3.4	-.1	-.2
1972	14.5	13.3	1.40	14.9	14.7	14.3	10.8	3.9	3.2	-.1	-.0
1980	--	--	--	13.7	12.5	13.2	--	4.9	1.7	-.3	1.1

SPALTEN (1), (4) BIS (11) BESCHAEFTIGTE IN 1000, SPALTE (2) IN V. H.

REGION :BRAUNSCHWEIG

INDUSTRIEGRUPPE MONTAGE

JAHR	ENTWICKLUNG (1) EMPIR. NIVEAU	(2) REGION. ANTEIL	(3) INTERREG VERGL.	TRENDVERGLEICH (4) TREND L	(5) TREND M	(6) PROPOR-TIONAL	(7) PARA-LLEL	STANDORTQUALITAET (8) INTER-AKT. L	(9) INTER-AKT. M	(10) WACHS-TUM L	(11) WACHS-TUM M
1960	31.3	29.7	1.28	31.5	32.3	--	39.2	-9.0	-7.9	--	--
1961	33.8	30.2	1.28	32.1	32.8	32.8	41.6	-9.0	-8.3	-.2	.0
1962	34.1	30.7	1.27	32.6	33.2	35.0	43.1	-9.1	-8.7	-.2	.0
1963	32.9	29.6	1.23	33.2	33.7	33.8	42.8	-9.2	-9.1	-.1	-.0
1964	34.1	30.7	1.27	33.7	34.8	33.2	43.1	-9.2	-9.3	.0	.3
1965	35.0	31.3	1.28	34.3	34.2	35.3	44.6	-9.3	-9.6	.1	.1
1966	34.1	30.9	1.26	34.8	33.5	35.1	44.7	-9.4	-10.0	.2	-.2
1967	32.1	30.9	1.25	35.4	32.9	32.1	42.1	-9.4	-10.3	.2	-.4
1968	32.2	30.8	1.24	35.9	32.6	32.7	42.8	-9.5	-11.7	.3	.4
1969	33.7	30.9	1.22	36.5	34.8	34.8	46.2	-9.5	-10.6	.4	.5
1970	38.0	33.2	1.31	37.0	37.1	34.8	47.9	-9.6	-9.6	.5	.7
1971	42.3	36.4	1.41	37.6	39.3	38.5	49.0	-9.7	-8.5	.5	.8
1972	39.0	35.8	1.40	38.1	41.5	41.2	47.2	-9.7	-7.5	.6	.9
1980	--	--	--	42.5	59.2	46.3	--	-10.2	1.0	1.3	2.0

SPALTEN (1), (4) BIS (11) BESCHAEFTIGTE IN 1000, SPALTE (2) IN V. H.

REGION :BRAUNSCHWEIG

INDUSTRIEGRUPPE ELEKTRO- UND FEINMECHANIK

JAHR	ENTWICKLUNG			TRENDVERGLEICH				STANDORTQUALITAET			
	(1) EMPIR. NIVEAU	(2) REGION. ANTEIL	(3) INTERREG VERGL.	(4) TREND L	(5) TREND M	(6) PROPOR-TIONAL	(7) PARA-LLEL	(8) INTER-AKT. L	(9) INTER-AKT. M	(10) WACHS-TUM L	(11) WACHS-TUM M
1960	19.6	18.6	1.04	20.4	19.9	--	28.0	-8.1	-8.7	--	--
1961	20.6	18.4	1.01	20.6	20.4	20.6	29.9	-8.4	-8.8	.3	.1
1962	20.8	18.7	1.04	20.7	20.9	20.6	29.6	-8.8	-8.8	.2	.1
1963	21.7	19.5	1.06	20.9	21.4	21.0	30.1	-9.1	-8.9	.0	.0
1964	21.6	19.5	1.05	21.1	21.6	22.2	30.9	-9.5	-9.9	-.1	-.9
1965	21.7	19.4	1.03	21.2	21.3	22.5	32.0	-9.8	-10.0	-.2	-.6
1966	20.7	18.7	1.00	21.4	20.9	21.5	31.6	-10.2	-10.0	-.3	-.2
1967	19.6	18.8	1.01	21.5	20.6	19.3	29.5	-10.5	-10.1	-.4	.2
1968	21.0	20.1	1.05	21.7	22.8	20.2	30.7	-10.9	-9.1	-.5	1.2
1969	23.3	21.4	1.10	21.8	22.6	22.7	33.2	-11.2	-10.3	-.6	.3
1970	24.3	21.2	1.06	22.0	22.3	24.7	35.6	-11.6	-11.4	-.7	-.5
1971	22.8	19.6	1.00	22.2	22.0	23.8	34.9	-11.9	-12.5	-.8	-1.3
1972	20.0	18.3	.92	22.3	21.7	22.6	34.2	-12.3	-13.7	-.9	-2.2
1980	--	--	--	23.5	19.6	23.8	--	-15.1	-22.8	-1.8	-9.0

SPALTEN (1), (4) BIS (11) BESCHAEFTIGTE IN 1000, SPALTE (2) IN V. H.

REGION :BRAUNSCHWEIG

auf 13,3% verminderte. Die interregionale Wettbewerbsposition blieb jedoch überdurchschnittlich. Der Beschäftigungsrückgang verlief relativ kontinuierlich und beschleunigte sich nur geringfügig gegen Ende des Beobachtungszeitraumes. Die Konjunkturstabilität lag über dem Sektordurchschnitt. Der Vergleich der Indikatoren (7) und (8) zeigt, daß eine positive aber quantitativ geringe Interaktion von Sektor und Standort bestand. Der regionale Rückgang des Sektors lag in etwa in der Größenordnung des Sektordurchschnitts; und man kann davon ausgehen, daß sich diese Entwicklung auch in Zukunft fortsetzt.

Die Beschäftigung der Industriegruppe *Montage* zeigte eine regional und sektoral überdurchschnittliche Expansion: Der Beschäftigungsanteil erhöhte sich von 27,9% auf 35,8% und die überdurchschnittliche interregionale Wettbewerbsposition erhöhte sich noch weiter. Die Entwicklung verlief, wie die Trendanalyse zeigt, in unterschiedlichen Abschnitten: Zu Beginn des Zeitraumes bestand eine Phase mittleren Wachstums, in der Mitte des Beobachtungszeitraumes erfolgte ein Rückgang und in den letzten fünf Jahren ein rascher Anstieg des Beschäftigungsniveaus. Die Konjunkturstabilität im Rezessionsjahr 1967 entsprach dem Sektordurchschnitt. Aus dem Vergleich der Indikatoren (7) und (8) wird sichtbar, daß eine negative Interaktion von Sektor und Standort bestand; diese negative Interaktion nahm jedoch gegen Ende des Beobachtungszeitraumes rasch ab. Ebenso verbesserten sich die regionalen Wachstumsbedingungen zunehmend. Die weitere Entwicklung des Leitsektors hängt davon ab, ob sich die Expansion der letzten fünf Jahre fortsetzt oder ob das Wachstum abflacht; der Niveaueinbruch des Jahres 1972 deutet eher auf eine Verringerung der Expansion. Eine Entwicklung etwas oberhalb der mittleren Variante, proportional zum Sektordurchschnitt, erscheint daher als der wahrscheinliche Wachstumspfad.

Die Beschäftigung der Industriegruppe *Elektro* blieb - vergleicht man das Niveau der Jahre 196o und 1972 - konstant,

der Beschäftigungsanteil änderte sich ebenfalls nicht; die interregionale Wettbewerbsposition entsprach etwa dem Durchschnitt. Die Trendanalyse zeigt einen schwankenden Verlauf des Beschäftigungsniveaus. Zu Beginn des Beobachtungszeitraumes erfolgte ein Anstieg; der Rückgang setzte bereits vor dem Konjunktureinbruch 1967 ein, und nach dem Aufschwung erfolgte 1971 und 1972 ein erneuter Rückgang. Der Vergleich der Indikatoren (7) und (8) zeigt, daß eine negative Interaktion von Sektor und Standort bestand. Ebenso waren die regionalen Wachstumsbedingungen i.d.R. ungünstig.
Die künftige Entwicklung der Beschäftigung hat keine günstigen Voraussetzungen, da die Elektro- und feinmechanische Industrie in der Region Braunschweig zunehmend hinter der Sektorentwicklung zurückblieb. Es ist daher eine Stagnation auf dem bestehenden Niveau zu erwarten.

Der Industriebereich der Region Braunschweig hatte im Beobachtungszeitraum ungünstige Standortbedingungen, wie sich vor allem bei den beiden Leitsektoren *Montage* und *Elektro* zeigt. Eine Ursache dafür dürfte die ungünstige geographische Randlage sein und die damit verbundene relativ große Entfernung zu den Märkten der Ballungsräume. Es ist daher wahrscheinlich, daß die wirtschaftliche Entwicklung in der Region RB Braunschweig weiter hinter der gesamtwirtschaftlichen Entwicklung zurückbleiben wird.

(9) RB Oldenburg
Der Industriebereich der Region RB Oldenburg entwickelte sich überdurchschnittlich (Regionalfaktor 1o5,6%); diese Wachstumsposition kam durch standortbedingte Verlagerungsgewinne zustande. (Standortfaktor 1o5,7%), die Wachstumsqualität der Industriestruktur war durchschnittlich (Strukturfaktor 99,8%). Die Region hat die vier industriellen Leitsektoren *Montage*, *Elektro*, *Textil* und *Nahrung*, welche zusammen mehr als drei Viertel der Beschäftigung des Sekundärbereiches auf sich vereinigten.

Der größte Leitsektor der Region, die Industriegruppe *Montage*

TABELLE 2.10: ENTWICKLUNG DER BESCHAEFTIGUNG IN OLDENBURG

INDUSTRIEGRUPPE MONTAGE

	E N T W I C K L U N G			T R E N D V E R G L E I C H				S T A N D O R T Q U A L I T A E T			
JAHR	(1) EMPIR. NIVEAU	(2) REGION. ANTEIL	(3) INTERREG VERGL.	(4) TREND L	(5) TREND M	(6) PROPOR-TIONAL	(7) PARA-LLEL	(8) INTER-AKT. L	(9) INTER-AKT. M	(10) WACHS-TUM L	(11) WACHS-TUM M
1960	22.3	37.3	1.61	22.6	23.2	--	35.1	-13.4	-12.7	--	--
1961	24.0	38.5	1.63	22.8	23.1	23.4	37.1	-13.9	-13.6	-.0	-.2
1962	23.4	37.5	1.55	23.0	22.9	24.8	38.7	-14.3	-14.6	-.1	-.4
1963	22.5	37.2	1.54	23.2	22.8	23.2	38.2	-14.8	-15.6	-.1	-.6
1964	22.3	36.5	1.51	23.3	22.8	22.8	38.6	-15.3	-16.7	-.2	-.0
1965	23.2	37.2	1.52	23.5	23.0	23.1	40.1	-15.8	-16.4	-.2	.0
1966	23.8	38.1	1.55	23.7	23.2	23.2	40.3	-16.3	-16.0	-.2	.1
1967	23.2	39.2	1.59	23.9	23.3	22.4	38.0	-16.8	-15.7	-.3	.2
1968	23.3	37.5	1.51	24.0	24.6	23.7	38.9	-17.2	-15.8	-.3	.0
1969	24.9	37.4	1.48	24.2	24.6	25.1	42.4	-17.7	-16.9	-.3	-.2
1970	26.8	38.4	1.52	24.4	24.6	25.7	43.8	-18.2	-18.1	-.4	-.5
1971	24.7	35.9	1.39	24.6	24.6	27.2	44.7	-18.7	-19.2	-.4	-.8
1972	23.4	34.1	1.33	24.7	24.6	24.0	43.6	-19.2	-20.4	-.4	-1.1
1980	--	--	--	26.2	24.7	27.8	--	-23.1	-29.5	-.7	-3.3

SPALTEN (1), (4) BIS (11) BESCHAEFTIGTE IN 1000, SPALTE (2) IN V. H.

REGION :OLDENBURG

INDUSTRIEGRUPPE ELEKTRO- UND FEINMECHANIK

JAHR	ENTWICKLUNG			TRENDVERGLEICH				STANDORTQUALITAET			
	(1) EMPIR. NIVEAU	(2) REGION. ANTEIL	(3) INTERREG VERGL.	(4) TREND L	(5) TREND M	(6) PROPOR-TIONAL	(7) PARA-LLEL	(8) INTER-AKT. L	(9) INTER-AKT. M	(10) WACHS-TUM L	(11) WACHS-TUM M
1960	6.9	11.4	.64	6.3	7.0	--	23.9	-17.7	-17.3	--	--
1961	7.2	11.5	.63	6.7	7.1	7.2	25.4	-17.9	-17.7	.1	.0
1962	7.4	11.9	.66	7.1	7.2	7.2	25.1	-18.0	-18.1	.1	-.0
1963	7.2	11.8	.65	7.5	7.3	7.5	25.5	-18.1	-18.5	.1	-.0
1964	7.4	12.1	.65	7.9	7.7	7.3	26.3	-18.3	-19.2	.2	.0
1965	8.6	13.8	.73	8.4	7.9	7.7	27.5	-18.4	-18.9	.2	.2
1966	8.1	13.0	.69	8.8	8.1	8.5	27.2	-18.5	-18.5	.2	.4
1967	7.4	12.6	.67	9.2	8.4	7.6	25.5	-18.7	-18.2	.3	.6
1968	9.2	14.8	.78	9.6	9.8	7.7	26.8	-18.8	-18.2	.3	1.2
1969	10.5	15.7	.80	10.0	10.3	9.9	29.4	-18.9	-18.6	.3	.9
1970	11.7	16.7	.84	10.5	10.8	11.0	31.5	-19.1	-19.0	.4	.5
1971	11.4	16.6	.84	10.9	11.3	11.4	30.6	-19.2	-19.3	.4	.2
1972	11.3	16.4	.83	11.3	11.8	11.3	30.5	-19.3	-19.7	.4	-.2
1980	--	--	--	14.7	16.0	13.4	--	-20.4	-22.5	.7	-3.0

SPALTEN (1), (4) BIS (11) BESCHAEFTIGTE IN 1000, SPALTE (2) IN V. H.

REGION :OLDENBURG

INDUSTRIEGRUPPE LEDER UND TEXTIL

JAHR	ENTWICKLUNG (1) EMPIR. NIVEAU	(2) REGION. ANTEIL	(3) INTERREG VERGL.	TRENDVERGLEICH (4) TREND L	(5) TREND M	(6) PROPOR-TIONAL	(7) PARA-LLEL	STANDORTQUALITAET (8) INTER-AKT. L	(9) INTER-AKT. M	(10) WACHS-TUM L	(11) WACHS-TUM M
1960	12.9	21.5	1.36	12.7	12.9	--	19.4	-7.0	-6.6	--	--
1961	12.8	20.5	1.34	12.5	12.7	13.0	19.2	-6.7	-6.4	-.2	-.1
1962	12.6	20.2	1.33	12.3	12.5	12.7	18.8	-6.4	-6.2	-.1	-.1
1963	12.2	20.1	1.34	12.1	12.3	12.4	18.3	-6.0	-5.9	-.1	-.0
1964	12.1	19.8	1.36	11.9	12.2	12.0	17.6	-5.7	-5.8	-.1	-.2
1965	11.7	18.7	1.31	11.7	11.7	12.1	17.3	-5.3	-5.6	-.0	-.1
1966	11.5	18.5	1.30	11.5	11.2	11.6	17.2	-5.0	-5.3	.0	-.0
1967	10.0	16.8	1.22	11.4	10.7	10.5	15.3	-4.6	-5.0	.0	.1
1968	10.5	17.0	1.26	11.1	10.7	9.8	14.9	-4.3	-4.7	.1	.5
1969	10.9	16.3	1.23	11.0	10.8	10.9	15.3	-4.0	-4.1	.1	.4
1970	11.0	15.7	1.24	10.8	10.9	10.7	14.6	-3.6	-3.5	.1	.3
1971	11.2	16.3	1.32	10.6	10.9	10.6	13.7	-3.3	-2.9	.2	.2
1972	10.7	15.6	1.28	10.4	11.0	10.9	13.2	-2.9	-2.3	.2	.1
1980	--	--	--	8.8	11.6	8.9	--	-.2	2.4	.5	-.7

SPALTEN (1), (4) BIS (11) BESCHAEFTIGTE IN 1000, SPALTE (2) IN V. H.

REGION :OLDENBURG

INDUSTRIEGRUPPE NAHRUNG UND TABAK

JAHR	ENTWICKLUNG (1) EMPIR. NIVEAU	(2) REGION. ANTEIL	(3) INTERREG VERGL.	TRENDVERGLEICH (4) TREND L	(5) TREND M	(6) PROPOR-TIONAL	(7) PARA-LLEL	STANDORTQUALITAET (8) INTER-AKT. L	(9) INTER-AKT. M	(10) WACHS-TUM L	(11) WACHS-TUM M
1960	4.9	8.3	1.22	4.8	4.9	--	.6	4.3	4.4	--	--
1961	5.2	8.3	1.25	5.1	5.2	5.0	.3	4.6	4.7	.1	.1
1962	5.5	8.9	1.32	5.3	5.5	5.3	.4	4.9	5.1	.1	.2
1963	5.6	9.2	1.35	5.6	5.8	5.6	.5	5.2	5.4	.1	.4
1964	6.2	10.2	1.53	5.8	5.9	5.5	.2	5.5	6.0	.2	.2
1965	5.7	9.2	1.41	6.0	6.0	6.2	-.2	5.8	5.9	.2	.2
1966	5.9	9.4	1.44	6.3	6.1	5.7	-.0	6.1	5.9	.3	.2
1967	6.2	10.6	1.56	6.5	6.2	5.7	.5	6.4	5.9	.3	.2
1968	6.5	10.5	1.56	6.8	6.3	6.2	.5	6.7	6.0	.4	.1
1969	6.7	10.0	1.57	7.0	6.8	6.5	-.0	7.0	6.6	.4	.3
1970	7.0	10.0	1.60	7.2	7.3	6.7	-.3	7.3	7.3	.4	.4
1971	7.8	11.4	1.81	7.5	7.8	7.0	-.2	7.6	7.9	.5	.6
1972	8.4	12.2	1.93	7.7	8.2	7.7	-.0	7.9	8.5	.5	.7
1980	--	--	--	9.7	12.2	8.3	--	10.2	13.5	.9	2.0

SPALTEN (1), (4) BIS (11) BESCHAEFTIGTE IN 1000, SPALTE (2) IN V. H.

REGION :OLDENBURG

wies eine regional und sektoral abweichende Entwicklung auf, die Beschäftigung des Sektors stagnierte auf einem Niveau von etwa 23.ooo bis 24.ooo Beschäftigten; die Folge davon waren eine Verringerung des Beschäftigungsanteils von 37,3% auf 34,1% und eine Verschlechterung der interregionalen Wettbewerbsposition, welche dennoch überdurchschnittlich blieb. Die Trendanalyse zeigt eine nur sehr geringe Zunahme bzw. eine Stagnation, die Konjunkturstabilität lag jedoch über dem Sektordurchschnitt: Es erfolgte 1967 kein Niveaueinbruch. Aus dem Vergleich der Indikatoren (7) und (8) wird sichtbar, daß eine hohe negative Interaktion von Sektor und Standort bestand, welche sich im Zeitablauf noch verstärkt hat. Die regionalen Wachstumsbedingungen waren ebenfalls ungünstig. Für die künftige Entwicklung ist die untere Variante, eine Stagnation bei knapp 25.ooo Beschäftigten wahrscheinlich, da angesichts der Standortungunst eine Entwicklung proportional zum Gesamtsektor nicht zu erwarten ist.

Der Leitsektor *Elektro* ist regional wie sektoral überproportional gewachsen: Sein Beschäftigungsniveau stieg von 6.9oo auf 11.3oo Beschäftigte. Infolgedessen erhöhte sich sein Beschäftigungsanteil von 11,8% auf 16,4%. Die interregionale Wettbewerbsposition blieb unterdurchschnittlich, verbesserte sich im Zeitablauf jedoch stark. Die Expansion verlief - wie die Trendanalyse zeigt - relativ kontinuierlich, der Konjunktureinbruch war jedoch stärker als im Sektordurchschnitt. Das realisierte Beschäftigungsniveau ist, wie der Erwartungswert zeigt, relativ gering: Der Vergleich der Indikatoren (7) und (8) zeigt, daß eine hohe negative Interaktion von Sektor und Standort vorlag. Demgegenüber bestanden jedoch günstige regionale Wachstumsbedingungen. Aufgrund der Entwicklung im Beobachtungszeitraum erscheint es wahrscheinlich, daß sich die Expansion dieses Leitsektors fortsetzt. Die Trendprognosen weisen in Richtung weiteren Wachstums; wahrscheinlich ist die mittlere Variante (Trend L).

Die Beschäftigung der Industriegruppe *Textil* hat von 12.9oo auf 1o.7oo Beschäftigte abgenommen. Dadurch hat sich der Beschäftigungsanteil von 21,5% auf 15,6% verringert. Die interregionale Wettbewerbsposition war dennoch überdurchschnittlich und hat sich nur geringfügig verschlechtert. Der Rückgang der Beschäftigung stabilisierte sich gegen Ende des Beobachtungszeitraumes, und es erfolgte wieder eine, wenn auch nur geringe Zunahme. Der Konjunktureinbruch im Rezessionsjahr 1967 war stärker als im Sektordurchschnitt. Der Vergleich der Indikatoren (7) und (8) zeigt, daß eine negative Interaktion von Sektor und Standort bestand. Die regionalen Wachstumsbedingungen wandelten sich etwa zur Mitte des Beobachtungszeitraumes von ungünstig zu günstig. Die negative Interaktion verringerte sich im Zeitablauf erheblich. Für die weitere Zukunft ist es daher wahrscheinlich, daß sich entgegen der rückläufigen Sektorentwicklung regional eine Stabilisierung des Niveaus bei ca. 11.ooo Beschäftigten einstellt.

Das Niveau der Beschäftigung der Industriegruppe *Nahrung* hat sich von 4.9oo auf 8.4oo gesteigert. Dadurch stieg der Beschäftigungsanteil von 8,3% auf 12,2%. Die interregionale Wettbewerbsposition war überdurchschnittlich und hat sich erheblich verbessert. Die Trendanalyse zeigt eine relativ kontinuierliche Expansion; die Konjunkturstabilität lag über dem Sektordurchschnitt. Der Erwartungswert, Indikator (7), ist aufgrund der Kombination eines kleinen Sektors in einer kleinen Region nahe Null. Aus dem Vergleich der Indikatoren (7) und (8) ist ersichtlich, daß eine positive Interaktion von Sektor und Standort bestand. Die regionalen Wachstumsbedingungen waren positiv und verbesserten sich im Zeitablauf noch weiter. Aufgrund der günstigen Entwicklung der Standortbedingungen ist eine weitere sektoral überdurchschnittliche Expansion wahrscheinlich, so daß eine Steigerung auf ein Niveau oberhalb der mittleren Variante erwartet werden kann.

Die Entwicklung des Industriebereiches der Region RB Oldenburg war davon gekennzeichnet, daß die Beschäftigung des wichtigsten Sektors, *Montage*, welcher etwa ein Drittel der Beschäftigung des industriellen Bereiches der Region umfaßt, stagnierte. Die Beschäftigung in der Elektro- und feinmechanischen Industrie nahm hingegen zu. Die Beschäftigung im Bereich *Textil* sank , im Bereich *Nahrung* nahm sie zu. Die Umschichtung innerhalb der Industriestruktur hat die Wachstumsqualität der Region prinzipiell nicht geändert, so daß eine Entwicklung ähnlich der im Beobachtungszeitraum erwartet werden kann.

(1o) Bremen

Für die Analyse der Entwicklung des Sekundärbereiches in der Region Bremen gilt prinzipiell die gleiche Einschränkung wie für die Region Hamburg: Die "ökonomische" Region wuchs im Beobachtungszeitraum über die Grenzen der "statistischen" Region hinaus. Die Verlagerungen ins Umland der Region wurden aufgrund der im Zeitablauf unveränderten statistischen Regionsgrenzen zu Abwanderungen in die Nachbarregionen Stade, Hannover und Oldenburg. Der Sekundärbereich der Region Bremen hatte mit einem Regionalfaktor von 86,4% nach Hamburg die niedrigste Position im regionalen Wachstumspattern. Dieser Wert kam bei relativ wachstumsgünstiger Industriestruktur (Strukturfaktor 1o2,4%) aufgrund der o.g. Standortbedingungen zustande.

Der größte Leitsektor der Region war der Bereich *Montage*, welcher von 52.6oo Beschäftigten auf 33.8oo abnahm; der Beschäftigungsanteil dieses Sektors schrumpfte von 54,o% auf 41,4%. Diese Entwicklung fand jedoch nicht kontinuierlich statt, sondern nach dem Niveaueinbruch der Jahre 196o/1961 stabilisierte sich das Niveau bei etwa 34.ooo bis 35.ooo Beschäftigten. Die interregionale Wettbewerbsposition war überdurchschnittlich, verschlechterte sich jedoch. Die Trendanalyse liefert aufgrund des atypischen Zeitreihenverlaufes für den langfristigen Trend keine empirisch relevante Entwicklung, die geteilten Zeitreihen zeigen mit Ausnahme des Zeitreihenbeginns die genannte Stabilisierung auf einem Niveau bei 34.ooo bis 35.ooo Beschäftigten. Die Konjunktursta-

TABELLE 2.11: ENTWICKLUNG DER BESCHAEFTIGUNG IN BREMEN

INDUSTRIEGRUPPE MONTAGE

JAHR	ENTWICKLUNG (1) EMPIR. NIVEAU	(2) REGION. ANTEIL	(3) INTERREG VERGL.	TRENDVERGLEICH (4) TREND L	(5) TREND M	(6) PROPORTIONAL	(7) PARALLEL	STANDORTQUALITAET (8) INTER-AKT. L	(9) INTER-AKT. M	(10) WACHS-TUM L	(11) WACHS-TUM M
1960	52.6	54.0	2.32	42.4	49.2	--	38.5	3.7	10.2	--	--
1961	43.7	48.9	2.07	41.4	44.8	55.2	39.6	2.2	5.4	-4.4	-5.4
1962	35.6	42.8	1.77	40.5	40.4	45.2	40.6	.8	.5	-3.9	-4.4
1963	35.2	41.9	1.74	39.6	36.0	35.2	40.3	-.7	-4.4	-3.4	-3.3
1964	34.9	41.7	1.72	38.6	35.9	35.6	40.7	-2.2	-5.7	-2.9	-.4
1965	36.6	42.8	1.75	37.7	35.3	36.1	42.2	-3.6	-6.1	-2.5	-.4
1966	35.2	41.7	1.69	36.8	34.7	36.7	42.3	-5.1	-6.4	-2.0	-.4
1967	33.2	42.1	1.71	35.8	34.1	33.1	39.7	-6.6	-6.8	-1.5	-.3
1968	33.5	41.6	1.68	34.9	34.1	33.8	40.7	-8.0	-7.9	-1.1	-1.0
1969	34.6	41.8	1.65	34.0	34.2	36.2	43.8	-9.5	-8.9	-.6	-.8
1970	34.4	41.5	1.64	33.0	34.2	35.7	45.0	-10.9	-9.9	-.1	-.6
1971	34.7	41.7	1.61	32.1	34.3	34.9	46.0	-12.4	-10.8	.4	-.5
1972	33.8	41.4	1.61	31.2	34.3	33.8	44.8	-13.9	-11.8	.8	-.3
1980	--	--	--	23.7	34.8	40.1	--	-25.5	-19.6	4.6	1.2

SPALTEN (1), (4) BIS (11) BESCHAEFTIGTE IN 1000, SPALTE (2) IN V. H.

REGION :BREMEN

INDUSTRIEGRUPPE ELEKTRO- UND FEINMECHANIK

JAHR	ENTWICKLUNG			TRENDVERGLEICH				STANDORTQUALITAET			
	(1) EMPIR. NIVEAU	(2) REGION. ANTEIL	(3) INTERREG VERGL.	(4) TREND L	(5) TREND M	(6) PROPOR-TIONAL	(7) PARA-LLEL	(8) INTER-AKT. L	(9) INTER-AKT. M	(10) WACHS-TUM L	(11) WACHS-TUM M
1960	11.1	11.4	.64	11.7	11.3	--	27.3	-15.0	-16.0	--	--
1961	11.9	13.3	.73	12.0	11.8	11.7	27.8	-15.1	-15.6	.2	.2
1962	12.5	15.0	.84	12.3	12.3	11.8	27.0	-15.2	-15.3	.2	.2
1963	13.1	15.6	.85	12.6	12.9	12.6	27.7	-15.4	-15.0	.2	.2
1964	13.1	15.6	.84	12.9	13.4	13.4	28.4	-15.5	-15.7	.2	.0
1965	13.4	15.6	.83	13.2	13.4	13.6	29.6	-15.6	-15.4	.2	.0
1966	14.1	16.7	.89	13.5	13.5	13.2	29.2	-15.7	-15.1	.1	.0
1967	13.4	17.0	.91	13.9	13.5	13.2	27.2	-15.8	-14.8	.1	.0
1963	13.4	16.6	.87	14.2	13.9	13.9	28.5	-15.9	-15.8	.1	-.3
1969	14.4	17.4	.89	14.5	14.3	14.5	30.8	-16.0	-16.1	.1	-.2
1970	15.3	18.4	.92	14.8	14.7	15.2	32.7	-16.1	-16.4	.0	-.0
1971	15.4	18.5	.94	15.1	15.1	15.0	31.9	-16.2	-16.7	.0	.0
1972	15.0	18.4	.93	15.4	15.5	15.2	31.7	-16.3	-17.1	.0	.2
1980	--	--	--	17.9	19.0	17.9	--	-17.2	-19.7	-.2	1.0

SPALTEN (1), (4) BIS (11) BESCHAEFTIGTE IN 1000, SPALTE (2) IN V. H.

REGION :BREMEN

INDUSTRIEGRUPPE NAHRUNG UND TABAK

JAHR	ENTWICKLUNG (1) EMPIR. NIVEAU	(2) REGION. ANTEIL	(3) INTERREG VERGL.	TRENDVERGLEICH (4) TREND L	(5) TREND M	(6) PROPOR-TIONAL	(7) PARA-LLEL	STANDORTQUALITAET (8) INTER-AKT. L	(9) INTER-AKT. M	(10) WACHS-TUM L	(11) WACHS-TUM M
1960	15.3	15.7	2.31	16.1	15.1	--	4.0	12.9	11.6	--	--
1961	15.7	17.5	2.64	16.5	16.0	15.4	2.8	13.5	12.8	.5	.3
1962	16.9	20.4	3.04	16.9	16.8	16.0	2.3	14.1	14.0	.5	.5
1963	17.7	21.1	3.11	17.3	17.6	17.1	2.6	14.6	15.2	.5	.8
1964	18.4	22.0	3.29	17.7	18.4	17.5	2.3	15.2	16.3	.4	.4
1965	18.8	22.0	3.39	18.1	18.7	18.3	1.9	15.8	16.5	.4	.5
1966	19.2	22.7	3.48	18.5	18.9	18.9	2.0	16.4	16.8	.4	.6
1967	18.2	23.1	3.40	18.9	19.2	18.7	2.3	17.0	17.0	.3	.7
1968	20.0	24.8	3.71	19.3	20.0	18.2	2.2	17.5	18.1	.3	1.0
1969	20.0	24.2	3.79	19.7	20.0	20.1	1.4	18.1	18.4	.3	.7
1970	20.0	24.1	3.88	20.0	20.0	20.1	.9	18.7	18.6	.3	.4
1971	20.0	24.0	3.81	20.4	20.0	20.1	1.2	19.3	18.9	.2	.1
1972	20.0	24.5	3.88	20.8	20.0	19.6	1.2	19.9	19.1	.2	-.2
1980	--	--	--	24.0	20.0	19.9	--	24.5	21.1	-.0	-2.6

SPALTEN (1), (4) BIS (11) BESCHAEFTIGTE IN 1000, SPALTE (2) IN V. H.

REGION :BREMEN

bilität entsprach in etwa dem Sektordurchschnitt. Aus dem Vergleich der Indikatoren (7) und (8) wird sichtbar, daß eine wachsende negative Interaktion von Sektor und Standort bestand; ebenso waren die regionalen Wachstumsbedingungen ungünstig. Aufgrund der langfristig und mittelfristig abgestützten Trendprognosen ist es wahrscheinlich, daß sich die Beschäftigung auf dem Niveau von 34.000 Beschäftigten stabilisieren wird. Ein Wachstum proportional zum Gesamtsektor ist aufgrund der regionalen Entwicklungsbedingungen wenig wahrscheinlich.

Die Industriegruppe *Elektro* zeigte ein regional und sektoral überdurchschnittliches Wachstum. Das Niveau der Beschäftigung stieg von 11.1oo auf 15.000 Beschäftigte, dabei erhöhte sich der Beschäftigungsanteil von 11,4% auf 18,4% die interregionale Wettbewerbsposition blieb zwar unterdurchschnittlich, verbesserte sich aber erheblich. Die Trendanalyse zeigt eine relativ kontinuierliche Zunahme des Beschäftigungsniveaus, die Konjunkturstabilität entsprach in etwa dem Durchschnitt des Sektors. Aus dem Vergleich der Indikatoren (7) und (8) ist ersichtlich, daß eine hohe negative Interaktion von Sektor und Standort bestand, welche über den Beobachtungszeitraum relativ konstant war. Die regionalen Wachstumsbedingungen waren prinzipiell günstig, verschlechterten sich jedoch im Zeitablauf. Die Status-quo-Prognosen zeigen recht einheitlich in Richtung eines weiteren Anstieges der Beschäftigung.

Die Industriegruppe *Nahrung* steigerte ihre Beschäftigung regional und sektoral überdurchschnittlich von 15.3oo auf 2o.000 Beschäftigte. Der Beschäftigungsanteil stieg dabei von 15,7% auf 24.5%. Die interregionale Wettbewerbsposition war weit überdurchschnittlich und verbesserte sich noch weiter. Die Entwicklung der Beschäftigung verlief in zwei Abschnitten: Nach einer Wachstumsperiode bis zur Mitte des Beobachtungszeitraumes stagnierte das Beschäftigungsniveau bei ca. 2o.000 Beschäftigten. Die Konjunkturstabilität war geringer als im Sektordurchschnitt. Der Vergleich der Indikatoren (7) und (8) zeigt, daß eine hohe positive Interaktion von Sektor und Standort bestand. Ebenso waren die regionalen Wachstumsbedingungen günstig. Aufgrund der Stagnation der Beschäftigung in den letzten fünf Jahren ist eine weitere Stabilisierung auf dem bestehenden Niveau zu erwarten, welches auch dem Trend des Gesamtsektors entspricht.

Die Entwicklung des Sekundärbereiches der Hansestadt Bremen war gekennzeichnet vom Rückgang des wichtigsten Leitsektors *Montage* und vom Wachstum der Industriegruppe *Elektro*, wobei der Rückgang im Montagebereich von den übrigen Sektoren nicht ausgeglichen werden konnte. Da die rückläufige Beschäftigung des gesamten Sekundärbereiches der Region weitgehend vom Montagebereich verursacht wurde und ein weiterer Rückgang dieses Bereiches aufgrund der Trendanalyse nicht wahrscheinlich ist, kann man davon ausgehen, daß sich die Wachstumsposition der Region künftig wieder etwas verbessern wird.

3.2.3. Nordrhein-Westfalen

(1) RB Düsseldorf

Beim verwendeten regionalen Raster der RBe ist die Region RB Düsseldorf eines der beiden Teilgebiete des Ruhrgebietes. Der Anteil der Region RB Düsseldorf an der Gesamtbeschäftigung des Sekundärbereichs sank von 13.1% auf 11,9%. Entsprechend niedrig war der Regionalfaktor mit 89,7%, der im wesentlichen durch Abwanderungen zustande kam (Standortfaktor 9o,8%) ; die Wachstumsqualität der Industriestruktur der Region lag nur wenig unterhalb des Durchschnitts (Strukturfaktor 98,7%). Die Region hat die fünf industriellen Leitsektoren *Eisen*, *Chemie*, *Montage*, *Elektro* und *Textil*.

Der größte industrielle Leitsektor der Region ist - erwartungsgemäß - die Industriegruppe *Eisen*, deren Beschäftigungsniveau von ca. 21o.ooo auf 19o.ooo Beschäftigte abnahm und deren Beschäftigungsanteil sich von 23,2% auf 21% verringerte. Demgegenüber nahm die überdurchschnittliche interregio-

TABELLE 2.12: ENTWICKLUNG DER BESCHAEFTIGUNG IN DUESSELDORF

INDUSTRIEGRUPPE EISEN UND METALL

	E N T W I C K L U N G			T R E N D V E R G L E I C H				S T A N D O R T Q U A L I T A E T			
JAHR	(1) EMPIR. NIVEAU	(2) REGION. ANTEIL	(3) INTERREG VERGL.	(4) TREND L	(5) TREND M	(6) PROPOR-TIONAL	(7) PARA-LLEL	(8) INTER-AKT. L	(9) INTER-AKT. M	(10) WACHS-TUM L	(11) WACHS-TUM M
1960	218.3	23.2	2.08	222.0	222.6	--	89.7	129.6	131.2	--	--
1961	224.5	23.2	2.07	219.3	219.7	226.7	92.7	127.7	128.5	-.7	-.8
1962	220.0	22.6	2.07	216.7	216.8	219.9	92.4	125.9	125.8	-.8	-1.2
1963	210.6	22.0	2.08	214.0	213.9	212.7	90.1	124.1	123.1	-.8	-1.6
1964	210.8	22.1	2.08	211.4	214.7	212.6	90.1	122.3	122.6	-.9	-2.1
1965	215.7	22.3	2.11	208.7	209.4	215.0	91.3	120.4	120.0	-.9	-.8
1966	206.2	21.7	2.11	206.1	204.0	208.2	88.9	118.6	117.4	-1.0	.4
1967	190.9	21.8	2.16	203.4	198.7	190.0	81.7	116.8	114.7	-1.0	1.7
1968	196.5	22.5	2.25	200.8	200.3	192.2	81.3	115.0	116.8	-1.1	-.1
1969	198.4	21.7	2.22	198.1	198.3	202.8	84.5	113.1	114.6	-1.1	-.7
1970	202.5	21.7	2.18	195.5	196.4	208.4	86.8	111.3	112.4	-1.2	-1.2
1971	197.2	21.4	2.20	192.8	194.5	196.2	85.2	109.5	110.2	-1.2	-1.7
1972	187.4	21.0	2.21	190.2	192.5	188.5	82.1	107.7	108.1	-1.3	-2.3
1980	--	--	--	169.0	177.0	170.7	--	93.1	90.6	-1.7	-6.6

SPALTEN (1), (4) BIS (11) BESCHAEFTIGTE IN 1000, SPALTE (2) IN V. H.

REGION :DUESSELDORF

INDUSTRIEGRUPPE CHEMIE

JAHR	ENTWICKLUNG (1) EMPIR. NIVEAU	(2) REGION. ANTEIL	(3) INTERREG VERGL.	TRENDVERGLEICH (4) TREND L	(5) TREND M	(6) PROPOR-TIONAL	(7) PARA-LLEL	STANDORTQUALITAET (8) INTER-AKT. L	(9) INTER-AKT. M	(10) WACHS-TUM L	(11) WACHS-TUM M
1960	98.3	10.5	1.32	102.9	99.2	--	82.9	17.7	15.0	--	--
1961	104.3	10.8	1.35	105.3	103.3	102.5	85.6	20.4	18.7	1.2	1.1
1962	108.4	11.1	1.39	107.7	107.3	105.3	86.0	23.0	22.4	1.0	1.5
1963	109.8	11.5	1.41	110.1	111.3	110.4	84.9	25.7	26.1	.9	2.0
1964	115.7	12.1	1.46	112.4	117.2	112.3	85.0	28.3	30.5	.7	2.2
1965	118.6	12.3	1.46	114.8	117.8	119.8	86.4	30.9	32.9	.5	1.2
1966	120.5	12.7	1.48	117.2	118.3	120.0	85.1	33.6	35.4	.3	.3
1967	118.2	13.5	1.53	119.6	118.9	116.9	79.1	36.2	37.9	.1	-.7
1968	118.7	13.6	1.52	121.9	121.8	121.4	79.0	38.9	40.6	-.1	-2.4
1969	125.0	13.7	1.52	124.3	123.9	126.3	82.8	41.5	42.1	-.2	-1.7
1970	130.2	14.0	1.52	126.7	125.9	131.0	84.9	44.2	43.6	-.4	-.9
1971	123.6	14.0	1.53	129.1	128.0	128.7	83.9	46.8	45.0	-.6	-.1
1972	127.2	14.2	1.56	131.5	130.1	126.6	81.4	49.4	46.5	-.8	.7
1980	--	--	--	150.5	146.6	158.1	--	70.6	58.4	-2.2	7.0

SPALTEN (1), (4) BIS (11) BESCHAEFTIGTE IN 1000, SPALTE (2) IN V. H.

REGION :DUESSELDORF

INDUSTRIEGRUPPE MONTAGE

JAHR	ENTWICKLUNG (1) EMPIR. NIVEAU	(2) REGION. ANTEIL	(3) INTERREG VERGL.	TRENDVERGLEICH (4) TREND L	(5) TREND M	(6) PROPOR-TIONAL	(7) PARA-LLEL	STANDORTQUALITAET (8) INTER-AKT. L	(9) INTER-AKT. M	(10) WACHS-TUM L	(11) WACHS-TUM M
1960	196.5	20.9	.90	206.4	202.7	--	115.0	87.9	85.6	--	--
1961	207.7	21.5	.91	206.4	205.7	206.2	119.5	87.8	87.6	-1.4	.6
1962	217.7	22.4	.93	206.3	208.6	214.8	121.4	87.7	89.5	-1.5	-.9
1963	211.9	22.2	.92	206.3	211.5	215.7	119.5	87.6	91.5	-1.6	-2.4
1964	209.1	21.9	.91	206.2	214.8	214.1	119.7	87.4	92.3	-1.7	-3.8
1965	211.7	21.9	.90	206.2	208.1	216.3	122.3	87.3	88.1	-1.8	-4.6
1966	209.7	22.1	.90	206.1	201.5	212.2	120.9	87.2	83.9	-1.9	-5.3
1967	190.5	21.7	.88	206.1	194.8	197.1	112.2	87.1	79.7	-2.0	-6.0
1968	186.4	21.4	.86	206.0	193.7	194.1	112.6	87.0	77.6	-2.1	-2.3
1969	200.9	22.0	.87	206.0	199.3	200.9	119.3	86.8	81.8	-2.2	-1.7
1970	213.8	22.9	.91	205.9	204.9	207.2	122.3	86.7	85.9	-2.3	-1.2
1971	217.1	23.6	.91	205.9	210.5	216.7	122.2	86.6	90.1	-2.4	-.7
1972	206.4	23.1	.90	205.8	216.2	211.6	118.6	86.5	94.2	-2.5	-.1
1980	--	--	--	205.4	261.2	244.8	--	85.5	127.3	-3.3	4.2

SPALTEN (1), (4) BIS (11) BESCHAEFTIGTE IN 1000, SPALTE (2) IN V. H.

REGION :DUESSELDORF

INDUSTRIEGRUPPE **ELEKTRO- UND FEINMECHANIK**

	ENTWICKLUNG			TRENDVERGLEICH				STANDORTQUALITAET			
JAHR	(1) EMPIR. NIVEAU	(2) REGION. ANTEIL	(3) INTERREG VERGL.	(4) TREND L	(5) TREND M	(6) PROPORTIONAL	(7) PARALLEL	(8) INTER-AKT. L	(9) INTER-AKT. M	(10) WACHSTUM L	(11) WACHSTUM M
1960	142.9	15.2	.85	147.4	145.4	--	103.8	40.9	39.9	--	--
1961	149.2	15.4	.85	147.0	146.0	150.2	107.8	40.5	39.9	-1.6	-.7
1962	146.4	15.0	.84	146.5	146.7	148.9	107.9	40.1	39.9	-1.7	-1.7
1963	148.5	15.5	.85	146.1	147.3	148.0	106.9	39.7	39.9	-1.8	-2.6
1964	146.4	15.4	.83	145.6	150.4	151.8	107.4	39.3	40.5	-1.8	-3.5
1965	151.0	15.6	.83	145.2	147.2	151.9	109.8	38.9	39.7	-1.9	-3.0
1966	149.1	15.7	.84	144.7	144.0	149.5	107.8	38.5	38.9	-2.0	-2.5
1967	135.0	15.4	.82	144.3	140.7	139.6	99.7	38.1	38.1	-2.0	-2.0
1968	138.3	15.9	.83	143.9	140.9	139.5	100.4	37.7	37.2	-2.1	-4.7
1969	143.9	15.8	.81	143.4	141.8	149.4	106.3	37.3	36.9	-2.1	-3.5
1970	144.8	15.5	.78	143.0	142.7	152.1	109.9	36.9	36.6	-2.2	-2.2
1971	143.2	15.5	.79	142.5	143.6	141.8	108.1	36.5	36.3	-2.3	-1.0
1972	143.2	16.0	.81	142.1	144.5	141.7	105.5	36.1	36.1	-2.3	.3
1980	--	--	--	138.5	151.8	170.6	--	32.8	33.7	-2.8	10.1

SPALTEN (1), (4) BIS (11) BESCHAEFTIGTE IN 1000, SPALTE (2) IN V. H.

REGION :DUESSELDORF

INDUSTRIEGRUPPE LEDER UND TEXTIL

JAHR	ENTWICKLUNG (1) EMPIR. NIVEAU	(2) REGION. ANTEIL	(3) INTERREG VERGL.	TRENDVERGLEICH (4) TREND L	(5) TREND M	(6) PROPOR-TIONAL	(7) PARA-LLEL	STANDORTQUALITAET (8) INTER-AKT. L	(9) INTER-AKT. M	(10) WACHS-TUM L	(11) WACHS-TUM M
1960	146.1	15.6	.99	147.0	146.7	--	99.3	44.7	45.9	--	--
1961	143.4	14.8	.97	142.6	142.5	147.0	101.6	41.5	42.0	-2.5	-2.3
1962	138.5	14.2	.94	138.2	138.3	142.7	101.6	38.2	38.1	-2.5	-2.4
1963	133.3	13.9	.93	133.8	134.0	136.6	99.7	34.9	34.2	-2.4	-2.5
1964	130.1	13.6	.93	129.4	132.5	130.7	98.8	31.7	31.6	-2.4	-1.8
1965	128.4	13.3	.93	125.0	126.2	130.3	99.6	28.4	28.3	-2.3	-1.9
1966	123.5	13.0	.91	120.6	119.9	127.2	97.8	25.2	25.0	-2.3	-1.9
1967	109.6	12.5	.91	116.2	113.6	112.6	89.5	21.9	21.8	-2.2	-2.0
1968	107.9	12.4	.92	111.9	110.1	108.2	88.6	18.6	19.1	-2.2	-1.9
1969	108.9	11.9	.90	107.5	106.6	111.9	92.2	15.4	15.7	-2.1	-1.9
1970	104.1	11.2	.88	103.1	103.1	107.7	93.1	12.1	12.4	-2.1	-1.8
1971	99.4	10.8	.88	98.7	99.6	100.4	91.2	8.9	9.1	-2.1	-1.8
1972	95.1	10.6	.88	94.3	96.1	96.4	88.2	5.6	5.8	-2.0	-1.8
1980	--	--	--	59.2	68.1	79.0	--	-20.5	-20.7	-1.6	-1.6

SPALTEN (1), (4) BIS (11) BESCHAEFTIGTE IN 1000, SPALTE (2) IN V. H.

REGION :DUESSELDORF

nale Wettbewerbsposition noch weiter zu. Die Trendanalyse zeigt eine relativ kontinuierliche Abnahme der Beschäftigung, das höchste Niveau bestand 1961; nach dem Konjunktureinbruch 1967 erfolgte ein erneuter Niveauanstieg,jedoch wurde das Niveau aus der Zeit vor der Rezession nicht mehr erreicht. Die Konjunkturempfindlichkeit entsprach dem Durchschnitt des Sektors. Ein Vergleich der Indikatoren (7) und (8) zeigt, daß sich das hohe Niveau zum überwiegenden Teil aus der Interaktion von Sektor und Standort ergab. Die Trendprognosen weisen in Richtung eines weiteren Absinkens der Beschäftigung, wobei die Prognose L und die Proportionalschätzung eine Größenordnung von 17o.ooo angeben, während aufgrund der verlangsamten Schrumpfung in den letzten Jahren ein etwas höheres Niveau erwartet werden kann.

Die Beschäftigung der Industriegruppe *Chemie* erhöhte sich von 98.3oo auf 127.2oo Beschäftigte. Dadurch stieg sowohl ihr Beschäftigungsanteil von 1o,5% auf 14,2% wie auch ihre bereits überdurchschnittliche Wettbewerbsposition. Die Trendanalyse zeigt an, daß das Wachstum vor allem zu Beginn und gegen Ende des Beobachtungszeitraumes besonders ausgeprägt war . Die Konjunkturempfindlichkeit war regional geringer als im Sektordurchschnitt. Der Vergleich der Indikatoren (7) und (8) zeigt, daß das Beschäftigungsniveau weitgehend durch eine hohe positive Interaktion von Sektor und Standort zustande kam, wobei der auf die Interaktion entfallende Anteil im Zeitablauf erheblich zunahm. Die regionalen Wachstumsbedingungen waren in etwa ausgeglichen. Die Trendprognosen ergeben einheitlich eine weitere Expansion. Es ist jedoch wahrscheinlich, daß diese unterhalb des Sektordurchschnitts bleiben wird.

Die Beschäftigung der Industriegruppe *Montage* zeigt einen schwankenden Verlauf, wobei - wie die Trendanalyse beweist - es sich um Schwankungen auf einem Niveau von ca. 2o6.ooo Beschäftigten handelt. Der Beschäftigungsanteil erhöhte sich angesichts der rückläufigen Beschäftigungsentwicklung der Region von 2o,9% auf 23,1% , die interregionale Wettbewerbsposition blieb trotz des hohen absoluten Niveaus des Sektors in Folge der Regionsgröße unterdurchschnittlich. Die Konjunkturempfindlichkeit war regional größer als im Sektordurchschnitt. Der Vergleich der Indikatoren (7) und (8) zeigt, daß ein relativ großer Teil des Niveaus auf die hohe positive Interaktion von Sektor und Standort entfiel. Die regionalen Wachstumsbedingungen waren ungünstig, verbesserten sich jedoch im Zeitablauf. Die Trendprognosen zeigen aufgrund der Expansionsphase gegen Ende des Beobachtungszeitraumes in Richtung eines weiteren Niveauanstiegs, wobei ein Niveau in der Größenordnung unterhalb der proportionalen Entwicklung als wahrscheinlich gelten kann.

Die Beschäftigung der Industriegruppe *Elektro* war insgesamt rückläufig, wie sich nach der Ausschaltung der Schwankungen mit Hilfe des langfristigen Trends ergibt. Der Beschäftigungsanteil stieg dabei geringfügig an und die ohnehin unterdurchschnittliche interregionale Wettbewerbsposition verringerte sich noch weiter. Die Konjunkturstabilität lag unter dem Sektordurchschnitt: Der Einbruch 1967 war in der Region größer als im Durchschnitt des Sektors. Der Vergleich der Indikatoren (7) und (8) zeigt an, daß ein großer Teil des Niveaus auf die positive Interaktion von Sektor und Standort entfiel. Die regionale Wachstumsgunst war überwiegend negativ. Die Trendprognosen zeigen drei Möglichkeiten: Rückgang der Beschäftigung, geringfügige Zunahme und Wachstum entsprechend dem Sektordurchschnitt . Aufgrund der Entwicklung der Standortbedingungen gegen Ende des Beobachtungszeitraumes erscheint die mittlere Variante wahrscheinlich.

Die Beschäftigung der Industriegruppe *Textil* verringerte sich von 146.ooo auf 95.ooo Beschäftigte, der Beschäftigungsanteil fiel von 15,6% auf 1o,6%, und die ursprünglich ausgeglichene interregionale Wettbewerbsposition verschlechterte sich. Die Trendanalyse zeigt eine relativ kontinuierliche Abnahme. Die Konjunkturstabilität lag regional unter dem

Sektordurchschnitt. Ein Vergleich der Indikatoren (7) und (8) zeigt, daß zu Beginn des Beobachtungszeitraumes ein großer Teil des Niveaus auf die positive Interaktion von Sektor und Standort entfiel. Der Anteil der Interaktion verringerte sich jedoch kontinuierlich. Die Prognosevarianten zeigen einheitlich in Richtung einer weiteren Abnahme des Niveaus; da die sektorspezifische Standortqualität eine stärkere Abnahme erwarten läßt als im Sektordurchschnitt, ist die untere Variante wahrscheinlich.

Betrachtet man die Veränderungen der Industriestruktur der Region Düsseldorf, so zeigt sich im Metallbereich eine Verlagerung der Beschäftigung von der Eisen und Metall schaffenden Industrie hin zur Metall verarbeitenden Industrie. Die Industriegruppe Chemie konnte ihren Anteil am Sekundärbereich erhöhen, jedoch nicht in dem Maße, in dem im Textilbereich Arbeitsplätze frei wurden. Insgesamt hat sich die Wachstumsqualität der Industriestruktur der Region verbessert und es sind Voraussetzungen gegeben, daß sich die wirtschaftliche Entwicklung der Region RB Düsseldorf etwas an den Bundesdurchschnitt annähert.

(2) RB Köln

Die Entwicklung der Beschäftigung des Sekundärbereiches der Region RB Köln lag im Beobachtungszeitraum unter dem Bundesdurchschnitt (Regionalfaktor 97,3%). Diese Wachstumsposition entstand durch Standorteinflüsse (Standortfaktor 94,1 %); die Wachstumsgunst der Industriestruktur der Region war überdurchschnittlich (Strukturfaktor 1o3,4%). Die Region weist die drei industriellen Leitsektoren *Chemie*, *Elektro* und *Montage* auf, welche etwa zwei Drittel der Beschäftigung des industriellen Bereiches auf sich vereinigten.

Das Beschäftigungsniveau der Industriegruppe *Chemie* steigerte sich von 45.7oo auf 5o.ooo Beschäftigte, der Beschäftigungsanteil erhöhte sich geringfügig von 16,2% auf 16,8%, während sich die überdurchschnittliche interregionale Wett-

TABELLE 2.13: ENTWICKLUNG DER BESCHAEFTIGUNG IN KOELN

INDUSTRIEGRUPPE CHEMIE

	ENTWICKLUNG			TRENDVERGLEICH				STANDORTQUALITAET			
JAHR	(1) EMPIR. NIVEAU	(2) REGION. ANTEIL	(3) INTERREG VERGL.	(4) TREND L	(5) TREND M	(6) PROPOR-TIONAL	(7) PARA-LLEL	(8) INTER-AKT. L	(9) INTER-AKT. M	(10) WACHS-TUM L	(11) WACHS-TUM M
1960	45.7	16.2	2.05	47.6	45.7	--	23.1	23.5	22.1	--	--
1961	47.8	16.1	2.02	48.0	47.0	47.6	24.5	23.6	22.8	.1	.0
1962	46.9	15.5	1.95	48.4	48.3	48.3	25.0	23.7	23.6	-.0	.2
1963	50.1	16.7	2.04	48.8	49.6	47.8	25.3	23.8	24.3	-.2	.4
1964	51.0	16.9	2.04	49.2	53.2	51.2	25.7	23.9	26.9	-.3	1.0
1965	52.4	16.9	2.01	49.6	51.5	52.8	26.6	24.0	25.5	-.4	-.5
1966	52.1	17.1	1.99	50.0	49.9	53.0	26.6	24.1	24.0	-.5	-1.9
1967	50.0	17.7	2.01	50.4	48.2	50.6	25.1	24.2	22.6	-.6	-3.4
1968	43.9	15.6	1.74	50.8	48.6	51.4	25.3	24.3	22.5	-.7	-1.8
1969	52.9	17.9	1.98	51.2	49.7	46.7	26.7	24.4	23.1	-.8	-1.4
1970	55.2	18.0	1.96	51.6	50.8	55.5	28.1	24.5	23.8	-.9	-1.1
1971	52.1	17.1	1.87	52.0	51.9	54.6	27.8	24.5	24.4	-1.0	-.7
1972	50.0	16.8	1.83	52.4	53.1	51.2	27.2	24.6	25.1	-1.1	-.3
1980	--	--	--	55.6	62.1	62.1	--	25.4	30.2	-2.0	2.7

SPALTEN (1), (4) BIS (11) BESCHAEFTIGTE IN 1000, SPALTE (2) IN V. H.

REGION :KOELN

INDUSTRIEGRUPPE MONTAGE

JAHR	ENTWICKLUNG (1) EMPIR. NIVEAU	(2) REGION. ANTEIL	(3) INTERREG VERGL.	TRENDVERGLEICH (4) TREND L	(5) TREND M	(6) PROPOR-TIONAL	(7) PARA-LLEL	STANDORTQUALITAET (8) INTER-AKT. L	(9) INTER-AKT. M	(10) WACHS-TUM L	(11) WACHS-TUM M
1960	82.5	29.3	1.26	90.4	85.2	--	55.3	33.0	28.7	--	--
1961	90.9	30.6	1.30	91.6	89.1	86.6	58.4	33.6	31.3	1.4	1.8
1962	95.9	31.8	1.31	92.8	92.9	94.0	60.4	34.1	34.0	1.2	1.8
1963	96.2	32.0	1.33	93.9	96.7	95.0	59.9	34.6	36.7	1.0	1.9
1964	99.1	32.9	1.36	95.1	102.6	97.2	60.5	35.1	40.6	.8	1.7
1965	102.9	33.2	1.36	96.3	100.3	102.5	62.6	35.7	39.0	.6	.4
1966	102.2	33.5	1.36	97.4	98.0	103.2	62.4	36.2	37.4	.3	-.9
1967	93.5	33.1	1.34	98.6	95.6	96.1	58.2	36.7	35.8	.1	-2.2
1968	92.2	32.7	1.32	99.8	95.1	95.2	58.9	37.3	34.2	-.1	-1.6
1969	98.7	33.3	1.32	100.9	97.9	99.4	63.2	37.8	35.6	-.3	-1.0
1970	104.3	33.9	1.34	102.1	100.7	101.8	65.4	38.3	37.1	-.5	-.3
1971	105.6	34.7	1.34	103.3	103.5	105.7	66.1	38.8	38.5	-.7	.3
1972	102.7	34.4	1.34	104.4	106.3	102.9	64.4	39.4	39.9	-1.0	.9
1980	--	--	--	113.8	128.7	121.8	--	43.6	51.2	-2.7	5.9

SPALTEN (1), (4) BIS (11) BESCHAEFTIGTE IN 1000, SPALTE (2) IN V. H.

REGION :KOELN

INDUSTRIEGRUPPE ELEKTRO- UND FEINMECHANIK

JAHR	ENTWICKLUNG (1) EMPIR. NIVEAU	(2) REGION. ANTEIL	(3) INTERREG VERGL.	TRENDVERGLEICH (4) TREND L	(5) TREND M	(6) PROPOR-TIONAL	(7) PARA-LLEL	STANDORTQUALITAET (8) INTER-AKT. L	(9) INTER-AKT. M	(10) WACHS-TUM L	(11) WACHS-TUM M
1960	44.4	15.8	.88	46.4	45.9	--	44.1	1.0	1.0	--	--
1961	47.4	16.0	.88	46.5	46.5	46.7	46.7	.6	.8	-.2	.4
1962	48.4	16.0	.89	46.7	47.1	47.3	46.9	.2	.4	-.2	-.3
1963	48.4	16.1	.88	46.8	47.7	48.9	47.3	-.2	.1	-.2	-.9
1964	46.8	15.5	.84	47.0	48.4	49.5	48.2	-.5	-1.0	-.3	-1.3
1965	48.9	15.8	.84	47.1	47.3	48.6	50.0	-.9	-1.4	-.3	-1.2
1966	47.4	15.5	.83	47.3	46.1	48.4	49.3	-1.3	-1.9	-.3	-1.1
1967	44.0	15.6	.84	47.4	45.0	44.4	45.7	-1.7	-2.3	-.3	-1.0
1968	43.6	15.5	.81	47.6	45.2	45.5	46.8	-2.1	-3.3	-.3	-1.1
1969	47.4	16.0	.82	47.7	46.5	47.1	50.2	-2.4	-3.1	-.3	-.7
1970	49.5	16.1	.81	47.9	47.8	50.1	53.1	-2.8	-2.9	-.4	-.3
1971	49.7	16.3	.83	48.0	49.1	48.5	52.0	-3.2	-2.7	-.4	.1
1972	48.8	16.4	.82	48.2	50.3	49.1	51.4	-3.6	-2.6	-.4	.5
1980	--	--	--	49.4	60.6	58.2	--	-6.6	-1.1	-.5	3.8

SPALTEN (1), (4) BIS (11) BESCHAEFTIGTE IN 1000, SPALTE (2) IN V. H.

REGION :KOELN

bewerbsposition sich etwas verschlechterte. Die Trendanalyse zeigt einen von Schwankungen bereinigten Verlauf sowie die unterschiedlichen Entwicklungsphasen. Aus dem Vergleich der Indikatoren (7) und (8) ergibt sich, daß das Beschäftigungsniveau zu etwa gleichen Teilen auf den Erwartungswert und die hohe positive Interaktion von Sektor und Standort entfiel. Die regionalen Wachstumsbedingungen waren ungünstig. Die Trendprognosen weisen in Richtung weiteren Wachstums, wobei wegen der stark schwankenden Entwicklung die Prognose aufgrund der Trendvariante L als wahrscheinlich gelten muß.

Die Industriegruppe *Montage* war der größte industrielle Leitsektor der Region. Seine Beschäftigung stieg von 82.5oo auf 1o2.ooo Beschäftigte. Diese Zunahme war regional wie sektoral überdurchschnittlich, so daß sich der Beschäftigungsanteil von 27,3% auf 34,4% erhöhte und sich die bereits überdurchschnittliche interregionale Wettbewerbsposition weiter verbesserte. Die Trendanalyse zeigt den langfristigen Trend sowie die unterschiedlichen Wachstumsphasen. Der Konjunktureinbruch 1967 war stärker als im Sektordurchschnitt. Der Vergleich der Indikatoren (7) und (8) zeigt, daß ein großer Teil des Niveaus auf die Interaktion von Sektor und Standort entfiel. Die regionale Wachstumsgunst wandelte sich jedoch im Zeitablauf von positiv zu negativ. Die Prognosevarianten signalisieren weitere Expansion, wobei der langfristige Trend unterhalb des Sektordurchschnitts und der Trend der letzten fünf Jahre darüber liegt. Wegen der stark schwankenden Entwicklung ist eine mittlere Variante wahrscheinlich.

Die Beschäftigung der Industriegruppe *Elektro* stieg im Beobachtungszeitraum von 44.4oo auf 48.8oo Beschäftigte. Dadurch erhöhte sich zwar der Beschäftigungsanteil von 15,8% auf 16,4%, die unterdurchschnittliche interregionale Wettbewerbsposition verschlechterte sich. Die Trendanalyse zeigt, daß die Entwicklung mit Ausnahme des Konjunktureinbruches relativ kontinuierlich erfolgte. Die Konjunkturstabilität im Abschwung war geringer als im Sektordurchschnitt. Ein Vergleich der Indikatoren (7) und (8) zeigt, daß das Niveau im wesentlichen aufgrund des Erwartungswertes zustande kam. Die Interaktion von Sektor und Standort war quantitativ relativ gering und überwiegend negativ; ebenso waren die regionalen Wachstumsbedingungen ungünstig. Von den drei Prognosevarianten erscheint diejenige aufgrund des langfristigen Trends wahrscheinlich, da aufgrund der Standortbedingungen bezogen auf den Gesamtsektor von einer unterdurchschnittlichen Entwicklung ausgegangen werden muß.

Die drei industriellen Leitbranchen der Region RB Köln gehören alle zu den Wachstumsbranchen; während für den größten Sektor der Region, *Montage*, ein dem Sektordurchschnitt entsprechendes Wachstum erwartet werden kann, ist für die Leitsektoren *Chemie* und *Elektro* eher eine unterdurchschnittliche Entwicklung wahrscheinlich. Insgesamt kann man jedoch davon ausgehen, daß die Wachstumsposition der Region RB Köln sich künftig verbessert.

(3) RB Aachen

Die Beschäftigung des Industriebereiches der Region RB Aachen verzeichnete im Beobachtungszeitraum nur eine unterdurchschnittliche Entwicklung (Regionalfaktor 97%), welche im wesentlichen strukturbedingt war (Strukturfaktor 97,2%, Standortfaktor 99,8%). Die industriellen Leitbranchen der Region sind die Sektoren *Chemie*, *Montage*, *Elektro* und *Textil*, welche zusammen annähernd zwei Drittel der Beschäftigung des Sekundärbereiches auf sich vereinigten.

Die Beschäftigung der Industriegruppe *Chemie* stieg von 13.3oo auf 14.9oo Beschäftigte, wodurch sich ihr Beschäftigungsanteil von 12,2% auf 13,5% erhöhte, die überdurchschnittliche interregionale Wettbewerbsposition verschlechterte sich jedoch. Die Trendanalyse zeigt, daß die Beschäftigungszunahme im wesentlichen gegen Ende des Beobachtungszeitraumes zustande kam. Der Konjunktureinbruch 1967 war regional größer als im

TABELLE 2.14: ENTWICKLUNG DER BESCHAEFTIGUNG IN AACHEN

INDUSTRIEGRUPPE CHEMIE

JAHR	E N T W I C K L U N G			T R E N D V E R G L E I C H				S T A N D O R T Q U A L I T A E T			
	(1) EMPIR. NIVEAU	(2) REGION. ANTEIL	(3) INTERREG VERGL.	(4) TREND L	(5) TREND M	(6) PROPOR-TIONAL	(7) PARA-LLEL	(8) INTER-AKT. L	(9) INTER-AKT. M	(10) WACHS-TUM L	(11) WACHS-TUM M
1960	13.3	12.2	1.54	14.1	13.6	--	7.4	6.6	6.1	--	--
1961	14.3	12.6	1.58	14.1	13.9	13.8	7.9	6.3	6.2	-.1	.1
1962	14.4	12.5	1.56	14.2	14.3	14.5	8.0	6.1	6.3	-.1	.1
1963	14.5	12.8	1.57	14.2	14.6	14.7	8.3	5.9	6.4	-.1	.0
1964	14.9	13.3	1.60	14.3	15.3	14.9	8.5	5.6	6.6	-.1	-.3
1965	15.6	13.3	1.59	14.4	14.8	15.4	9.1	5.4	5.9	-.1	-.3
1966	14.4	12.4	1.45	14.4	14.3	15.8	9.4	5.2	5.2	-.1	-.4
1967	13.0	12.1	1.37	14.5	13.8	14.0	9.2	5.0	4.5	-.1	-.4
1968	13.6	12.7	1.41	14.5	13.8	13.4	9.5	4.7	3.8	-.1	.0
1969	14.0	12.1	1.34	14.6	14.2	14.5	10.3	4.5	4.0	-.1	.1
1970	15.3	12.8	1.40	14.6	14.6	14.6	11.0	4.3	4.2	-.1	.1
1971	15.0	12.6	1.38	14.7	14.9	15.1	10.9	4.1	4.4	-.1	.1
1972	14.9	13.5	1.48	14.7	15.3	14.7	10.2	3.8	4.5	-.2	.1
1980	--	--	--	15.2	18.2	18.5	--	2.0	5.9	-.2	.3

SPALTEN (1), (4) BIS (11) BESCHAEFTIGTE IN 1000, SPALTE (2) IN V. H.

REGION :AACHEN

INDUSTRIEGRUPPE MONTAGE

JAHR	ENTWICKLUNG (1) EMPIR. NIVEAU	(2) REGION. ANTEIL	(3) INTERREG VERGL.	TRENDVERGLEICH (4) TREND L	(5) TREND M	(6) PROPOR-TIONAL	(7) PARA-LLEL	STANDORTQUALITAET (8) INTER-AKT. L	(9) INTER-AKT. M	(10) WACHS-TUM L	(11) WACHS-TUM M
1960	11.6	10.7	.46	11.1	11.9	--	39.5	-29.7	-28.6	--	--
1961	12.2	10.7	.45	11.6	12.1	12.2	41.8	-29.8	-29.2	-.0	.0
1962	13.0	11.2	.46	12.1	12.4	12.6	43.5	-30.0	-29.8	.0	.0
1963	12.6	11.1	.46	12.6	12.6	12.8	42.9	-30.1	-30.4	.1	-.0
1964	12.7	11.3	.47	13.1	12.9	12.7	43.2	-30.2	-31.5	.2	.1
1965	13.1	11.2	.46	13.5	13.0	13.1	45.0	-30.3	-31.1	.2	.1
1966	13.5	11.6	.47	14.0	13.1	13.1	45.2	-30.5	-30.7	.3	.1
1967	13.1	12.1	.49	14.5	13.2	12.7	42.4	-30.6	-30.3	.3	.1
1968	13.2	12.2	.49	15.0	14.1	13.3	43.1	-30.7	-30.7	.4	.6
1969	15.7	13.5	.54	15.5	15.1	14.2	46.8	-30.8	-30.7	.4	.6
1970	16.9	14.2	.56	16.0	16.2	16.2	48.3	-31.0	-30.8	.5	.6
1971	17.8	15.0	.58	16.5	17.3	17.2	49.2	-31.1	-30.8	.6	.5
1972	17.4	15.8	.61	17.0	18.3	17.4	47.4	-31.2	-30.8	.6	.5
1980	--	--	--	20.9	26.9	20.7	--	-32.2	-31.0	1.1	.2

SPALTEN (1), (4) BIS (11) BESCHAEFTIGTE IN 1000, SPALTE (2) IN V. H.

REGION :AACHEN

INDUSTRIEGRUPPE ELEKTRO- UND FEINMECHANIK

JAHR	ENTWICKLUNG (1) EMPIR. NIVEAU	(2) REGION. ANTEIL	(3) INTERREG VERGL.	TRENDVERGLEICH (4) TREND L	(5) TREND M	(6) PROPOR-TIONAL	(7) PARA-LLEL	STANDORTQUALITAET (8) INTER-AKT. L	(9) INTER-AKT. M	(10) WACHS-TUM L	(11) WACHS-TUM M
1960	18.3	16.8	.94	18.8	18.6	--	28.3	-10.0	-10.2	--	--
1961	19.4	17.0	.93	19.0	18.9	19.2	30.1	-10.4	-10.5	.1	.0
1962	19.0	16.4	.91	19.1	19.2	19.3	30.0	-10.7	-10.8	.1	-.1
1963	19.8	17.4	.95	19.3	19.4	19.2	30.3	-11.0	-11.1	.0	-.2
1964	19.4	17.3	.93	19.5	19.7	20.2	31.0	-11.3	-12.1	-.0	-.7
1965	20.3	17.4	.92	19.7	19.7	20.1	32.5	-11.6	-11.8	-.1	-.3
1966	19.8	17.0	.91	19.9	19.7	20.2	32.1	-12.0	-11.6	-.2	.0
1967	18.7	17.4	.93	20.1	19.7	18.5	29.9	-12.3	-11.3	-.2	.4
1968	20.3	18.8	.99	20.3	20.8	19.3	30.9	-12.6	-11.6	-.3	.4
1969	20.5	17.7	.91	20.5	20.8	21.9	33.8	-12.9	-12.4	-.3	.0
1970	21.8	18.3	.92	20.6	20.8	21.7	36.0	-13.3	-13.2	-.4	-.3
1971	21.6	18.2	.92	20.8	20.8	21.4	35.1	-13.6	-14.0	-.4	-.7
1972	19.8	17.9	.90	21.0	20.8	21.4	34.3	-13.9	-14.8	-.5	-1.0
1980	--	--	--	22.5	20.9	23.6	--	-16.5	-21.2	-.9	-3.8

SPALTEN (1), (4) BIS (11) BESCHAEFTIGTE IN 1000, SPALTE (2) IN V. H.

REGION :AACHEN

INDUSTRIEGRUPPE LEDER UND TEXTIL

JAHR	ENTWICKLUNG			TRENDVERGLEICH				STANDORTQUALITAET			
	(1) EMPIR. NIVEAU	(2) REGION. ANTEIL	(3) INTERREG VERGL.	(4) TREND L	(5) TREND M	(6) PROPOR-TIONAL	(7) PARA-LLEL	(8) INTER-AKT. L	(9) INTER-AKT. M	(10) WACHS-TUM L	(11) WACHS-TUM M
1960	19.9	18.3	1.16	20.7	20.4	--	23.8	-3.9	-3.8	--	--
1961	20.2	17.7	1.16	20.3	20.1	20.0	23.9	-3.7	-3.6	.0	.1
1962	20.5	17.8	1.18	19.9	19.8	20.1	23.7	-3.5	-3.5	-.0	-.1
1963	19.7	17.4	1.16	19.5	19.6	20.2	23.1	-3.3	-3.4	-.0	-.3
1964	18.9	16.8	1.15	19.1	19.8	19.3	22.3	-3.2	-3.1	-.0	-.0
1965	19.9	17.0	1.19	18.7	19.0	18.9	22.3	-3.0	-3.0	-.0	-.1
1966	19.2	16.5	1.16	18.3	18.2	19.7	22.1	-2.8	-2.9	-.1	-.1
1967	16.5	15.3	1.11	17.9	17.4	17.5	19.7	-2.6	-2.8	-.1	-.2
1968	16.6	15.4	1.14	17.5	17.0	16.3	19.1	-2.4	-2.7	-.1	.2
1969	17.2	14.8	1.12	17.1	16.8	17.2	19.8	-2.3	-2.4	-.1	.1
1970	17.0	14.2	1.12	16.7	16.6	16.9	19.1	-2.1	-2.1	-.1	.0
1971	16.3	13.8	1.12	16.2	16.3	16.4	18.2	-1.9	-1.7	-.1	-.0
1972	15.8	14.3	1.18	15.8	16.1	15.8	17.0	-1.7	-1.4	-.1	-.1
1980	--	--	--	12.6	14.2	13.1	--	-.3	1.3	-.2	-.6

SPALTEN (1), (4) BIS (11) BESCHAEFTIGTE IN 1000, SPALTE (2) IN V. H.

REGION :AACHEN

Durchschnitt des Sektors. Der Vergleich der Indikatoren (7) und (8) zeigt, daß ein großer Teil des Beschäftigungsniveaus auf die positive Interaktion von Sektor und Standort entfiel. Diese sektorspezifische Standortgunst nahm im Beobachtungszeitraum jedoch erheblich ab. Die regionalen Wachstumsbedingungen waren i.d.R. ungünstig. Aufgrund der sich verschlechternden Standortbedingungen kann die Prognose des langfristigen Trends als wahrscheinlich gelten, d.h. es ist nur eine geringe Zunahme des Beschäftigungsniveaus zu erwarten.

Die Beschäftigung der Industriegruppe *Montage* stieg von 11.6oo auf 17.4oo Beschäftigte. Diese Zunahme war regional und sektoral überdurchschnittlich: Der Beschäftigungsanteil erhöhte sich von 1o,7% auf 15,8%, und die interregionale Wettbewerbsposition verbesserte sich. Sie blieb jedoch unterhalb des Durchschnitts. Die Trendanalyse zeigt ein kontinuierliches Wachstum ,und die Konjunkturstabilität lag über dem Sektordurchschnitt. Der Vergleich der Indikatoren (7) und (8) macht sichtbar, daß eine hohe negative Interaktion die Ausprägung eines Beschäftigungsniveaus entsprechend dem Erwartungswert verhinderte. Die regionalen Wachstumsbedingungen waren demgegenüber positiv. Die Trendprognosen weisen in Richtung weiteren Wachstums. Aufgrund der im Beobachtungszeitraum steigenden Wanderungsgewinne ist eine Entwicklung oberhalb des Sektordurchschnitts zu erwarten.

Die Beschäftigung der Industriegruppe *Elektro* erhöhte sich von 18.3oo auf 19.8oo Beschäftigte, wodurch der Beschäftigungsanteil geringfügig von 16,8% auf 17,9% stieg . Die interregionale Wettbewerbsposition war überdurchschnittlich und änderte sich nur geringfügig. Die Trendanalyse zeigte eine relativ kontinuierliche Entwicklung und die Konjunkturstabilität entsprach in etwa dem Sektordurchschnitt. Der Vergleich der Indikatoren (7) und (8) zeigt, daß eine hohe negative Interaktion von Sektor und Standort bestand. Ebenso waren die regionalen Wachstumsbedingungen überwiegend ungünstig. Die Trendprognosen weisen in Richtung weiterer Zunahme, wobei aufgrund der Stagnation während der letzten fünf Jahre nur ein sektoral unterdurchschnittliches Wachstum erwartet werden kann.

Die Beschäftigung der Industriegruppe *Textil* war im Beobachtungszeitraum rückläufig und verringerte sich von 19.9oo auf 15.8oo Beschäftigte. Aufgrund dieser Abnahme ging der Beschäftigungsanteil von 18,3% auf 14,3% zurück . Diese Abnahme entsprach in etwa dem Branchendurchschnitt, daher blieb die interregionale Wettbewerbsposition in etwa konstant. Die Trendanalyse zeigt, daß die Abnahme relativ kontant erfolgte und gegen Ende des Beobachtungszeitraumes etwas abflacht. Die Konjunkturstabilität lag jedoch deutlich unter dem Sektordurchschnitt. Vergleicht man die Indikatoren (7) und (8), so wird sichtbar, daß eine negative, jedoch quantitativ geringe Interaktion von Sektor und Standort bestand. Die Trendprognosen weisen in Richtung weiterer Abnahme, jedoch deutet das Abflachen des Beschäftigungsrückganges gegen Ende des Beobachtungszeitraumes darauf hin, daß ein Niveau oberhalb des langfristigen Trends erreichbar sein dürfte, zumal sich die Standortbedingungen verbessert haben.

Die Entwicklung des industriellen Bereiches der Region RB Aachen war davon geprägt, daß der Leitsektor *Montage* ein sektorüberdurchschnittliches Wachstum realisierte, während die Sektoren *Chemie* und *Elektro* geringer zunahmen als im Sektordurchschnitt. Der Beschäftigungsabbau im Textilbereich vollzog sich hingegen schneller als im Branchendurchschnitt. Die Veränderungen der Industriestruktur der Region RB Aachen zeigen eine deutliche Erhöhung der Wachstumsqualität, so daß davon ausgegangen werden kann, daß sich die Wachstumsposition der Region künftig verbessert.

(4) RB Münster

Die Entwicklung des Sekundärbereiches der Region RB Münster lag über dem Bundesdurchschnitt (Regionalfaktor 1o2,9%).

TABELLE 2.15: ENTWICKLUNG DER BESCHAEFTIGUNG IN MUENSTER

INDUSTRIEGRUPPE CHEMIE

	E N T W I C K L U N G			T R E N D V E R G L E I C H				S T A N D O R T Q U A L I T A E T			
JAHR	(1) EMPIR. NIVEAU	(2) REGION. ANTEIL	(3) INTERREG VERGL.	(4) TREND L	(5) TREND M	(6) PROPOR- TIONAL	(7) PARA- LLEL	(8) INTER- AKT. L	(9) INTER- AKT. M	(10) WACHS- TUM L	(11) WACHS- TUM M
1960	17.5	8.6	1.09	17.3	17.9	--	16.0	1.5	1.7	--	--
1961	18.6	8.8	1.11	17.9	18.1	18.2	16.7	1.6	1.7	-.0	.0
1962	18.5	8.7	1.09	18.4	18.4	18.8	16.8	1.7	1.6	.0	-.1
1963	18.8	9.1	1.11	18.9	18.6	18.8	16.9	1.8	1.5	.1	-.3
1964	18.5	8.8	1.06	19.5	19.2	19.3	17.4	1.9	1.5	.1	.2
1965	20.2	9.3	1.10	20.0	19.7	19.1	18.2	2.0	1.8	.1	.2
1966	21.0	9.7	1.13	20.6	20.2	20.4	18.5	2.2	2.1	.2	.1
1967	20.8	10.3	1.17	21.1	20.7	20.3	17.8	2.3	2.4	.2	.1
1968	20.6	9.9	1.11	21.7	21.0	21.4	18.6	2.4	2.0	.2	-.5
1969	21.7	9.9	1.10	22.2	21.8	22.0	19.7	2.5	2.2	.3	-.2
1970	23.4	10.3	1.12	22.7	22.7	22.8	20.8	2.6	2.5	.3	.2
1971	24.0	10.5	1.15	23.3	23.6	23.1	20.9	2.8	2.8	.3	.5
1972	23.8	10.4	1.14	23.8	24.5	23.6	20.9	2.9	3.1	.4	.8
1980	--	--	--	28.1	31.4	29.6	--	3.8	5.4	.6	3.3

SPALTEN (1), (4) BIS (11) BESCHAEFTIGTE IN 1000, SPALTE (2) IN V. H.

REGION :MUENSTER

INDUSTRIEGRUPPE MONTAGE

JAHR	ENTWICKLUNG (1) EMPIR. NIVEAU	(2) REGION. ANTEIL	(3) INTERREG VERGL.	TRENDVERGLEICH (4) TREND L	(5) TREND M	(6) PROPORTIONAL	(7) PARALLEL	STANDORTQUALITAET (8) INTERAKT. L	(9) INTERAKT. M	(10) WACHSTUM L	(11) WACHSTUM M
1960	34.6	17.1	.73	35.7	35.2	--	48.1	-13.5	-14.0	--	--
1961	37.2	17.7	.75	36.7	36.5	36.3	50.6	-13.2	-13.5	.5	.3
1962	38.3	18.1	.75	37.8	37.8	38.5	52.3	-12.9	-13.1	.5	.6
1963	38.4	18.5	.77	38.8	39.2	37.9	51.5	-12.6	-12.6	.5	1.0
1964	40.7	19.4	.80	39.9	41.6	38.8	52.1	-12.3	-11.8	.5	1.0
1965	42.9	19.7	.81	40.9	41.6	42.1	54.2	-12.0	-11.5	.5	.9
1966	42.4	19.5	.79	42.0	41.7	43.0	54.4	-11.7	-11.1	.5	.8
1967	40.2	19.9	.81	43.0	41.8	39.8	51.0	-11.5	-10.7	.4	.6
1968	42.4	20.4	.82	44.1	43.6	40.9	52.2	-11.2	-10.2	.4	.8
1969	45.4	20.7	.82	45.1	44.9	45.7	56.2	-10.9	-10.4	.4	.6
1970	47.5	20.9	.83	46.1	46.2	46.8	58.1	-10.6	-10.6	.4	.5
1971	48.1	21.0	.81	47.2	47.5	48.1	59.2	-10.3	-10.8	.4	.3
1972	47.5	20.8	.81	48.2	48.8	46.9	58.1	-10.0	-11.0	.4	.2
1980	--	--	--	56.6	59.1	56.3	--	-7.7	-12.5	.4	-.9

SPALTEN (1), (4) BIS (11) BESCHAEFTIGTE IN 1000, SPALTE (2) IN V. H.

REGION :MUENSTER

INDUSTRIEGRUPPE ELEKTRO- UND FEINMECHANIK

	ENTWICKLUNG			TRENDVERGLEICH				STANDORTQUALITAET			
JAHR	(1) EMPIR. NIVEAU	(2) REGION. ANTEIL	(3) INTERREG VERGL.	(4) TREND L	(5) TREND M	(6) PROPOR- TIONAL	(7) PARA- LLEL	(8) INTER- AKT. L	(9) INTER- AKT. M	(10) WACHS- TUM L	(11) WACHS- TUM M
1960	14.9	7.4	.41	15.9	15.6	--	36.9	-21.3	-21.9	--	--
1961	17.2	8.2	.45	16.7	16.7	15.7	38.9	-21.1	-21.4	.6	.7
1962	18.3	8.6	.48	17.5	17.7	17.2	38.7	-20.9	-20.9	.6	.7
1963	18.5	8.9	.49	18.3	18.8	18.5	38.9	-20.8	-20.5	.6	.6
1964	19.6	9.3	.50	19.2	20.4	18.9	39.8	-20.6	-20.4	.6	.7
1965	20.8	9.6	.51	20.0	20.3	20.3	41.6	-20.4	-20.2	.6	.5
1966	21.8	10.0	.54	20.8	20.3	20.7	41.2	-20.3	-20.0	.6	.3
1967	19.0	9.4	.50	21.6	20.2	20.4	38.5	-20.1	-19.7	.6	.1
1968	20.2	9.7	.51	22.4	21.2	19.6	40.0	-19.9	-20.3	.6	.9
1969	23.0	10.5	.54	23.3	22.6	21.8	43.2	-19.7	-20.0	.6	.9
1970	25.4	11.2	.56	24.1	24.0	24.3	45.8	-19.6	-19.8	.6	.9
1971	25.6	11.2	.57	24.9	25.5	24.9	45.2	-19.4	-19.6	.6	.8
1972	26.0	11.4	.57	25.7	26.9	25.3	45.0	-19.2	-19.3	.6	.8
1980	--	--	--	32.3	38.3	31.0	--	-17.9	-17.5	.7	.6

SPALTEN (1), (4) BIS (11) BESCHAEFTIGTE IN 1000, SPALTE (2) IN V. H.

REGION :MUENSTER

INDUSTRIEGRUPPE LEDER UND TEXTIL

	ENTWICKLUNG			TRENDVERGLEICH				STANDORTQUALITAET			
JAHR	(1) EMPIR. NIVEAU	(2) REGION. ANTEIL	(3) INTERREG VERGL.	(4) TREND L	(5) TREND M	(6) PROPOR-TIONAL	(7) PARA-LLEL	(8) INTER-AKT. L	(9) INTER-AKT. M	(10) WACHS-TUM L	(11) WACHS-TUM M
1960	82.0	40.4	2.57	81.9	83.4	--	32.4	48.9	50.7	--	--
1961	82.9	39.3	2.57	80.5	81.5	82.5	32.7	48.0	49.1	-.8	-.5
1962	81.0	38.2	2.53	79.2	79.6	82.4	32.4	47.1	47.5	-.7	-.8
1963	76.7	36.9	2.46	77.9	77.7	79.9	31.7	46.2	45.9	-.5	-1.2
1964	75.4	35.9	2.46	76.5	76.9	75.3	31.2	45.3	45.0	-.4	-.2
1965	75.6	34.7	2.43	75.2	74.5	75.6	31.5	44.4	43.5	-.3	-.1
1966	74.3	34.3	2.41	73.8	72.1	74.9	31.2	43.6	42.0	-.2	.0
1967	67.5	33.4	2.42	72.5	69.6	67.7	28.2	42.7	40.5	-.0	.1
1968	67.4	32.5	2.41	71.1	69.4	66.6	28.2	41.8	40.6	.1	.9
1969	70.4	32.2	2.43	69.8	69.1	70.0	29.2	40.9	40.5	.2	.8
1970	70.6	31.1	2.45	68.5	68.9	69.5	28.9	40.0	40.4	.4	.6
1971	69.1	30.2	2.45	67.1	68.6	68.1	28.2	39.1	40.4	.5	.5
1972	66.8	29.2	2.40	65.8	68.4	67.0	27.7	38.2	40.3	.6	.3
1980	--	--	--	55.0	66.4	55.5	--	31.0	39.8	1.7	-.8

SPALTEN (1), (4) BIS (11) BESCHAEFTIGTE IN 1000, SPALTE (2) IN V. H.

REGION :MUENSTER

Diese günstige Wachstumsposition kam ausschließlich aufgrund von Verlagerungsgewinnen zustande (Standortfaktor 1o9,o%), die Wachstumsqualität der Industriestruktur war demgegenüber unterdurchschnittlich (Strukturfaktor 94,5%). Der Sekundärbereich der Region hat die vier Leitsektoren *Chemie*, *Montage*, *Elektro* und *Textil*.

Die Beschäftigung der Industriegruppe *Chemie* stieg von 17.5oo auf 22.8oo Beschäftigte, der Beschäftigungsanteil erhöhte sich infolgedessen von 8,6% auf 1o,4%, und die überdurchschnittliche Wettbewerbsposition verbesserte sich geringfügig. Die Trendanalyse zeigt, daß die Expansion relativ kontinuierlich erfolgte. Die Konjunkturstabilität lag über dem Sektordurchschnitt. Der Vergleich der Indikatoren (7) und (8) ergibt, daß nur ein geringer Teil des Niveaus auf die positive Interaktion von Sektor und Standort entfiel. Die regionalen Wachstumsbedingungen waren günstig. Die Trendprognosen zeigen in Richtung weiteren Wachstums, wobei aufgrund der Standortbedingungen die mittlere Variante, welche eine Entwicklung proportional zum Sektordurchschnitt unterstellt, als wahrscheinlich gelten kann.

Die Beschäftigung der Industriegruppe *Montage* entwickelte sich regional und sektoral überdurchschnittlich und erhöhte sich von 34.ooo auf 47.5oo Beschäftigte. Der Beschäftigungsanteil stieg von 17,1% auf 2o,8%, und die im Beobachtungszeitraum unterdurchschnittliche interregionale Wettbewerbsposition verbesserte sich. Die Trendanalyse zeigt, daß die Expansion in der Mitte des Beobachtungszeitraumes eine Stagnationsphase aufwies. Die Konjunkturstabilität lag regional über dem Sektordurchschnitt. Aus einem Vergleich der Indikatoren (7) und (8) ist ersichtlich, daß eine hohe negative Interaktion nur ein Niveau unterhalb des Erwartungswertes zuließ. Diese negative Interaktion verringerte sich jedoch im Zeitablauf. Die regionalen Wachstumsbedingungen waren günstig. Die Trendprognosen des langfristigen Trends und proportional zum Sektordurchschnitt sind gleich und erscheinen auch aufgrund der Standortbedingungen als wahrscheinlich.

Die Beschäftigung der Industriegruppe *Elektro* nahm ebenfalls regional und sektoral überdurchschnittlich zu. Sie erhöhte sich von 14.9oo auf 26.ooo Beschäftigte. In der Folge davon stieg ihr Beschäftigungsanteil von 7,4% auf 11,4%. Ebenso verbesserte sich die interregionale Wettbewerbsposition, welche jedoch weiterhin unterdurchschnittlich blieb. Die Expansion hatte - wie die Trendanalyse zeigt - in der Mitte des Beobachtungszeitraumes eine Stagnationsperiode. Die Konjunkturstabilität lag deutlich unter dem Sektordurchschnitt. Der Vergleich der Indikatoren (7) und (8) macht sichtbar, daß eine hohe negative Interaktion von Sektor und Standort bestand, welche nur ein Beschäftigungsniveau etwa in der Größenordnung der Hälfte des Erwartungswertes zuließ. Die regionalen Wachstumsbedingungen waren günstig. Die Trendprognosen zeigen in Richtung weiteren Wachstums, wobei eine sektoral überdurchschnittliche Entwicklung zu erwarten ist.

Die Industriegruppe *Textil* war die größte der Region und zeigte entsprechend dem Branchentrend eine rückläufige Entwicklung. Das Beschäftigungsniveau reduzierte sich von 82.ooo auf 66.8oo Beschäftigte, infolgedessen sank der Beschäftigungsanteil von 4o,4% auf 29,2%. Die weit überdurchschnittliche interregionale Wettbewerbsposition verschlechterte sich geringfügig. Die rückläufige Entwicklung vollzog sich, abgesehen vom Konjunktureinbruch 1967, relativ kontinuierlich; die Konjunkturstabilität entsprach in etwa dem Sektordurchschnitt. Der Vergleich der Indikatoren (7) und (8) zeigt, daß über die Hälfte des Niveaus auf die hohe positive Interaktion von Sektor und Standort entfiel. Die regionale Wachstumsgunst wandelt sich im Zeitablauf von negativ zu positiv. Aufgrund der Stabilisierung gegen Ende des Beobachtungszeitraumes ist zu erwarten, daß der Rückgang in Zukunft langsamer als im Sektordurchschnitt erfolgen wird.

Die Entwicklung des industriellen Bereiches in der Region RB Münster war im Beobachtungszeitraum geprägt vom Rückgang der größten Branche, *Textil*, bei gleichzeitigem Anwachsen der Sektoren *Chemie*, *Montage* und *Elektro*. Dieser Strukturwandel bewirkte eine erhebliche Verbesserung der Wachstumsqualität des Sekundärprofils der Region, so daß weiterhin eine überdurchschnittliche Wachstumsposition erwartet werden kann.

(5) RB Detmold

Die Entwicklung des Industriebereiches der Region RB Detmold lag im Beobachtungszeitraum unter dem Bundesdurchschnitt (Regionalfaktor 95,5%). Dieses Zurückbleiben hinter der allgemeinen Entwicklung ergab sich sowohl aufgrund der wenig wachstumsgünstigen Industriestruktur (Strukturfaktor 98,7%) als auch aufgrund von ungünstigen Standorteinflüssen (Standortfaktor 96,8%). Der Industriebereich der Region hat die fünf Leitsektoren *Montage*, *Elektro*, *Holz 2*, *Textil* und *Nahrung*, auf welche zusammen gut drei Viertel der Beschäftigung des Sekundärbereiches der Region entfielen.

Die Beschäftigung des Leitsektors *Montage* entwickelte sich entgegengesetzt zum Gesamtsektor und sank im Beobachtungszeitraum von 48.2oo auf 44.2oo Beschäftigte; zugleich verringerte sich der Beschäftigungsanteil von 18,9% auf 16,7%. Die ohnehin unterdurchschnittliche interregionale Wettbewerbsposition verschlechterte sich. Die Trendanalyse zeigt einen geringen Anstieg in der ersten Hälfte des Beobachtungszeitraumes und danach eine kontinuierliche Abnahme. Die Konjunkturstabilität entsprach in etwa dem Sektordurchschnitt. Der Vergleich der Indikatoren (7) und (8) zeigt, daß eine negative Interaktion von Sektor und Standort bestand, welche im Zeitablauf noch erheblich zunahm. Ebenso waren die regionalen Wachstumsbedingungen ungünstig und weisen einen Trend zu weiterer Verschlechterung auf. Die relevanten Trendprognosen zeigen in Richtung weiteren Rückganges, wobei angesichts der ungünstigen Standortbedingungen eine Entwicklung entsprechend des Trends M wahrscheinlich ist.

TABELLE 2.16: ENTWICKLUNG DER BESCHAEFTIGUNG IN DETMOLD

INDUSTRIEGRUPPE MONTAGE

JAHR	E N T W I C K L U N G			T R E N D V E R G L E I C H				S T A N D O R T Q U A L I T A E T			
	(1) EMPIR. NIVEAU	(2) REGION. ANTEIL	(3) INTERREG VERGL.	(4) TREND L	(5) TREND M	(6) PROPOR-TIONAL	(7) PARA-LLEL	(8) INTER-AKT. L	(9) INTER-AKT. M	(10) WACHS-TUM L	(11) WACHS-TUM M
1960	48.2	18.9	.81	50.7	49.2	--	52.8	-3.7	-4.6	--	--
1961	50.2	19.2	.82	50.3	49.4	50.6	55.2	-4.7	-5.4	-.4	-.4
1962	50.8	19.0	.79	49.9	49.7	51.9	57.2	-5.7	-6.1	-.5	-.5
1963	49.4	18.6	.77	49.5	50.0	50.4	56.7	-6.7	-6.9	-.6	-.5
1964	49.9	18.8	.78	49.1	50.3	49.9	57.1	-7.8	-8.0	-.7	-.7
1965	49.7	18.5	.76	48.7	49.5	51.6	58.8	-8.8	-8.4	-.9	-.6
1966	49.6	18.5	.75	48.2	48.6	49.9	59.1	-9.8	-8.7	-1.0	-.5
1967	46.9	18.6	.76	47.8	47.8	46.6	55.5	-10.8	-9.1	-1.1	-.5
1968	47.0	18.5	.75	47.4	48.6	47.8	56.4	-11.9	-9.4	-1.2	-1.9
1969	50.4	19.0	.75	47.0	47.6	50.7	60.4	-12.9	-11.7	-1.3	-1.8
1970	45.5	17.2	.68	46.6	46.5	52.0	61.5	-13.9	-14.0	-1.4	-1.7
1971	45.2	17.0	.66	46.2	45.4	46.2	62.6	-15.0	-16.3	-1.5	-1.5
1972	44.2	16.7	.65	45.8	44.3	44.1	61.4	-16.0	-18.6	-1.7	-1.4
1980	--	--	--	42.4	35.7	52.5	--	-24.2	-37.0	-2.6	-.5

SPALTEN (1), (4) BIS (11) BESCHAEFTIGTE IN 1000, SPALTE (2) IN V. H.

REGION :DETMOLD

INDUSTRIEGRUPPE ELEKTRO- UND FEINMECHANIK

	ENTWICKLUNG			TRENDVERGLEICH				STANDORTQUALITAET			
JAHR	(1) EMPIR. NIVEAU	(2) REGION. ANTEIL	(3) INTERREG VERGL.	(4) TREND L	(5) TREND M	(6) PROPOR-TIONAL	(7) PARA-LLEL	(8) INTER-AKT. L	(9) INTER-AKT. M	(10) WACHS-TUM L	(11) WACHS-TUM M
1960	25.6	10.1	.56	25.8	25.8	--	41.6	-16.6	-16.4	--	--
1961	26.5	10.1	.56	26.3	26.4	27.0	43.5	-16.5	-16.5	.0	.0
1962	27.0	10.1	.56	26.9	27.0	26.4	43.7	-16.5	-16.5	.1	.0
1963	27.9	10.5	.58	27.5	27.7	27.3	44.1	-16.4	-16.6	.1	.1
1964	28.1	10.6	.57	28.1	28.8	28.5	44.8	-16.3	-17.0	.1	-.2
1965	29.6	11.0	.59	28.7	28.8	29.1	46.3	-16.2	-16.5	.1	.0
1966	29.7	11.1	.59	29.2	28.8	29.3	45.9	-16.2	-16.0	.2	.2
1967	27.4	10.9	.58	29.8	28.8	27.9	43.0	-16.1	-15.5	.2	.4
1968	29.3	11.5	.61	30.4	30.0	28.3	44.2	-16.0	-15.7	.2	.2
1969	31.3	11.8	.61	31.0	30.8	31.6	47.4	-16.0	-15.7	.2	.2
1970	32.2	12.2	.61	31.6	31.7	33.1	49.2	-15.9	-15.8	.3	.3
1971	32.7	12.3	.63	32.2	32.5	31.5	48.5	-15.8	-15.9	.3	.3
1972	32.8	12.4	.63	32.7	33.4	32.4	48.3	-15.7	-16.0	.3	.4
1980	--	--	--	37.4	40.2	39.2	--	-15.1	-16.6	.5	.8

SPALTEN (1), (4) BIS (11) BESCHAEFTIGTE IN 1000, SPALTE (2) IN V. H.

REGION :DETMOLD

INDUSTRIEGRUPPE HOLZ- UND KUNSTSTOFFVERARBEITUNG

JAHR	ENTWICKLUNG (1) EMPIR. NIVEAU	(2) REGION. ANTEIL	(3) INTERREG VERGL.	TRENDVERGLEICH (4) TREND L	(5) TREND M	(6) PROPOR-TIONAL	(7) PARA-LLEL	STANDORTQUALITAET (8) INTER-AKT. L	(9) INTER-AKT. M	(10) WACHS-TUM L	(11) WACHS-TUM M
1960	39.7	15.6	3.09	38.8	40.2	--	14.6	24.1	25.5	--	--
1961	40.7	15.6	3.13	39.5	40.5	40.5	14.8	24.7	25.6	-.4	-.0
1962	41.8	15.7	3.10	40.2	40.8	41.7	15.4	25.2	25.7	-.3	-.2
1963	40.5	15.3	3.03	41.0	41.1	41.5	15.3	25.8	25.8	-.2	-.3
1964	41.3	15.6	3.04	41.7	42.0	41.4	15.4	26.4	26.4	-.1	.3
1965	42.3	15.7	3.03	42.5	41.9	42.7	15.7	27.0	26.4	-.1	-.1
1966	42.6	15.9	3.01	43.2	41.9	42.8	15.9	27.5	26.4	.0	-.4
1967	42.2	16.8	3.12	43.9	41.9	40.8	15.1	28.1	26.4	.1	-.8
1968	41.2	16.2	2.93	44.7	41.1	44.1	15.5	28.7	25.6	.2	-1.9
1969	43.5	16.4	2.96	45.4	43.6	43.5	16.1	29.3	27.7	.2	-1.0
1970	46.2	17.5	3.09	46.2	46.1	45.6	16.1	29.8	29.8	.3	.0
1971	48.5	18.3	3.14	46.9	48.6	47.2	16.6	30.4	31.9	.4	1.0
1972	51.3	19.4	3.17	47.6	51.2	50.0	17.3	31.0	34.0	.5	2.0
1980	--	--	--	53.6	71.3	66.7	--	35.6	50.8	1.1	9.8

SPALTEN (1), (4) BIS (11) BESCHAEFTIGTE IN 1000, SPALTE (2) IN V. H.

REGION :DETMOLD

INDUSTRIEGRUPPE LEDER UND TEXTIL

JAHR	ENTWICKLUNG (1) EMPIR. NIVEAU	(2) REGION. ANTEIL	(3) INTERREG VERGL.	TRENDVERGLEICH (4) TREND L	(5) TREND M	(6) PROPOR-TIONAL	(7) PARA-LLEL	STANDORTQUALITAET (8) INTER-AKT. L	(9) INTER-AKT. M	(10) WACHS-TUM L	(11) WACHS-TUM M
1960	58.4	22.9	1.46	61.9	58.8	--	37.1	23.8	21.3	--	--
1961	59.5	22.8	1.49	61.2	59.5	58.8	37.2	23.6	22.3	.7	.7
1962	60.7	22.8	1.51	60.4	60.2	59.2	37.4	23.4	23.2	.6	.9
1963	61.5	23.2	1.55	59.6	61.0	59.9	36.9	23.2	24.2	.5	1.2
1964	61.1	23.1	1.58	58.8	62.7	60.3	36.2	23.0	25.9	.5	.7
1965	61.4	22.8	1.60	58.1	60.5	61.2	36.1	22.9	24.7	.4	.3
1966	60.9	22.7	1.59	57.3	58.2	60.8	35.9	22.7	23.6	.3	-.1
1967	54.6	21.7	1.57	56.6	56.0	55.5	32.8	22.5	22.5	.2	-.5
1968	53.3	21.0	1.56	55.8	54.3	53.9	32.3	22.3	21.3	.2	-.7
1969	54.6	20.6	1.56	55.0	53.9	55.3	33.3	22.2	21.3	.1	-.3
1970	54.3	20.5	1.62	54.2	53.4	54.0	32.3	22.0	21.3	.0	.0
1971	53.1	20.0	1.62	53.5	53.0	52.4	31.5	21.8	21.3	-.0	.4
1972	51.9	19.6	1.61	52.7	52.6	51.5	31.0	21.6	21.3	-.1	.7
1980	--	--	--	46.6	49.1	43.1	--	20.2	21.5	-.7	3.6

SPALTEN (1), (4) BIS (11) BESCHAEFTIGTE IN 1000, SPALTE (2) IN V. H.

REGION :DETMOLD

INDUSTRIEGRUPPE NAHRUNG UND TABAK

JAHR	ENTWICKLUNG (1) EMPIR. NIVEAU	(2) REGION. ANTEIL	(3) INTERREG VERGL.	TRENDVERGLEICH (4) TREND L	(5) TREND M	(6) PROPOR-TIONAL	(7) PARA-LLEL	STANDORTQUALITAET (8) INTER-AKT. L	(9) INTER-AKT. M	(10) WACHS-TUM L	(11) WACHS-TUM M
1960	28.2	11.1	1.63	27.5	27.9	--	18.3	8.6	9.5	--	--
1961	26.8	10.3	1.55	27.3	27.6	28.5	18.4	8.5	9.0	-.5	-.5
1962	27.6	10.3	1.54	27.1	27.2	27.4	19.0	8.4	8.5	-.4	-.5
1963	27.1	10.2	1.50	27.0	26.9	27.8	19.1	8.4	8.0	-.4	-.4
1964	26.5	10.0	1.50	26.8	26.6	26.8	18.8	8.3	7.8	-.3	-.1
1965	26.4	9.8	1.52	26.7	26.4	26.4	18.6	8.3	7.8	-.2	-.1
1966	26.3	9.8	1.50	26.5	26.1	26.5	18.7	8.2	7.7	-.2	-.1
1967	25.8	10.2	1.51	26.3	25.9	25.7	18.0	8.1	7.7	-.1	-.1
1968	25.6	10.1	1.50	26.2	25.8	25.8	18.0	8.1	7.9	-.1	-.0
1969	26.0	9.8	1.54	26.0	25.8	25.7	18.0	8.0	8.0	-.0	-.0
1970	26.1	9.9	1.59	25.8	25.9	26.1	17.4	8.0	8.1	.0	.0
1971	26.2	9.9	1.56	25.7	26.0	26.3	17.7	7.9	8.3	.1	.0
1972	25.8	9.7	1.55	25.5	26.1	25.7	17.8	7.8	8.4	.2	.1
1980	--	--	--	24.2	26.7	25.7	--	7.4	9.5	.6	.3

SPALTEN (1), (4) BIS (11) BESCHAEFTIGTE IN 1000, SPALTE (2) IN V. H.

REGION :DETMOLD

Die Beschäftigung des Leitsektors *Elektro* entwickelte sich sektoral und regional überdurchschnittlich. Die Beschäftigung stieg von 25.6oo auf 32.8oo Beschäftigte; der Beschäftigungsanteil erhöhte sich von 1o,1% auf 12,4% ,und die interregionale Wettbewerbsposition verbesserte sich geringfügig. Sie blieb jedoch weit unter dem Durchschnitt. Die Trendanalyse zeigt, daß die Expansion relativ kontinuierlich verlief. Die Konjunkturstabilität im Abschwung lag jedoch unter dem Sektordurchschnitt. Aus dem Vergleich der Indikatoren (7) und (8) wird sichtbar, daß eine hohe negative Interaktion von Sektor und Standort bestand, welche im Zeitablauf relativ konstant blieb. Die regionalen Wachstumsbedingungen waren günstig. Die Trendprognosen weisen einheitlich in Richtung weiteren Wachstums, die Variante proportional zum Branchendurchschnitt erscheint angesichts der Standortbedingungen wahrscheinlich.

Die Industriegruppe *Holz 2* war im Beobachtungszeitraum in der Region RB Detmold überproportional vertreten. Die Beschäftigung stieg von 39.7oo auf 51.3oo Beschäftigte. Dadurch erhöhte sich der Beschäftigungsanteil von 15,6% auf 19,4%. Die ohnehin weit überdurchschnittliche Wettbewerbsposition blieb relativ konstant. Die Trendanalyse läßt zwei Phasen der Entwicklung erkennen: Ein nur geringes Wachstum bis Ende der sechziger Jahre und danach eine rasche Expansion. Die Konjunkturstabilität lag deutlich über dem Sektordurchschnitt. Der Vergleich der Indikatoren (7) und (8) zeigt, daß das Niveau zum überwiegenden Teil auf die hohe positive Interaktion von Sektor und Standort entfiel. Die regionale Wachstumsgunst verbesserte sich im Zeitablauf relativ kontinuierlich. Alle drei Prognosevarianten signalisieren weiteres Wachstum. Aufgrund der überaus günstigen sektorspezifischen Standortbedingungen ist die Trendvariante M, welche ein sektoral überdurchschnittliches Wachstum unterstellt, wahrscheinlich.

Der relativ größte Leitsektor war im Beobachtungszeitraum die Industriegruppe *Textil*, welche eine rückläufige Entwicklung aufwies: Die Beschäftigung sank von 58.4oo auf 51.9oo Beschäftigte, wodurch sich der Beschäftigungsanteil von 22,9% auf 19,1% verringerte. Dieser Rückgang war jedoch geringer als im Sektordurchschnitt, so daß sich die überdurchschnittliche interregionale Wettbewerbsposition geringfügig verbesserte. Die Trendanalyse zeigt eine zweigeteilte Entwicklung: In der ersten Hälfte des Beobachtungszeitraumes war ein leichter Anstieg zu verzeichnen, nach dem Konjunktureinbruch von 1967 erfolgte eine Stagnation auf dem verringerten Niveau. Der Vergleich der Indikatoren (7) und (8) zeigt, daß ein wesentlicher Teil des Niveaus auf die hohe positive Interaktion von Sektor und Standort entfiel. Die regionalen Wachstumsbedingungen waren ebenfalls positiv. Alle drei Trendprognosen zeigen in Richtung weiteren Rückganges. Angesichts der relativen Stabilisierung in den letzten Jahren sowie aufgrund der günstigen Standortbedingungen erscheint die Variante Trend M als wahrscheinlich.

Die Beschäftigung der Industriegruppe *Nahrung* sank von 28.2oo auf 25.8oo Beschäftigte. Dadurch verringerte sich ihr Beschäftigungsanteil von 11,1% auf 9,7%,und die überdurchschnittlich interregionale Wettbewerbsposition nahm ab. Die Trendanalyse zeigt einen kontinuierlichen Rückgang; die Konjunkturstabilität entsprach dem Sektordurchschnitt. Aus dem Vergleich der Indikatoren (7) und (8) ist erkennbar, daß ein hoher Teil des Beschäftigungsniveaus auf die relativ hohe positive Interaktion von Sektor und Standort entfiel. Die Prognosevarianten weisen einheitlich in Richtung weiterer Stagnation, wobei die Stabilisierung gegen Ende des Beobachtungszeitraumes es wahrscheinlich macht, daß ein weiteres Absinken des Niveaus nicht stattfindet.

Die Entwicklung des Industriebereiches der Region RB Detmold war davon bestimmt, daß sich das Beschäftigungsniveau in den beiden größten Sektoren, *Textil* und - entgegen dem Branchentrend- *Montage*, verringerte. Ebenso schrumpfte die Beschäftigung im Bereich Nahrungsmittel. Eine wachsende Beschäftigung zeigte sich demgegenüber in dem in der Region überproportional vertretenen Sektor *Holz 2* sowie in dem nur unterdurchschnittlich vertretenen Sektor Elektro und Feinmechanik. Da aufgrund der Trendprognosen wahrscheinlich ist, daß der Montagebereich weiter rückläufig ist, steht zu erwarten, daß die Region Detmold auch weiterhin nur eine unterdurchschnittliche interregionale Wachstumsposition aufweisen wird.

(6) RB Arnsberg
Die Region RB Arnsberg umfaßt den östlichen Teil des Ruhrgebietes. Die Beschäftigung im industriellen Bereich der Region nahm im Beobachtungszeitraum ab, der Anteil an der Gesamtbeschäftigung des Sekundärbereiches sank von 8,o% auf 7,3%. Daher ergab sich im regionalen Wachstumsvergleich ein Regionalfaktor von 91,4%, welcher zum überwiegenden Teil standortbedingt war (Strukturfaktor 98,2%, Standortfaktor 93,1%). Die Wirtschaft der Region RB Arnsberg weist drei industrielle Leitsektoren auf, welche alle zur Eisen und Metall schaffenden oder verarbeitenden Industrie gehören und drei Viertel der Beschäftigung des industriellen Bereiches auf sich vereinigten.

Der größte industrielle Leitsektor ist - erwartungsgemäß - die Industriegruppe *Eisen*, welche im Beobachtungszeitraum eine rückläufige Beschäftigungsentwicklung aufwies. Ihr Niveau verringerte sich von 225.3oo auf 197.3oo Beschäftigte, wodurch ihr Beschäftigungsanteil von 39,3% auf 35,5% abnahm. Die weit überdurchschnittliche interregionale Wettbewerbsposition blieb jedoch in etwa erhalten. Die Trendanalyse zeigt, daß sich der Rückgang trotz Schwankungen relativ kontinuierlich vollzogen hat. Der Konjunktureinbruch war erheblich stärker als im Sektordurchschnitt. Aus dem Vergleich der Indikatoren (7) und (8) wird ersichtlich, daß der überwiegende Teil des Beschäftigungsniveaus auf die Interaktion von Sektor und Standort entfiel. Die regionale Wachstumsgunst war überwiegend negativ. Die Trendprognosen weisen in Richtung weiteren Beschäftigungsrückganges. Die

TABELLE 2.17: ENTWICKLUNG DER BESCHAEFTIGUNG IN ARNSBERG

INDUSTRIEGRUPPE EISEN UND METALL

	ENTWICKLUNG			TRENDVERGLEICH				STANDORTQUALITAET			
JAHR	(1) EMPIR. NIVEAU	(2) REGION. ANTEIL	(3) INTERREG VERGL.	(4) TREND L	(5) TREND M	(6) PROPOR- TIONAL	(7) PARA- LLEL	(8) INTER- AKT. L	(9) INTER- AKT. M	(10) WACHS- TUM L	(11) WACHS- TUM M
1960	225.3	39.3	3.51	233.0	230.8	--	56.6	175.5	173.2	--	--
1961	235.8	39.7	3.54	230.4	229.4	234.0	58.6	173.5	172.2	.5	.6
1962	230.3	39.4	3.62	227.8	228.0	230.9	57.1	171.4	171.3	.3	.1
1963	224.5	39.1	3.69	225.2	226.6	222.7	55.5	169.3	170.4	.1	-.4
1964	224.0	38.8	3.65	222.6	229.5	226.6	55.8	167.2	172.3	-.2	-1.7
1965	229.3	38.9	3.68	220.0	222.6	228.5	56.9	165.1	167.3	-.4	-1.2
1966	220.7	38.5	3.75	217.4	215.8	221.3	54.8	163.1	162.4	-.6	-.6
1967	201.0	38.3	3.80	214.7	209.0	203.3	49.8	161.0	157.5	-.9	-.1
1968	204.1	38.7	3.86	212.1	209.6	202.5	50.0	158.9	158.2	-1.1	.0
1969	209.4	37.6	3.84	209.5	208.3	210.6	52.2	156.8	156.5	-1.3	-.6
1970	214.2	37.4	3.75	206.9	207.0	219.9	54.1	154.7	154.7	-1.5	-1.3
1971	209.8	36.7	3.77	204.3	205.6	207.6	53.5	152.7	153.0	-1.8	-1.9
1972	197.3	35.5	3.75	201.7	204.3	200.6	51.4	150.6	151.3	-2.0	-2.6
1980	--	--	--	180.8	193.7	179.7	--	134.0	137.4	-3.8	-7.7

SPALTEN (1), (4) BIS (11) BESCHAEFTIGTE IN 1000, SPALTE (2) IN V. H.

REGION :ARNSBERG

INDUSTRIEGRUPPE MONTAGE

JAHR	ENTWICKLUNG (1) EMPIR. NIVEAU	(2) REGION. ANTEIL	(3) INTERREG VERGL.	TRENDVERGLEICH (4) TREND L	(5) TREND M	(6) PROPOR-TIONAL	(7) PARA-LLEL	STANDORTQUALITAET (8) INTER-AKT. L	(9) INTER-AKT. M	(10) WACHS-TUM L	(11) WACHS-TUM M
1960	118.6	20.7	.89	120.6	122.1	--	81.9	37.0	38.7	--	--
1961	124.5	21.0	.89	120.5	121.8	124.5	85.4	36.5	37.7	-2.3	-1.2
1962	125.3	21.5	.89	120.4	121.4	128.7	86.1	36.0	36.7	-2.0	-1.8
1963	119.2	20.8	.86	120.2	121.1	124.2	84.8	35.6	35.7	-1.8	-2.5
1964	119.6	20.7	.86	120.1	123.3	120.4	85.5	35.1	35.8	-1.6	-.2
1965	122.1	20.7	.85	120.0	120.0	123.8	87.9	34.6	34.0	-1.4	-1.3
1966	121.8	21.2	.86	119.9	116.6	122.4	86.8	34.1	32.2	-1.2	-2.3
1967	111.3	21.2	.86	119.7	113.2	114.4	80.3	33.6	30.5	-1.0	-3.3
1968	108.2	20.5	.83	119.6	111.7	113.4	81.3	33.1	27.8	-.8	-2.9
1969	117.4	21.1	.83	119.5	115.4	116.6	86.9	32.7	29.8	-.6	-1.5
1970	122.2	21.3	.84	119.4	119.2	121.2	89.6	32.2	31.9	-.4	-.2
1971	124.9	21.8	.84	119.2	122.9	123.9	90.5	31.7	34.0	-.1	1.2
1972	123.2	22.2	.86	119.1	126.6	121.7	87.8	31.2	36.1	.1	2.5
1980	--	--	--	118.2	156.6	146.1	--	27.4	52.7	1.8	13.5

SPALTEN (1), (4) BIS (11) BESCHAEFTIGTE IN 1000, SPALTE (2) IN V. H.

REGION :ARNSBERG

INDUSTRIEGRUPPE ELEKTRO- UND FEINMECHANIK

JAHR	ENTWICKLUNG (1) EMPIR. NIVEAU	(2) REGION. ANTEIL	(3) INTERREG VERGL.	TRENDVERGLEICH (4) TREND L	(5) TREND M	(6) PROPOR-TIONAL	(7) PARA-LLEL	STANDORTQUALITAET (8) INTER-AKT. L	(9) INTER-AKT. M	(10) WACHS-TUM L	(11) WACHS-TUM M
1960	123.9	21.6	1.21	122.0	123.0	--	70.6	50.4	51.3	--	--
1961	124.0	20.9	1.15	121.7	122.6	130.2	73.7	49.9	50.5	-3.0	-2.7
1962	118.7	20.3	1.13	121.5	122.3	123.7	72.6	49.4	49.8	-2.7	-2.1
1963	121.4	21.1	1.16	121.3	121.9	120.0	72.2	49.0	49.1	-2.5	-1.5
1964	123.4	21.4	1.15	121.1	126.9	124.1	73.2	48.5	51.9	-2.2	-1.3
1965	126.7	21.5	1.14	120.9	122.6	128.1	75.4	48.1	49.2	-2.0	-1.9
1966	121.8	21.2	1.13	120.7	118.4	125.5	73.6	47.6	46.6	-1.7	-2.4
1967	109.1	20.8	1.11	120.5	114.2	114.0	67.8	47.1	43.9	-1.4	-3.0
1968	111.1	21.0	1.10	120.3	114.5	112.6	69.1	46.7	42.9	-1.2	-1.9
1969	118.9	21.4	1.10	120.1	117.2	120.1	73.9	46.2	44.3	-.9	-1.1
1970	124.0	21.7	1.08	119.9	120.0	125.7	77.2	45.7	45.7	-.7	-.3
1971	123.2	21.5	1.09	119.6	122.8	121.5	76.4	45.3	47.2	-.4	.5
1972	122.9	22.1	1.11	119.4	125.6	121.9	74.8	44.8	48.6	-.2	1.3
1980	--	--	--	117.8	147.9	146.5	--	41.1	59.9	1.9	7.7

SPALTEN (1), (4) BIS (11) BESCHAEFTIGTE IN 1000, SPALTE (2) IN V. H.

REGION :ARNSBERG

Prognosen aufgrund der Trendvariante L und der Sektorentwicklung haben die gleiche Größenordnung und können auch aufgrund der Standortbedingungen als wahrscheinlich gelten.

Die Beschäftigung der Industriegruppe *Montage* erhöhte sich von 118.6oo auf 123.2oo Beschäftigte, wodurch der Beschäftigungsanteil von 2o,7% auf 22,2% stieg. Die interregionale Wettbewerbsposition war geringfügig unterdurchschnittlich und blieb in etwa konstant. Die Trendanalyse zeigt, daß sich die Entwicklung unter Schwankungen auf einem Niveau von 119.ooo bis 12o.ooo Beschäftigten vollzog. Gegen Ende des Beobachtungszeitraumes zeigte sich eine Verstärkung des Wachstums. Der konjunkturelle Einbruch 1967 war stärker als im Sektordurchschnitt. Der Vergleich der Indikatoren (7) und (8) zeigt, daß ein relativ großer Teil des Beschäftigungsniveaus auf die Interaktion von Sektor und Standort entfiel. Die regionalen Wachstumsbedingungen waren überwiegend ungünstig. Die Prognosevarianten sind nicht einheitlich: Der langfristige Trend weist in Richtung sektoral überdurchschnittlichen Wachstums. Aufgrund der Entwicklung der Standortbedingungen erscheint die mittlere Variante, eine Entwicklung proportional zum Sektordurchschnitt, als wahrscheinlich.

Die Industriegruppe *Elektro* zeigt eine sehr ähnliche Entwicklung wie der Montagebereich. In langfristiger Betrachtung zeigt sich eine Stagnation der Beschäftigung, das Niveau nahm geringfügig ab von 123.9oo auf 122.9oo Beschäftigte, der Beschäftigungsanteil erhöhte sich von 21,6% auf 22,1%, die überdurchschnittliche Wettbewerbsposition blieb in etwa konstant. Die Trendanalyse zeigt in langfristiger Betrachtung eine Grundtendenz der Stagnation. Die Entwicklung der letzten fünf Jahre weist demgegenüber eine rasche Expansion auf. Der Konjunktureinbruch war regional stärker als im Sektordurchschnitt. Der Vergleich der Indikatoren (7) und (8) zeigt, daß ein relativ großer Teil des

Niveaus auf die hohe positive Interaktion von Sektor und Standort entfiel. Die regionalen Wachstumsbedingungen waren überwiegend ungünstig. Sie verbesserten sich jedoch gegen Ende des Beobachtungszeitraumes. Die Prognosevarianten weisen in zwei Richtungen: Der langfristige Trend signalisiert eine Stagnation auf geringfügig verringertem Niveau, der Trend der letzten fünf Jahre ergibt eine Entwicklung,welche noch über der des Sektordurchschnitts liegt. Angesichts der sich verbessernden Standortbedingungen erscheint eine Entwicklung etwas unterhalb des Sektordurchschnitts als wahrscheinlich.

Im Beobachtungszeitraum hat der Industriebereich der Region RB Arnsberg einen Wandlungsprozeß durchgemacht und sich von der Eisen und Metall schaffenden Industrie hin zur Metall verarbeitenden Industrie orientiert. Diese Umschichtung führte gegen Ende des Beobachtungszeitraumes zu einer Expansion der Sektoren *Montage* und *Elektro* , welche es aufgrund der Verbesserung der Wachstumsqualität der Industriestruktur der Region wahrscheinlich macht, daß die Region RB Arnsberg künftig wieder Anschluß an die allgemeine wirtschaftliche Entwicklung findet.

3.2.4. Hessen, Rheinland-Pfalz, Saarland

(1) RB Darmstadt

Die Region RB Darmstadt (Südhessen) zählt zu den größten industriellen Ballungsräumen des Bundesgebietes; ihr Anteil an der Beschäftigung des Sekundärbereiches stieg im Beobachtungszeitraum von 7,2% auf 7,4%. Damit steht sie hinter den Regionen RB Düsseldorf und RB Nordwürttemberg an dritter Stelle in der Rangfolge der Größenordnung. Das südhessische Industriegebiet realisierte im Beobachtungszeitraum eine überproportionale Entwicklung (Regionalfaktor 1o3,4%), welche aufgrund der wachstumsgünstigen Wirtschaftsstruktur zustande kam (Strukturfaktor 1o3,4%, Standortfaktor 1oo,o%). Die industriellen Leitsektoren der Region sind typische Wachstumsbranchen, *Chemie*, *Montage* und *Elektro*, welche zu-

TABELLE 2.18: ENTWICKLUNG DER BESCHAEFTIGUNG IN DARMSTADT

INDUSTRIEGRUPPE CHEMIE

JAHR	ENTWICKLUNG			TRENDVERGLEICH				STANDORTQUALITAET			
	(1) EMPIR. NIVEAU	(2) REGION. ANTEIL	(3) INTERREG VERGL.	(4) TREND L	(5) TREND M	(6) PROPORTIONAL	(7) PARALLEL	(8) INTER-AKT. L	(9) INTER-AKT. M	(10) WACHSTUM L	(11) WACHSTUM M
1960	78.8	15.3	1.94	77.6	79.6	--	44.2	33.0	35.2	--	--
1961	81.2	15.4	1.93	79.5	80.5	82.2	45.5	34.2	35.3	-.3	-.4
1962	81.8	15.4	1.93	81.3	81.4	82.0	45.9	35.4	35.4	-.3	-.7
1963	82.4	15.4	1.88	83.2	82.3	83.3	46.7	36.6	35.5	-.2	-1.0
1964	82.7	15.2	1.83	85.1	83.9	84.2	47.7	37.7	35.4	-.1	-.2
1965	86.1	15.5	1.84	86.9	85.6	85.6	49.1	38.9	37.2	-.1	.1
1966	89.0	16.1	1.88	88.8	87.2	87.2	49.2	40.1	38.9	.0	.4
1967	88.5	16.7	1.89	90.6	88.9	86.3	47.5	41.3	40.7	.1	.7
1968	89.9	16.9	1.88	92.5	92.4	90.8	48.2	42.5	42.9	.2	-.5
1969	95.0	16.9	1.87	94.3	94.6	95.7	51.1	43.6	44.1	.2	-.3
1970	100.1	17.3	1.88	96.2	96.7	99.6	52.9	44.8	45.3	.3	-.1
1971	100.4	17.3	1.90	98.0	98.8	99.0	52.7	46.0	46.5	.4	.1
1972	97.9	17.2	1.88	99.9	100.9	98.7	52.0	47.2	47.7	.4	.3
1980	--	--	--	114.7	117.8	121.6	--	56.6	57.2	1.0	2.0

SPALTEN (1), (4) BIS (11) BESCHAEFTIGTE IN 1000, SPALTE (2) IN V. H.

REGION :DARMSTADT

INDUSTRIEGRUPPE MONTAGE

JAHR	ENTWICKLUNG			TRENDVERGLEICH				STANDORTQUALITAET			
	(1) EMPIR. NIVEAU	(2) REGION. ANTEIL	(3) INTERREG VERGL.	(4) TREND L	(5) TREND M	(6) PROPOR-TIONAL	(7) PARA-LLEL	(8) INTER-AKT. L	(9) INTER-AKT. M	(10) WACHS-TUM L	(11) WACHS-TUM M
1960	130.8	25.5	1.10	134.5	130.9	--	76.4	56.6	53.5	--	--
1961	134.3	25.5	1.08	135.4	133.7	137.3	79.4	56.5	54.9	-.8	-1.1
1962	136.4	25.7	1.06	136.3	136.5	138.9	81.3	56.4	56.3	-.8	.2
1963	137.9	25.8	1.07	137.2	139.3	135.2	81.3	56.3	57.7	-.8	1.5
1964	143.0	26.3	1.09	138.1	146.0	139.3	82.5	56.2	61.9	-.8	1.5
1965	145.5	26.1	1.07	139.0	143.0	148.0	85.0	56.1	59.5	-.8	.3
1966	143.4	25.9	1.05	140.0	140.0	145.9	85.0	56.0	57.1	-.8	-1.0
1967	134.8	25.5	1.03	140.9	137.1	134.8	80.7	55.9	54.7	-.8	-2.3
1968	133.5	25.0	1.01	141.8	137.6	137.3	81.8	55.8	53.3	-.8	-3.4
1969	143.6	25.5	1.01	142.7	140.1	143.9	87.6	55.7	54.0	-.8	-2.3
1970	144.9	25.0	.99	143.6	142.7	148.1	90.2	55.6	54.7	-.8	-1.2
1971	146.7	25.4	.98	144.5	145.2	146.9	91.0	55.6	55.4	-.8	-.1
1972	144.7	25.4	.99	145.5	147.8	143.0	89.2	55.4	56.2	-.8	1.0
1980	--	--	--	152.8	168.2	171.6	--	54.7	62.0	-.8	9.9

SPALTEN (1), (4) BIS (11) BESCHAEFTIGTE IN 1000, SPALTE (2) IN V. H.

REGION :DARMSTADT

INDUSTRIEGRUPPE ELEKTRO- UND FEINMECHANIK

	ENTWICKLUNG			TRENDVERGLEICH				STANDORTQUALITAET			
JAHR	(1) EMPIR. NIVEAU	(2) REGION. ANTEIL	(3) INTERREG VERGL.	(4) TREND L	(5) TREND M	(6) PROPOR-TIONAL	(7) PARA-LLEL	(8) INTER-AKT. L	(9) INTER-AKT. M	(10) WACHS-TUM L	(11) WACHS-TUM M
1960	110.3	21.5	1.20	110.3	111.8	--	65.2	44.4	46.1	--	--
1961	115.5	21.9	1.20	112.3	113.4	115.9	67.7	45.5	46.6	-.2	-.1
1962	115.0	21.6	1.20	114.3	115.1	115.2	67.8	46.6	47.2	-.1	-.3
1963	116.6	21.8	1.19	116.3	116.7	116.3	68.7	47.7	47.7	-.0	-.5
1964	118.0	21.7	1.17	118.4	119.9	119.1	70.2	48.8	48.4	.0	-1.1
1965	123.1	22.1	1.17	120.4	119.7	122.4	72.4	49.9	48.7	.1	-.3
1966	120.5	21.7	1.16	122.4	119.6	121.9	71.9	51.1	49.1	.2	.5
1967	115.4	21.8	1.17	124.4	119.4	112.8	68.2	52.2	49.5	.2	1.3
1968	120.9	22.7	1.19	126.4	124.9	119.2	69.6	53.3	52.9	.3	.6
1969	129.2	22.9	1.18	128.4	128.1	130.7	74.5	54.4	54.6	.4	.5
1970	136.8	23.6	1.18	130.4	131.3	136.5	77.9	55.5	56.3	.4	.3
1971	135.9	23.5	1.19	132.4	134.5	134.0	76.9	56.6	58.0	.5	.2
1972	133.7	23.5	1.18	134.4	137.8	134.4	76.1	57.7	59.7	.5	.1
1980	--	--	--	150.5	163.6	159.4	--	66.6	73.2	1.1	-1.0

SPALTEN (1), (4) BIS (11) BESCHAEFTIGTE IN 1000, SPALTE (2) IN V. H.

REGION :DARMSTADT

sammen etwa zwei Drittel der industriellen Beschäftigung der Region auf sich vereinigten.

Die Beschäftigung der Industriegruppe *Chemie* stieg von 78.8oo auf 97.6oo Beschäftigte, wodurch sich der Beschäftigungsanteil von 15,3% auf 17,2% erhöhte; die überdurchschnittliche interregionale Wettbewerbsposition verschlechterte sich. Die Trendanalyse zeigt, daß die Expansion kontinuierlich erfolgte; die Konjunkturstabilität lag deutlich über dem Sektordurchschnitt. Aus dem Vergleich der Indikatoren (7) und (8) wird ersichtlich, daß ein wesentlicher Teil des Niveaus auf die Interaktion von Sektor und Standort entfiel. Die regionalen Wachstumsbedingungen entsprachen in etwa dem Durchschnitt. Die Prognosevarianten zeigen einheitlich in Richtung weiteren Wachstums, jedoch liegen die Trendprognosen unter der erwarteten Entwicklung des Gesamtsektors, so daß man von einer sektoral unterdurchschnittlichen Entwicklung ausgehen muß.

Die Beschäftigung der Industriegruppe *Montage* stieg im Beobachtungszeitraum von 13o.8oo auf 144.7oo Beschäftigte, der Beschäftigungsanteil blieb konstant bei etwa 25,5%, die geringfügig überdurchschnittliche interregionale Wettbewerbsposition verschlechterte sich. Die Trendanalyse zeigt, daß das Wachstum der Beschäftigung im wesentlichen kontinuierlich war, wenn man vom Konjunktureinbruch absieht, welcher in etwa dem Sektordurchschnitt entsprach. Der Vergleich der Indikatoren (7) und (8) macht deutlich, daß ein wesentlicher Teil des Niveaus auf die hohe positive Interaktion von Sektor und Standort entfiel. Die regionalen Wachstumsbedingungen waren überwiegend ungünstig. Die Trendprognosen weisen in Richtung weiteren Wachstums, jedoch liegen die lang- und mittelfristig festgestellten Trends unter dem erwarteten Sektorwachstum, so daß , bezogen auf den Gesamtsektor, mit einer unterdurchschnittlichen Entwicklung gerechnet werden muß.

Die Beschäftigung der Industriegruppe *Elektro* nahm im Beobachtungszeitraum von 11o300 auf 133.7oo Beschäftigte zu; der Beschäftigungsanteil erhöhte sich von 21,5% auf 23,5%, die überdurchschnittliche interregionale Wettbewerbsposition blieb in etwa konstant. Die Trendanalyse zeigt ein relativ kontinuierliches Wachstum, welches sich gegen Ende des Beobachtungszeitraumes etwas beschleunigte Die Konjunkturstabilität lag über dem Sektordurchschnitt. Aus dem Vergleich der Indikatoren (7) und (8) wird sichtbar, daß ein wesentlicher Teil des Niveaus auf die hohe positive Interaktion von Sektor und Standort entfiel. Die regionalen Wachstumsbedingungen waren überwiegend günstig. Die Trendprognosen zeigen in Richtung weiteren Wachstums, wobei angesichts der günstigen Standortbedingungen trotz des hohen Niveaus eine Entwicklung proportional zum Gesamtsektor wahrscheinlich ist.

Die Entwicklung der drei Leitsektoren in der Region RB Darmstadt zeigt, daß nur noch für den Sektor *Elektro* mit einem dem Sektordurchschnitt entsprechenden Wachstum gerechnet werden kann, so daß es wahrscheinlich ist, daß sich die Wachstumsposition der Region etwas verschlechtern wird.

(2) RB Kassel
Der Sekundärbereich der Region RB Kassel (Nordhessen) realisierte im Beobachtungszeitraum eine überdurchschnittliche Entwicklung (Regionalfaktor 1o8,1%, welcher allein durch Standortvorteile zustande kam Strukturfaktor 99,9%, Standortfaktor 1o8,2%). Die Region hat die industriellen Leitsektoren *Chemie*, *Montage*, *Elektro* und *Textil*, welche zusammen etwa drei Viertel der Beschäftigung des Sekundärbereiches auf sich vereinigten.

Die Beschäftigung der Industriegruppe *Chemie* stieg von 13.4oo auf 17.7oo Beschäftigte, der Beschäftigungsanteil nahm infolgedessen von 1o,8% auf 12,1% zu; die überdurchschnittliche interregionale Wettbewerbsposition verschlechterte sich geringfügig. Die Trendanalyse zeigt, daß das Wachstum

TABELLE 2.19: ENTWICKLUNG DER BESCHAEFTIGUNG IN KASSEL

INDUSTRIEGRUPPE CHEMIE

JAHR	ENTWICKLUNG (1) EMPIR. NIVEAU	(2) REGION. ANTEIL	(3) INTERREG VERGL.	TRENDVERGLEICH (4) TREND L	(5) TREND M	(6) PROPOR-TIONAL	(7) PARA-LLEL	STANDORTQUALITAET (8) INTER-AKT. L	(9) INTER-AKT. M	(10) WACHS-TUM L	(11) WACHS-TUM M
1960	13.4	10.8	1.37	13.4	13.5	--	8.8	4.5	4.7	--	--
1961	14.2	11.0	1.37	13.8	13.9	14.0	9.4	4.5	4.6	.0	.0
1962	14.0	10.5	1.31	14.2	14.2	14.4	9.7	4.4	4.5	.0	.1
1963	14.3	10.8	1.32	14.5	14.5	14.3	10.1	4.4	4.4	.0	.1
1964	15.0	11.1	1.33	14.9	15.0	14.7	10.6	4.3	4.2	.0	.1
1965	15.0	10.6	1.26	15.3	15.2	15.6	11.3	4.3	4.2	.1	.1
1966	16.0	11.4	1.33	15.6	15.5	15.1	11.6	4.2	4.1	.1	.1
1967	15.4	11.7	1.33	16.0	15.7	15.5	11.4	4.2	4.1	.1	.1
1968	15.9	11.8	1.32	16.4	16.4	15.8	11.9	4.1	4.0	.1	.0
1969	17.0	11.9	1.32	16.8	16.8	16.9	12.8	4.1	4.1	.1	.1
1970	17.8	11.9	1.30	17.1	17.2	17.8	13.7	4.0	4.1	.1	.1
1971	17.7	11.7	1.29	17.5	17.6	17.6	13.8	4.0	4.1	.1	.1
1972	17.7	12.1	1.32	17.9	18.0	17.4	13.4	3.9	4.1	.1	.2
1980	--	--	--	20.8	21.4	21.9	--	3.6	4.4	.2	.4

SPALTEN (1), (4) BIS (11) BESCHAEFTIGTE IN 1000, SPALTE (2) IN V. H.

REGION :KASSEL

INDUSTRIEGRUPPE MONTAGE

JAHR	ENTWICKLUNG (1) EMPIR. NIVEAU	(2) REGION. ANTEIL	(3) INTERREG VERGL.	TRENDVERGLEICH (4) TREND L	(5) TREND M	(6) PROPOR-TIONAL	(7) PARA-LLEL	STANDORTQUALITAET (8) INTER-AKT. L	(9) INTER-AKT. M	(10) WACHS-TUM L	(11) WACHS-TUM M
1960	34.6	27.9	1.20	36.5	35.8	--	40.9	-5.7	-6.1	--	--
1961	37.7	29.0	1.23	37.6	37.3	36.3	43.2	-5.3	-5.6	.8	.7
1962	40.9	30.5	1.26	38.7	38.8	38.9	45.2	-5.0	-5.1	.8	.7
1963	39.8	30.0	1.24	39.7	40.3	40.5	44.7	-4.7	-4.6	.7	.7
1964	41.2	30.3	1.26	40.8	42.6	40.2	45.4	-4.4	-3.9	.6	.8
1965	44.1	31.3	1.28	41.9	42.5	42.6	47.2	-4.1	-3.8	.5	.7
1966	43.8	31.1	1.26	42.9	42.3	44.2	47.5	-3.8	-3.7	.5	.5
1967	40.3	30.8	1.25	44.0	42.2	41.2	44.5	-3.5	-3.6	.4	.3
1968	42.3	31.6	1.27	45.1	44.0	41.1	45.5	-3.1	-3.1	.3	1.7
1969	45.5	31.8	1.26	46.1	45.6	45.7	49.3	-2.8	-2.8	.2	1.1
1970	49.6	33.1	1.31	47.2	47.2	46.9	51.1	-2.5	-2.5	.2	.4
1971	51.0	33.9	1.31	48.3	48.8	50.2	52.1	-2.2	-2.2	.1	-.2
1972	47.5	32.6	1.27	49.3	50.3	49.7	50.6	-1.9	-2.0	.0	-.8
1980	--	--	--	57.9	62.9	56.3	--	.6	.3	-.6	-5.7

SPALTEN (1), (4) BIS (11) BESCHAEFTIGTE IN 1000, SPALTE (2) IN V. H.

REGION :KASSEL

INDUSTRIEGRUPPE ELEKTRO- UND FEINMECHANIK

	ENTWICKLUNG			TRENDVERGLEICH				STANDORTQUALITAET			
JAHR	(1) EMPIR. NIVEAU	(2) REGION. ANTEIL	(3) INTERREG VERGL.	(4) TREND L	(5) TREND M	(6) PROPOR-TIONAL	(7) PARA-LLEL	(8) INTER-AKT. L	(9) INTER-AKT. M	(10) WACHS-TUM L	(11) WACHS-TUM M
1960	16.0	12.9	.72	16.3	15.9	--	29.7	-13.9	-14.3	--	--
1961	16.4	12.6	.69	16.5	16.2	16.8	31.5	-14.4	-14.7	.0	-.1
1962	16.5	12.3	.68	16.7	16.6	16.3	31.6	-14.8	-15.1	-.0	.1
1963	16.2	12.2	.67	16.9	16.9	16.7	32.1	-15.3	-15.5	-.0	.3
1964	17.7	13.1	.70	17.0	18.5	16.6	33.1	-15.7	-15.4	-.0	.8
1965	19.0	13.5	.72	17.2	18.0	18.4	34.6	-16.2	-15.6	-.0	.4
1966	18.0	12.8	.68	17.4	17.6	18.9	34.3	-16.7	-15.9	-.1	.0
1967	16.4	12.5	.67	17.6	17.1	16.9	32.0	-17.1	-16.2	-.1	-.4
1968	16.6	12.4	.65	17.8	17.3	16.9	33.3	-17.6	-17.5	-.1	-.2
1969	18.1	12.7	.65	18.0	17.7	18.0	36.3	-18.0	-18.1	-.1	-.1
1970	18.6	12.4	.62	18.2	18.0	19.2	38.7	-18.5	-18.7	-.1	-.1
1971	18.7	12.4	.63	18.4	18.4	18.2	38.0	-19.0	-19.4	-.1	-.1
1972	18.2	12.5	.63	18.5	18.8	18.5	37.5	-19.4	-20.0	-.1	-.0
1980	--	--	--	20.0	21.7	21.7	--	-23.1	-25.1	-.2	.3

SPALTEN (1), (4) BIS (11) BESCHAEFTIGTE IN 1000, SPALTE (2) IN V. H.

REGION :KASSEL

INDUSTRIEGRUPPE LEDER UND TEXTIL

JAHR	ENTWICKLUNG			TRENDVERGLEICH				STANDORTQUALITAET			
	(1) EMPIR. NIVEAU	(2) REGION. ANTEIL	(3) INTERREG VERGL.	(4) TREND L	(5) TREND M	(6) PROPOR-TIONAL	(7) PARA-LLEL	(8) INTER-AKT. L	(9) INTER-AKT. M	(10) WACHS-TUM L	(11) WACHS-TUM M
1960	28.0	22.6	1.43	28.7	28.6	--	25.2	2.7	3.1	--	--
1961	28.8	22.2	1.45	28.5	28.4	28.1	25.3	3.0	3.2	.3	.2
1962	28.8	21.5	1.42	28.3	28.3	28.7	25.3	3.2	3.2	.3	.1
1963	28.5	21.4	1.43	28.1	28.2	28.4	24.9	3.4	3.3	.2	-.1
1964	27.5	20.2	1.39	27.9	27.8	27.9	24.4	3.7	2.8	.2	-.2
1965	27.5	19.6	1.37	27.7	27.5	27.5	24.5	3.9	3.3	.2	.0
1966	28.0	19.9	1.40	27.5	27.2	27.3	24.3	4.2	3.9	.2	.3
1967	26.2	20.0	1.45	27.3	26.8	25.5	21.8	4.4	4.4	.2	.6
1968	26.5	19.7	1.47	27.1	27.5	25.9	21.5	4.7	5.4	.2	.6
1969	28.0	19.6	1.48	26.9	27.2	27.5	22.3	4.9	5.4	.1	.3
1970	27.7	18.5	1.46	26.7	26.8	27.6	21.9	5.2	5.4	.1	.1
1971	26.3	17.5	1.42	26.5	26.4	26.7	21.1	5.4	5.4	.1	-.1
1972	25.3	17.4	1.43	26.2	26.0	25.5	20.2	5.6	5.4	.1	-.4
1980	--	--	--	24.6	22.8	21.0	--	7.6	5.3	-.0	-2.3

SPALTEN (1), (4) BIS (11) BESCHAEFTIGTE IN 1000, SPALTE (2) IN V. H.

REGION :KASSEL

kontinuierlich erfolgte; die Konjunkturstabilität lag in der Größenordnung des Sektordurchschnitts. Aus dem Vergleich der Indikatoren (7) und (8) wird sichtbar, daß ein wesentlicher Teil des Niveaus auf die relativ hohe positive Interaktion von Sektor und Standort entfiel, die regionalen Wachstumsbedingungen entsprachen in etwa dem Durchschnitt. Die Trendprognosen weisen einheitlich in Richtung weiteren Wachstums, welches jedoch aufgrund der Standortbedingungen etwas unterhalb des Sektordurchschnitts zu erwarten ist.

Die Beschäftigung des größten Leitsektors, *Montage*, nahm regional und sektoral überproportional zu von 34.6oo auf 47.5oo Beschäftigte. Der Beschäftigungsanteil stieg von 27,9% auf 32,6%; die überdurchschnittliche interregionale Wettbewerbsposition verbesserte sich noch geringfügig; die Trendanalyse zeigt ein kontinuierliches Wachstum. Die Konjunkturstabilität lag über dem Sektordurchschnitt. Aus dem Vergleich der Indikatoren (7) und (8) wird sichtbar, daß eine negative Interaktion von Sektor und Standort bestand, welche jedoch quantitativ relativ gering war und eine abnehmende Tendenz aufweist. Die regionalen Wachstumsbedingungen waren günstig. Die Trendprognosen zeigen in Richtung weiteren Wachstums, wobei angesichts des sich verringernden Wachstumsspielraums nur noch ein Wachstum in der Größenordnung des Branchendurchschnitts erwartet werden kann.

Die Beschäftigung der Industriegruppe *Elektro* nahm von 16.ooo auf 18.2oo Beschäftigte zu. Der Beschäftigungsanteil blieb in etwa konstant in einer Größenordnung von 12% bis 13%; die unterdurchschnittliche regionale Wettbewerbsposition verschlechterte sich jedoch weiter. Das Wachstum erfolgte, wie die Trendanalyse zeigt, relativ konstant; die Konjunkturstabilität war jedoch unterdurchschnittlich. Der Vergleich der Indikatoren (7) und (8) macht deutlich, daß eine hohe negative Interaktion von Sektor und Standort bestand. Die regionalen Wachstumsbedingungen waren überwiegend ungünstig. Die Trendprognosen weisen in Richtung weiteren Wachstums, es ist aber eine Zunahme unterhalb des Branchendurchschnitts wahrscheinlich.

Die Beschäftigung des zweitgrößten Industrieleitsektors der Region, *Textil*, war im Beobachtungszeitraum rückläufig, sie nahm von 28.000 auf 25.300 Beschäftigte ab. Der Beschäftigungsanteil sank von 22,6% auf 17,4%, und die überdurchschnittliche interregionale Wettbewerbsposition blieb konstant. Der Rückgang erfolgte, wie aus der Trendanalyse ersichtlich ist, relativ kontinuierlich; die Konjunkturstabilität lag über dem Sektordurchschnitt. Der Vergleich der Indikatoren (7) und (8) zeigt, daß eine positive Interaktion von Sektor und Standort bestand, welche quantitativ jedoch nur gering war. Die regionalen Wachstumsbedingungen waren positiv. Die Trendprognosen zeigen in Richtung weiteren Rückgangs, jedoch ist es wahrscheinlich, daß diese Abnahme sich langsamer als im Sektordurchschnitt vollziehen wird.

Die im Beobachtungszeitraum eingetretenen Veränderungen im Sekundärbereich der Region RB Kassel haben eine Verbesserung der Wachstumsqualität der Industriestruktur bewirkt. Der Abnahme im Bereich *Textil* stand eine überproportionale Zunahme in den Bereichen *Chemie* und *Montage* gegenüber. Damit ist zu erwarten, daß die Wirtschaft der Region auch künftig ein schwach überdurchschnittliches Wachstum realisieren wird.

(3) RB Koblenz

Der Sekundärbereich der Region RB Koblenz realisierte im Beobachtungszeitraum ein überdurchschnittliches Wachstum (Regionalfaktor 109,0%), welches bei wenig wachstumsgünstiger Industriestruktur auf günstige Standortbedingungen zurückzuführen war (Strukturfaktor 96,4%, Standortfaktor 113,1%). Die Wirtschaft der Region weist keine ausgesprochenen Leitsektoren auf, die Anteile von sechs Sektoren

TABELLE 2.20: ENTWICKLUNG DER BESCHAEFTIGUNG IN KOBLENZ

INDUSTRIEGRUPPE STEINE UND ERDEN

JAHR	ENTWICKLUNG (1) EMPIR. NIVEAU	(2) REGION. ANTEIL	(3) INTERREG VERGL.	TRENDVERGLEICH (4) TREND L	(5) TREND M	(6) PROPOR-TIONAL	(7) PARA-LLEL	STANDORTQUALITAET (8) INTER-AKT. L	(9) INTER-AKT. M	(10) WACHS-TUM L	(11) WACHS-TUM M
1960	20.1	18.2	5.04	20.7	20.3	--	-1.5	22.3	21.8	--	--
1961	20.0	17.4	4.93	20.1	19.8	20.4	-1.6	21.8	21.5	-.2	-.3
1962	19.8	17.2	4.89	19.6	19.4	20.2	-1.7	21.3	21.1	-.2	-.4
1963	18.5	16.2	4.65	19.0	19.0	19.5	-1.8	20.7	20.7	-.3	-.4
1964	18.6	15.9	4.56	18.5	20.2	18.7	-1.7	20.2	21.8	-.3	.3
1965	21.4	17.5	5.10	17.9	18.8	18.7	-1.6	19.7	20.6	-.3	.1
1966	17.4	14.5	4.38	17.3	17.5	20.5	-2.0	19.2	19.3	-.3	-.2
1967	15.1	13.2	4.05	16.8	16.1	16.1	-1.8	18.7	18.1	-.3	-.5
1968	15.0	12.8	4.13	16.2	15.0	14.5	-2.1	18.2	17.5	-.3	.3
1969	14.8	12.0	4.04	15.7	14.9	15.2	-2.5	17.7	17.2	-.4	.0
1970	15.0	11.5	3.98	15.1	14.9	14.9	-2.6	17.2	17.0	-.4	-.2
1971	15.1	11.4	3.80	14.6	14.9	15.3	-2.0	16.7	16.8	-.4	-.4
1972	14.7	11.0	3.56	14.0	14.8	15.4	-1.4	16.1	16.6	-.4	-.6
1980	--	--	--	9.5	14.5	13.6	--	12.0	14.8	-.5	-2.2

SPALTEN (1), (4) BIS (11) BESCHAEFTIGTE IN 1000, SPALTE (2) IN V. H.

REGION :KOBLENZ

INDUSTRIEGRUPPE EISEN UND METALL

JAHR	ENTWICKLUNG (1) EMPIR. NIVEAU	(2) REGION. ANTEIL	(3) INTERREG VERGL.	TRENDVERGLEICH (4) TREND L	(5) TREND M	(6) PROPORTIONAL	(7) PARALLEL	STANDORTQUALITAET (8) INTERAKT. L	(9) INTERAKT. M	(10) WACHSTUM L	(11) WACHSTUM M
1960	17.0	15.4	1.38	15.5	17.1	--	14.4	1.0	2.4	--	--
1961	16.9	14.7	1.31	15.2	16.1	17.7	15.1	.8	1.5	-.7	-.7
1962	14.2	12.3	1.13	14.9	15.0	16.6	14.4	.7	.7	-.6	-.7
1963	13.4	11.7	1.11	14.6	13.9	13.7	13.6	.5	-.2	-.5	-.7
1964	13.4	11.5	1.08	14.3	13.6	13.5	14.0	.4	-.8	-.4	-.1
1965	13.4	10.9	1.03	14.0	13.3	13.7	14.5	.2	-.6	-.3	-.0
1966	13.6	11.3	1.10	13.7	13.0	12.9	13.5	.0	-.4	-.3	.0
1967	12.4	10.9	1.08	13.4	12.8	12.5	12.5	-.1	-.2	-.2	.1
1968	12.5	10.7	1.07	13.1	12.7	12.5	12.6	-.3	-.1	-.1	-.2
1969	12.8	10.4	1.06	12.8	12.7	12.9	12.7	-.4	-.2	.0	-.1
1970	13.0	10.1	1.01	12.5	12.8	13.4	13.8	-.6	-.3	.1	.0
1971	12.9	9.8	1.00	12.2	12.8	12.6	13.5	-.7	-.4	.2	.1
1972	12.6	9.5	1.00	11.9	12.9	12.4	12.9	-.9	-.5	.3	.2
1980	--	--	--	9.4	13.1	11.5	--	-2.2	-1.4	1.0	.9

SPALTEN (1), (4) BIS (11) BESCHAEFTIGTE IN 1000, SPALTE (2) IN V. H.

REGION :KOBLENZ

INDUSTRIEGRUPPE MONTAGE

JAHR	ENTWICKLUNG (1) EMPIR. NIVEAU	(2) REGION. ANTEIL	(3) INTERREG VERGL.	TRENDVERGLEICH (4) TREND L	(5) TREND M	(6) PROPORTIONAL	(7) PARALLEL	STANDORTQUALITAET (8) INTERAKT. L	(9) INTERAKT. M	(10) WACHSTUM L	(11) WACHSTUM M
1960	10.9	9.8	.42	10.5	11.3	--	39.7	-30.1	-29.3	--	--
1961	12.1	10.5	.45	11.5	12.0	11.4	41.9	-29.9	-29.5	.4	.4
1962	13.3	11.5	.48	12.5	12.7	12.5	43.4	-29.7	-29.7	.4	.4
1963	13.4	11.8	.49	13.4	13.4	13.1	43.0	-29.5	-29.8	.5	.4
1964	13.8	11.8	.49	14.4	14.0	13.6	43.7	-29.2	-30.7	.6	.5
1965	14.9	12.2	.50	15.4	14.8	14.2	45.5	-29.0	-29.7	.6	.6
1966	16.0	13.3	.54	16.3	15.5	14.9	45.6	-28.8	-28.8	.7	.7
1967	16.2	14.2	.57	17.3	16.3	15.0	43.0	-28.6	-27.8	.8	.8
1968	17.0	14.5	.59	18.2	17.4	16.5	43.9	-28.4	-28.0	.8	.6
1969	18.8	15.3	.61	19.2	18.9	18.3	47.5	-28.1	-27.9	.9	.8
1970	20.9	16.2	.64	20.2	20.3	19.4	49.2	-27.9	-27.8	1.0	.9
1971	22.3	16.9	.65	21.1	21.8	21.2	50.5	-27.7	-27.7	1.0	1.0
1972	22.5	17.0	.66	22.1	23.2	21.8	49.4	-27.5	-27.6	1.1	1.1
1980	--	--	--	29.8	35.0	26.7	--	-25.7	-27.0	1.6	2.1

SPALTEN (1), (4) BIS (11) BESCHAEFTIGTE IN 1000, SPALTE (2) IN V. H.

REGION :KOBLENZ

INDUSTRIEGRUPPE ELEKTRO- UND FEINMECHANIK

	E N T W I C K L U N G			T R E N D V E R G L E I C H				S T A N D O R T Q U A L I T A E T			
JAHR	(1) EMPIR. NIVEAU	(2) REGION. ANTEIL	(3) INTERREG VERGL.	(4) TREND L	(5) TREND M	(6) PROPOR-TIONAL	(7) PARA-LLEL	(8) INTER-AKT. L	(9) INTER-AKT. M	(10) WACHS-TUM L	(11) WACHS-TUM M
1960	12.2	11.1	.62	12.5	12.4	--	28.5	-16.1	-16.5	--	--
1961	13.1	11.4	.63	13.1	13.0	12.9	30.2	-16.2	-16.4	.3	.3
1962	14.0	12.2	.68	13.7	13.7	13.1	29.9	-16.3	-16.4	.3	.3
1963	14.2	12.5	.68	14.2	14.3	14.2	30.4	-16.3	-16.3	.3	.4
1964	14.9	12.8	.69	14.8	15.1	14.5	31.4	-16.4	-17.0	.3	.4
1965	15.9	13.0	.69	15.4	15.5	15.5	33.0	-16.5	-16.5	.3	.4
1966	16.0	13.4	.71	15.9	15.9	15.7	32.4	-16.5	-16.0	.3	.4
1967	15.8	13.8	.74	16.5	16.2	15.0	30.5	-16.6	-15.4	.4	.5
1968	16.7	14.3	.75	17.1	16.8	16.3	31.8	-16.7	-16.2	.4	-.1
1969	17.3	14.1	.72	17.7	17.5	18.0	34.5	-16.7	-16.6	.4	.1
1970	18.7	14.5	.72	18.2	18.2	18.3	36.9	-16.8	-17.0	.4	.3
1971	19.0	14.4	.73	18.8	18.9	18.3	36.4	-16.9	-17.3	.4	.4
1972	19.3	14.6	.73	19.4	19.6	18.8	36.3	-16.9	-17.7	.4	.6
1980	--	--	--	23.9	25.2	23.1	--	-17.5	-20.9	.4	2.0

SPALTEN (1), (4) BIS (11) BESCHAEFTIGTE IN 1000. SPALTE (2) IN V. H.

REGION :KOBLENZ

INDUSTRIEGRUPPE HOLZ- UND KUNSTSTOFFVERARBEITUNG

	ENTWICKLUNG			TRENDVERGLEICH				STANDORTQUALITAET			
JAHR	(1) EMPIR. NIVEAU	(2) REGION. ANTEIL	(3) INTERREG VERGL.	(4) TREND L	(5) TREND M	(6) PROPOR-TIONAL	(7) PARA-LLEL	(8) INTER-AKT. L	(9) INTER-AKT. M	(10) WACHS-TUM L	(11) WACHS-TUM M
1960	11.6	10.5	2.09	11.6	11.8	--	1.5	10.6	10.3	--	--
1961	12.2	10.6	2.14	11.9	12.1	11.9	1.5	10.7	10.6	.0	.2
1962	12.6	11.0	2.18	12.3	12.5	12.5	1.6	10.7	10.8	.1	.1
1963	12.7	11.2	2.21	12.6	12.8	12.5	1.6	10.8	11.1	.1	.1
1964	13.1	11.2	2.19	13.0	13.3	13.0	1.9	10.8	11.3	.1	.1
1965	13.5	11.0	2.12	13.3	13.3	13.5	2.3	10.9	11.1	.1	.0
1966	13.5	11.2	2.13	13.6	13.3	13.6	2.4	10.9	10.8	.1	-.1
1967	13.2	11.5	2.15	14.0	13.3	12.9	2.6	11.0	10.5	.1	-.2
1968	13.2	11.3	2.04	14.3	13.4	13.8	3.1	11.0	10.5	.1	-.3
1969	14.5	11.8	2.13	14.7	14.2	14.0	3.2	11.1	10.8	.1	-.1
1970	14.9	11.5	2.04	15.0	15.0	15.2	3.8	11.1	11.0	.2	.1
1971	15.7	11.9	2.04	15.4	15.8	15.2	4.5	11.2	11.3	.2	.3
1972	16.7	12.6	2.06	15.7	16.7	16.2	5.3	11.2	11.5	.2	.5
1980	--	--	--	18.4	23.2	21.7	--	11.6	13.5	.3	2.2

SPALTEN (1), (4) BIS (11) BESCHAEFTIGTE IN 1000, SPALTE (2) IN V. H.

REGION :KOBLENZ

INDUSTRIEGRUPPE LEDER UND TEXTIL

JAHR	E N T W I C K L U N G			T R E N D V E R G L E I C H				S T A N D O R T Q U A L I T A E T			
	(1) EMPIR. NIVEAU	(2) REGION. ANTEIL	(3) INTERREG VERGL.	(4) TREND L	(5) TREND M	(6) PROPOR-TIONAL	(7) PARA-LLEL	(8) INTER-AKT. L	(9) INTER-AKT. M	(10) WACHS-TUM L	(11) WACHS-TUM M
1960	10.9	9.8	.63	11.7	11.1	--	24.0	-12.7	-13.1	--	--
1961	11.7	10.1	.66	11.8	11.4	10.9	24.0	-12.2	-12.4	.4	.3
1962	11.9	10.3	.68	11.9	11.7	11.6	23.6	-11.6	-11.8	.4	.4
1963	12.0	10.5	.70	11.9	12.0	11.7	23.2	-11.1	-11.1	.4	.4
1964	12.2	10.5	.72	12.0	12.5	11.8	22.7	-10.6	-10.7	.3	.5
1965	12.7	10.4	.72	12.1	12.5	12.3	22.8	-10.0	-9.9	.3	.4
1966	13.0	10.8	.76	12.2	12.5	12.6	22.4	-9.5	-9.1	.3	.4
1967	12.2	10.7	.77	12.3	12.5	11.8	20.3	-9.0	-8.3	.2	.4
1968	12.4	10.6	.79	12.4	12.6	12.1	19.9	-8.4	-7.8	.2	.1
1969	12.5	10.2	.77	12.4	12.5	12.9	20.5	-7.9	-7.6	.2	.1
1970	12.6	9.7	.77	12.5	12.4	12.4	20.0	-7.3	-7.4	.1	.1
1971	12.5	9.5	.77	12.6	12.3	12.1	19.4	-6.8	-7.2	.1	.0
1972	12.0	9.0	.74	12.7	12.2	12.1	19.0	-6.2	-7.0	.1	.0
1980	--	--	--	13.4	11.5	9.9	--	-1.9	-5.4	-.1	-.2

SPALTEN (1), (4) BIS (11) BESCHAEFTIGTE IN 1000, SPALTE (2) IN V. H.

REGION :KOBLENZ

mit Leitsektorfunktionen liegen alle in der Größenordnung von 1o% bis 15%.

Die Beschäftigung der Industriegruppe *Steine* nahm im Beobachtungszeitraum von 2o.1oo auf 14.7oo ab, der Beschäftigungsanteil verringerte sich von 18,2% auf 11,o%. Die interregionale Wettbewerbsposition war weit überdurchschnittlich, verschlechterte sich jedoch im Zeitablauf zusehends. Die Trendanalyse zeigt, daß sich der Beschäftigungsrückgang seit Mitte der sechziger Jahre stabilisiert hat und auf einem Niveau von ca. 15.ooo Beschäftigten stagniert . Die Konjunkturstabilität lag unter dem Sektordurchschnitt. Der Indikator (7) ist aufgrund der geringen Sektor- und Regionsgröße negativ, das realisierte Beschäftigungsniveau entfiel somit auf die Interaktion von Sektor und Standort. Die regionalen Wachstumsbedingungen waren überwiegend ungünstig. Die Trendprognosen zeigen in Richtung weiteren Rückganges. Die Stabilisierung gegen Ende des Beobachtungszeitraumes macht eine Entwicklung in der Größenordnung des Sektordurchschnitts oder geringfügig darüber wahrscheinlich.

Die Beschäftigung der Industriegruppe *Eisen* verringerte sich von 17.ooo auf 12.6oo Beschäftigte, der Beschäftigungsanteil nahm von 15,4% auf 9,5% ab; die überdurchschnittliche interregionale Wettbewerbsposition verringerte sich auf einen durchschnittlichen Wert. Die Trendanalyse zeigt, daß sich der Beschäftigungsrückgang bereits Anfang der sechziger Jahre auf einem Niveau von etwa 13.ooo Beschäftigten stabilisierte. Die Konjunkturstabilität entsprach dem Sektordurchschnitt. Der Vergleich der Indikatoren (7) und (8) zeigt, daß das realisierte Niveau in etwa dem Erwartungswert aufgrund von Sektor- und Regionsgröße entsprach. Aufgrund der eingetretenen Stabilisierung des Rückganges ist eine weitere Abnahme in einer Größenordnung oberhalb der durchschnittlichen Sektorentwicklung wahrscheinlich.

Das Niveau der Beschäftigung der Industriegruppe *Montage*

verdoppelte sich im Beobachtungszeitraum und stieg von 1o.9oo auf 22.5oo Beschäftigte. Der Beschäftigungsanteil erhöhte sich von 9,8% auf 17,o%; die interregionale Wettbewerbsposition war unterdurchschnittlich, konnte sich aber deutlich verbessern. Die Trendanalyse zeigt, daß die Expansion relativ kontinuierlich verlief; die Konjunkturstabilität lag über dem Sektordurchschnitt. Der Vergleich der Indikatoren (7) und (8) zeigt eine hohe negative Interaktion von Sektor und Standort. Die regionalen Wachstumsbedingungen waren demgegenüber positiv mit zunehmender Tendenz. Die Trendprognosen signalisieren weiteres Wachstum, wobei auf dem relativ niedrigem Niveau bei günstigen regionalen Wachstumsbedingungen ein sektoral überdurchschnittliches Wachstum wahrscheinlich ist.

Die Beschäftigung der Industriegruppe *Elektro* stieg von 12.2oo auf 19.3oo, der Beschäftigungsanteil stieg von 11,1% auf 14,6%. Die interregionale Wettbewerbsposition war unterdurchschnittlich, konnte sich jedoch leicht verbessern. Die Trendanalyse zeigt ein kontinuierliches Wachstum, die Konjunkturstabilität lag über dem Sektordurchschnitt.Aus dem Vergleich der Indikatoren (7) und (8) wird ersichtlich, daß eine hohe negative Interaktion von Sektor und Standort vorlag. Die regionalen Wachstumsbedingungen waren positiv. Die Trendprognosen weisen in Richtung auf ein weiteres Wachstum , die günstigen Standortbedingungen machen ein Wachstum oberhalb des Sektordurchschnitts wahrscheinlich.

Die Beschäftigung der Industriegruppe *Holz 2* steigerte sich von 11.6oo auf 16.7oo Beschäftigte; der Beschäftigungsanteil nahm von 1o,5% auf 12,6% zu, und die überdurchschnittliche interregionale Wettbewerbsposition blieb konstant. Die Trendanalyse zeigt eine Stagnationsperiode in der Mitte des Beobachtungszeitraumes sowie ein überdurchschnittliches Wachstum gegen Ende des Beobachtungszeitraumes. Die Konjunkturstabilität lag geringfügig über dem Sektordurchschnitt. Der Vergleich der Indikatoren (7) und (8) macht deutlich, daß das realisierte Beschäftigungsniveau im wesentlichen auf die positive Interaktion von Sektor und Standort entfällt. Die regionalen Wachstumsbedingungen waren positiv. Die Trendprognosen signalisieren weiteres Wachstum, aufgrund der günstigen Standortbedingungen ist eine Entwicklung oberhalb des Branchendurchschnitts wahrscheinlich.

Die Beschäftigung der Industriegruppe *Textil* nahm von 1o.9oo auf 12.ooo Beschäftigte zu; da diese Zunahme unter der des Regionsdurchschnitts lag, verringerte sich der Beschäftigungsanteil geringfügig von 9,8% auf 9,o%. Die interregionale Wettbewerbsposition war unterdurchschnittlich, verbesserte sich jedoch etwas. Die Trendanalyse zeigt, daß das Beschäftigtenniveau im wesentlichen bei 11.ooo bis 12.ooo Beschäftigten stagnierte. Der Konjunktureinbruch war geringer als im Sektordurchschnitt. Aus dem Vergleich der Indikatoren (7) und (8) wird sichtbar, daß eine relativ hohe negative Interaktion von Sektor und Standort bestand, welche im Zeitablauf jedoch abnahm. Die regionalen Wachstumsbedingungen waren günstig. Da sich die regionale Standortungunst relativ stark abgebaut hat, ist entsprechend der Trendprognosen L und M ein Rückgang entsprechend dem Sektordurchschnitt nicht wahrscheinlich, statt dessen ist eine weitere Stagnation bei ca. 11.ooo Beschäftigten zu erwarten.

Die im Beobachtungszeitraum eingetretenen Veränderungen der Industriestruktur der Region RB Koblenz weisen in Richtung einer Verbesserung der Wachstumsqualität: Die regionalen Anteile der stagnierenden Sektoren *Steine*, *Eisen* und *Textil* haben sich verringert. Die Anteile der Wachstumsbranchen *Montage*, *Elektro* und *Holz 2* haben zugenommen. Es ist daher zu erwarten, daß sich die Wirtschaft der Region weiterhin überdurchschnittlich entwickeln wird.

(4) RB Trier

Die Region RB Trier gehört zusammen mit den Regionen RB Aurich und RB Stade zu den drei kleinsten Regionen des

TABELLE 2.21: ENTWICKLUNG DER BESCHAEFTIGUNG IN TRIER

INDUSTRIEGRUPPE MONTAGE

JAHR	ENTWICKLUNG (1) EMPIR. NIVEAU	(2) REGION. ANTEIL	(3) INTERREG VERGL.	TRENDVERGLEICH (4) TREND L	(5) TREND M	(6) PROPOR-TIONAL	(7) PARA-LLEL	STANDORTQUALITAET (8) INTER-AKT. L	(9) INTER-AKT. M	(10) WACHS-TUM L	(11) WACHS-TUM M
1960	2.2	13.1	.56	2.1	2.2	--	31.2	-30.1	-29.7	--	--
1961	2.5	13.4	.57	2.3	2.4	2.3	33.1	-30.6	-30.4	.1	.1
1962	2.7	13.6	.56	2.5	2.7	2.6	34.8	-31.0	-31.0	.1	.1
1963	3.0	15.0	.62	2.7	2.9	2.7	34.5	-31.5	-31.7	.1	.1
1964	3.0	14.3	.59	3.0	2.9	3.1	34.9	-31.9	-32.9	.1	-.2
1965	3.0	13.7	.56	3.2	3.0	3.1	36.4	-32.4	-32.7	.2	-.0
1966	3.1	13.2	.54	3.4	3.1	3.0	36.8	-32.8	-32.5	.2	.1
1967	2.9	13.4	.54	3.6	3.2	2.9	34.6	-33.3	-32.3	.2	.3
1968	3.6	15.7	.64	3.9	3.6	3.0	35.4	-33.7	-33.1	.2	.4
1969	3.9	15.5	.61	4.1	4.0	3.9	38.6	-34.2	-33.8	.3	.4
1970	4.4	16.8	.66	4.3	4.4	4.0	39.8	-34.6	-34.6	.3	.4
1971	5.0	18.1	.70	4.5	4.8	4.4	41.0	-35.1	-35.3	.3	.3
1972	5.1	18.0	.70	4.8	5.2	4.9	39.9	-35.5	-36.0	.3	.3
1980	--	--	--	6.6	8.5	6.1	--	-39.2	-41.8	.5	.1

SPALTEN (1), (4) BIS (11) BESCHAEFTIGTE IN 1000, SPALTE (2) IN V. H.

REGION :TRIER

INDUSTRIEGRUPPE HOLZ- UND KUNSTSTOFFVERARBEITUNG

	ENTWICKLUNG			TRENDVERGLEICH				STANDORTQUALITAET			
JAHR	(1) EMPIR. NIVEAU	(2) REGION. ANTEIL	(3) INTERREG VERGL.	(4) TREND L	(5) TREND M	(6) PROPOR-TIONAL	(7) PARA-LLEL	(8) INTER-AKT. L	(9) INTER-AKT. M	(10) WACHS-TUM L	(11) WACHS-TUM M
1960	.6	3.8	.75	.3	.6	--	-7.0	7.8	7.8	--	--
1961	.7	3.8	.76	.4	.7	.6	-7.3	7.7	7.8	-.0	.0
1962	.8	3.8	.76	.6	.7	.7	-7.1	7.7	7.7	.0	.0
1963	.7	3.4	.67	.8	.7	.8	-7.0	7.7	7.7	.0	.0
1964	.8	3.7	.72	1.0	.7	.7	-6.8	7.6	7.7	.1	.1
1965	.8	3.8	.73	1.2	1.0	.8	-6.8	7.6	7.6	.1	.1
1966	1.2	5.3	1.00	1.4	1.2	.9	-6.4	7.6	7.4	.2	.2
1967	1.5	6.7	1.25	1.6	1.4	1.2	-5.8	7.5	7.3	.2	.2
1968	1.7	7.4	1.34	1.8	1.5	1.5	-5.5	7.5	7.3	.3	-.0
1969	1.8	7.1	1.28	2.0	1.8	1.8	-5.7	7.4	7.4	.3	.1
1970	1.8	7.0	1.25	2.2	2.2	1.9	-5.6	7.4	7.4	.3	.3
1971	2.5	9.1	1.56	2.3	2.6	1.9	-5.0	7.4	7.4	.4	.4
1972	3.2	11.4	1.86	2.5	3.0	2.6	-4.1	7.3	7.5	.4	.6
1980	--	--	--	4.1	6.0	4.2	--	7.0	7.9	.7	1.8

SPALTEN (1), (4) BIS (11) BESCHAEFTIGTE IN 1000, SPALTE (2) IN V. H.

REGION :TRIER

INDUSTRIEGRUPPE **LEDER UND TEXTIL**

JAHR	ENTWICKLUNG (1) EMPIR. NIVEAU	(2) REGION. ANTEIL	(3) INTERREG VERGL.	TRENDVERGLEICH (4) TREND L	(5) TREND M	(6) PROPOR-TIONAL	(7) PARA-LLEL	STANDORTQUALITAET (8) INTER-AKT. L	(9) INTER-AKT. M	(10) WACHS-TUM L	(11) WACHS-TUM M
1960	2.5	15.3	.97	2.0	2.6	--	15.5	-13.9	-13.0	--	--
1961	2.9	15.6	1.02	2.5	2.7	2.5	15.2	-12.9	-12.5	.4	.1
1962	2.8	14.2	.94	3.0	2.9	2.9	15.0	-11.9	-11.9	.4	.2
1963	3.1	15.4	1.03	3.5	3.1	2.7	14.7	-10.9	-11.4	.4	.2
1964	3.3	15.6	1.07	4.0	2.8	3.1	14.0	-9.9	-11.5	.4	.2
1965	3.7	16.8	1.17	4.5	3.8	3.3	13.7	-8.8	-9.8	.4	.5
1966	3.9	17.1	1.20	5.0	4.8	3.7	13.6	-7.8	-8.1	.4	.9
1967	6.3	28.9	2.09	5.5	5.8	3.6	11.9	-6.8	-6.4	.4	1.2
1968	7.0	30.5	2.27	6.0	7.7	6.2	11.4	-5.8	-4.0	.3	.9
1969	8.1	32.0	2.42	6.5	7.5	7.2	11.6	-4.8	-3.7	.3	.5
1970	7.7	29.7	2.35	6.9	7.3	8.0	10.6	-3.8	-3.3	.3	.1
1971	7.1	25.6	2.08	7.4	7.1	7.5	10.0	-2.7	-3.0	.3	-.3
1972	6.4	22.6	1.86	7.9	6.9	6.9	9.5	-1.7	-2.7	.3	-.6
1980	--	--	--	11.9	5.2	5.3	--	6.4	-.0	.2	-3.6

SPALTEN (1), (4) BIS (11) BESCHAEFTIGTE IN 1000, SPALTE (2) IN V. H.

REGION :TRIER

INDUSTRIEGRUPPE NAHRUNG UND TABAK

JAHR	ENTWICKLUNG (1) EMPIR. NIVEAU	(2) REGION. ANTEIL	(3) INTERREG VERGL.	TRENDVERGLEICH (4) TREND L	(5) TREND M	(6) PROPOR-TIONAL	(7) PARA-LLEL	STANDORTQUALITAET (8) INTER-AKT. L	(9) INTER-AKT. M	(10) WACHS-TUM L	(11) WACHS-TUM M
1960	2.7	16.7	2.46	2.7	2.6	--	-3.3	6.0	6.1	--	--
1961	2.5	13.5	2.04	2.7	2.7	2.8	-3.7	6.1	6.2	.0	.0
1962	3.0	15.1	2.25	2.8	2.9	2.6	-3.4	6.2	6.3	.0	.1
1963	3.1	15.1	2.23	2.9	3.0	3.0	-3.2	6.4	6.4	.0	.1
1964	3.2	15.0	2.26	3.0	3.1	3.0	-3.4	6.5	6.8	.1	.0
1965	3.1	14.0	2.15	3.1	3.1	3.1	-3.8	6.6	6.6	.1	.0
1966	3.1	13.6	2.07	3.2	3.1	3.1	-3.6	6.7	6.5	.1	.1
1967	3.1	14.4	2.12	3.3	3.2	3.0	-2.9	6.8	6.3	.1	.1
1968	3.2	14.1	2.11	3.3	3.2	3.1	-3.0	6.9	6.6	.1	.1
1969	3.3	13.0	2.03	3.4	3.3	3.2	-3.8	7.1	6.9	.1	.1
1970	3.4	13.1	2.10	3.5	3.5	3.3	-4.3	7.2	7.2	.2	.2
1971	3.7	13.4	2.12	3.6	3.7	3.4	-3.9	7.3	7.5	.2	.2
1972	3.8	13.6	2.15	3.7	3.8	3.7	-3.7	7.4	7.9	.2	.2
1980	--	--	--	4.4	5.2	3.8	--	8.4	10.4	.3	.6

SPALTEN (1), (4) BIS (11) BESCHAEFTIGTE IN 1000, SPALTE (2) IN V. H.

REGION :TRIER

Bundesgebietes, deren Anteil an der Beschäftigung des Sekundärbereiches 1972 kleiner war als 1/2%. Dieser Tatbestand relativiert das überdurchschnittliche Wachstum (Regionalfaktor 142,1%), welches bei wenig wachstumsgünstiger Industriestruktur (Strukturfaktor 96,3%) aufgrund von standortbedingten Verlagerungsgewinnen erzielt wurde. Die vier Sektorgruppen mit Leitsektoren sind *Montage*, *Holz2*, *Textil* und *Nahrung*, auf welche zusammen gut 60% der Beschäftigung des Sekundärbereiches entfielen.

Das Beschäftigungsniveau der Industriegruppe *Montage* hat sich im Beobachtungszeitraum mehr als verdoppelt von 2.200 auf 5.100 Beschäftigte, wodurch der Beschäftigungsanteil von 13,1% auf 18,0% stieg, die unterdurchschnittliche regionale Wettbewerbsposition verbesserte sich erheblich. Die Trendanalyse zeigt ein relativ konstantes Wachstum, das sich gegen Ende des Beobachtungszeitraumes geringfügig beschleunigte. Die Konjunkturstabilität entsprach dem Sektordurchschnitt. Aus dem Vergleich der Indikatoren (7) und (8) ist ersichtlich, daß eine hohe negative Interaktion von Sektor und Standort bestand. Auf dem vorhandenen niedrigen Niveau war jedoch eine relativ hohe regionale Wachstumsgunst vorhanden, welche sich im Zeitablauf noch verbesserte. Die Trendprognosen weisen in Richtung weiterer Expansion, wobei aufgrund der regionalen Wachstumsgunst eine Entwicklung oberhalb des Sektordurchschnitts erwartet werden kann.

Die Beschäftigung der Industriegruppe *Holz 2* zeigte ebenfalls eine rasche Expansion, die Beschäftigung stieg von 600 auf 3.200 Beschäftigte, der Beschäftigungsanteil erhöhte sich von 3,8% auf 11,4%. Die interregionale Wettbewerbsposition wandelte sich von einer unterdurchschnittlichen auf eine überdurchschnittliche Position. Aus der Trendanalyse ist ersichtlich, daß sich das Wachstum ab Mitte des Beobachtungszeitraumes erheblich beschleunigte. Die Konjunkturstabilität lag über dem Sektordurchschnitt. Der Erwartungswert des Niveaus aufgrund von Sektor- und Regionsgröße ist, da es sich um einen kleinen Sektor einer kleinen Region handelt, negativ. Der Vergleich der Indikatoren (7) und (8) zeigt, daß das realisierte Niveau auf die positive Interaktion von Sektor und Standort entfiel. Die regionalen Wachstumsbedingungen waren positiv und verbesserten sich im Zeitablauf. Die Trendprognosen zeigen in Richtung Beschäftigungszunahme, wobei aufgrund der Wachstumsgunst eine Zunahme oberhalb des Sektordurchschnitts zu erwarten ist.

Die Beschäftigung der Industriegruppe *Textil* entwickelte sich regional und sektoral überdurchschnittlich. Ihr Niveau erhöhte sich von 2.5oo auf 6.4oo Beschäftigte; der Beschäftigungsanteil stieg von 15,3% auf 22,6%; die interregionale Wettbewerbsposition verbesserte sich von einer durchschnittlichen auf eine weit überdurchschnittliche Position. Die Trendanalyse zeigt, daß die Beschäftigung im Jahre 1969 ihren Höchststand erreicht hat und dann abnahm. Die Konjunkturstabilität lag über dem Sektordurchschnitt. Der Vergleich der Indikatoren (7) und (8) zeigt, daß eine hohe negative Interaktion von Sektor und Standort bestand. Die regionalen Wachstumsbedingungen waren positiv, nahmen jedoch gegen Ende des Beobachtungszeitraumes stark ab. Da der Höchststand der Beschäftigung in der zweiten Hälfte des Beobachtungszeitraumes liegt, ist die Trendprognose L nicht relevant, denn sie überzeichnet die Entwicklung. Die Varianten M und proportional weisen in Richtung auf einen Beschäftigungsrückgang, der in der Größenordnung des Sektordurchscnitts als wahrscheinlich gelten kann.

Die Beschäftigung der Industriegruppe *Nahrung* wuchs von 2.7oo auf 3.8oo Beschäftigte. Der Beschäftigungsanteil nahm jedoch von 16,7% auf 13,6% ab. Die überdurchschnittliche interregionale Wettbewerbspostition verschlechterte sich. Die Trendanalyse zeigt, daß in der Mitte des Beobachtungszeitraumes eine Stagnationsperiode bestand. Die Konjunkturstabilität entsprach dem Sektordurchschnitt. Aus dem Vergleich der Indikatoren (7) und (8) ist ersichtlich, daß das Niveau aufgrund der positiven Interaktion von Sektor und Standort zustande kam. Die regionalen Wachstumsbedingungen waren positiv. Die Trendprognosen weisen einheitlich in Richtung weiterer Zunahme. Aufgrund der günstigen Standortbedingungen erscheint eine Entwicklung oberhalb des Sektordurchschnitts wahrscheinlich.

Im Beobachtungszeitraum hat sich die Wachstumsqualität der Industriestruktur der Region RB Trier erheblich verbessert. Die Wachstumsbranchen *Montage* und *Holz 2* sowie die gering vertretene Elektroindustrie haben ihre Anteile an der industriellen Beschäftigung erhöht. Die Anteile der Bereiche *Textil* und *Nahrung* sind rückläufig. Es ist daher zu erwarten, daß sich die Wirtschaft der Region weiterhin überdurchschnittlich entwickeln wird.

(5) RB Rheinhessen-Pfalz

Die Region RB Rheinhessen-Pfalz realisierte ein geringfügig überdurchschnittliches Wachstum (Regionalfaktor 1oo,9%), welches sich im wesentlichen aus der wachstumsgünstigen Industriestruktur ergab(Strukturfaktor 1oo,7%, Standortfaktor 1oo,2%). Die Wirtschaft der Region weist drei industrielle Leitsektoren auf: *Chemie*, *Montage* und *Textil*, welche zusammen etwa zwei Drittel der Beschäftigung des Sekundärbereiches auf sich vereinigten.

Wichtigster Leitsektor der Region ist die Industriegruppe *Chemie*; ihre Beschäftigung erhöhte sich von 64.ooo auf 69.5oo Beschäftigte. Der Beschäftigungsanteil blieb relativ konstant in einer Größenordnung von 28%, die interregionale Wettbewerbsposition war weit überdurchschnittlich, nahm aber etwas ab. Die Trendanalyse zeigt, daß das Wachstum im wesentlichen in der zweiten Hälfte des Beobachtungszeitraumes stattfand. Die Konjunkturstabilität lag geringfügig über dem Sektordurchschnitt. Aus dem Vergleich der Indikatoren (7) und (8) ist ersichtlich, daß das Niveau zum weit überwiegenden Teil auf die hohe positive Interaktion von Sektor und Standort entfiel. Die regionalen Wachstumsbedingungen waren ungünstig, jedoch mit abnehmender Tendenz. Die

TABELLE 2.22: ENTWICKLUNG DER BESCHAEFTIGUNG IN RHEINHESSEN-PFALZ

INDUSTRIEGRUPPE CHEMIE

	ENTWICKLUNG			TRENDVERGLEICH				STANDORTQUALITAET			
JAHR	(1) EMPIR. NIVEAU	(2) REGION. ANTEIL	(3) INTERREG VERGL.	(4) TREND L	(5) TREND M	(6) PROPOR-TIONAL	(7) PARA-LLEL	(8) INTER-AKT. L	(9) INTER-AKT. M	(10) WACHS-TUM L	(11) WACHS-TUM M
1960	64.0	28.4	3.59	63.5	64.8	--	18.0	45.6	46.6	--	--
1961	66.3	28.7	3.60	64.0	64.6	66.7	18.6	45.7	46.2	-1.1	-.9
1962	63.7	27.4	3.43	64.5	64.4	67.0	18.7	45.8	45.7	-1.0	-1.1
1963	63.4	27.9	3.41	65.0	64.2	64.8	18.7	45.9	45.3	-.9	-1.3
1964	64.4	28.0	3.37	65.5	65.6	64.9	19.2	46.0	46.1	-.9	.1
1965	66.6	28.1	3.35	66.0	65.7	66.7	20.0	46.1	46.0	-.8	-.2
1966	67.1	28.2	3.30	66.4	65.9	67.4	20.4	46.2	45.9	-.7	-.5
1967	65.9	29.2	3.31	66.9	66.0	65.1	19.9	46.3	45.7	-.6	-.8
1968	65.3	28.7	3.20	67.4	66.4	67.6	20.4	46.4	45.4	-.5	-2.4
1969	67.5	28.3	3.14	67.9	67.4	69.5	21.5	46.5	46.0	-.4	-1.6
1970	70.5	28.1	3.07	68.4	68.5	70.7	23.0	46.6	46.6	-.4	-.7
1971	69.6	28.2	3.09	68.9	69.5	69.7	22.5	46.7	47.2	-.3	.1
1972	69.5	28.8	3.14	69.4	70.6	68.5	22.1	46.8	47.8	-.2	1.0
1980	--	--	--	73.4	78.9	86.3	--	47.6	52.7	.5	7.7

SPALTEN (1), (4) BIS (11) BESCHAEFTIGTE IN 1000, SPALTE (2) IN V. H.

REGION :RHEINHESSEN-PFALZ

INDUSTRIEGRUPPE MONTAGE

JAHR	ENTWICKLUNG (1) EMPIR. NIVEAU	(2) REGION. ANTEIL	(3) INTERREG VERGL.	TRENDVERGLEICH (4) TREND L	(5) TREND M	(6) PROPOR-TIONAL	(7) PARA-LLEL	STANDORTQUALITAET (8) INTER-AKT. L	(9) INTER-AKT. M	(10) WACHS-TUM L	(11) WACHS-TUM M
1960	37.6	16.7	.72	35.1	37.8	--	50.2	-16.0	-13.3	--	--
1961	38.2	16.5	.70	36.6	38.0	39.5	52.4	-15.3	-14.0	-.0	-.6
1962	38.8	16.7	.69	38.1	38.2	39.5	54.1	-14.6	-14.6	.1	-.3
1963	37.5	16.5	.68	39.5	38.5	38.4	53.3	-13.8	-15.2	.2	-.0
1964	39.2	17.0	.70	41.0	39.3	37.9	53.9	-13.1	-15.9	.3	.7
1965	41.3	17.5	.71	42.5	40.8	40.5	55.9	-12.3	-14.1	.4	1.2
1966	42.7	18.0	.73	43.9	42.3	41.4	56.3	-11.6	-12.4	.5	1.7
1967	42.1	18.7	.76	45.4	43.8	40.2	53.1	-10.8	-10.6	.6	2.2
1968	46.1	20.2	.82	46.9	47.9	42.9	54.1	-10.1	-7.9	.7	2.4
1969	49.4	20.8	.82	48.4	49.3	49.7	58.0	-9.3	-7.8	.9	1.6
1970	53.7	21.4	.85	49.8	50.8	51.0	60.3	-8.6	-7.7	1.0	.9
1971	52.9	21.5	.83	51.3	52.2	54.5	60.9	-7.9	-7.6	1.1	.1
1972	51.7	21.4	.83	52.8	53.7	51.6	59.3	-7.1	-7.4	1.2	-.6
1980	--	--	--	64.6	65.4	61.4	--	-1.1	-6.5	2.1	-6.6

SPALTEN (1), (4) BIS (11) BESCHAEFTIGTE IN 1000, SPALTE (2) IN V. H.

REGION :RHEINHESSEN-PFALZ

INDUSTRIEGRUPPE LEDER UND TEXTIL

	ENTWICKLUNG			TRENDVERGLEICH				STANDORTQUALITAET			
JAHR	(1) EMPIR. NIVEAU	(2) REGION. ANTEIL	(3) INTERREG VERGL.	(4) TREND L	(5) TREND M	(6) PROPOR-TIONAL	(7) PARA-LLEL	(8) INTER-AKT. L	(9) INTER-AKT. M	(10) WACHS-TUM L	(11) WACHS-TUM M
1960	50.3	22.3	1.42	51.9	50.6	--	34.5	16.9	15.9	--	--
1961	50.0	21.7	1.41	51.0	50.3	50.7	34.5	16.5	15.9	.1	-.0
1962	50.9	21.9	1.45	50.1	49.9	49.8	34.3	16.1	15.9	.1	.0
1963	49.3	21.7	1.44	49.2	49.5	50.2	33.5	15.7	16.0	.0	.1
1964	48.8	21.2	1.45	48.3	50.4	48.4	33.0	15.3	16.7	-.0	.6
1965	49.7	21.0	1.47	47.4	48.6	48.9	33.2	14.9	15.8	-.1	.3
1966	49.1	20.6	1.45	46.6	46.8	49.3	33.1	14.5	14.9	-.2	-.0
1967	43.5	19.3	1.40	45.7	45.0	44.7	30.4	14.1	13.9	-.2	-.4
1968	42.8	18.8	1.39	44.8	44.3	42.9	30.0	13.7	13.5	-.3	.3
1969	44.1	18.5	1.40	43.9	43.5	44.5	30.9	13.2	13.0	-.3	.0
1970	44.6	17.8	1.40	43.1	42.7	43.6	31.1	12.9	12.6	-.4	-.3
1971	42.4	17.2	1.40	42.2	42.0	43.1	29.8	12.4	12.1	-.4	-.6
1972	39.7	16.5	1.35	41.3	41.2	41.2	28.9	12.0	11.7	-.5	-.9
1980	--	--	--	34.2	34.9	33.0	--	8.8	8.1	-.9	-3.2

SPALTEN (1), (4) BIS (11) BESCHAEFTIGTE IN 1000, SPALTE (2) IN V. H.

REGION :RHEINHESSEN-PFALZ

Trendprognosen weisen in Richtung weiteren Wachstums. Auf dem bestehenden hohen Niveau dürfte der Wachstumsspielraum jedoch relativ begrenzt sein, so daß nur eine Zunahme unterhalb des Sektordurchschnitts erwartet werden kann.

Die Beschäftigung der Industriegruppe *Montage* stieg von 37.6oo auf 51.7oo Beschäftigte und verzeichnete somit eine regional und sektoral überdurchschnittliche Entwicklung. Der Beschäftigungsanteil vergrößerte sich von 16,7% auf 21,4%, die interregionale Wettbewerbsposition war unterdurchschnittlich, verbesserte sich aber deutlich. Die Trendanalyse zeigt ein relativ konstantes Wachstum; die Konjunkturstabilität lag über dem Sektordurchschnitt. Der Vergleich der Indikatoren (7) und (8) zeigt eine relativ hohe negative Interaktion von Sektor und Standort, welche im Zeitablauf jedoch abnahm. Die regionalen Wachstumsbedingungen waren positiv und verbesserten sich im Zeitablauf weiter. Aufgrund der Entwicklung der Standortbedingungen kann das zukünftige Wachstum oberhalb des Sektordurchschnitts erwartet werden.

Die Beschäftigung der Industriegruppe *Textil* verringerte sich von 5o.3oo auf 39.7oo Beschäftigte, wodurch der regionale Anteil von 22,3% auf 16,5% abnahm; die überdurchschnittliche interregionale Wettbewerbsposition nahm ebenfalls ab. Die Trendanalyse zeigt einen relativ kontinuierlichen Beschäftigungsrückgang. Die Konjunkturstabilität lag unter dem Sektordurchschnitt. Aus dem Vergleich der Indikatoren (7) und (8) wird sichtbar, daß ein relativ großer Teil des Beschäftigungsniveaus auf die hohe positive Interaktion von Sektor und Standort entfiel. Die regionalen Wachstumsbedingungen waren überwiegend negativ. Die Trendprognosen zeigen in Richtung weiterer Abnahme und haben eine ähnliche Größenordnung. Aufgrund der verschlechterten Wachstumsgunst ist eine Verringerung des Beschäftigungsniveaus in Höhe des Sektordurchschnitts wahrscheinlich.

Die industrielle Entwicklung der Region RB Rheinhessen-Pfalz war im Beobachtungszeitraum davon geprägt, daß sich der größte Leitsektor der Region, die Industriegruppe *Chemie*, bezogen auf den Gesamtsektor, nur noch unterdurchschnittlich entwickelte. Zwischen den Bereichen *Textil* und *Montage* fand per saldo eine Umschichtung der Beschäftigung statt, welche eine Verbesserung der Wachstumsqualität der Industriestruktur der Region bewirkte. Da der größte industrielle Leitsektor, *Chemie*, wahrscheinlich in seiner Entwicklung unter der Branchenentwicklung bleiben wird, ist mit einer Abschwächung der Wachstumsposition der Region zu rechnen.

(6) Saarland
Der Industriebereich des Saarlandes entwickelte sich im Beobachtungszeitraum oberhalb des Bundesdurchschnittes (Regionalfaktor 1o7,8%). Dieses überdurchschnittliche Wachstum kam aufgrund günstiger Standortbedingungen zustande (Standortfaktor 113,6%). Die industriellen Leitsektoren der Region gehören alle dem Metallbereich an: *Eisen*, *Montage* und *Elektro*, auf sie entfielen insgesamt ca. drei Viertel der industriellen Beschäftigung der Region.

Der größte Leitsektor der Region war die Industriegruppe *Eisen*, deren Beschäftigung im Beobachtungszeitraum rückläufig war von 54.6oo auf 51.1oo Beschäftigte; der Beschäftigungsanteil verringerte sich von 4o,9% auf 37,7%. Die interregionale Wettbewerbsposition blieb weit überdurchschnittlich und verringerte sich nur geringfügig. Die Trendanalyse zeigt, daß die Entwicklung von zahlreichen Schwankungen um einen rückläufigen Trend gekennzeichnet war; die Konjunkturstabilität entsprach in etwa dem Sektordurchschnitt. Aus dem Vergleich der Indikatoren (7) und (8) ist ersichtlich, daß der überwiegende Teil des Beschäftigungsniveaus auf die hohe positive Interaktion von Sektor und Standort entfiel. Die relevanten Trendprognosen, Trend L und proportional, weisen in Richtung auf einen weiteren Rückgang in annähernd gleicher Größenordnung, die Trendvariante M ist wegen des

TABELLE 2.34: ENTWICKLUNG DER BESCHAEFTIGUNG IN SAARLAND

INDUSTRIEGRUPPE EISEN UND METALL

	ENTWICKLUNG			TRENDVERGLEICH				STANDORTQUALITAET			
JAHR	(1) EMPIR. NIVEAU	(2) REGION. ANTEIL	(3) INTERREG VERGL.	(4) TREND L	(5) TREND M	(6) PROPOR-TIONAL	(7) PARA-LLEL	(8) INTER-AKT. L	(9) INTER-AKT. M	(10) WACHS-TUM L	(11) WACHS-TUM M
1960	54.6	47.9	4.29	56.7	56.1	--	14.7	42.0	41.0	--	--
1961	57.8	48.7	4.34	56.2	55.9	56.7	15.4	41.6	41.1	.2	.3
1962	56.6	47.6	4.37	55.7	55.8	56.6	14.8	41.3	41.2	.1	.3
1963	54.4	46.5	4.39	55.2	55.6	54.7	13.9	41.0	41.3	.1	.2
1964	55.4	46.8	4.40	54.7	57.1	55.0	14.1	40.6	42.6	.1	.9
1965	56.7	46.7	4.41	54.2	55.3	56.5	14.4	40.3	41.4	.1	.4
1966	55.3	45.7	4.45	53.7	53.6	54.7	13.6	40.0	40.3	.1	-.2
1967	51.2	46.1	4.57	53.2	51.8	51.0	12.2	39.7	39.2	.1	-.7
1968	49.4	44.2	4.41	52.7	50.3	51.6	12.1	39.3	37.8	.1	-1.7
1969	50.6	41.7	4.26	52.2	50.8	50.9	12.6	39.0	38.0	.1	-.9
1970	53.1	40.2	4.04	51.7	51.3	53.1	14.0	38.7	38.2	.1	-.1
1971	52.5	38.8	3.99	51.2	51.8	51.4	13.7	38.3	38.4	.1	.6
1972	51.1	37.7	3.98	50.7	52.4	50.2	13.2	38.0	38.6	.1	1.4
1980	--	--	--	46.7	56.6	46.5	--	35.3	40.2	.1	7.5

SPALTEN (1), (4) BIS (11) BESCHAEFTIGTE IN 1000, SPALTE (2) IN V. H.

REGION :SAARLAND

INDUSTRIEGRUPPE MONTAGE

JAHR	ENTWICKLUNG (1) EMPIR. NIVEAU	(2) REGION. ANTEIL	(3) INTERREG VERGL.	TRENDVERGLEICH (4) TREND L	(5) TREND M	(6) PROPORTIONAL	(7) PARALLEL	STANDORTQUALITAET (8) INTERAKT. L	(9) INTERAKT. M	(10) WACHSTUM L	(11) WACHSTUM M
1960	22.5	19.8	.85	21.2	22.7	--	40.0	-19.6	-18.2	--	--
1961	23.1	19.5	.83	22.3	23.5	23.7	42.2	-19.3	-18.3	-.2	.1
1962	25.2	21.2	.88	23.4	24.3	23.9	43.8	-18.9	-18.3	-.0	.3
1963	24.9	21.2	.88	24.5	25.1	25.0	43.3	-18.5	-18.4	.2	.4
1964	25.7	21.7	.90	25.6	26.4	25.1	43.8	-18.2	-18.5	.4	.3
1965	26.4	21.8	.89	26.7	26.0	26.6	45.4	-17.8	-18.6	.6	.2
1966	26.9	22.2	.90	27.7	25.6	26.5	45.7	-17.5	-18.6	.8	.0
1967	24.1	21.7	.88	28.8	25.3	25.3	42.7	-17.1	-18.6	1.0	-.1
1968	25.0	22.4	.90	29.9	26.1	24.5	43.5	-16.7	-18.9	1.2	1.8
1969	29.1	24.0	.95	31.0	29.2	27.0	47.4	-16.4	-17.3	1.3	1.9
1970	34.1	25.9	1.02	32.1	32.3	30.0	49.5	-16.0	-15.8	1.5	2.0
1971	36.7	27.2	1.05	33.2	35.4	34.6	50.7	-15.7	-14.3	1.7	2.0
1972	36.7	27.1	1.06	34.2	38.5	35.8	49.6	-15.3	-12.8	1.9	2.1
1980	--	--	--	42.9	63.3	43.5	--	-12.4	-.6	3.5	2.8

SPALTEN (1), (4) BIS (11) BESCHAEFTIGTE IN 1000. SPALTE (2) IN V. H.

REGION :SAARLAND

INDUSTRIEGRUPPE ELEKTRO- UND FEINMECHANIK

	ENTWICKLUNG			TRENDVERGLEICH				STANDORTQUALITAET			
JAHR	(1) EMPIR. NIVEAU	(2) REGION. ANTEIL	(3) INTERREG VERGL.	(4) TREND L	(5) TREND M	(6) PROPOR-TIONAL	(7) PARA-LLEL	(8) INTER-AKT. L	(9) INTER-AKT. M	(10) WACHS-TUM L	(11) WACHS-TUM M
1960	9.4	8.2	.46	9.0	9.4	--	28.8	-19.8	-19.8	--	--
1961	9.9	8.3	.46	9.4	9.7	9.8	30.5	-20.1	-20.1	-.0	.0
1962	9.8	8.3	.46	9.7	9.9	9.9	30.3	-20.4	-20.4	.0	.1
1963	10.1	8.6	.47	10.1	10.2	9.9	30.7	-20.6	-20.7	.1	.2
1964	10.6	8.9	.48	10.4	10.9	10.3	31.5	-20.9	-21.5	.1	.1
1965	11.1	9.1	.48	10.8	10.7	11.0	32.9	-21.2	-21.3	.2	.1
1966	10.9	9.0	.48	11.1	10.6	11.0	32.5	-21.4	-21.1	.2	.0
1967	9.8	8.8	.47	11.5	10.4	10.2	30.2	-21.7	-21.0	.2	.0
1968	10.5	9.4	.49	11.9	11.1	10.1	31.3	-22.0	-21.5	.3	.6
1969	12.1	10.0	.51	12.2	11.9	11.3	34.3	-22.2	-22.0	.3	.6
1970	13.4	10.2	.51	12.6	12.7	12.8	37.1	-22.5	-22.5	.4	.5
1971	13.7	10.1	.51	12.9	13.5	13.1	36.6	-22.7	-23.0	.4	.4
1972	13.7	10.1	.51	13.3	14.3	13.5	36.6	-23.0	-23.5	.5	.4
1980	--	--	--	16.1	20.8	16.4	--	-25.1	-27.3	.8	-.1

SPALTEN (1), (4) BIS (11) BESCHAEFTIGTE IN 1000, SPALTE (2) IN V. H.

REGION :SAARLAND

verzögerten Konjunkturverlaufes und der Kleinstquadrateigenschaften des Trends irreführend. Aufgrund der Standortbedingungen ist ein Rückgang in der Größenordnung des Sektordurchschnitts wahrscheinlich.

Die Beschäftigung der Industriegruppe *Montage* erhöhte sich im Beobachtungszeitraum von 22.5oo auf 36.7oo Beschäftigte; der Beschäftigungsanteil stieg von 19,8% auf 27,1%. Die anfänglich unterdurchschnittliche interregionale Wettbewerbsposition stieg auf ein durchschnittliches Niveau an. Das Wachstum erfolgte, abgesehen vom Konjunktureinbruch, relativ kontinuierlich. Die Konjunkturstabilität lag unter dem Sektordurchschnitt. Der Vergleich der Indikatoren (7) und (8) zeigt, daß eine negative Interaktion von Sektor und Standort bestand, welche im Zeitablauf jedoch abnahm. Die regionalen Wachstumsbedingungen waren positiv mit ansteigendem Trend. Die Trendprognosen weisen in Richtung weiteren Wachstums, die Trendvariante M überzeichnet aufgrund des verzögerten Konjunkturverlaufes die Entwicklung. Aufgrund der günstigen Wachstumsbedingungen ist ein Wachstum oberhalb des Sektordurchschnitts wahrscheinlich.

Die Beschäftigung der Industriegruppe *Elektro* stieg von 9.3oo auf 13.4oo Beschäftigte. Der Beschäftigungsanteil erhöhte sich von 8,2% auf 1o,1%; die interregionale Wettbewerbsposition war weit überdurchschnittlich und verbesserte sich noch etwas. Das Wachstum erfolgte, abgesehen vom Konjunktureinbruch, kontinuierlich. Die Konjunkturstabilität lag geringfügig unter dem Sektordurchschnitt. Der Vergleich der Indikatoren (7) und (8) zeigt, daß eine hohe negative Interaktion von Sektor und Standort bestand. Die regionalen Wachstumsbedingungen waren jedoch positiv mit steigendem Trend. Die Trendprognosen zeigen in Richtung weiterer Zunahme; die Varianten Trend L und proportional haben die gleiche Größenordnung und geben den wahrscheinlichen Entwicklungspfad an. Die Variante M überzeichnet die Entwicklung aufgrund des verzögerten Konjunkturverlaufes und der Kleinstquadrateigenschaften der Trendgeraden.

Innerhalb der Industriestruktur des Saarlandes ergab sich im Beobachtungszeitraum eine deutliche Umschichtung: Die Beschäftigung verlagerte sich von der Eisen und Metall schaffenden Industrie auf den verarbeitenden Bereich in den Sektoren *Montage* und *Elektro*. Die Wachstumsqualität der Industriestruktur der Region erfuhr dadurch eine erhebliche Verbesserung, und es kann erwartet werden, daß die Entwicklung im industriellen Bereich in der Region Saarland weiterhin überdurchschnittlich sein wird.

3.2.5. Baden-Württemberg

(1) RB Nordwürttemberg
Die Region RB Nordwürttemberg ist mit einem Anteil von 8.9% an der Beschäftigung des Sekundärbereiches die zweitgrößte industrielle Agglomeration des Bundesgebietes. Trotz dem erreichten hohen Niveau wurde im Beobachtungszeitraum noch ein überdurchschnittliches Wachstum realisiert (Regionalfaktor 1o2,o%). Dieser überdurchschnittliche Zuwachs ergab sich aus der wachstumsgünstigen Industriestruktur der Region (Strukturfaktor 1o2,5), welche von den überproportionalen Anteilen an den Wachstumsbranchen *Montage* und *Elektro* bestimmt wird.

Der größte industrielle Leitsektor war die Industriegruppe *Montage*, deren Beschäftigung im Beobachtungszeitraum von 2o3.4oo auf 256.7oo anstieg. Der Beschäftigungsanteil wuchs dabei von 32,3% auf 37,5%; die überdurchschnittliche interregionale Wettbewerbsposition verbesserte sich noch geringfügig. Die Trendanalyse zeigt, daß die Entwicklung relativ kontinuierlich erfolgte, die Konjunkturstabilität lag über dem Sektordurchschnitt. Aus dem Vergleich der Indikatoren (7) und (8) wird sichtbar, daß der überwiegende Teil des Niveaus auf die hohe positive Interaktion von Sektor und Standort entfiel. Die regionalen Wachstumsbedingungen waren ebenfalls positiv.
Die Trendprognosen weisen einheitlich in Richtung weiteren Wachstums, wobei angesichts der Entwicklung der Stand-

TABELLE 2.23: ENTWICKLUNG DER BESCHAEFTIGUNG IN NORDWUERTTEMBERG

INDUSTRIEGRUPPE MONTAGE

	ENTWICKLUNG			TRENDVERGLEICH				STANDORTQUALITAET			
JAHR	(1) EMPIR. NIVEAU	(2) REGION. ANTEIL	(3) INTERREG VERGL.	(4) TREND L	(5) TREND M	(6) PROPOR-TIONAL	(7) PARA-LLEL	(8) INTER-AKT. L	(9) INTER-AKT. M	(10) WACHS-TUM L	(11) WACHS-TUM M
1960	203.4	32.3	1.39	207.5	207.8	--	86.9	119.1	119.6	--	--
1961	214.7	33.1	1.41	212.0	212.6	213.4	90.4	122.5	123.1	1.1	.8
1962	221.8	34.1	1.41	216.4	217.4	222.0	92.1	125.9	126.6	1.1	.3
1963	224.3	34.4	1.43	220.9	222.2	219.9	91.9	129.3	130.1	1.1	-.2
1964	222.6	33.9	1.40	225.3	226.3	226.6	92.7	132.7	131.7	1.1	-2.2
1965	231.4	34.4	1.41	229.8	228.0	230.3	95.6	136.1	134.1	1.1	-.2
1966	235.3	35.0	1.42	234.2	229.8	232.0	95.9	139.5	136.5	1.1	1.8
1967	225.5	35.4	1.44	238.6	231.5	221.2	90.4	143.0	138.8	1.1	3.9
1968	234.2	36.2	1.46	243.1	242.7	229.7	92.2	146.4	147.3	1.1	2.4
1969	253.9	36.8	1.45	247.5	247.9	252.5	99.1	149.8	150.7	1.0	1.6
1970	259.7	36.6	1.45	252.0	253.1	262.0	102.0	153.2	154.2	1.0	.7
1971	261.1	37.5	1.45	256.4	258.3	263.3	101.8	156.6	157.7	1.0	-.1
1972	256.7	37.5	1.46	260.9	263.5	254.5	99.6	160.0	161.1	1.0	-.9
1980	--	--	--	296.4	305.2	304.4	--	187.3	188.8	1.0	-7.5

SPALTEN (1), (4) BIS (11) BESCHAEFTIGTE IN 1000, SPALTE (2) IN V. H.

REGION :NORDWUERTTEMBERG

INDUSTRIEGRUPPE **ELEKTRO- UND FEINMECHANIK**

JAHR	ENTWICKLUNG (1) EMPIR. NIVEAU	(2) REGION. ANTEIL	(3) INTERREG VERGL.	TRENDVERGLEICH (4) TREND L	(5) TREND M	(6) PROPOR-TIONAL	(7) PARA-LLEL	STANDORTQUALITAET (8) INTER-AKT. L	(9) INTER-AKT. M	(10) WACHS-TUM L	(11) WACHS-TUM M
1960	158.9	25.2	1.41	158.0	159.4	--	75.7	81.5	82.9	--	--
1961	163.7	25.2	1.39	160.0	160.8	167.0	78.7	82.6	83.2	-1.1	-1.8
1962	160.4	24.7	1.37	162.0	162.1	163.3	78.6	83.7	83.6	-1.0	-.9
1963	160.2	24.6	1.34	164.0	163.5	162.2	79.3	84.7	83.9	-.9	-.0
1964	167.4	25.5	1.37	166.0	170.5	163.8	80.4	85.8	88.6	-.8	2.2
1965	172.7	25.7	1.36	168.0	169.2	173.7	83.0	86.9	87.9	-.7	1.4
1966	171.0	25.4	1.36	170.0	168.0	171.0	82.7	88.0	87.1	-.6	.6
1967	162.7	25.6	1.37	172.0	166.7	160.1	77.9	89.1	86.4	-.5	-.2
1968	165.9	25.6	1.34	174.0	172.1	168.0	80.0	90.2	89.1	-.4	-2.2
1969	178.7	25.9	1.33	176.0	175.4	179.3	86.1	91.3	90.9	-.4	-1.6
1970	186.2	26.2	1.32	178.1	178.6	188.9	89.6	92.3	92.7	-.3	-1.0
1971	181.6	26.0	1.32	180.1	181.9	182.4	87.7	93.4	94.4	-.2	-.4
1972	180.7	26.4	1.33	182.1	185.1	179.7	86.5	94.5	96.2	-.1	.2
1980	--	--	--	198.1	211.1	215.4	--	103.2	110.5	.6	5.1

SPALTEN (1), (4) BIS (11) BESCHAEFTIGTE IN 1000, SPALTE (2) IN V. H.

REGION :NORDWUERTTEMBERG

INDUSTRIEGRUPPE LEDER UND TEXTIL

JAHR	ENTWICKLUNG (1) EMPIR. NIVEAU	(2) REGION. ANTEIL	(3) INTERREG VERGL.	TRENDVERGLEICH (4) TREND L	(5) TREND M	(6) PROPOR-TIONAL	(7) PARA-LLEL	STANDORTQUALITAET (8) INTER-AKT. L	(9) INTER-AKT. M	(10) WACHS-TUM L	(11) WACHS-TUM M
1960	105.2	16.7	1.06	105.4	104.9	--	71.2	33.2	33.0	--	--
1961	102.6	15.8	1.03	103.2	102.8	105.9	72.4	31.2	30.9	-.9	-1.4
1962	100.2	15.4	1.02	101.0	100.7	102.1	72.3	29.1	28.8	-.9	-1.1
1963	98.7	15.1	1.01	98.8	98.7	98.9	72.1	27.1	26.7	-.9	-.7
1964	96.9	14.8	1.01	96.6	98.6	96.8	71.7	25.0	25.6	-.9	-.4
1965	96.4	14.3	1.00	94.4	95.3	97.1	72.8	23.0	23.5	-.9	-.3
1966	95.0	14.1	.99	92.1	92.0	95.5	72.7	20.9	21.4	-.9	-.3
1967	86.3	13.6	.98	89.9	88.7	86.5	67.7	18.9	19.3	-.9	-.2
1968	85.4	13.2	.98	87.7	88.2	85.2	68.2	16.8	17.7	-.9	-.2
1969	87.8	12.7	.96	85.5	85.7	88.6	72.0	14.8	15.2	-.9	-.6
1970	86.2	12.1	.96	83.3	83.3	86.7	72.8	12.7	12.7	-.9	-1.0
1971	80.2	11.5	.93	81.1	80.9	83.1	70.8	10.7	10.2	-.9	-1.4
1972	77.0	11.2	.92	78.9	78.4	77.8	69.2	8.7	7.7	-.9	-1.8
1980	--	--	--	61.1	59.0	64.0	--	-7.7	-12.3	-.8	-4.9

SPALTEN (1), (4) BIS (11) BESCHAEFTIGTE IN 1000, SPALTE (2) IN V. H.

REGION :NORDWUERTTEMBERG

ortbedingungen ein Wachstum in der Größenordnung des Sektordurchschnitts als wahrscheinlich erscheint.

Die Beschäftigung des Leitsektors *Elektro* erhöhte sich im Beobachtungszeitraum von 158.9oo auf 18o.7oo Beschäftigte. Der Beschäftigungsanteil stieg von 25,2% auf 26,4%, und die überdurchschnittliche interregionale Wettbewerbsposition verringerte sich geringfügig. Die Trendanalyse zeigt, daß, abgesehen vom Konjunktureinbruch 1967/68, welcher regional geringer war als im Sektordurchschnitt, ein kontinuierliches Wachstum stattfand. Der Vergleich der Indikatoren (7) und (8) macht sichtbar, daß der überwiegende Teil des Niveaus auf die hohe positive Interaktion von Sektor und Standort entfiel. Die regionalen Wachstumsbedingungen waren jedoch überwiegend negativ, allerdings mit abnehmendem Trend. Die Prognosevarianten signalisieren weiteres Wachstum, wobei aufgrund der Entwicklung der Standortbedingungen eine Zunahme unterhalb der Entwicklung des Sektordurchschnitts zu erwarten ist.

Der dritte Leitsektor der Region ist die Industriegruppe *Textil*. Ihr Beschäftigungsniveau nahm im Beobachtungszeitraum von 1o5.2oo auf 77.ooo ab, wodurch sich sowohl ihr Beschäftigungsanteil verringerte von 16,7% auf 11,2%, als auch die anfangs überdurchschnittliche interregionale Wettbewerbsposition abnahm. Die Trendanalyse zeigt eine relativ kontinuierliche Abnahme, der Konjunktureinbruch entsprach dem Sektordurchschnitt. Aus dem Vergleich der Indikatoren (7) und (8) wird erkenntlich, daß zu Beginn des Beobachtungszeitraumes etwa ein Drittel des Niveaus auf die hohe positive Interaktion von Sektor und Standort entfiel.Diese Standortgunst nahm im Beobachtungszeitraum jedoch ab. Die Trendprognosen zeigen in Richtung weiteren Rückganges. Da die Standortbedingungen einen ausgeprägten Trend zur Verschlechterung aufweisen, ist eine stärkere Abnahme als im Sektordurchschnitt zu erwarten.

Der industrielle Strukturwandel der Region RB Nordwürttemberg war im Beobachtungszeitraum davon bestimmt, daß per saldo die Bereiche *Montage* und *Elektro* ihre Anteile an der industriellen Beschäftigung zu Lasten des Bereiches *Textil* vergrößerten. Die Wachstumsqualität der Industriestruktur hat sich durch diese Konzentration auf die beiden Wachstumsbranchen verbessert. Da sich mindestens einer der beiden industriellen Leitsektoren des Metallbereiches jedoch wahrscheinlich nur noch sektoral unterdurchschnittlich entwickeln wird, ist zu erwarten, daß sich die Wachstumsposition der Region künftig etwas verschlechtert.

(2) RB Nordbaden

Die Region RB Nordbaden realisierte im Beobachtungszeitraum eine in etwa durchschnittliche Entwicklung. (Regionalfaktor 1oo,2%), welche davon gekennzeichnet war, daß sich Struktureffekte und Standorteffekte kompensierten (Strukturfaktor 1o2,8%, Standortfaktor 97,5%). Die Wirtschaft der Region besitzt drei industrielle Leitsektoren: *Chemie*, *Montage* und *Elektro*, welche zusammen gut 6o% der Beschäftigung des Sekundärbereiches auf sich vereinigten.

Der kleinste, aber am schnellsten wachsende Leitsektor war im Beobachtungszeitraum die Industriegruppe *Chemie*, welche ihr Beschäftigungsniveau mehr als verdoppelte: Von 17.3oo auf 38.4oo Beschäftigte. Der Beschäftigungsanteil stieg dementsprechend von 5,9% auf 12,2%, die interregionale Wettbewerbsposition entwickelte sich von einer unterdurchschnittlichen Stellung zu Beginn des Beobachtungszeitraumes zu einer überdurchschnittlichen. Die Trendanalyse zeigt eine kontinuierliche Expansion, welche gegen Ende des Beobachtungszeitraumes etwas abflacht. Die Konjunkturstabilität lag geringfügig über dem Sektordurchschnitt. Aus dem Vergleich der Indikatoren (7) und (8) wird sichtbar, daß zu Beginn eine hohe negative Interaktion von Sektor und Standort bestand, welche sich im Zeitablauf jedoch in eine hohe positive Interaktion wandelte. Die regionalen Wachstumsbedingungen waren günstig. Die Trendprognosen weisen in Rich-

TABELLE 2.24: ENTWICKLUNG DER BESCHAEFTIGUNG IN NORDBADEN

INDUSTRIEGRUPPE CHEMIE

	ENTWICKLUNG			TRENDVERGLEICH				STANDORTQUALITAET			
JAHR	(1) EMPIR. NIVEAU	(2) REGION. ANTEIL	(3) INTERREG VERGL.	(4) TREND L	(5) TREND M	(6) PROPOR-TIONAL	(7) PARA-LLEL	(8) INTER-AKT. L	(9) INTER-AKT. M	(10) WACHS-TUM L	(11) WACHS-TUM M
1960	17.3	5.9	.74	14.1	17.4	--	24.4	-10.5	-7.3	--	--
1961	18.1	5.9	.74	16.3	18.3	18.0	25.5	-8.7	-6.8	.7	.3
1962	19.5	6.3	.79	18.5	19.2	18.3	25.6	-6.9	-6.3	.8	.3
1963	20.4	6.7	.81	20.6	20.1	19.8	25.8	-5.2	-5.8	.9	.4
1964	20.7	6.7	.81	22.8	19.0	20.8	26.2	-3.4	-7.7	1.0	-1.8
1965	21.7	6.9	.83	25.0	21.7	21.5	27.0	-1.6	-4.9	1.1	.3
1966	23.1	7.4	.86	27.2	24.5	22.0	27.2	.2	-2.1	1.2	2.4
1967	23.0	7.9	.89	29.3	27.2	22.4	26.1	1.9	.8	1.3	4.5
1968	33.9	11.6	1.29	31.5	35.3	23.6	26.3	3.7	7.9	1.4	6.9
1969	37.0	11.7	1.30	33.7	36.6	36.1	28.5	5.5	8.5	1.5	4.7
1970	39.6	12.0	1.31	35.8	37.8	38.7	30.2	7.2	9.2	1.6	2.4
1971	40.3	12.4	1.36	38.0	39.1	39.2	29.5	9.0	9.8	1.7	.1
1972	38.4	12.2	1.33	40.2	40.3	39.6	28.8	10.8	10.4	1.8	-2.2
1980	--	--	--	57.6	50.3	47.8	--	25.0	15.5	2.7	-20.3

SPALTEN (1), (4) BIS (11) BESCHAEFTIGTE IN 1000, SPALTE (2) IN V. H.

REGION :NORDBADEN

INDUSTRIEGRUPPE MONTAGE

JAHR	ENTWICKLUNG (1) EMPIR. NIVEAU	(2) REGION. ANTEIL	(3) INTERREG VERGL.	TRENDVERGLEICH (4) TREND L	(5) TREND M	(6) PROPOR-TIONAL	(7) PARA-LLEL	STANDORTQUALITAET (8) INTER-AKT. L	(9) INTER-AKT. M	(10) WACHS-TUM L	(11) WACHS-TUM M
1960	68.0	23.0	.99	70.2	69.5	--	56.5	12.3	11.8	--	--
1961	71.9	23.4	.99	70.7	70.4	71.3	59.3	12.0	11.8	-.4	-.2
1962	72.6	23.6	.98	71.1	71.4	74.3	61.0	11.7	11.8	-.4	-.2
1963	71.8	23.5	.97	71.6	72.4	72.0	60.5	11.5	11.7	-.4	-.2
1964	72.9	23.7	.98	72.0	75.2	72.5	61.0	11.2	12.8	-.4	.2
1965	75.5	24.1	.99	72.4	73.4	75.4	62.9	10.9	11.6	-.4	-.3
1966	74.3	23.8	.97	72.9	71.7	75.7	63.1	10.6	10.5	-.4	-.8
1967	67.9	23.2	.94	73.3	70.0	69.8	59.2	10.3	9.3	-.4	-1.3
1968	67.9	23.2	.94	73.8	71.3	69.2	59.9	10.0	9.0	-.4	-.1
1969	75.2	23.8	.94	74.2	72.9	73.2	65.0	9.7	9.2	-.4	-.1
1970	77.6	23.5	.93	74.7	74.6	77.6	67.5	9.5	9.3	-.4	-.1
1971	76.6	23.6	.91	75.1	76.2	78.7	67.9	9.2	9.4	-.4	-.1
1972	75.4	23.9	.93	75.6	77.8	74.6	66.0	8.9	9.5	-.4	-.1
1980	--	--	--	79.1	90.9	89.5	--	6.6	10.6	-.4	-.1

SPALTEN (1), (4) BIS (11) BESCHAEFTIGTE IN 1000, SPALTE (2) IN V. H.

REGION :NORDBADEN

INDUSTRIEGRUPPE ELEKTRO- UND FEINMECHANIK

	ENTWICKLUNG			TRENDVERGLEICH				STANDORTQUALITAET			
JAHR	(1) EMPIR. NIVEAU	(2) REGION. ANTEIL	(3) INTERREG VERGL.	(4) TREND L	(5) TREND M	(6) PROPORTIONAL	(7) PARALLEL	(8) INTERAKT. L	(9) INTERAKT. M	(10) WACHSTUM L	(11) WACHSTUM M
1960	78.1	26.4	1.48	79.7	80.2	--	45.3	33.8	34.3	--	--
1961	82.9	27.0	1.49	80.5	80.9	82.0	47.6	33.9	34.2	-.2	.1
1962	83.6	27.1	1.51	81.2	81.6	82.7	47.5	34.1	34.2	-.2	-.5
1963	81.4	26.6	1.45	81.9	82.3	84.5	47.8	34.2	34.2	-.3	-1.1
1964	82.2	26.7	1.44	82.7	83.6	83.2	48.7	34.3	33.8	-.3	-.7
1965	84.3	26.9	1.43	83.4	83.0	85.4	50.3	34.4	33.8	-.4	-.5
1966	84.5	27.1	1.44	84.2	82.4	83.4	49.9	34.5	33.7	-.4	-.2
1967	79.5	27.2	1.45	84.9	81.8	79.1	46.7	34.6	33.7	-.4	.0
1968	81.6	27.9	1.46	85.7	84.7	82.1	47.7	34.8	34.8	-.5	-.5
1969	87.0	27.5	1.41	86.4	86.2	88.2	52.0	34.9	35.1	-.5	-.6
1970	92.4	28.0	1.40	87.2	87.6	92.0	55.2	35.0	35.3	-.6	-.6
1971	89.4	27.6	1.40	87.9	89.0	90.5	53.8	35.1	35.5	-.6	-.7
1972	87.6	27.8	1.40	88.6	90.5	88.5	52.9	35.2	35.7	-.7	-.8
1980	--	--	--	94.6	101.9	104.4	--	36.2	37.4	-1.1	-1.3

SPALTEN (1), (4) BIS (11) BESCHAEFTIGTE IN 1000, SPALTE (2) IN V. H.

REGION :NORDBADEN

tung weiterer Expansion. Trotz der Verlangsamung des Wachstums gegen Ende des Beobachtungszeitraumes ist aufgrund der günstigen Entwicklung der Standortbedingungen weiterhin eine sektoral überdurchschnittliche Entwicklung wahrscheinlich.

Die Beschäftigung der Industriegruppe *Montage* stieg von 68.ooo auf 75.4oo, wodurch sich der Beschäftigungsanteil nur geringfügig von 23,o% auf 23,9% erhöhte. Die interregionale Wettbewerbsposition war stets geringfügig unterdurchschnittlich. Die Trendanalyse zeigt, abgesehen vom Konjunktureinbruch, der stärker war als im Sektordurchschnitt, ein relativ kontinuierliches Wachstum, das jedoch i.d.R. unter dem Branchendurchschnitt lag. Aus dem Vergleich der Indikatoren (7) und (8) wird sichtbar, daß eine positive Interaktion von Sektor und Standort vorlag, welche im Zeitablauf jedoch etwas abnahm. Die regionalen Wachstumsbedingungen waren überwiegend negativ. Die Trendprognosen zeigen in Richtung weiteren Wachstums. Aufgrund der Entwicklung der Standortbedingungen ist jedoch eine Entwicklung unterhalb des Sektordurchschnitts in der Größenordnung des langfristigen Trends wahrscheinlich.

Der größte Leitsektor der Region ist die Industriegruppe *Elektro*. Das Beschäftigungsniveau stieg von 78.1oo auf 87.6oo Beschäftigte, wodurch sich der Beschäftigungsanteil geringfügig von 26,4% auf 27,8% erhöhte. Die interregionale Wettbewerbsposition war überdurchschnittlich und nahm nur geringfügig ab. Die Trendanalyse zeigt, abgesehen vom Konjunktureinbruch, eine relativ kontinuierliche Entwicklung mit Wachstumsraten unterhalb des Sektordurchschnitts. Der Konjunktureinbruch entsprach in etwa dem Durchschnitt des Sektors. Aus dem Vergleich der Indikatoren (7) und (8) wird sichtbar, daß ein wesentlicher Teil des Niveaus auf die hohe positive Interaktion von Sektor und Standort entfiel. Die regionalen Wachstumsbedingungen waren demgegenüber jedoch ungünstig. Die Trendvarianten signalisieren weitere Zunahme; aufgrund der Standortbedingungen ist trotz einer Verstärkung des Wachstums gegen Ende des Beobachtungszeitraumes eine insgesamt unter dem Sektordurchschnitt liegende Entwicklung wahrscheinlich.

Die industriellen Leitsektoren der Region RB Nordbaden sind ausgeprägte Wachstumsbranchen. Mit Ausnahme des im Beobachtungszeitraumes noch relativ gering vertretenen Sektors *Chemie* wurde jedoch in den Bereichen *Montage* und *Elektro* nur ein sektoral unterdurchschnittliches Wachstum realisiert und es ist wahrscheinlich, daß sich diese Entwicklung fortsetzt. Es ist daher zu erwarten, daß sich die Wachstumsposition der Region künftig etwas verringert und dem Bundesdurchschnitt annähert.

(3) RB Südbaden

Der Sekundärbereich der Region RB Südbaden verzeichnete im Beobachtungszeitraum eine überdurchschnittliche Entwicklung (Regionalfaktor 1o8,3%), welche bei unterdurchschnittlicher Wachstumsgunst der Industriestruktur aufgrund der günstigen Standortbedingungen zustande kam (Strukturfaktor 98,2%, Standortfaktor 11o,3%). Die Wirtschaft der Region hat drei industrielle Leitsektoren: *Montage*, *Elektro* und *Textil*, welche zusammen 55% der Beschäftigung des Sekundärbereiches auf sich vereinigten.

Die Beschäftigung der Industriegruppe *Montage* stieg im Beobachtungszeitraum von 33.5oo auf 42.5oo Beschäftigte. Der Beschäftigungsanteil erhöhte sich geringfügig von 15,1% auf 16,o%, die interregionale Wettbewerbsposition blieb unterdurchschnittlich. Das Beschäftigtenwachstum erfolgte, abgesehen vom Konjunktureinbruch relativ kontinuierlich und verlangsamte sich etwas gegen Ende des Beobachtungszeitraumes. Die Konjunkturstabilität entsprach dem Sektordurchschnitt. Der Vergleich der Indikatoren (7) und (8) zeigt, daß eine relativ hohe negative Interaktion von Sektor und Standort bestand. Die regionalen Wachstumsbedingungen waren demgegenüber günstig, wiesen aber einen abneh-

TABELLE 2.25: ENTWICKLUNG DER BESCHAEFTIGUNG IN SUEDBADEN

INDUSTRIEGRUPPE MONTAGE

JAHR	E N T W I C K L U N G			T R E N D V E R G L E I C H				S T A N D O R T Q U A L I T A E T			
	(1) EMPIR. NIVEAU	(2) REGION. ANTEIL	(3) INTERREG VERGL.	(4) TREND L	(5) TREND M	(6) PROPOR-TIONAL	(7) PARA-LLEL	(8) INTER-AKT. L	(9) INTER-AKT. M	(10) WACHS-TUM L	(11) WACHS-TUM M
1960	33.5	15.1	.65	35.1	34.1	--	49.9	-15.9	-16.7	--	--
1961	35.8	15.5	.66	35.8	35.2	35.1	52.5	-16.1	-16.7	.3	.3
1962	36.5	15.7	.65	36.4	36.3	37.0	54.2	-16.4	-16.7	.3	.3
1963	37.9	16.2	.67	37.1	37.4	36.2	53.9	-16.6	-16.7	.3	.3
1964	37.8	15.9	.66	37.7	39.0	38.3	54.6	-16.9	-16.8	.2	.2
1965	39.9	16.3	.67	38.4	39.0	39.1	56.7	-17.1	-16.7	.2	.1
1966	40.5	16.4	.66	39.0	38.9	40.0	57.2	-17.3	-16.5	.2	.1
1967	38.0	16.2	.66	39.7	38.9	38.1	53.9	-17.6	-16.4	.2	.1
1968	38.5	16.2	.65	40.3	40.3	38.7	55.0	-17.8	-16.6	.1	-.4
1969	43.6	17.0	.67	41.0	40.9	41.5	59.6	-18.1	-17.5	.1	-.2
1970	41.2	15.5	.61	41.6	41.5	45.0	61.7	-18.3	-18.5	.1	-.0
1971	41.4	16.1	.62	42.3	42.1	41.8	61.9	-18.5	-19.4	.1	.2
1972	42.5	16.0	.62	42.9	42.6	40.4	61.6	-18.8	-20.4	.0	.4
1980	--	--	--	48.1	47.3	50.4	--	-20.7	-28.1	-.2	2.1

SPALTEN (1), (4) BIS (11) BESCHAEFTIGTE IN 1000, SPALTE (2) IN V. H.

REGION :SUEDBADEN

INDUSTRIEGRUPPE ELEKTRO- UND FEINMECHANIK

	E N T W I C K L U N G			T R E N D V E R G L E I C H				S T A N D O R T Q U A L I T A E T			
JAHR	(1) EMPIR. NIVEAU	(2) REGION. ANTEIL	(3) INTERREG VERGL.	(4) TREND L	(5) TREND M	(6) PROPOR-TIONAL	(7) PARA-LLEL	(8) INTER-AKT. L	(9) INTER-AKT. M	(10) WACHS-TUM L	(11) WACHS-TUM M
1960	42.0	18.9	1.06	42.1	42.9	--	38.7	3.1	3.7	--	--
1961	46.2	19.9	1.10	43.9	44.6	44.1	40.8	4.1	4.6	.3	.7
1962	46.3	19.9	1.11	45.8	46.3	46.0	40.6	5.2	5.5	.5	.9
1963	46.9	20.0	1.10	47.7	47.9	46.8	41.3	6.3	6.4	.7	1.1
1964	50.0	21.1	1.13	49.5	50.9	48.0	42.3	7.4	7.7	.9	1.7
1965	52.1	21.2	1.13	51.4	51.4	51.9	44.1	8.5	8.3	1.1	1.3
1966	53.3	21.5	1.15	53.2	51.9	51.6	44.0	9.5	8.9	1.3	1.0
1967	51.3	21.9	1.17	55.1	52.3	49.9	41.4	10.6	9.5	1.5	.6
1968	52.6	22.0	1.16	57.0	54.4	53.0	42.8	11.7	9.9	1.7	-.8
1969	58.8	23.0	1.18	58.8	57.6	56.9	46.6	12.8	11.9	2.0	.6
1970	64.3	24.3	1.22	60.7	60.8	62.2	49.3	13.8	13.8	2.2	1.9
1971	59.7	23.1	1.17	62.6	64.1	63.4	47.8	14.9	15.8	2.4	3.3
1972	68.3	25.6	1.29	64.4	67.3	59.0	48.5	16.0	17.7	2.6	4.6
1980	--	--	--	79.3	93.0	81.4	--	24.6	33.4	4.2	15.5

SPALTEN (1), (4) BIS (11) BESCHAEFTIGTE IN 1000, SPALTE (2) IN V. H.

REGION :SUEDBADEN

INDUSTRIEGRUPPE **LEDER UND TEXTIL**

JAHR	ENTWICKLUNG			TRENDVERGLEICH				STANDORTQUALITAET			
	(1) EMPIR. NIVEAU	(2) REGION. ANTEIL	(3) INTERREG VERGL.	(4) TREND L	(5) TREND M	(6) PROPOR-TIONAL	(7) PARA-LLEL	(8) INTER-AKT. L	(9) INTER-AKT. M	(10) WACHS-TUM L	(11) WACHS-TUM M
1960	49.2	22.1	1.40	50.9	49.8	--	34.2	16.2	15.4	--	--
1961	50.0	21.6	1.41	50.3	49.7	49.5	34.6	15.8	15.4	.3	.3
1962	50.4	21.6	1.43	49.7	49.6	49.8	34.3	15.5	15.4	.3	.2
1963	49.6	21.2	1.41	49.1	49.4	49.7	34.1	15.2	15.4	.3	.2
1964	48.7	20.5	1.40	48.5	50.2	48.6	33.7	14.9	15.8	.2	.5
1965	49.6	20.2	1.42	47.8	48.7	48.7	34.0	14.6	15.2	.2	.3
1966	49.7	20.1	1.41	47.2	47.3	49.2	34.0	14.3	14.6	.2	.2
1967	44.7	19.1	1.38	46.6	45.9	45.2	31.2	14.0	14.0	.1	-.0
1968	44.0	18.4	1.37	46.0	45.4	44.2	31.0	13.7	13.5	.1	.2
1969	45.7	17.8	1.35	45.4	44.9	45.7	32.6	13.4	13.2	.0	.1
1970	46.0	17.3	1.36	44.8	44.5	45.1	32.5	13.1	12.9	.0	.0
1971	44.2	17.1	1.39	44.1	44.0	44.4	30.9	12.8	12.5	-.0	-.1
1972	42.4	15.9	1.31	43.5	43.5	42.9	31.2	12.5	12.2	-.1	-.2
1980	--	--	--	38.6	39.8	35.2	--	10.0	9.5	-.4	-.8

SPALTEN (1), (4) BIS (11) BESCHAEFTIGTE IN 1000, SPALTE (2) IN V. H.

REGION :SUEDBADEN

menden Trend auf.

Die Trendprognosen weisen in Richtung weiteren Wachstums, aufgrund der Entwicklung der Standortbedingungen ist jedoch ein Wachstum unterhalb des Sektordurchschnitts in der Größenordnung der Trendvariante L zu erwarten.

Der größte Leitsektor der Region ist die Industriegruppe *Elektro*. Das Niveau der Beschäftigung nahm im Beobachtungszeitraum von ca. 42.ooo auf 68.3oo Beschäftigte zu, wodurch der Beschäftigungsanteil von 18,9% auf 25,6% stieg. Die überdurchschnittliche interregionale Wettbewerbsposition verbesserte sich weiter. Die Trendanalyse zeigt, daß sich das Wachstum relativ kontinuierlich vollzog und die Wachstumsraten zunehmend über dem Sektordurchschnitt lagen. Die Konjunkturstabilität lag ebenfalls über dem Sektordurchschnitt. Aus dem Vergleich der Indikatoren (7) und (8) ist ersichtlich, das anfänglich nur eine geringe positive Interaktion von Sektor und Standort bestand, im Zeitablauf entfiel jedoch ein wachsender Anteil des Beschäftigungsniveaus auf diese Interaktion. Die regionalen Wachstumsbedingungen waren positiv und nahmen im Zeitablauf stark zu. Die Trendprognosen zeigen einheitlich in Richtung weiterer Expansion, wobei aufgrund der günstigen Entwicklung der Standortbedingungen ein überdurchschnittliches Wachstum erwartet werden kann.

Die Beschäftigung der Industriegruppe *Textil* sank von 49.2oo auf 42.4oo Beschäftigte. Der Beschäftigungsanteil verringerte sich von 21,1% auf 15,9%; die überdurchschnittliche interregionale Wettbewerbsposition nahm nur geringfügig ab. Die Trendanalyse zeigt, daß der Beschäftigungsrückgang erst mit dem Konjunktureinbruch 1967/68 einsetzte, denn in der ersten Hälfte des Beobachtungszeitraumes bestand eine Stagnation des Beschäftigtenniveaus bei knapp 5o.ooo Beschäftigten. Die Konjunkturstabilität im Abschwung lag unter dem Sektordurchschnitt. Aus dem Vergleich der Indikatoren (7) und (8) wird ersichtlich, daß etwa ein Drittel des Niveaus auf die hohe positive Interaktion von Sektor und Standort entfiel. Die regionalen Wachstumsbedingungen waren überwiegend positiv, jedoch mit abnehmendem Trend. Die Trendprognosen weisen in Richtung weiterer Niveauabnahme; die Verschlechterung der Standortbedingungen macht es wahrscheinlich, daß ein Rückgang nur geringfügig oberhalb des Sektordurchschnitts zu erwarten ist, etwa in der Größenordnung der Variante L.

Die Wandlungen der Industriestruktur der Region RB Südbaden sind davon bestimmt, daß der zu Beginn des Beobachtungszeitraumes beschäftigungsstärkste Sektor *Textil* diese Position an die Industriegruppe *Elektro* abgegeben hat und somit eine Umschichtung der Beschäftigung von einem stagnierenden zu einem expandierenden Sektor stattgefunden hat. Der Beschäftigungsanteil des Bereiches *Montage* hat sich nur geringfügig erhöht. Die eingetretene Verbesserung der Wachstumsqualität der Industriestruktur macht es wahrscheinlich, daß die Wirtschaft Südbadens auch künftig eine überdurchschnittliche Entwicklung realisieren kann.

(4) RB Südwürttemberg-Hohenzollern

Der Industriebereich der Region RB Südwürttemberg-Hohenzollern realisierte im Beobachtungszeitraum eine überdurchschnittliche Entwicklung (Regionalfaktor 1o3,3%), welche ihre Ursache in Standortvorteilen hatte, da die Wachstumsqualität der Industriestruktur nur unterdurchschnittlich war (Standortfaktor 1o6,1%, Strukturfaktor 97,4%). Die Wirtschaft der Region hat drei industrielle Leitsektoren: *Montage*, *Elektro* und *Textil*, welche zusammen etwa zwei Drittel der Beschäftigung des Sekundärbereiches der Region auf sich vereinigten.

Die Beschäftigung der Industriegruppe *Montage* stieg im Beobachtungszeitraum von 52.3oo auf 7o.ooo. Der Beschäftigungsanteil erhöhte sich von 21,4% auf 26,5%; die anfänglich unterdurchschnittliche interregionale Wettbewerbsposi-

TABELLE 2.26: ENTWICKLUNG DER BESCHAEFTIGUNG IN SUEDWUERTTEMBERG

INDUSTRIEGRUPPE MONTAGE

JAHR	E N T W I C K L U N G			T R E N D V E R G L E I C H				S T A N D O R T Q U A L I T A E T			
	(1) EMPIR. NIVEAU	(2) REGION. ANTEIL	(3) INTERREG VERGL.	(4) TREND L	(5) TREND M	(6) PROPOR-TIONAL	(7) PARA-LLEL	(8) INTER-AKT. L	(9) INTER-AKT. M	(10) WACHS-TUM L	(11) WACHS-TUM M
1960	52.3	21.4	.92	52.4	53.8	--	51.9	-.7	1.0	--	--
1961	55.7	22.0	.93	54.0	54.8	54.9	54.4	.1	1.0	.4	.3
1962	57.3	22.6	.93	55.5	55.8	57.6	56.1	.9	1.0	.4	-.1
1963	57.5	22.8	.95	57.1	56.8	56.8	55.6	1.7	1.0	.5	-.4
1964	56.4	22.2	.92	58.7	57.8	58.1	56.2	2.4	.5	.5	-.2
1965	59.7	22.8	.93	60.3	58.9	58.4	58.2	3.2	1.7	.5	.3
1966	62.3	23.6	.96	61.8	59.9	59.9	58.7	4.0	2.9	.6	.8
1967	59.5	23.7	.96	63.4	61.0	58.6	55.4	4.8	4.2	.6	1.4
1968	61.8	24.2	.98	65.0	64.3	60.6	56.5	5.5	5.6	.7	1.5
1969	67.4	24.9	.98	66.6	66.5	66.6	60.9	6.3	6.6	.7	1.1
1970	71.3	25.4	1.00	68.1	68.6	69.6	63.0	7.1	7.5	.7	.7
1971	72.7	26.0	1.01	69.7	70.8	72.2	63.8	7.9	8.4	.8	.2
1972	70.0	26.5	1.03	71.3	73.0	70.8	61.4	8.6	9.3	.8	-.2
1980	--	--	--	83.9	90.4	83.1	--	14.9	16.7	1.1	-3.7

SPALTEN (1), (4) BIS (11) BESCHAEFTIGTE IN 1000, SPALTE (2) IN V. H.

REGION :SUEDWUERTTEMBERG

INDUSTRIEGRUPPE ELEKTRO- UND FEINMECHANIK

JAHR	ENTWICKLUNG (1) EMPIR. NIVEAU	(2) REGION. ANTEIL	(3) INTERREG VERGL.	TRENDVERGLEICH (4) TREND L	(5) TREND M	(6) PROPOR-TIONAL	(7) PARA-LLEL	STANDORTQUALITAET (8) INTER-AKT. L	(9) INTER-AKT. M	(10) WACHS-TUM L	(11) WACHS-TUM M
1960	49.6	20.3	1.13	50.9	50.3	--	40.7	9.9	9.1	--	--
1961	52.4	20.7	1.14	51.7	51.2	52.1	42.7	9.9	9.3	1.0	-.0
1962	52.3	20.6	1.14	52.4	52.1	52.3	42.6	10.0	9.5	.7	.2
1963	51.7	20.5	1.12	53.2	53.0	52.9	43.0	10.0	9.8	.4	.3
1964	54.5	21.4	1.15	53.9	55.5	52.8	43.9	10.1	10.7	.1	1.1
1965	56.4	21.6	1.15	54.7	55.3	56.6	45.6	10.2	10.7	-.2	.8
1966	56.0	21.2	1.13	55.4	55.2	55.8	45.5	10.2	10.7	-.5	.5
1967	54.0	21.5	1.15	56.2	55.0	52.4	42.9	10.3	10.7	-.8	.2
1968	54.9	21.5	1.13	56.9	59.2	55.8	44.3	10.3	13.0	-1.1	1.8
1969	59.8	22.1	1.13	57.7	59.0	59.3	47.9	10.4	11.8	-1.4	-.0
1970	64.1	22.8	1.14	58.4	58.8	63.2	50.7	10.5	10.6	-1.7	-1.9
1971	62.6	22.4	1.14	59.2	58.5	62.8	49.7	10.5	9.4	-2.1	-3.7
1972	52.3	19.8	1.00	60.0	58.3	62.0	48.3	10.6	8.1	-2.3	-5.5
1980	--	--	--	66.0	56.4	62.3	--	11.0	-1.5	-4.8	-20.1

SPALTEN (1), (4) BIS (11) BESCHAEFTIGTE IN 1000, SPALTE (2) IN V. H.

REGION :SUEDWUERTTEMBERG

INDUSTRIEGRUPPE LEDER UND TEXTIL

	ENTWICKLUNG			TRENDVERGLEICH				STANDORTQUALITAET			
JAHR	(1) EMPIR. NIVEAU	(2) REGION. ANTEIL	(3) INTERREG VERGL.	(4) TREND L	(5) TREND M	(6) PROPOR-TIONAL	(7) PARA-LLEL	(8) INTER-AKT. L	(9) INTER-AKT. M	(10) WACHS-TUM L	(11) WACHS-TUM M
1960	84.3	34.5	2.19	83.9	84.4	--	36.2	47.1	47.9	--	--
1961	83.5	33.0	2.16	83.0	83.4	84.8	36.5	46.5	47.2	-.5	-.5
1962	82.4	32.4	2.15	82.0	82.4	83.0	36.3	46.0	46.4	-.4	-.3
1963	81.7	32.4	2.16	81.1	81.4	81.3	35.8	45.4	45.7	-.2	-.2
1964	80.1	31.5	2.16	80.1	80.6	80.2	35.2	44.9	44.7	-.1	-.6
1965	79.0	30.2	2.11	79.1	78.8	80.2	35.4	44.3	43.7	.1	-.1
1966	78.5	29.7	2.09	78.2	77.0	78.2	35.5	43.8	42.7	.2	.4
1967	73.8	29.4	2.13	77.2	75.2	71.5	32.7	43.2	41.7	.4	.9
1968	73.6	28.8	2.14	76.3	75.3	72.9	32.5	42.6	41.7	.5	.2
1969	76.4	28.2	2.13	75.3	74.9	76.4	33.9	42.1	41.7	.7	.4
1970	76.0	27.0	2.14	74.4	74.6	75.5	33.8	41.5	41.8	.8	.6
1971	73.9	26.5	2.15	73.4	74.3	73.3	32.8	41.0	41.9	1.0	.9
1972	73.1	27.7	2.27	72.4	73.9	71.7	31.0	40.4	41.9	1.1	1.1
1980	--	--	--	64.8	71.2	60.7	--	35.9	42.5	2.3	2.8

SPALTEN (1), (4) BIS (11) BESCHAEFTIGTE IN 1000, SPALTE (2) IN V. H.

REGION :SUEDWUERTTEMBERG

tion lag gegen Ende des Beobachtungszeitraumes geringfügig über dem Durchschnitt. Die Trendanalyse zeigt, daß die Expansion relativ kontinuierlich erfolgte, die Konjunkturstabilität lag über dem Sektordurchschnitt. Aus den Indikatoren (7) und (8) wird ersichtlich, daß das Niveau im wesentlichen dem Erwartungswert von Sektor- und Regionsgröße entsprach. Im Zeitablauf entfiel jedoch ein wachsender Anteil des Beschäftigtenniveaus auf die positive Interaktion von Sektor und Standort, welche kontinuierlich zunahm. Ebenso bestanden positive regionale Wachstumsbedingungen, welche im Zeitablauf einen ansteigenden Trend aufwiesen. Die Trendprognosen weisen in Richtung weiteren Wachstums. Aufgrund der günstigen Entwicklung der Standortbedingungen ist weiterhin ein sektoral überdurchschnittliches Wachstum zu erwarten.

Die Beschäftigung der Industriegruppe *Elektro* nahm im Beobachtungszeitraum von 49.6oo auf 52.3oo Beschäftigte zu, der Beschäftigungsanteil verringerte sich geringfügig von 2o,3% auf 19,8%. Dieser Niveauvergleich ist jedoch atypisch, da im Endjahr des Beobachtungszeitraumes ein Niveaueinbruch erfolgte. Die überdurchschnittliche interregionale Wettbewerbsposition blieb im Zeitablauf relativ erhalten. Sieht man vom Konjunktureinbruch 1967/68 ab, so zeigt die Trendanalyse ein relativ kontinuierliches Wachstum bis 197o mit einem Beschäftigungshöchststand von 64.1oo Beschäftigten. In den Jahren 1971/72 ist die Beschäftigung stark rückläufig. Die Konjunkturstabilität lag über dem Sektordurchschnitt. Der Vergleich der Indikatoren (7) und (8) zeigt, daß ein Teil des Niveaus auf die positive Interaktion von Sektor und Standort entfiel; die regionalen Wachstumsbedingungen waren überwiegend negativ und verschlechterten sich im Zeitablauf. Bezogen auf das Niveau von 1972 zeigen die Prognosevarianten in Richtung eines erneuten Niveauanstiegs. Angesichts der geringen Wachstumsgunst ist es jedoch fraglich, ob das Niveau der Jahre 197o/71 wieder erreicht werden kann.

Die Beschäftigung der Industriegruppe *Textil* verringerte

sich von 84.3oo auf 73.1oo Beschäftigte. Die Textilindustrie blieb im Beobachtungszeitraum trotz des Rückganges ihres Beschäftigungsanteils von 34,5% auf 27,7% größter Leitsektor der Region. Die weit überdurchschnittliche interregionale Wettbewerbsposition war in etwa konstant. Mit Ausnahme des Konjunktureinbruchs 1968/69 verlief der Beschäftigungsrückgang relativ kontinuierlich. Die Konjunkturstabilität lag über dem Sektordurchschnitt. Der Vergleich der Indikatoren (7) und (8) zeigt, daß über die Hälfte des Beschäftigungsniveaus auf die hohe positive Interaktion von Sektor und Standort entfiel. Die anfänglich negative regionale Wachstumsgunst verbesserte sich im Zeitablauf. Die Prognosevarianten weisen in Richtung weiteren Rückganges des Beschäftigungsniveaus, welches aufgrund der günstigen Entwicklung der Standortbedingungen weniger abnehmen dürfte als im Sektordurchschnitt.

Die Strukturänderungen im industriellen Bereich in der Region RB Südwürttemberg-Hohenzollern zeigen eine ähnliche Tendenz wie in der Nachbarregion RB Südbaden. Der zu Beginn des Beobachtungszeitraumes beschäftigungsstärkste Bereich *Textil* verringerte seinen Anteil am regionalen Sekundärbereich erheblich zugunsten des Bereichs *Montage*. Es erfolgt somit beschäftigungsmäßig eine Umschichtung von einem stagnierenden zu einem expandierenden Industriebereich. Die Expansion der Industriegruppe *Elektro* wurde gegen Ende des Beobachtungszeitraumes durch einen Niveaueinbruch gestoppt. Das führt dazu, daß trotz Verbesserung der Wachstumsqualität der Industriestruktur für die Region insgesamt nur noch ein Wachstum in der Größenordnung des Bundesdurchschnittes erwartet werden kann.

3.2.6. Bayern

(1) RB Oberbayern

Der Industriebereich der Region RB Oberbayern realisierte im Beobachtungszeitraum ein deutlich überdurchschnittliches

TABELLE 2.27: ENTWICKLUNG DER BESCHAEFTIGUNG IN OBERBAYERN

INDUSTRIEGRUPPE MONTAGE

JAHR	ENTWICKLUNG			TRENDVERGLEICH				STANDORTQUALITAET			
	(1) EMPIR. NIVEAU	(2) REGION. ANTEIL	(3) INTERREG VERGL.	(4) TREND L	(5) TREND M	(6) PROPOR-TIONAL	(7) PARA-LLEL	(8) INTER-AKT. L	(9) INTER-AKT. M	(10) WACHS-TUM L	(11) WACHS-TUM M
1960	71.8	24.2	1.04	75.6	73.0	--	56.6	17.2	15.3	--	--
1961	77.4	24.7	1.05	78.5	77.7	75.4	59.9	18.9	18.3	1.9	1.9
1962	84.7	26.0	1.08	81.4	82.3	80.0	62.6	20.6	21.2	1.9	2.4
1963	87.7	26.5	1.10	84.3	87.0	84.0	62.7	22.3	24.1	1.8	2.8
1964	89.9	26.6	1.10	87.2	91.2	88.6	63.8	24.0	26.3	1.8	.4
1965	92.5	26.9	1.10	90.1	91.3	93.1	65.7	25.7	26.5	1.7	.6
1966	93.5	26.9	1.09	93.0	91.4	92.8	66.2	27.4	26.7	1.7	.8
1967	88.7	25.5	1.08	95.9	91.4	87.9	63.0	29.2	26.9	1.7	1.0
1968	92.2	26.9	1.08	98.8	96.2	90.4	64.5	30.8	29.5	1.6	2.7
1969	102.3	27.8	1.10	101.7	100.3	99.3	69.7	32.6	31.8	1.6	2.3
1970	108.5	28.2	1.12	104.6	104.5	105.6	72.4	34.3	34.2	1.5	1.8
1971	110.8	29.0	1.12	107.5	108.7	110.0	73.1	36.0	36.5	1.5	1.4
1972	108.8	28.6	1.11	110.4	112.9	108.0	71.9	37.7	38.9	1.4	1.0
1980	--	--	--	133.6	146.2	129.0	--	51.4	57.7	1.0	-2.4

SPALTEN (1), (4) BIS (11) BESCHAEFTIGTE IN 1000, SPALTE (2) IN V. H.

REGION :OBERBAYERN

INDUSTRIEGRUPPE ELEKTRO- UND FEINMECHANIK

JAHR	E N T W I C K L U N G			T R E N D V E R G L E I C H				S T A N D O R T Q U A L I T A E T			
	(1) EMPIR. NIVEAU	(2) REGION. ANTEIL	(3) INTERREG VERGL.	(4) TREND L	(5) TREND M	(6) PROPOR-TIONAL	(7) PARA-LLEL	(8) INTER-AKT. L	(9) INTER-AKT. M	(10) WACHS-TUM L	(11) WACHS-TUM M
1960	76.7	25.9	1.45	79.2	77.9	--	45.4	32.8	31.9	--	--
1961	82.7	26.4	1.45	81.7	81.2	80.7	48.2	34.3	33.7	1.5	1.2
1962	84.8	26.0	1.45	84.3	84.5	82.4	49.1	35.7	35.6	1.5	1.5
1963	87.4	26.4	1.44	86.8	87.7	85.7	50.1	37.1	37.5	1.3	1.7
1964	90.8	26.8	1.44	89.3	92.4	89.3	51.5	38.5	40.0	1.3	1.3
1965	94.7	27.5	1.46	91.8	92.9	94.2	53.1	40.0	40.7	1.2	1.3
1966	94.9	27.3	1.46	94.3	93.4	93.7	53.1	41.4	41.3	1.1	1.2
1967	91.9	27.5	1.47	96.8	94.0	88.9	50.5	42.8	42.0	1.0	1.2
1968	94.9	27.7	1.45	99.4	98.9	95.0	52.3	44.3	44.6	.9	.3
1969	103.2	28.1	1.44	101.9	101.7	102.5	56.7	45.7	45.8	.8	.3
1970	110.3	28.7	1.44	104.4	104.5	109.0	60.1	47.1	47.1	.7	.4
1971	107.1	28.1	1.43	106.9	107.3	108.1	59.0	48.6	48.3	.6	.4
1972	106.8	28.1	1.41	109.4	110.1	106.0	58.8	50.0	49.6	.5	.4
1980	--	--	--	129.5	132.4	127.3	--	61.4	59.6	-.3	.6

SPALTEN (1), (4) BIS (11) BESCHAEFTIGTE IN 1000, SPALTE (2) IN V. H.

REGION :OBERBAYERN

INDUSTRIEGRUPPE **LEDER UND TEXTIL**

JAHR	ENTWICKLUNG			TRENDVERGLEICH				STANDORTQUALITAET			
	(1) EMPIR. NIVEAU	(2) REGION. ANTEIL	(3) INTERREG VERGL.	(4) TREND L	(5) TREND M	(6) PROPOR-TIONAL	(7) PARA-LLEL	(8) INTER-AKT. L	(9) INTER-AKT. M	(10) WACHS-TUM L	(11) WACHS-TUM M
1960	38.6	13.0	.83	41.5	39.4	--	40.9	-.7	-1.9	--	--
1961	40.6	13.0	.85	41.3	40.2	38.8	42.0	-.9	-1.6	.9	.9
1962	41.7	12.8	.85	41.0	40.9	40.4	42.8	-1.2	-1.3	.8	.9
1963	42.2	12.7	.85	40.7	41.7	41.1	42.9	-1.4	-1.0	.7	.9
1964	41.7	12.3	.84	40.5	42.4	41.4	42.8	-1.7	-1.0	.6	.2
1965	41.5	12.0	.84	40.2	41.4	41.7	43.0	-1.9	-1.3	.5	.2
1966	42.2	12.1	.85	40.0	40.4	41.1	43.1	-2.2	-1.6	.5	.3
1967	38.3	11.5	.83	39.7	39.4	38.4	40.3	-2.4	-1.8	.4	.3
1968	38.2	11.1	.83	39.5	39.6	37.8	40.5	-2.7	-2.1	.3	.3
1969	40.2	10.9	.83	39.2	39.1	39.7	42.7	-2.9	-2.8	.2	.3
1970	39.9	10.4	.82	38.9	38.6	39.8	43.2	-3.1	-3.4	.2	.2
1971	37.4	9.8	.80	38.7	38.1	38.5	42.1	-3.4	-4.0	.1	.2
1972	37.3	9.8	.80	38.4	37.7	36.3	41.5	-3.6	-4.6	.0	.1
1980	--	--	--	36.4	33.8	31.0	--	-5.6	-9.7	-.6	-.3

SPALTEN (1), (4) BIS (11) BESCHAEFTIGTE IN 1000, SPALTE (2) IN V. H.

REGION :OBERBAYERN

Wachstum (Regionalfaktor 115,4%). Der Anteil der Region am Sekundärbereich insgesamt stieg von 4,3% auf 4,8%, damit ist die Region RB Oberbayern nach den Regionen RB Düsseldorf, RB Nordbaden und RB Darmstadt die viertgrößte Industrieregion im Bundesgebiet. Ihre Wachstumsrate übertrifft die aller vergleichbaren großen Regionen. Diese Entwicklung kam im wesentlichen durch günstige Standorteinflüsse zustande (Standortfaktor 112,5%, Strukturfaktor 1o2,6%). Die wesentlichen industriellen Leitsektoren der Region waren die Bereiche *Montage* und *Elektro*, welche zusammen etwa 55% der Beschäftigung des Sekundärbereiches der Region auf sich vereinigten, auf den dritten Leitsektor *Textil* entfielen weitere 1o% der Beschäftigung.

Die Beschäftigung der Industriegruppe *Montage* erhöhte sich von 71.8oo auf 1o8.8oo Beschäftigte, wodurch der Beschäftigungsanteil von 24,2% auf 28,6% stieg. Die geringfügig überdurchschnittliche interregionale Wettbewerbsposition verbesserte sich weiterhin. Die Trendanalyse zeigt, daß in der Mitte des Beobachtungszeitraumes, teilweise konjunkturbedingt, eine Stagnationsphase bestand. Der Konjunktureinbruch war jedoch geringer als im Sektordurchschnitt. Aus dem Vergleich der Indikatoren (7) und (8) wird ersichtlich, daß eine positive Interaktion von Sektor und Standort vorlag, auf welche im Zeitablauf ein zunehmender Anteil des Niveaus entfiel. Die regionalen Wachstumsbedingungen waren günstig. Die Trendprognosen weisen in Richtung weiteren Wachstums, wobei aufgrund der günstigen Standortbedingungen ein weiterhin sektoral überdurchschnittliches Wachstum etwa in der Größenordnung der Trendvariante L erwartet werden kann.

Die Beschäftigung der Industriegruppe *Elektro* stieg von 76.7oo auf 1o6.8oo Beschäftigte. Der regionale Anteil stieg von 25,9% auf 28,1%, die überdurchschnittliche interregionale Wettbewerbsposition blieb in etwa konstant. Die Trendanalyse zeigt ein relativ kontinuierliches Wachstum. Die Konjunkturstabilität war höher als im Sektordurchschnitt. Aus dem Vergleich der Indikatoren (7) und (8) wird ersichtlich, daß knapp die Hälfte des Beschäftigungsniveaus auf die hohe positive Interaktion von Sektor und Standort entfiel. Die regionalen Wachstumsbedingungen waren positiv. Die drei Trendvarianten zeigen in Richtung weiterer Expansion; aufgrund der Entwicklung der Standortbedingungen erscheint es wahrscheinlich, daß auch weiterhin eine Entwicklung geringfügig über dem Sektordurchschnitt stattfinden kann.

Die Beschäftigung der Industriegruppe *Textil* verringerte sich geringfügig von 38.6oo auf 37.3oo Beschäftigte. Der Beschäftigungsanteil nahm von 13,o% auf 9,8% ab, die unterdurchschnittliche interregionale Wettbewerbsposition blieb in etwa erhalten. Die Trendanalyse zeigt, daß in der ersten Hälfte des Beobachtungszeitraumes eine Stagnation auf einem Niveau von ca. 42.ooo Beschäftigten stattfand, in der zweiten Hälfte erfolgte dann ein Rückgang des Beschäftigungsniveaus. Durch den Vergleich der Indikatoren (7) und (8) wird sichtbar, daß eine geringe negative Interaktion von Sektor und Standort bestand. Die regionalen Wachstumsbedingungen waren i.d.R. günstig. Die Trendprognosen weisen in Richtung weiteren Beschäftigungsrückganges, es kann jedoch erwartet werden, daß sich dieser oberhalb des Sektordurchschnitts vollzieht.

Der Industriebereich der Region Oberbayern ist im Beobachtungszeitraum von der Expansion der beiden Leitsektoren *Montage* und *Elektro* bestimmt worden; ihre Anteile am Sekundärbereich der Region haben sich weiter erhöht. Die dadurch eingetretene Verbesserung der Wachstumsqualität der Industriestruktur der Region macht es wahrscheinlich, daß die Wirtschaft der Region sich auch künftig überdurchschnittlich entwickeln wird.

(2) RB Niederbayern

Der Industriebereich der Region RB Niederbayern realisierte im Beobachtungszeitraum ein deutlich überdurchschnittliches Wachstum (Regionalfaktor 12o,9%), welches bei einer

TABELLE 2.28: ENTWICKLUNG DER BESCHAEFTIGUNG IN NIEDERBAYERN

INDUSTRIEGRUPPE MONTAGE

	ENTWICKLUNG			TRENDVERGLEICH				STANDORTQUALITAET			
JAHR	(1) EMPIR. NIVEAU	(2) REGION. ANTEIL	(3) INTERREG VERGL.	(4) TREND L	(5) TREND M	(6) PROPOR-TIONAL	(7) PARA-LLEL	(8) INTER-AKT. L	(9) INTER-AKT. M	(10) WACHS-TUM L	(11) WACHS-TUM M
1960	9.5	13.8	.59	9.3	9.5	--	35.9	-27.7	-27.2	--	--
1961	9.7	13.3	.57	9.6	9.6	9.9	38.0	-28.2	-28.1	-.0	-.1
1962	10.0	13.2	.55	9.8	9.8	10.0	39.9	-28.8	-29.0	-.0	.0
1963	9.7	12.4	.51	10.1	10.0	9.9	39.7	-29.3	-29.8	.0	.1
1964	10.3	12.9	.53	10.3	11.0	9.8	40.3	-29.8	-30.3	.0	.6
1965	11.4	13.7	.56	10.6	10.8	10.7	42.0	-30.3	-30.3	.1	.4
1966	11.3	13.5	.55	10.8	10.6	11.4	42.3	-30.8	-30.4	.1	.1
1967	10.0	12.6	.51	11.1	10.5	10.6	39.8	-31.4	-30.5	.1	-.2
1968	10.1	12.4	.50	11.3	10.6	10.2	40.8	-31.9	-31.7	.2	.2
1969	11.5	12.8	.51	11.6	11.2	10.9	44.5	-32.4	-32.3	.2	.2
1970	12.3	13.0	.52	11.8	11.8	11.8	46.1	-32.9	-33.0	.2	.3
1971	12.6	13.4	.52	12.1	12.4	12.5	47.0	-33.4	-33.6	.2	.3
1972	12.5	13.8	.54	12.3	13.0	12.2	45.6	-34.0	-34.2	.3	.3
1980	--	--	--	14.3	17.7	14.8	--	-38.1	-39.2	.5	.5

SPALTEN (1), (4) BIS (11) BESCHAEFTIGTE IN 1000, SPALTE (2) IN V. H.

REGION :NIEDERBAYERN

INDUSTRIEGRUPPE ELEKTRO- UND FEINMECHANIK

	ENTWICKLUNG			TRENDVERGLEICH				STANDORTQUALITAET			
JAHR	(1) EMPIR. NIVEAU	(2) REGION. ANTEIL	(3) INTERREG VERGL.	(4) TREND L	(5) TREND M	(6) PROPOR-TIONAL	(7) PARA-LLEL	(8) INTER-AKT. L	(9) INTER-AKT. M	(10) WACHS-TUM L	(11) WACHS-TUM M
1960	9.5	13.8	.77	9.8	9.6	--	24.7	-15.2	-15.4	--	--
1961	11.2	15.5	.85	10.9	10.9	10.0	26.3	-14.8	-14.9	.8	.6
1962	11.8	15.6	.87	11.9	12.1	11.2	26.3	-14.5	-14.4	.8	.8
1963	13.3	17.0	.93	13.0	13.3	11.9	27.1	-14.1	-14.0	.8	1.0
1964	14.6	18.2	.98	14.0	15.2	13.6	28.0	-13.7	-13.5	.8	.9
1965	16.2	19.4	1.03	15.1	15.4	15.1	29.4	-13.3	-13.2	.8	.7
1966	16.4	19.7	1.05	16.1	15.6	16.0	29.1	-12.9	-12.9	.7	.5
1967	14.6	18.4	.98	17.2	15.7	15.4	27.3	-12.5	-12.6	.7	.4
1968	16.2	19.7	1.04	18.2	17.7	15.1	28.6	-12.1	-12.2	.7	2.0
1969	19.7	22.0	1.13	19.3	19.1	17.5	31.4	-11.8	-11.8	.7	1.5
1970	22.3	23.7	1.19	20.3	20.4	20.8	33.7	-11.4	-11.4	.7	.9
1971	22.4	23.8	1.21	21.4	21.7	21.8	32.9	-11.0	-11.0	.7	.4
1972	21.5	23.8	1.20	22.4	23.1	22.1	32.5	-10.6	-10.6	.6	-.1
1980	--	--	--	30.8	33.8	25.6	--	-7.5	-7.3	.5	-4.2

SPALTEN (1), (4) BIS (11) BESCHAEFTIGTE IN 1000, SPALTE (2) IN V. H.

REGION :NIEDERBAYERN

INDUSTRIEGRUPPE LEDER UND TEXTIL

JAHR	ENTWICKLUNG (1) EMPIR. NIVEAU	(2) REGION. ANTEIL	(3) INTERREG VERGL.	TRENDVERGLEICH (4) TREND L	(5) TREND M	(6) PROPOR-TIONAL	(7) PARA-LLEL	STANDORTQUALITAET (8) INTER-AKT. L	(9) INTER-AKT. M	(10) WACHS-TUM L	(11) WACHS-TUM M
1960	12.5	18.2	1.15	14.0	12.7	--	20.2	-6.9	-7.6	--	--
1961	13.8	19.0	1.24	14.5	13.9	12.5	20.1	-5.9	-6.3	1.0	.9
1962	15.4	20.4	1.35	15.1	15.0	13.7	20.0	-4.9	-4.9	1.0	1.0
1963	16.6	21.2	1.42	15.6	16.2	15.2	19.9	-3.9	-3.6	.9	1.1
1964	16.8	21.0	1.44	16.2	17.1	16.3	19.3	-2.9	-2.6	.9	.6
1965	17.5	21.0	1.47	16.7	17.3	16.8	19.2	-2.0	-1.7	.8	.6
1966	18.0	21.6	1.52	17.3	17.5	17.3	19.1	-1.0	-.9	.8	.7
1967	17.1	21.6	1.56	17.8	17.6	16.4	17.1	.0	.0	.7	.8
1968	17.8	21.7	1.61	18.4	18.9	16.9	16.7	1.0	1.5	.7	1.2
1969	19.9	22.3	1.68	18.9	19.1	18.5	17.4	2.0	2.2	.6	.9
1970	20.1	21.3	1.68	19.5	19.3	19.7	16.8	2.9	2.9	.5	.6
1971	19.8	21.1	1.71	20.0	19.6	19.4	16.0	3.9	3.6	.5	.3
1972	19.0	21.0	1.73	20.6	19.8	19.2	15.2	4.9	4.3	.4	-.0
1980	--	--	--	25.0	21.7	15.8	--	12.7	9.8	.0	-2.6

SPALTEN (1), (4) BIS (11) BESCHAEFTIGTE IN 1000, SPALTE (2) IN V. H.

REGION :NIEDERBAYERN

INDUSTRIEGRUPPE NAHRUNG UND TABAK

JAHR	ENTWICKLUNG			TRENDVERGLEICH				STANDORTQUALITAET			
	(1) EMPIR. NIVEAU	(2) REGION. ANTEIL	(3) INTERREG VERGL.	(4) TREND L	(5) TREND M	(6) PROPOR-TIONAL	(7) PARA-LLEL	(8) INTER-AKT. L	(9) INTER-AKT. M	(10) WACHS-TUM L	(11) WACHS-TUM M
1960	7.7	11.3	1.66	8.9	7.9	--	1.4	7.3	6.6	--	--
1961	8.4	11.5	1.74	8.9	8.4	7.8	1.2	7.2	6.9	.5	.3
1962	9.0	11.9	1.78	8.9	8.8	8.6	1.6	7.2	7.2	.4	.3
1963	9.6	12.3	1.81	8.9	9.3	9.1	2.1	7.2	7.4	.3	.3
1964	9.5	11.8	1.77	9.0	9.4	9.5	2.0	7.2	7.6	.2	-.1
1965	9.4	11.2	1.73	9.0	9.4	9.4	1.7	7.1	7.4	.1	-.0
1966	9.2	11.1	1.69	9.0	9.3	9.4	1.9	7.1	7.2	-.0	.0
1967	9.2	11.6	1.71	9.0	9.2	9.0	2.4	7.1	7.0	-.1	.0
1968	9.2	11.3	1.69	9.1	9.7	9.2	2.3	7.1	7.5	-.2	.4
1969	9.2	10.3	1.62	9.1	9.4	9.3	2.0	7.0	7.2	-.3	.0
1970	9.9	10.5	1.69	9.1	9.0	9.3	1.9	7.0	6.9	-.4	-.4
1971	9.3	10.0	1.58	9.1	8.7	10.0	2.1	7.0	6.7	-.5	-.8
1972	7.4	8.2	1.30	9.2	8.3	9.2	2.0	6.9	6.4	-.6	-1.2
1980	--	--	--	9.4	5.5	7.4	--	6.7	4.1	-1.3	-4.4

SPALTEN (1), (4) BIS (11) BESCHAEFTIGTE IN 1000, SPALTE (2) IN V. H.

REGION :NIEDERBAYERN

unterdurchschnittlichen Wachstumsqualität der Industriestruktur aufgrund günstiger Standorteinflüsse zustande kam (Strukturfaktor 96,1%, Standortfaktor 125,9%). Die Wirtschaft der Region besitzt die drei industriellen Leitsektoren , *Montage*, *Elektro* und *Textil*, welche knapp 6o% der industriellen Beschäftigung der Region auf sich vereinigten.

Die Beschäftigung der Industriegruppe *Montage* erhöhte sich im Beobachtungszeitraum von 9.5oo auf 12.5oo Beschäftigte, der Beschäftigungsanteil lag jedoch konstant bei 13,8%; ebenso blieb die interregionale Wettbewerbsposition im wesentlichen unverändert unterdurchschnittlich. Die Trendanalyse zeigt, daß die Zunahme relativ kontinuierlich erfolgte und sich das Wachstum gegen Ende des Beobachtungszeitraumes etwas verstärkte. Der Konjunktureinbruch war stärker als im Branchendurchschnitt. Aus dem Vergleich der Indikatoren (7) und (8) wird ersichtlich, daß eine hohe negative Interaktion von Sektor und Standort nur ein geringes Beschäftigungsniveau zuließ. Die regionalen Wachstumsbedingungen waren demgegenüber günstig und verbesserten sich im Zeitablauf zunehmend. Die Trendprognosen weisen in Richtung weiteren Wachstums, wobei angesichts der verbesserten Wachstumsbedingungen eine Expansion geringfügig oberhalb des Sektordurchschnitts wahrscheinlich erscheint.

Die Beschäftigung der Industriegruppe *Elektro* verdoppelte sich im Beobachtungszeitraum von 9.5oo auf 21.5oo Beschäftigte, der Beschäftigungsanteil stieg dabei von 13,8% auf 23,8%; die interregionale Wettbewerbsposition verbesserte sich von einer unterdurchschnittlichen auf eine überdurchschnittliche Stellung. Die Trendanalyse zeigt, daß in der Mitte des Beobachtungszeitraumes eine Stagnationsperiode bestand. Der Konjunktureinbruch war geringer als im Sektordurchschnitt. Aus dem Vergleich der Indikatoren (7) und (8) ist ersichtlich, daß eine negative Interaktion von Sektor und Standort nur ein Beschäftigungsniveau unterhalb des Erwartungswertes zuließ. Diese negative sektorspezifische Standortgunst nahm im Beobachtungszeitraum jedoch deutlich ab. Die regionalen Wachstumsbedingungen waren günstig. Die Trendprognosen zeigen in Richtung weiterer Beschäftigungszunahme. Aufgrund der regionalen Wachstumsgunst sowie der Verringerung der negativen Interaktion ist eine Entwicklung über dem Sektordurchschnitt in der Größenordnung der Trendvariante L wahrscheinlich.

Die Beschäftigung der Industriegruppe *Textil* entwickelte sich im Beobachtungszeitraum gegenläufig zum Branchentrend und nahm von 12.5oo auf 19.ooo Beschäftigte zu. Der Beschäftigungsanteil stieg dabei von 18,2% auf 21,o%; die anfänglich nur geringfügig überdurchschnittliche Wettbewerbsposition verbesserte sich im Zeitablauf erheblich. Die Trendanalyse zeigt, daß gegen Ende des Beobachtungszeitraumes das Beschäftigungsniveau bei etwa 2o.ooo Beschäftigten stagnierte, und im letzten Beobachtungsjahr dann ein Beschäftigtenrückgang einsetzte. Die Konjunkturstabilität lag über dem Sektordurchschnitt. Der Vergleich der Indikatoren (7) und (8) zeigt, daß die anfänglich negative Interaktion von Sektor und Standort ab Mitte des Beobachtungszeitraumes positiv wurde. Die regionalen Wachstumsbedingungen waren prinzipiell günstig, verschlechterten sich jedoch. Die lang- und mittelfristigen Trendprognosen weisen in Richtung weiteren Wachstums; angesichts der Entwicklung des Gesamtsektors ist eine weitere Zunahme der Beschäftigung jedoch wenig wahrscheinlich. Der im Beobachtungsjahr 1972 eingetretene Beschäftigungsrückgang läßt erwarten, daß sich die Textilindustrie in Niederbayern künftig rückläufig entwickeln wird, diese Abnahme wird jedoch aufgrund der günstigen Standortbedingungen deutlich über der durchschnittlichen Sektorentwicklung liegen.

Die industriellen Leitsektoren der Region Niederbayern, *Montage*, *Elektro* und *Textil*, zeigten im Beobachtungszeitraum eine überdurchschnittliche Entwicklung. Dabei entwickelte sich die Textilindustrie regional entgegen dem Branchentrend und steigerte ihre Beschäftigung von 12.5oo auf 2o.ooo Beschäftigte im Jahre 197o. Von diesem Zeitpunkt an ist die Entwicklung jedoch auch in der Region Niederbayern rückläufig. Die Zunahme der regionalen Anteile der Industriegruppen *Montage* und *Elektro* haben die Wachstumsqualität der Industriestruktur der Region verbessert,und es kann somit davon ausgegangen werden, daß die Region weiterhin Anschluß an die hochindustrialisierten Regionen gewinnt.

(3) RB Oberpfalz

Der Industriebereich der Region Oberpfalz realisierte im Beobachtungszeitraum eine überdurchschnittliche Entwicklung (Regionalfaktor 11o,4%). Diese Wachstumsposition kam aufgrund standortbedingter Einflüsse zustande, die Industriestruktur wies nur eine unterdurchschnittliche Wachstumsqualität auf (Standortfaktor 117,3%, Strukturfaktor 94,2%). Die Wirtschaft der Region hat die drei industriellen Leitsektoren *Elektro, Glas/Keramik* und *Textil,* auf welche zusammen etwa 6o% der industriellen Beschäftigung der Region entfielen.

Gegen Ende des Beobachtungszeitraumes entwickelte sich die Industriegruppe *Elektro* zum größten Leitsektor der Region. Ihre Beschäftigung verdoppelte sich von 13.2oo auf 26.2oo Beschäftigte, wodurch sich ihr Beschäftigungsanteil von 16,3% auf 26,3% erhöhte und sich die interregionale Wettbewerbsposition zu einer überdurchschnittlichen Stellung entwickelte. Die Trendanalyse zeigt mit Ausnahme des Konjunktureinbruchs ein kontinuierliches Wachstum. Die Konjunkturstabilität lag jedoch unter dem Sektordurchschnitt. Aus dem Vergleich der Indikatoren (7) und (8) wird sichtbar, daß eine negative Interaktion von Sektor und Standort bestand, welche im Beobachtungszeitraum jedoch relativ rasch abnahm. Die regionalen Wachstumsbedingungen waren überwiegend günstig, verschlechterten sich jedoch im Zeitablauf. Die Trendprognosen zeigen in Richtung weiteren Wachstums. Die Verringerung der Standortnachteile ging einher mit einer Verkleinerung des Wachstumsspielraumes. Es ist daher wahrscheinlich, daß das Wachstum geringfügig über dem Branchendurchschnitt liegen wird, etwa in Höhe der Trendvariante M.

TABELLE 2.29: ENTWICKLUNG DER BESCHAEFTIGUNG IN OBERPFALZ

INDUSTRIEGRUPPE ELEKTRO- UND FEINMECHANIK

JAHR	ENTWICKLUNG (1) EMPIR. NIVEAU	(2) REGION. ANTEIL	(3) INTERREG VERGL.	TRENDVERGLEICH (4) TREND L	(5) TREND M	(6) PROPOR-TIONAL	(7) PARA-LLEL	STANDORTQUALITAET (8) INTER-AKT. L	(9) INTER-AKT. M	(10) WACHS-TUM L	(11) WACHS-TUM M
1960	13.2	16.3	.91	15.9	14.6	--	25.8	-10.6	-11.7	--	--
1961	17.2	19.9	1.09	16.9	16.1	13.9	27.6	-10.2	-10.9	1.5	1.3
1962	19.0	20.8	1.16	17.9	17.6	17.1	27.8	-9.7	-10.2	1.3	1.2
1963	18.2	19.9	1.09	19.0	19.1	19.2	28.3	-9.3	-9.5	1.2	1.1
1964	20.3	21.5	1.16	20.0	21.8	18.6	29.3	-8.9	-8.3	1.0	1.9
1965	23.6	23.9	1.27	21.1	22.1	21.0	30.8	-8.5	-7.8	.9	1.5
1966	24.1	24.4	1.30	22.1	22.5	23.3	30.5	-8.0	-7.3	.7	1.0
1967	21.3	23.3	1.25	23.2	22.8	22.6	28.4	-7.6	-6.7	.6	.5
1968	23.2	24.7	1.30	24.2	25.0	22.0	29.7	-7.1	-6.0	.4	1.4
1969	26.4	26.2	1.35	25.3	25.6	25.0	32.4	-6.7	-6.3	.3	.9
1970	28.9	27.8	1.39	26.3	26.2	27.9	34.6	-6.3	-6.5	.2	.3
1971	26.3	26.2	1.33	27.4	26.8	28.3	33.5	-5.9	-6.7	.0	-.2
1972	26.2	26.3	1.32	28.4	27.4	26.1	33.3	-5.4	-7.0	-.2	-.8
1980	--	--	--	36.8	32.1	31.2	--	-2.0	-8.9	-1.3	-5.1

SPALTEN (1), (4) BIS (11) BESCHAEFTIGTE IN 1000, SPALTE (2) IN V. H.

REGION :OBERPFALZ

INDUSTRIEGRUPPE GLAS UND KERAMIK

JAHR	ENTWICKLUNG			TRENDVERGLEICH				STANDORTQUALITAET			
	(1) EMPIR. NIVEAU	(2) REGION. ANTEIL	(3) INTERREG VERGL.	(4) TREND L	(5) TREND M	(6) PROPOR-TIONAL	(7) PARA-LLEL	(8) INTER-AKT. L	(9) INTER-AKT. M	(10) WACHS-TUM L	(11) WACHS-TUM M
1960	19.1	23.6	10.03	19.1	19.2	--	-6.8	25.7	26.1	--	--
1961	19.3	22.3	9.72	19.0	19.1	19.3	-6.9	25.7	25.9	.1	.0
1962	18.8	20.6	9.16	18.9	18.9	19.0	-6.7	25.6	25.7	.1	.1
1963	18.7	20.5	9.37	18.8	18.8	18.2	-6.7	25.5	25.5	.1	.1
1964	18.6	19.7	9.16	18.7	18.8	18.6	-6.6	25.4	25.5	.0	-.1
1965	18.5	18.8	8.81	18.6	18.5	18.9	-6.7	25.3	25.1	.0	.0
1966	18.8	19.0	8.92	18.5	18.3	18.4	-6.6	25.2	24.8	-.0	.1
1967	17.8	19.4	9.10	18.4	18.0	17.7	-6.3	25.1	24.4	-.1	.1
1968	17.6	18.8	9.05	18.3	18.2	17.5	-6.4	25.0	24.7	-.1	.2
1969	18.4	18.3	8.83	18.2	18.2	18.6	-6.6	24.9	24.8	-.1	.0
1970	18.7	18.0	8.84	18.1	18.1	18.7	-6.9	24.8	24.9	-.2	-.2
1971	18.4	18.3	9.10	18.0	18.1	18.3	-7.1	24.7	25.0	-.2	-.4
1972	17.5	17.6	8.57	17.9	18.1	18.4	-6.8	24.6	25.1	-.2	-.5
1980	--	--	--	17.1	17.9	16.4	--	23.9	26.1	-.5	-2.0

SPALTEN (1), (4) BIS (11) BESCHAEFTIGTE IN 1000, SPALTE (2) IN V. H.

REGION :OBERPFALZ

INDUSTRIEGRUPPE LEDER UND TEXTIL

JAHR	ENTWICKLUNG (1) EMPIR. NIVEAU	(2) REGION. ANTEIL	(3) INTERREG VERGL.	TRENDVERGLEICH (4) TREND L	(5) TREND M	(6) PROPOR-TIONAL	(7) PARA-LLEL	STANDORTQUALITAET (8) INTER-AKT. L	(9) INTER-AKT. M	(10) WACHS-TUM L	(11) WACHS-TUM M
1960	11.8	14.6	.93	13.5	12.1	--	21.3	-8.8	-9.4	--	--
1961	12.9	15.0	.98	13.8	13.0	11.9	21.4	-8.0	-8.3	.8	.7
1962	14.6	16.0	1.06	14.0	14.0	12.9	21.5	-7.2	-7.2	.7	.8
1963	15.2	16.7	1.11	14.3	15.0	14.4	21.1	-6.5	-6.1	.7	.9
1964	15.4	16.3	1.12	14.6	15.8	14.9	20.7	-5.7	-5.3	.6	.5
1965	15.8	16.1	1.12	14.9	15.6	15.5	20.6	-5.0	-4.7	.6	.4
1966	16.3	16.5	1.16	15.1	15.5	15.7	20.5	-4.2	-4.1	.5	.4
1967	14.6	16.0	1.16	15.4	15.2	14.9	18.2	-3.5	-3.5	.5	.3
1968	15.0	16.0	1.19	15.7	15.6	14.5	17.8	-2.7	-2.8	.5	.6
1969	16.4	16.3	1.23	16.0	15.8	15.6	18.4	-2.0	-2.0	.4	.5
1970	16.4	15.8	1.25	16.2	16.0	16.2	17.7	-1.2	-1.3	.4	.4
1971	16.2	16.1	1.31	16.5	16.2	15.8	16.5	-.5	-.6	.3	.4
1972	16.0	16.1	1.32	16.8	16.3	15.7	16.0	.3	.2	.3	.3
1980	--	--	--	19.0	17.7	13.3	--	6.3	6.0	-.1	-.5

SPALTEN (1), (4) BIS (11) BESCHAEFTIGTE IN 1000, SPALTE (2) IN V. H.

REGION :OBERPFALZ

Zu Beginn des Beobachtungszeitraumes war die Industriegruppe *Glas/Keramik* der größte Leitsektor der Region. Ihre Beschäftigung verringerte sich jedoch von 19.1oo auf 17.5oo Beschäftigte, der Beschäftigungsanteil sank von 23,6% auf 17,6%. Die weit überdurchschnittliche Wettbewerbsposition verschlechterte sich etwas. Die Trendanalyse zeigt, daß der Rückgang relativ kontinuierlich erfolgte und abgesehen vom Niveaueinbruch im Jahre 1972 relativ gering war. Die Konjunkturstabilität entsprach in etwa dem Sektordurchschnitt. Aus dem Vergleich der Indikatoren (7) und (8) wird sichtbar, daß das Beschäftigungsniveau auf die hohe positive Interaktion von Sektor und Standort entfiel, der negative Erwartungswert, Indikator (7), ergibt sich aufgrund der geringen Sektorgröße in einer kleinen Region. Die Trendprognosen weisen in Richtung weiteren Rückganges des Beschäftigungsniveaus. Die sich verschlechternden regionalen Wachstumsbedingungen machen eine Entwicklung nur noch geringfügig oberhalb des Sektordurchschnitts wahrscheinlich, etwa in der Größenordnung der Trendvariante L.

Die Beschäftigung der Industriegruppe *Textil* entwickelte sich gegenläufig zum Trend des Gesamtsektors: Das Niveau der Beschäftigung stieg von 11.8oo auf 16.ooo Beschäftigte und der Beschäftigungsanteil von 14,6 % auf 16,8 %. Die interregionale Wettbewerbsposition erreichte aufgrund dieser Entwicklung ein überdurchschnittliches Niveau. Die Trendanalyse zeigt, daß das Wachstum, abgesehen vom Konjunktureinbruch, relativ kontinuierlich erfolgte, in den Jahren 197o/71 fand jedoch ein, wenn auch geringer, Rückgang des Beschäftigungsniveaus statt. Die Konjunkturstabilität lag geringfügig unter dem Sektordurchschnitt. Aus dem Vergleich der Indikatoren (7) und (8) ist ersichtlich, daß anfänglich eine negative Interaktion von Sektor und Standort bestand, welche sich jedoch rasch verringerte. Die regionalen Wachstumsbedingungen waren günstig, verschlechterten sich jedoch im Zeitablauf. Die Trendprognosen weisen in unterschiedliche Richtungen. Die Trendprognosen M und L weisen in Richtung weiteren Wachstums, die Entwicklung des Sektordurchschnitts in Richtung eines Rückganges des Beschäftigungsniveaus. Aufgrund der abnehmenden regionalen Wachstumsgunst und des Beschäftigungsrückganges in den beiden letzten Jahren des Beobachtungszeitraumes ist eine rückläufige Entwicklung auch in der Region Oberpfalz wahrscheinlich, welche jedoch langsamer von statten gehen wird als im Sektordurchschnitt.

Im Beobachtungszeitraum war die industrielle Entwicklung der Region Oberpfalz davon geprägt, daß die regionale Spezialität, die Industriegruppe *Glas/Keramik*, an Bedeutung verlor und ihre führende Stellung von der Industriegruppe *Elektro* übernommen wurde. Die Textilindustrie entwickelte sich regional entgegen dem Sektortrend und erhöhte ihre Beschäftigung. Es ist jedoch erkennbar, daß sich der allgemeine Rückgang der Beschäftigung im Textilbereich auch in der Region Oberpfalz durchsetzen wird. Für die künftige wirtschaftliche Entwicklung der Region bestehen erhebliche Beschäftigungsrisiken, da die Region nur über einen industriellen Leitsektor den Bereich *Elektro*, verfügt, der zu den ausgeprägten Wachstumsbranchen gehört.

(4) RB Oberfranken
Der Industriebereich der Region Oberfranken blieb im Beobachtungszeitraum hinter der Entwicklung des Bundesgebietes zurück (Regionalfaktor 92,3%). Dieses "Zurückbleiben" hinter dem allgemeinen Wachstum erklärt sich sowohl aus der Strukturschwäche des Sekundärbereiches der Region (Strukturfaktor 93,8%), als auch aus ungünstigen Standortbedingungen (Standortfaktor 98,4%). Die Leitsektoren der Region sind die Industriegruppen *Montage*, *Elektro*, *Glas/Keramik*, *Holz 2* und *Textil*.

Die Beschäftigung der Industriegruppe *Montage* stieg im Beobachtungszeitraum von 16.7oo auf 18.2oo Beschäftigte; der Beschäftigungsanteil erhöhte sich von 9,1% auf 1o,3%, die interregionale Wettbewerbsposition blieb unverändert unterdurchschnittlich. Die Trendanalyse zeigt, daß im wesentlichen eine Stagnation der Beschäftigung auf einem Niveau von 21.ooo bis 22.ooo Beschäftigten stattgefunden hat. Nach einem leich-

TABELLE 2.30: ENTWICKLUNG DER BESCHAEFTIGUNG IN OBERFRANKEN

INDUSTRIEGRUPPE MONTAGE

JAHR	ENTWICKLUNG (1) EMPIR. NIVEAU	(2) REGION. ANTEIL	(3) INTERREG VERGL.	TRENDVERGLEICH (4) TREND L	(5) TREND M	(6) PROPOR-TIONAL	(7) PARA-LLEL	STANDORTQUALITAET (8) INTER-AKT. L	(9) INTER-AKT. M	(10) WACHS-TUM L	(11) WACHS-TUM M
1960	16.7	9.1	.39	20.6	18.8	--	46.3	-26.8	-28.4	--	--
1961	21.7	11.6	.49	20.8	19.7	17.5	48.4	-27.2	-28.2	1.3	1.1
1962	22.0	11.8	.49	21.0	20.7	22.4	49.9	-27.5	-28.0	1.0	.6
1963	21.7	11.8	.49	21.2	21.7	21.8	49.3	-27.9	-27.8	.7	.1
1964	21.5	11.8	.49	21.4	22.1	21.9	49.6	-28.3	-28.5	.4	-.1
1965	22.9	12.4	.51	21.6	22.2	22.2	51.2	-28.7	-28.2	.1	.0
1966	22.7	12.3	.50	21.7	22.2	23.0	51.4	-29.0	-27.8	-.2	.1
1967	21.7	12.4	.50	21.9	22.3	21.3	48.5	-29.4	-27.5	-.5	.2
1968	22.4	12.6	.51	22.1	24.0	22.1	49.5	-29.8	-27.2	-.8	.9
1969	23.5	12.6	.50	22.3	23.2	24.1	53.2	-30.2	-29.0	-1.0	-.2
1970	24.2	13.0	.51	22.5	22.4	24.3	54.4	-30.5	-30.7	-1.3	-1.2
1971	23.7	12.9	.50	22.7	21.5	24.5	55.2	-30.9	-32.5	-1.6	-2.3
1972	18.2	10.4	.41	22.8	20.7	23.1	53.2	-31.3	-34.2	-1.9	-3.4
1980	--	--	--	24.3	14.1	21.5	--	-34.3	-48.3	-4.3	-11.9

SPALTEN (1), (4) BIS (11) BESCHAEFTIGTE IN 1000, SPALTE (2) IN V. H.

REGION :OBERFRANKEN

INDUSTRIEGRUPPE ELEKTRO- UND FEINMECHANIK

	ENTWICKLUNG			TRENDVERGLEICH				STANDORTQUALITAET			
JAHR	(1) EMPIR. NIVEAU	(2) REGION. ANTEIL	(3) INTERREG VERGL.	(4) TREND L	(5) TREND M	(6) PROPOR-TIONAL	(7) PARA-LLEL	(8) INTER-AKT. L	(9) INTER-AKT. M	(10) WACHS-TUM L	(11) WACHS-TUM M
1960	22.7	12.4	.69	19.8	21.4	--	35.1	-15.6	-14.1	--	--
1961	19.8	10.6	.58	19.9	20.8	23.8	36.7	-16.0	-15.1	-1.0	-1.3
1962	19.3	10.4	.58	20.0	20.2	19.8	36.3	-16.3	-16.2	-.9	-.9
1963	19.6	10.6	.58	20.2	19.7	19.5	36.7	-16.6	-17.2	-.8	-.5
1964	19.9	10.9	.59	20.3	20.3	20.0	37.3	-17.0	-17.7	-.6	-.2
1965	20.4	11.0	.59	20.4	19.9	20.6	38.6	-17.3	-17.9	-.5	-.2
1966	20.0	10.9	.58	20.5	19.4	20.2	38.2	-17.7	-18.1	-.3	-.2
1967	18.0	10.3	.55	20.6	18.9	18.7	36.0	-18.0	-18.3	-.2	-.2
1968	18.7	10.5	.55	20.7	19.9	18.6	37.3	-18.3	-19.0	-.0	.5
1969	21.3	11.4	.59	20.8	20.6	20.2	40.2	-18.7	-18.9	.1	.4
1970	22.7	12.2	.61	21.0	21.4	22.5	42.1	-19.0	-18.8	.3	.3
1971	22.0	12.0	.61	21.1	22.1	22.3	41.1	-19.3	-18.7	.4	.2
1972	22.1	12.6	.64	21.2	22.8	21.8	40.1	-19.7	-18.6	.5	.1
1980	--	--	--	22.1	28.8	26.3	--	-22.4	-17.8	1.7	-.7

SPALTEN (1), (4) BIS (11) BESCHAEFTIGTE IN 1000, SPALTE (2) IN V. H.

REGION :OBERFRANKEN

INDUSTRIEGRUPPE GLAS UND KERAMIK

	ENTWICKLUNG			TRENDVERGLEICH				STANDORTQUALITAET			
JAHR	(1) EMPIR. NIVEAU	(2) REGION. ANTEIL	(3) INTERREG VERGL.	(4) TREND L	(5) TREND M	(6) PROPOR-TIONAL	(7) PARA-LLEL	(8) INTER-AKT. L	(9) INTER-AKT. M	(10) WACHS-TUM L	(11) WACHS-TUM M
1960	30.8	16.8	7.17	30.8	31.0	--	2.5	28.5	28.6	--	--
1961	30.6	16.4	7.13	30.1	30.2	31.2	2.2	28.0	28.0	-.4	-.4
1962	29.3	15.8	7.02	29.3	29.3	30.1	1.9	27.4	27.4	-.4	-.4
1963	28.0	15.3	6.98	28.6	28.4	28.3	1.7	26.8	26.8	-.4	-.4
1964	27.7	15.2	7.06	27.9	28.3	27.8	1.4	26.3	27.0	-.4	-.2
1965	27.6	15.0	7.00	27.2	27.3	28.2	1.2	25.7	26.0	-.5	-.3
1966	27.1	14.7	6.92	26.4	26.3	27.4	1.2	25.1	25.0	-.5	-.4
1967	25.1	14.4	6.72	25.7	25.3	25.5	1.3	24.5	24.0	-.5	-.5
1968	23.9	13.4	6.48	24.9	24.5	24.7	1.3	24.0	23.1	-.6	-.9
1969	24.4	13.1	6.34	24.2	24.0	25.2	1.2	23.4	22.9	-.6	-.8
1970	24.2	12.9	6.33	23.5	23.4	24.9	.6	22.8	22.7	-.6	-.7
1971	22.3	12.1	6.02	22.7	22.9	23.7	.5	22.3	22.5	-.7	-.6
1972	22.3	12.8	6.24	22.0	22.4	22.3	-.0	21.7	22.3	-.7	-.5
1980	--	--	--	16.1	18.2	20.9	--	17.2	20.7	-.9	.4

SPALTEN (1), (4) BIS (11) BESCHAEFTIGTE IN 1000, SPALTE (2) IN V. H.

REGION :OBERFRANKEN

INDUSTRIEGRUPPE HOLZ- UND KUNSTSTOFFVERARBEITUNG

	ENTWICKLUNG			TRENDVERGLEICH				STANDORTQUALITAET			
JAHR	(1) EMPIR. NIVEAU	(2) REGION. ANTEIL	(3) INTERREG VERGL.	(4) TREND L	(5) TREND M	(6) PROPOR-TIONAL	(7) PARA-LLEL	(8) INTER-AKT. L	(9) INTER-AKT. M	(10) WACHS-TUM L	(11) WACHS-TUM M
1960	17.8	9.7	1.93	16.5	17.8	--	8.1	8.8	9.7	--	--
1961	18.0	9.6	1.93	17.1	17.9	18.2	8.0	9.3	9.8	-.0	-.2
1962	17.9	9.7	1.91	17.7	17.9	18.4	8.0	9.8	9.9	-.0	-.2
1963	17.8	9.7	1.92	18.3	18.0	17.8	7.9	10.3	10.0	.0	-.2
1964	18.1	9.9	1.94	18.9	18.1	18.2	7.9	10.7	10.2	.0	-.2
1965	19.1	10.3	1.99	19.5	18.7	18.7	8.0	11.2	10.7	.1	.1
1966	19.1	10.4	1.97	20.1	19.2	19.3	8.2	11.7	11.1	.1	.4
1967	19.0	10.9	2.03	20.7	19.8	18.2	8.1	12.2	11.5	.1	.7
1968	21.0	11.8	2.13	21.3	21.4	19.9	8.6	12.7	12.6	.1	.7
1969	22.6	12.1	2.19	21.9	22.2	22.2	9.0	13.2	13.3	.2	.4
1970	23.2	12.4	2.20	22.5	23.0	23.7	9.0	13.7	14.0	.2	.2
1971	23.7	12.9	2.22	23.1	23.8	23.7	9.2	14.2	14.7	.2	-.1
1972	24.4	14.0	2.29	23.7	24.6	24.5	9.1	14.7	15.4	.2	-.4
1980	--	--	--	28.5	31.0	31.7	--	18.6	20.8	.4	-2.5

SPALTEN (1), (4) BIS (11) BESCHAEFTIGTE IN 1000, SPALTE (2) IN V. H.

REGION :OBERFRANKEN

INDUSTRIEGRUPPE **LEDER UND TEXTIL**

JAHR	ENTWICKLUNG			TRENDVERGLEICH				STANDORTQUALITAET			
	(1) EMPIR. NIVEAU	(2) REGION. ANTEIL	(3) INTERREG VERGL.	(4) TREND L	(5) TREND M	(6) PROPOR-TIONAL	(7) PARA-LLEL	(8) INTER-AKT. L	(9) INTER-AKT. M	(10) WACHS-TUM L	(11) WACHS-TUM M
1960	64.9	35.4	2.25	65.6	65.1	--	30.6	34.4	34.3	--	--
1961	64.9	34.8	2.27	65.2	64.9	65.3	30.5	34.7	34.6	.4	.0
1962	65.1	35.1	2.32	64.8	64.8	64.6	30.0	34.9	34.9	.4	.3
1963	64.8	35.3	2.35	64.4	64.6	64.3	29.5	35.2	35.2	.4	.5
1964	64.2	35.2	2.41	64.1	64.6	63.5	28.7	35.4	35.5	.4	.2
1965	64.1	34.7	2.43	63.7	63.9	64.3	28.5	35.7	35.7	.4	.6
1966	64.3	35.0	2.46	63.3	63.2	63.5	28.2	35.9	35.8	.4	1.1
1967	61.3	35.0	2.54	62.9	62.4	58.6	25.8	36.2	36.0	.4	1.5
1968	61.9	34.8	2.59	62.5	63.3	60.5	25.5	36.4	37.1	.4	.7
1969	63.7	34.2	2.59	62.1	62.6	64.3	26.2	36.7	37.1	.4	.5
1970	62.6	33.5	2.65	61.7	61.8	62.9	25.2	36.9	37.1	.5	.2
1971	61.9	33.7	2.73	61.3	61.1	60.4	24.1	37.2	37.1	.5	-.1
1972	59.1	33.9	2.78	60.9	60.3	60.0	22.8	37.4	37.0	.5	-.3
1980	--	--	--	57.8	54.4	49.1	--	39.5	36.9	.5	-2.4

SPALTEN (1), (4) BIS (11) BESCHAEFTIGTE IN 1000, SPALTE (2) IN V. H.

REGION :OBERFRANKEN

ten Anstieg der Beschäftigung 1969/7o folgte ein Rückgang. Die Konjunkturstabilität lag geringfügig über dem Sektordurchschnitt. Aus dem Vergleich der Indikatoren (7) und (8) wird ersichtlich, daß eine hohe negative Interaktion von Sektor und Standort bestand. Die regionalen Wachstumsbedingungen waren zu Beginn des Beobachtungszeitraumes günstig, sie verschlechterten sich aber im Zeitablauf. Die Trendprognosen zeigen in verschiedene Richtungen: Aufgrund des Rückganges in den letzten beiden Jahren und der kontinuierlichen Verschlechterung der regionalen Wachstumsgunst ist ein weiterer Rückgang des Niveaus wahrscheinlich.

Die Beschäftigung der Industriegruppe *Elektro* stagnierte auf einem Niveau von etwa 22.ooo Beschäftigten, was einem Beschäftigungsanteil von etwas mehr als 12% entspricht. Die ohnehin unterdurchschnittliche Wettbewerbsposition verschlechterte sich zusätzlich. Die Trendanalyse zeigt, daß, abgesehen vom Konjunktureinbruch, das Beschäftigungsniveau weitgehend stagnierte. Die Konjunkturstabilität lag unter dem Sektordurchschnitt. Aus dem Vergleich der Indikatoren (7) und (8) ist ersichtlich, daß eine hohe negative Interaktion von Sektor und Standort bestand. Die regionalen Wachstumsbedingungen waren überwiegend ungünstig. Von den Trendprognosen erscheint die Variante L wahrscheinlich, da sich die regionalen Wachstumsbedingungen in mittelfristiger Betrachtung insgesamt verschlechtern und somit die Variante M wenig wahrscheinlich ist.

Die Industriegruppe *Glas/Keramik* war zu Beginn der 6oer Jahre der zweitgrößte Leitsektor der Region. Er hat jedoch im Beobachtungszeitraum an Bedeutung verloren, seine Beschäftigung sank von 3o.8oo auf 22.3oo Beschäftigte, und der regionale Anteil verringerte sich von 16,8% auf 12,8%. Die weit überdurchschnittliche interregionale Wettbewerbsposition nahm ebenfalls ab. Die Trendanalyse zeigt einen relativ kontinuierlichen Rückgang; die Konjunkturstabilität lag unter dem Sektordurchschnitt. Aus dem Vergleich der Indikatoren (7) und (8) ist erkennbar, daß das hohe regionale Niveau im wesentlichen aufgrund der hohen positiven Interaktion von Sektor und Standort bestand. Die regionalen Wachstumsbedingungen waren jedoch ungünstig. Die Trendprognosen zeigen in Richtung eines weiteren Beschäftigungsrückganges; aufgrund der ungünstigen Standortbedingungen ist eine Abnahme unterhalb des Sektordurchschnittes wahrscheinlich.

Die Beschäftigung der Industriegruppe *Holz 2* stieg im Beobachtungszeitraum von 17.8oo auf 24.4oo Beschäftigte, der Beschäftigungsanteil erhöhte sich entsprechend von 9,7% auf 14,o%. Die interregionale Wettbewerbsposition war überdurchschnittlich und hat sich weiter verbessert. Die Trendanalyse zeigt, daß die Expansion im wesentlichen in der zweiten Hälfte des Beobachtungszeitraumes stattgefunden hat. Die Konjunkturstabilität lag dabei deutlich über dem Sektordurchschnitt.Aus dem Vergleich der Indikatoren (7) und (8) ist ersichtlich, daß über die Hälfte des Niveaus auf die hohe positive Interaktion von Sektor und Standort entfiel; im Zeitablauf nahm der Anteil der Interaktion weiter zu. Die regionalen Wachstumsbedingungen waren überwiegend günstig. Die Trendprognosen zeigen in Richtung weiterer Steigerung, wobei wegen der günstigen Entwicklung der Standortbedingungen ein Wachstum in der Größenordnung des Sektordurchschnitts zu erwarten ist.

Der mit Abstand größte Leitsektor der Region war im Beobachtungszeitraum die Industriegruppe *Textil*. Ihre Entwicklung war rückläufig, das Beschäftigungsniveau nahm von 64.9oo auf 59.1oo ab. Der Beschäftigungsanteil verringerte sich von 35,4% auf 33,9%. Die überdurchschnittliche interregionale Wettbewerbsposition verbesserte sich jedoch etwas. Aus der Trendanalyse ist erkennbar, daß in der ersten Hälfte des Beobachtungszeitraumes im wesentlichen eine Stagnation auf einem Niveau von 64.ooo bis 65.ooo bestand und seit 1969 ein Rückgang stattfand.Die Konjunkturstabilität lag deutlich über dem Sektordurchschnitt. Der Vergleich der Indikatoren (7) und (8) zeigt, daß über die Hälfte des Beschäftigungsniveaus auf die hohe positive Interaktion von Sektor und Standort entfiel. Die regionalen Wachstumsbedingungen waren günstig. Die Trendprognosen lassen einen weiteren Beschäftigungsrückgang erwarten. Aufgrund der relativ günstigen Standortbedingungen ist mit einer weiteren Verringerung des Niveaus jedoch oberhalb des Sektordurchschnittes, in der Größenordnung der Trendvariante M, wahrscheinlich.

Die Entwicklung des Industriebereiches der Region Oberfranken war im Beobachtungszeitraum mit Ausnahme der Holz und Kunststoff verarbeitenden Industrie von einer weitgehenden Stagnation der Leitsektoren geprägt. Die Wachstumsqualität des Sekundärprofils der Region hat sich im Zeitablauf nicht verbessert, und die regionalen Wachstumsbedingungen waren i.d.R. wenig günstig. Es ist daher wahrscheinlich, daß sich die Wirtschaft der Region Oberfranken weiterhin nur unterdurchschnittlich entwickeln wird.

(5) RB Mittelfranken

Die Entwicklung des Sekundärbereiches der Region Mittelfranken blieb im Beobachtungszeitraum hinter dem Bundesdurchschnitt zurück (Regionalfaktor 96,4%). Dieses nur unterdurchschnittliche Wachstum kam aufgrund von Standorteinflüssen zustande, da die Wachstumsqualität der Industriestruktur der Region über dem Durchschnitt lag (Standortfaktor 92,4%, Strukturfaktor 114,1%). Die industriellen Leitsektoren der Region sind die Industriegruppen *Montage*, *Elektro* und *Holz 2*, welche zusammen etwa zwei Drittel der industriellen Beschäftigung der Region auf sich vereinigten.

Die Beschäftigung der Industriegruppe *Montage* stagnierte im Beobachtungszeitraum auf einem Niveau von etwa 37.ooo Beschäftigten; der Beschäftigungsanteil betrug etwa 15%. Die interregionale Wettbewerbsposition war unterdurchschnittlich. Die Trendanalyse zeigt, daß auf eine Wachstumsperiode zu Beginn des Beobachtungszeitraumes eine nur vom Konjunktureinbruch unterbrochene Stagnationsperiode folgte. Gegen Ende der Beobachtungszeit erfolgte ein Rückgang des Beschäftigungsniveaus. Die Konjunkturstabilität entsprach dem Sektordurch-

TABELLE 2.31: ENTWICKLUNG DER BESCHAEFTIGUNG IN MITTELFRANKEN

INDUSTRIEGRUPPE MONTAGE

	ENTWICKLUNG			TRENDVERGLEICH				STANDORTQUALITAET			
JAHR	(1) EMPIR. NIVEAU	(2) REGION. ANTEIL	(3) INTERREG VERGL.	(4) TREND L	(5) TREND M	(6) PROPOR-TIONAL	(7) PARA-LLEL	(8) INTER-AKT. L	(9) INTER-AKT. M	(10) WACHS-TUM L	(11) WACHS-TUM M
1960	37.0	15.8	.68	40.9	37.7	--	50.9	-11.3	-14.2	--	--
1961	38.3	15.8	.67	40.7	38.8	38.8	53.4	-12.2	-14.0	.1	.3
1962	42.3	17.4	.72	40.4	39.9	39.6	55.1	-13.1	-13.8	-.0	.2
1963	41.1	17.2	.71	40.1	41.0	41.9	54.4	-14.0	-13.5	-.1	.1
1964	41.1	17.2	.71	39.9	42.0	41.5	54.7	-15.0	-14.0	-.3	-.3
1965	42.0	17.1	.70	39.6	41.4	42.5	56.8	-15.9	-14.3	-.4	-.3
1966	42.1	17.2	.70	39.3	40.8	42.1	56.9	-16.8	-14.5	-.5	-.3
1967	39.4	17.1	.69	39.1	40.2	39.5	53.6	-17.7	-14.8	-.6	-.3
1968	39.6	16.7	.68	38.8	39.9	40.1	54.8	-18.6	-16.6	-.7	-3.2
1969	41.8	16.9	.67	38.5	38.7	42.6	58.9	-19.5	-18.9	-.8	-2.2
1970	34.7	14.1	.56	38.2	37.6	43.1	59.9	-20.5	-21.1	-1.0	-1.3
1971	34.4	14.1	.55	38.0	36.5	35.2	60.6	-21.4	-23.4	-1.1	-.4
1972	37.6	15.3	.60	37.7	35.4	33.6	59.7	-22.3	-25.7	-1.2	.6
1980	--	--	--	35.5	26.3	44.6	--	-29.7	-43.9	-2.1	8.0

SPALTEN (1), (4) BIS (11) BESCHAEFTIGTE IN 1000, SPALTE (2) IN V. H.

REGION :MITTELFRANKEN

INDUSTRIEGRUPPE ELEKTRO- UND FEINMECHANIK

JAHR	ENTWICKLUNG (1) EMPIR. NIVEAU	(2) REGION. ANTEIL	(3) INTERREG VERGL.	TRENDVERGLEICH (4) TREND L	(5) TREND M	(6) PROPOR-TIONAL	(7) PARA-LLEL	STANDORTQUALITAET (8) INTER-AKT. L	(9) INTER-AKT. M	(10) WACHS-TUM L	(11) WACHS-TUM M
1960	94.5	40.5	2.26	94.9	96.7	--	39.7	54.6	56.4	--	--
1961	99.8	41.3	2.27	95.7	96.9	99.3	41.7	54.9	56.1	-.9	-.4
1962	97.3	40.1	2.23	96.4	97.2	99.6	41.6	55.1	55.7	-.8	-1.1
1963	97.4	40.7	2.23	97.2	97.4	98.4	41.7	55.4	55.4	-.8	-1.8
1964	96.9	40.6	2.19	98.0	98.1	99.6	42.4	55.6	54.7	-.7	-2.1
1965	99.1	40.3	2.14	98.8	97.5	100.5	44.2	55.9	54.4	-.6	-1.3
1966	98.2	40.2	2.14	99.6	96.9	98.1	43.8	56.1	54.1	-.6	-.5
1967	93.7	40.6	2.18	100.4	96.2	92.0	41.1	56.3	53.7	-.5	.3
1968	96.5	40.9	2.15	101.2	99.8	96.8	42.6	56.6	55.7	-.4	-1.0
1969	103.5	41.7	2.14	101.9	101.7	104.2	45.8	56.8	56.7	-.4	-.7
1970	107.3	43.6	2.18	102.7	103.6	109.4	47.5	57.1	57.7	-.3	-.4
1971	105.5	43.3	2.20	103.5	105.4	105.1	46.5	57.3	58.8	-.2	-.2
1972	104.9	42.7	2.15	104.3	107.3	104.4	46.6	57.6	59.8	-.2	.1
1980	--	--	--	110.6	122.4	125.0	--	59.5	68.0	.4	2.3

SPALTEN (1), (4) BIS (11) BESCHAEFTIGTE IN 1000, SPALTE (2) IN V. H.

REGION :MITTELFRANKEN

INDUSTRIEGRUPPE HOLZ- UND KUNSTSTOFFVERARBEITUNG

	ENTWICKLUNG			TRENDVERGLEICH				STANDORTQUALITAET			
JAHR	(1) EMPIR. NIVEAU	(2) REGION. ANTEIL	(3) INTERREG VERGL.	(4) TREND L	(5) TREND M	(6) PROPORTIONAL	(7) PARALLEL	(8) INTERAKT. L	(9) INTERAKT. M	(10) WACHSTUM L	(11) WACHSTUM M
1960	21.9	9.4	1.86	21.2	22.0	--	12.7	8.7	9.1	--	--
1961	22.0	9.1	1.83	21.4	21.8	22.4	13.0	8.6	8.9	-.3	-.3
1962	21.7	8.9	1.76	21.5	21.7	22.5	13.2	8.6	8.7	-.3	-.3
1963	21.4	9.0	1.77	21.7	21.6	21.5	12.9	8.5	8.5	-.3	-.4
1964	21.5	9.0	1.76	21.8	21.8	21.9	13.0	8.5	8.6	-.3	-.4
1965	22.0	9.0	1.73	22.0	21.7	22.3	13.6	8.5	8.3	-.3	-.4
1966	21.8	8.9	1.69	22.2	21.5	22.3	13.7	8.4	8.0	-.3	-.3
1967	20.5	8.9	1.66	22.3	21.3	20.9	13.2	8.4	7.7	-.3	-.2
1968	21.5	9.1	1.64	22.5	22.0	21.5	13.9	8.3	8.1	-.3	-.0
1969	23.1	9.3	1.68	22.6	22.5	22.7	14.6	8.3	8.2	-.3	-.1
1970	23.5	9.5	1.69	22.8	23.0	24.2	14.4	8.2	8.4	-.3	-.2
1971	23.1	9.5	1.63	22.9	23.5	24.0	14.6	8.2	8.5	-.3	-.3
1972	23.9	9.7	1.60	23.1	24.0	23.8	15.6	8.1	8.7	-.3	-.4
1980	--	--	--	24.3	27.9	31.1	--	7.8	9.9	-.3	-1.2

SPALTEN (1), (4) BIS (11) BESCHAEFTIGTE IN 1000, SPALTE (2) IN V. H.

REGION :MITTELFRANKEN

schnitt. Aus dem Vergleich der Indikatoren (7) und (8) wird sichtbar, daß eine negative Interaktion von Sektor und Standort bestand. Die regionalen Wachstumsbedingungen waren überwiegend ungünstig. Die Trendprognosen beinhalten alle denkbaren Fälle: Zunahme, Stagnation und Abnahme. Aufgrund der mittelfristigen Verbesserung der regionalen Wachstumsgunst erscheint die mittlere Variante, Stagnation entsprechend der Trendvarianten L, wahrscheinlich.

Die Industriegruppe *Elektro* ist der mit Abstand größte industrielle Leitsektor der Region. Sein Beschäftigungsniveau stieg von 94.5oo auf ca. 1o5.ooo, seine überdurchschnittliche interregionale Wettbewerbsposition blieb in etwa erhalten.Das Beschäftigungsniveau zeigt in der Trendanalyse zahlreiche Schwankungen um einen ansteigenden Trend. Die Konjunkturstabilität lag über dem Sektordurchschnitt. Aus dem Vergleich der Indikatoren (7) und (8) ist ersichtlich, daß der größere Teil des Beschäftigungsniveaus auf die hohe positive Interaktion von Sektor und Standort entfiel. Die regionalen Wachstumsbedingungen waren jedoch wenig günstig. Die Prognosevarianten zeigen in Richtung weiteren Wachstums. Aufgrund der Entwicklung der Standortbedingungen ist eine Entwicklung geringfügig unterhalb des Branchendurchschnittes in der Größenordnung der Trendvarianten M, wahrscheinlich.

Der dritte Leitsektor der Region ist die Industriegruppe *Holz 2*. Ihr Beschäftigtenniveau stieg von 21.9oo auf 23.9oo Beschäftigten an; der Beschäftigungsanteil blieb in etwa konstant bei 9,5%. Die überdurchschnittliche interregionale Wettbewerbsposition verschlechterte sich geringfügig. Die Trendanalyse zeigt, daß die Zunahme der Beschäftigung im wesentlichen gegen Ende des Beobachtungszeitraumes erfolgte. Die Konjunkturstabilität war geringer als im Sektordurchschnitt.Aus dem Vergleich der Indikatoren (7) und (8) ist ersichtlich, daß ein wesentlicher Teil des Niveaus auf die positive Interaktion von Sektor und Standort entfiel. Die regionalen Wachstumsbedingungen waren ungünstig. Die Prognosevarianten zeigen in Richtung weiterer Zunahme der Beschäftigung. Aufgrund der ungünstigen Wachstumsbedingungen ist eine Entwicklung unterhalb des Sektordurchschnitts, etwa in Größenordnung der Trendvariante M, wahrscheinlich.

Im Beobachtungszeitraum war die industrielle Entwicklung der Region Mittelfranken davon gekennzeichnet, daß sich der Trend zur Monostrukturierung weiterhin fortsetzte, da der größte Sektor *Elektro* seinen Anteil am Sekundärbereich von 4o% auf 43% erhöhte. Die Trendprognosen lassen eine weitere Vergrösserung des Anteils dieses Sektors erwarten, so daß bei relaver Stagnation der beiden anderen Leitsektoren, *Montage* und *Holz 2* die künftige wirtschaftliche Entwicklung der Region weitgehend vom Wachstum des Bereiches *Elektro* bestimmt wird.

(6) RB Unterfranken

Der Industriebereich der Region RB Unterfranken realisierte im Beobachtungszeitraum ein Wachstum oberhalb des Bundesdurchschnittes (Regionalfaktor 112,9%), welches bei geringfügig unterdurchschnittlicher Wachstumsqualität der Industriestruktur aufgrund günstiger Standortbedingungen zustande kam (Strukturfaktor 99,o%, Standortfaktor 114,1%). Die industriellen Leitsektoren der Region sind die Industriegruppen *Montage*, *Elektro* und *Textil*, welche insgesamt zwei Drittel der industriellen Beschäftigung der Region ausmachten.

Der größte Leitsektor der Region ist die Industriegruppe *Montage*, ihr Beschäftigungsniveau erhöhte sich von 39.8oo auf 57.3oo Beschäftigte. Der Beschäftigungsanteil stieg von 31,6% auf 36,o%, die überdurchschnittliche interregionale Wettbewerbsposition blieb im wesentlichen konstant. Die Trendanalyse zeigt, daß mit Ausnahme des Konjunktureinbruchs das Wachstum relativ kontinuierlich verlief. Die Konjunkturstabilität lag über dem Sektordurchschnitt. Aus dem Vergleich der Indikatoren (7) und (8) ist ersichtlich, daß ein Beschäftigungsniveau in der Größenordnung des Erwartungswertes, Indikator (7), realisiert wurde; im Zeitablauf entfiel jedoch ein zunehmender Anteil des Beschäftigungsniveaus auf

TABELLE 2.32: ENTWICKLUNG DER BESCHAEFTIGUNG IN UNTERFRANKEN

INDUSTRIEGRUPPE MONTAGE

	E N T W I C K L U N G			T R E N D V E R G L E I C H				S T A N D O R T Q U A L I T A E T			
JAHR	(1) EMPIR. NIVEAU	(2) REGION. ANTEIL	(3) INTERREG VERGL.	(4) TREND L	(5) TREND M	(6) PROPOR-TIONAL	(7) PARA-LLEL	(8) INTER-AKT. L	(9) INTER-AKT. M	(10) WACHS-TUM L	(11) WACHS-TUM M
1960	39.8	31.5	1.35	41.9	41.2	--	41.2	-.5	-.9	--	--
1961	43.3	32.4	1.37	43.2	43.0	41.8	43.6	.0	-.2	.8	.9
1962	46.8	33.8	1.40	44.6	44.8	44.7	45.6	.5	.5	.8	.7
1963	47.1	33.7	1.40	45.9	46.6	46.4	45.3	1.0	1.2	.8	.5
1964	46.9	33.4	1.38	47.2	48.3	47.6	45.8	1.5	1.4	.8	.1
1965	50.0	34.5	1.41	48.5	48.7	48.5	47.6	1.9	1.9	.7	.3
1966	50.4	34.4	1.40	49.8	49.1	50.1	48.0	2.4	2.5	.7	.5
1967	48.2	34.6	1.40	51.1	49.4	47.4	45.3	2.9	3.0	.7	.7
1968	49.8	34.8	1.40	52.4	51.1	49.1	46.3	3.4	3.2	.7	.3
1969	53.6	35.2	1.39	53.7	53.0	53.6	50.2	3.9	3.7	.7	.5
1970	56.4	35.1	1.39	55.0	54.9	55.3	52.1	4.4	4.3	.7	.7
1971	57.6	36.3	1.40	56.3	56.8	57.2	52.9	4.9	4.8	.7	.8
1972	57.3	36.0	1.40	57.6	58.7	56.1	51.8	5.3	5.4	.7	1.0
1980	--	--	--	68.1	74.0	68.0	--	9.2	9.7	.6	2.3

SPALTEN (1), (4) BIS (11) BESCHAEFTIGTE IN 1000, SPALTE (2) IN V. H.

REGION :UNTERFRANKEN

INDUSTRIEGRUPPE ELEKTRO- UND FEINMECHANIK

JAHR	ENTWICKLUNG (1) EMPIR. NIVEAU	(2) REGION. ANTEIL	(3) INTERREG VERGL.	TRENDVERGLEICH (4) TREND L	(5) TREND M	(6) PROPOR-TIONAL	(7) PARA-LLEL	STANDORTQUALITAET (8) INTER-AKT. L	(9) INTER-AKT. M	(10) WACHS-TUM L	(11) WACHS-TUM M
1960	19.1	15.1	.84	18.3	19.3	--	30.0	-12.1	-11.1	--	--
1961	20.1	15.0	.83	18.5	19.1	20.0	31.9	-12.6	-12.1	-.4	-.4
1962	17.9	12.9	.72	18.7	18.9	20.0	32.0	-13.2	-13.1	-.4	-.4
1963	18.8	13.4	.73	18.9	18.7	18.1	32.7	-13.7	-14.1	-.3	-.4
1964	18.7	13.3	.72	19.1	18.8	19.2	33.5	-14.2	-15.4	-.2	-.6
1965	19.2	13.2	.70	19.3	18.7	19.4	35.0	-14.7	-15.4	-.2	-.3
1966	18.7	12.7	.68	19.5	18.6	19.0	34.9	-15.2	-15.4	-.1	-.0
1967	17.6	12.6	.68	19.7	18.5	17.5	32.8	-15.8	-15.4	-.0	.3
1968	19.0	13.2	.70	19.8	19.8	18.2	34.2	-16.3	-15.8	.0	.3
1969	21.0	13.7	.71	20.0	20.2	20.5	37.2	-16.8	-16.4	.1	.3
1970	21.3	13.3	.67	20.2	20.6	22.1	39.7	-17.3	-17.1	.1	.2
1971	20.6	13.0	.66	20.4	21.0	20.9	38.8	-17.9	-17.7	.2	.1
1972	21.2	13.4	.67	20.6	21.5	20.4	38.7	-18.4	-18.4	.3	.1
1980	--	--	--	22.2	24.8	25.3	--	-22.6	-23.7	.8	-.4

SPALTEN (1), (4) BIS (11) BESCHAEFTIGTE IN 1000, SPALTE (2) IN V. H.

REGION :UNTERFRANKEN

INDUSTRIEGRUPPE LEDER UND TEXTIL

JAHR	ENTWICKLUNG			TRENDVERGLEICH				STANDORTQUALITAET			
	(1) EMPIR. NIVEAU	(2) REGION. ANTEIL	(3) INTERREG VERGL.	(4) TREND L	(5) TREND M	(6) PROPORTIONAL	(7) PARALLEL	(8) INTER-AKT. L	(9) INTER-AKT. M	(10) WACHSTUM L	(11) WACHSTUM M
1960	23.9	18.8	1.20	26.2	24.5	--	25.5	.0	-1.2	--	--
1961	25.8	19.3	1.26	26.8	25.9	24.0	25.7	1.0	.3	1.2	1.2
1962	28.5	20.6	1.36	27.3	27.2	25.7	25.7	1.9	1.8	1.2	1.2
1963	29.0	20.7	1.38	27.9	28.5	28.1	25.5	2.8	3.2	1.1	1.2
1964	29.0	20.6	1.41	28.4	30.1	28.4	24.8	3.8	4.7	1.1	1.2
1965	30.4	21.0	1.47	29.0	30.0	29.0	24.8	4.7	5.4	1.1	1.0
1966	31.9	21.7	1.53	29.5	30.0	30.2	24.8	5.6	6.1	1.1	.9
1967	29.4	21.1	1.53	30.1	30.0	29.0	22.5	6.6	6.9	1.1	.7
1968	29.4	20.5	1.52	30.7	29.8	29.1	22.3	7.5	6.9	1.1	.3
1969	30.9	20.3	1.53	31.2	30.5	30.5	23.1	8.4	7.9	1.0	.6
1970	31.6	19.7	1.55	31.8	31.3	30.5	22.9	9.4	9.0	1.0	1.0
1971	32.1	20.2	1.64	32.3	32.0	30.5	21.8	10.3	10.0	1.0	1.3
1972	32.4	20.4	1.67	32.9	32.7	31.1	21.4	11.2	11.0	1.0	1.6
1980	--	--	--	37.3	38.6	27.0	--	18.7	19.4	.9	4.2

SPALTEN (1), (4) BIS (11) BESCHAEFTIGTE IN 1000, SPALTE (2) IN V. H.

REGION :UNTERFRANKEN

eine positive Interaktion von Sektor und Standort. Es bestanden günstige regionale Wachstumsbedingungen. Die Trendprognosen weisen in Richtung weiteren Wachstums; aufgrund der günstigen Entwicklung der Standortbedingungen ist eine Entwicklung oberhalb des Sektordurchschnittes wahrscheinlich.

Die Beschäftigung der Industriegruppe *Elektro* stieg zwar von 19.1oo auf 21.2oo Beschäftigte, diese Zunahme war jedoch regional und sektoral unterdurchschnittlich, so daß sich der regionale Anteil von 15,1% auf 13,4% verringerte und sich die unterdurchschnittliche interregionale Wettbewerbsposition weiter verschlechterte. Die Trendanalyse zeigt eine von Beschäftigungsschwankungen gekennzeichnete Entwicklung um einen schwach ansteigenden Trend. Die Konjunkturstabilität entsprach dem Sektordurchschnitt. Aus dem Vergleich der Indikatoren (7) und (8) ist ersichtlich, daß eine hohe negative Interaktion von Sektor und Standort bestand . Die regionalen Wachstumsbedingungen waren überwiegend ungünstig, jedoch mit abnehmendem Trend. Die Prognosevarianten weisen in Richtung weiteren Wachstums. Eine Entwicklung in der Größenordnung des Branchendurchschnitts ist nicht wahrscheinlich, dafür sind die Tendenzen zur Stagnation zu ausgeprägt.

Die Beschäftigung der Industriegruppe *Textil* entwickelte sich in der Region Unterfranken gegenläufig zum Branchentrend: Das Beschäftigtenniveau stieg von 23.9oo auf 32.4oo Beschäftigte. Der Beschäftigungsanteil erhöhte sich infolgedessen von 18,8% auf 2o,4%,und die überdurchschnittliche interregionale Wettbewerbsposition verbesserte sich weiter. Die Trendanalyse zeigt, abgesehen vom Konjunktureinbruch, ein kontinuierliches Wachstum. Die Konjunkturstabilität lag geringfügig über dem Sektordurchschnitt. Aus dem Vergleich der Indikatoren (7) und (8) wird sichtbar, daß zu Beginn des Beobachtungszeitraumes ein Beschäftigtenniveau in der Größenordnung des Erwartungswertes,Indikator (7),bestand. Im Zeitablauf entfiel jedoch ein wachsender Anteil der Beschäftigung auf die positive Interaktion von Sektor und Standort. Die regionalen Wachstumsbedingungen waren günstig. Während die Trendprognose entsprechend der Branchenentwicklung einen Beschäftigungsrückgang vorausschätzt, weisen die Trendprognosen L und M in Richtung weiteren Wachstums. Es ist jedoch zu erwarten, daß sich der allgemeine Beschäftigungsrückgang im Textilbereich auch in der Region Unterfranken durchsetzt, wenn auch aufgrund der relativ günstigen Standortbedingungen langsamer als im Sektordurchschnitt.

Im Beobachtungszeitraum war die industrielle Entwicklung in der Region Unterfranken von einer weiteren Konzentration auf den Montagebereich gekennzeichnet. Die Entwicklung im Bereich *Elektro* war geringer als im Sektordurchschnitt; im Textilbereich fand entgegen dem Sektordurchschnitt eine Zunahme der Beschäftigung statt. Die künftige wirtschaftliche Entwicklung der Region hängt weitgehend davon ab, ob der Montagebereich den zu erwartenden Beschäftigungsabbau im Textilbereich auffangen kann.

(7) RB Schwaben

Der Industriebereich der Region RB Schwaben realisierte im Beobachtungszeitraum eine Entwicklung über dem Bundesdurchschnitt (Regionalfaktor 1o5,2%), welche bei einer nur durchschnittlich wachstumsgünstigen Industriestruktur von günstigen Standorteinflüssen bestimmt wurde (Strukturfaktor 96,3%, Standortfaktor 1o9,2%). Die Wirtschaft der Region hat die industriellen Leitsektoren *Montage*, *Elektro* und *Textil*, auf die zusammen gut 6o% der industriellen Beschäftigung entfielen.

Die Beschäftigung der Industriegruppe *Montage* stieg im Beobachtungszeitraum von 4o.9oo auf etwa 5o.ooo Beschäftigte. Der Beschäftigungsanteil erhöhte sich infolgedessen von 23,6% auf 25,4%; die interregionale Wettbewerbsposition war in etwa durchschnittlich. Die Trendanalyse zeigt, daß die Entwicklung bis 1969 mit Unterbrechung des Konjunktureinbruches

TABELLE 2.33: ENTWICKLUNG DER BESCHAEFTIGUNG IN SCHWABEN

INDUSTRIEGRUPPE MONTAGE

	ENTWICKLUNG			TRENDVERGLEICH				STANDORTQUALITAET			
JAHR	(1) EMPIR. NIVEAU	(2) REGION. ANTEIL	(3) INTERREG VERGL.	(4) TREND L	(5) TREND M	(6) PROPORTIONAL	(7) PARALLEL	(8) INTERAKT. L	(9) INTERAKT. M	(10) WACHSTUM L	(11) WACHSTUM M
1960	40.9	23.6	1.02	45.6	42.1	--	45.4	-1.6	-4.1	--	--
1961	43.7	24.2	1.03	46.2	44.2	42.9	47.8	-1.7	-3.3	1.3	1.1
1962	49.2	26.0	1.08	46.9	46.3	45.2	50.2	-1.8	-2.5	1.1	.9
1963	49.1	25.7	1.07	47.6	48.4	48.7	50.0	-1.9	-1.7	.8	.6
1964	48.8	25.1	1.04	48.3	49.9	49.6	50.7	-2.0	-1.8	.6	.2
1965	51.2	26.0	1.07	48.9	50.5	50.4	52.3	-2.0	-1.0	.3	.3
1966	52.3	26.4	1.07	49.6	51.0	51.4	52.7	-2.1	-.3	.0	.4
1967	51.3	26.8	1.09	50.3	51.5	49.2	50.0	-2.2	.5	-.2	.6
1968	51.4	26.9	1.08	51.0	52.8	52.3	50.7	-2.3	.3	-.5	-1.8
1969	55.0	27.3	1.08	51.7	52.3	55.4	54.6	-2.4	-1.4	-.7	-1.7
1970	49.6	23.7	.94	52.3	51.7	56.8	56.5	-2.5	-3.0	-1.0	-1.5
1971	52.6	26.2	1.01	53.0	51.2	50.3	56.7	-2.6	-4.7	-1.2	-1.3
1972	49.9	25.4	.99	53.7	50.6	51.3	55.2	-2.7	-6.3	-1.5	-1.2
1980	--	--	--	59.1	46.2	59.2	--	-3.4	-19.5	-3.5	.1

SPALTEN (1), (4) BIS (11) BESCHAEFTIGTE IN 1000, SPALTE (2) IN V. H.

REGION :SCHWABEN

INDUSTRIEGRUPPE ELEKTRO- UND FEINMECHANIK

	ENTWICKLUNG			TRENDVERGLEICH				STANDORTQUALITAET			
JAHR	(1) EMPIR. NIVEAU	(2) REGION. ANTEIL	(3) INTERREG VERGL.	(4) TREND L	(5) TREND M	(6) PROPOR-TIONAL	(7) PARA-LLEL	(8) INTER-AKT. L	(9) INTER-AKT. M	(10) WACHS-TUM L	(11) WACHS-TUM M
1960	11.6	6.7	.37	14.5	11.9	--	34.2	-20.7	-22.7	--	--
1961	14.8	8.2	.45	15.7	14.3	12.2	36.1	-20.1	-21.3	1.7	1.3
1962	16.6	8.8	.49	17.0	16.7	14.8	36.6	-19.5	-19.9	1.5	1.8
1963	18.8	9.9	.54	18.3	19.1	16.8	37.3	-18.9	-18.5	1.4	2.2
1964	21.6	11.1	.60	19.5	22.3	19.2	38.4	-18.2	-16.8	1.3	2.1
1965	23.4	11.9	.63	20.8	22.8	22.4	39.7	-17.6	-16.1	1.1	1.5
1966	24.1	12.2	.65	22.1	23.3	23.1	39.6	-17.0	-15.5	1.0	1.0
1967	23.5	12.3	.66	23.4	23.7	22.6	37.5	-16.4	-14.8	.9	.4
1968	23.8	12.4	.65	24.6	24.7	24.3	38.5	-15.8	-15.5	.7	-.3
1969	25.2	12.5	.64	25.9	25.6	25.7	41.6	-15.2	-15.4	.6	-.0
1970	29.4	14.1	.70	27.2	26.6	26.6	44.1	-14.6	-15.2	.5	.2
1971	26.6	13.2	.67	28.5	27.5	28.8	42.6	-14.0	-15.1	.3	.5
1972	27.9	14.2	.71	29.7	28.5	26.3	42.1	-13.4	-14.9	.2	.7
1980	--	--	--	39.9	36.2	33.2	--	-8.5	-13.8	-.9	2.7

SPALTEN (1), (4) BIS (11) BESCHAEFTIGTE IN 1000, SPALTE (2) IN V. H.

REGION :SCHWABEN

INDUSTRIEGRUPPE LEDER UND TEXTIL

	ENTWICKLUNG			TRENDVERGLEICH				STANDORTQUALITAET			
JAHR	(1) EMPIR. NIVEAU	(2) REGION. ANTEIL	(3) INTERREG VERGL.	(4) TREND L	(5) TREND M	(6) PROPORTIONAL	(7) PARALLEL	(8) INTERAKT. L	(9) INTERAKT. M	(10) WACHSTUM L	(11) WACHSTUM M
1960	60.5	34.9	2.22	59.7	60.3	--	29.7	28.8	30.4	--	--
1961	58.6	32.4	2.12	58.6	58.9	60.9	29.9	28.1	28.9	-.6	-.9
1962	57.3	30.3	2.01	57.4	57.4	58.2	30.3	27.4	27.4	-.6	-.9
1963	56.3	29.5	1.97	56.3	55.9	56.5	30.2	26.7	25.9	-.6	-.9
1964	54.3	28.0	1.91	55.2	55.1	55.2	29.7	26.0	24.8	-.5	-.7
1965	54.2	27.5	1.93	54.0	53.7	54.4	29.5	25.2	24.3	-.5	-.4
1966	53.5	27.0	1.89	52.9	52.3	53.7	29.5	24.5	23.7	-.5	.0
1967	49.8	26.1	1.89	51.7	50.9	48.8	27.3	23.8	23.2	-.4	.4
1968	49.5	25.9	1.92	50.6	51.1	49.2	26.7	23.1	23.5	-.4	.2
1969	50.9	25.3	1.91	49.5	49.8	51.4	27.6	22.4	22.8	-.4	-.1
1970	49.8	23.8	1.88	48.3	48.6	50.3	27.3	21.7	22.2	-.3	-.5
1971	47.8	23.8	1.93	47.2	47.3	48.1	25.7	21.0	21.5	-.3	-.8
1972	44.8	22.8	1.88	46.0	46.1	46.4	24.8	20.3	20.8	-.3	-1.2
1980	--	--	--	36.9	36.2	37.2	--	14.7	15.5	.0	-3.9

SPALTEN (1), (4) BIS (11) BESCHAEFTIGTE IN 1000, SPALTE (2) IN V. H.

REGION :SCHWABEN

in Form eines relativ kontinuierlichen Wachstums erfolgte, dann fand ein Niveaurückgang statt. Die Konjunkturstabilität lag über dem Sektordurchschnitt. Aus dem Vergleich der Indikatoren (7) und (8) wird sichtbar, daß das Beschäftigungsniveau im wesentlichen dem Erwartungswert, Indikator (7), entsprach und eine quantitativ nur geringe negative Interaktion von Sektor und Standort bestand. Die regionalen Wachstumsbedingungen waren überwiegend ungünstig. Die Prognose aufgrund des langfristigen Trends zeigt in Richtung weiterer Beschäftigungszunahme, die Entwicklung der letzten fünf Jahre hingegen weist in Richtung eines Beschäftigungsrückganges. Aufgrund der Entwicklung der Standortbedingungen ist eine Entwicklung entsprechend dem Sektordurchschnitt wahrscheinlich.
Die Beschäftigung der Industriegruppe *Elektro* stieg auf mehr als das Doppelte an: von 11.6oo auf 27.9oo Beschäftigte. Der Beschäftigungsanteil erhöhte sich von 6,7% auf 14,2%,und die interregionale Wettbewerbsposition besserte sich erheblich, blieb jedoch unter dem Durchschnitt. Die Trendanalyse zeigt, abgesehen vom Konjunktureinbruch, ein relativ kontinuierliches Wachstum bis zum höchsten Beschäftigungsstand 197o, seitdem erfolgte ein Beschäftigungsrückgang. Die Konjunkturstabilität lag über dem Durchschnitt. Aus dem Vergleich der Indikatoren (7) und (8) wird sichtbar, daß eine hohe negative Interaktion von Sektor und Standort bestand. Die regionalen Wachstumsbedingungen waren jedoch günstig. Die Trendprognosen weisen in Richtung weiteren Wachstums, wobei wegen der Verringerung der Wachstumsgunst gegen Ende des Beobachtungszeitraumes nur noch eine knapp überdurchschnittliche Entwicklung erwartet werden kann.

Die Beschäftigung der Industriegruppe *Textil* nahm von 6o.5oo auf 44.8oo ab; der Beschäftigungsanteil sank von 34,9% auf 22,8%. Die interregionale Wettbewerbsposition blieb weit überdurchschnittlich, verringerte sich jedoch etwas. Die Trendanalyse zeigt einen relativ kontinuierlichen Beschäftigungsrückgang, die Konjunkturstabilität lag über dem Sektordurchschnitt. Aus dem Vergleich der Indikatoren (7) und

(8) ist ersichtlich, daß etwa die Hälfte des Niveaus auf die hohe positive Interaktion von Sektor und Standort entfiel. Die Prognosevarianten weisen alle in ähnlicher Größenordnung in Richtung eines weiteren Beschäftigungsrückganges.

Im Beobachtunszeitraum vollzog sich in der Region RB Schwaben eine erhebliche Strukturwandlung: Der zu Beginn der 60er Jahre größte industrielle Leitsektor *Textil*, verringerte seinen regionalen Anteil zugunsten des Montage- und Elektrobereiches. Während der Bereich *Elektro* ein relativ kontinuierliches Wachstum aufwies, zeigt der gegen Ende der 60er Jahre größte industrielle Leitsektor, *Montage*, Tendenzen zur Stagnation. Hieraus ergeben sich für die künftige Entwicklung Beschäftigungsrisiken, da mit einem weiteren Beschäftigungsabbau im Textilbereich zu rechnen ist.

3.3. Synopse: Charakteristische regionale Entwicklungsmuster

3.3.1. Geographische Unterschiede

Der regionale Strukturwandel im Sekundärbereich konnte mit Hilfe der durchgeführten Indikatoranalyse transparent gemacht werden. Angesichts des Umfangs des dabei angefallenen Ergebnisoutputs erscheint eine Verdichtung der Einzelergebnisse in Form einer Synopse erforderlich. Zielsetzung ist dabei, regionale Unterschiede und Gemeinsamkeiten von Entwicklung und Entwicklungsbedingungen der verschiedenen Leitsektoren aufzuzeigen, um charakteristische Entwicklungsmuster von Gruppen von Regionen kenntlich zu machen.

Ausgangspunkt einer Zusammenschau der Einzelergebnisse ist eine Gruppierung von Regionen zu geographisch zusammenhängenden Teilräumen, welche jeweils Regionen mit ähnlichem Entwicklungsmuster umfassen. Aus der spezifischen geographischen Lage einer Region ergeben sich aufgrund der dezentralen politischen und ökonomischen Entwicklung Deutschlands eine Reihe von Entwicklungsdeterminanten, welche über eine von den derzeit bestehenden Produktionsbedingungen bestimmte Lagerente in Form von Transportkostenvor- oder -nachteilen hinausgeht; diese Entwicklungsfaktoren werden meist unter dem Begriff "historische Komponente" zusammengefaßt.[1)] Hierbei handelt es sich um den Teil der Produktionsstruktur einer Region, dessen Entstehung bis in die Zeit des "Take-off" und davor zurückreicht. So hat z.B. das Vorhandensein von Bodenschätzen derzeit für die industrielle Entwicklung einer Region in der Bundesrepublik nur noch eine untergeordnete Bedeutung, aber die in früherer Zeit an den heute nicht mehr genutzten Lagerstätten entstandenen Industrien bestehen oft noch; darüber hinaus haben die von der ursprünglichen Industriestruktur induzierte Bevölkerungskonzentration und

---

1) vgl. J.H.MÜLLER: Wirtschaftliche Grundprobleme..., a.a.O.,S. 2o.

non-basic Struktur die Entwicklung neuer produktionsmäßig verwandter Leitsektoren ermöglicht. So läßt sich das betriebliche Standortkalkül früherer Zeit heute noch in bestehenden Industriestrukturen nachweisen, obwohl sich die Standortparameter z.T. gänzlich geändert haben. Der Produktionsschwerpunkt der feinmechanischen Industrie in Nord-Württemberg erklärt sich u.a. aus dem Fehlen von Bodenschätzen und der ungünstigen geographischen Randlage im Deutschen Reich. Es ergab sich damals die Notwendigkeit, Güter zu produzieren, welche mengenmäßig relativ wenig Metall erfordern und geringe Transportkosten aufweisen. Es stellt sich daher im folgenden die Frage, in wieweit sich die 34 Einzelregionen in geographisch zusammenhängende Teilräume zusammenfassen lassen, welche aufgrund von geographisch und historisch bestimmten Entwicklungsparametern signifikante Strukturunterschiede aufweisen.

Es erscheint aus Gründen der empirischen Relevanz sinnvoll, eine Bildung von synthetisch-abstrakten Regionsgruppen zu vermeiden, was allerdings zu geringen Unschärfen bei der Abgrenzung geführt hat. Bei einer geographisch bestimmten Synopse der Einzelergebnisse lassen sich drei Teilräume bilden: "Norddeutschland", "Westdeutschland" und "Süddeutschland", welche im wesentlichen den Abgrenzungen im üblichen Sprachgebrauch entsprechen. Der Teilraum *Norddeutschland* besteht aus den elf Regionen der Bundesländer Schleswig-Holstein, Hamburg, Niedersachsen und Bremen, *Westdeutschland* aus den zwölf Regionen der Bundesländer Nordrhein-Westfalen, Hessen, Rheinland-Pfalz und Saarland und *Süddeutschland* aus den elf Regionen der Bundesländer Baden-Württemberg und Bayern.

(1) Norddeutsche Regionen

In allen elf Regionen Norddeutschlands hatte im Beobachtungszeitraum die Industriegruppe *Montage* Leitsektorfunktion. Die Niveaustandortbedingungen gemessen als Interaktion von Sektor und Region waren jedoch nur in den zwei Regionen Hamburg und Lüneburg positiv. Die regionalen Wachstumsbedingungen waren demgegenüber mit Ausnahme der Hansestädte ausgeprägt günstig, so daß i.d.R. ein sektoral überdurchschnittliches Wachstum realisiert wurde. Gleichzeitig nahm, ebenfalls mit Ausnahme der Hansestädte, der Anteil des Sektors *Montage* am Sekundärbereich der norddeutschen Regionen zu und trug so zur Verbesserung der Wachstumsqualität der Industriestruktur bei.

Die Sektorgruppe *Nahrungsmittel* ist in Norddeutschland erheblich überrepräsentiert; bei einem Anteil Norddeutschlands an der Gesamtbeschäftigung des Sekundärbereiches von 15,5 % ist in diesem Teilgebiet 3o,7% der Beschäftigung dieses Bereiches konzentriert. Dieses überproportionale Gewicht des Sektors innerhalb der Industriestruktur in den norddeutschen Regionen führte dazu, daß in acht der elf Regionen diese Sektorgruppe Leitsektorfunktion aufweist. Die festgestellten Niveaustandortbedingungen bestätigen die sektorspezifisch günstige Situation dieser Sektorgruppe in Norddeutschland. Gleichzeitig waren auch die regionalen Wachstumsbedingungen günstig: So nahm die Beschäftigung dieses Sektors in den drei Regionen Osnabrück, Oldenburg und Bremen entgegen dem rückläufigen Branchentrend in solchem Umfang zu, daß sich der Anteil am Sekundärprofil der Regionen erhöhte; in den übrigen Regionen vollzog sich der Beschäftigungsabbau, sofern er überhaupt eintrat, erheblich langsamer als im Branchendurchschnitt.

Die Industriegruppe *Elektro* war in nur sieben der elf Regionen mit Leitsektorfunktion vertreten. Die Niveaustandortbedingungen waren in diesen Regionen durchweg ungünstig.
Da im Beobachtungszeitraum die regionalen Wachstumsbedingungen i.d.R. ebenfalls nicht günstig waren und in keiner Region ein über dem Sektordurchschnitt liegendes Wachstum realisiert wurde, ist zu erwarten, daß die unterdurchschnittliche Besetzung dieses Sektors auch künftig bestehen bleibt. Es ist daher ein Charakteristikum der industriellen Entwicklung in Norddeutschland, daß der nach dem Montagebereich

zweitwichtigste industrielle Leitsektor, *Elektro*, für die industrielle Entwicklung in Norddeutschland nur eine untergeordnete Bedeutung hat.

In den drei Regionen Hildesheim, Osnabrück und Braunschweig hat die Industriegruppe *Eisen* Leitsektorfunktion: Zwar waren die Niveaustandortbedingungen an diesen Traditionsstandorten im Beobachtungszeitraum positiv, die regionalen Wachstumsbedingungen waren jedoch ungünstig: Sowohl das Niveau der Beschäftigung als auch der regionale Anteil an der Industriestruktur waren im Beobachtungszeitraum rückläufig, so daß dieser Sektor für die wirtschaftliche Entwicklung seiner Standortregionen an Bedeutung verloren hat. Es ist absehbar, daß sich dieser Trend fortsetzt.

Die Industriegruppe *Chemie* hat im Beobachtungszeitraum nur in den Regionen Hamburg und Hannover ein Niveau gehabt, daß ihr Leitsektorfunktion zukam. Die Niveaustandortbedingungen waren an beiden Standorten günstig, die regionalen Wachstumsbedingungen ermöglichten jedoch nur eine sektoral unterdurchschnittliche Entwicklung, so daß sich der ohnehin unterproportionale Anteil Norddeutschlands am Chemiebereich noch weiter verringert hat.

Ebenfalls unterrepräsentiert ist in den norddeutschen Regionen der Textilbereich, welcher lediglich in zwei Regionen, in Osnabrück und Oldenburg, Leitsektorfunktion hatte. Während die Standortbedingungen in der an Westdeutschland angrenzenden Region RB Osnabrück positiv waren, waren sie in der Region RB Oldenburg negativ. Die regionalen Wachstumsbedingungen waren jedoch an beiden Standorten günstig.

Betrachtet man die Regionen Norddeutschlands insgesamt, so ist erkennbar, daß im Rahmen der interregionalen Arbeitsteilung eine relative Spezialisierung auf die Industriegruppen *Montage* und *Nahrungsmittel* besteht. Die Tatsache, daß der Montagebereich in einigen Regionen die einzige Leitbranche von Gewicht ist, birgt für die künftige Entwicklung erhebliche Beschäftigungsrisiken, da nicht zu erwarten ist, daß in den Bereichen *Chemie* und *Elektro* die bestehenden Defizite abgebaut werden. Die überproportionale Ausprägung des Nahrungsmittelbereiches ergibt sich aus dem in Norddeutschland relativ stark ausgebildeten Agrarbereich sowie den Hansestädten als traditionellen Weiterverarbeitungsstandorten.

(2) Westdeutsche Regionen

In allen zwölf Regionen Westdeutschlands kam der Industriegruppe *Montage* Leitsektorfunktion zu. Der Anteil dieses Sektors am Sekundärbereich erhöhte sich mit zwei Ausnahmen, den Regionen Darmstadt (Südhessen) und Detmold. Die Niveaustandortbedingungen waren in den vier industriellen Schwerpunktgebieten, Düsseldorf, Köln, Arnsberg und Darmstadt, günstig. Jedoch waren dort die regionalen Wachstumsbedingungen ungünstig. Es zeigt sich somit, daß der Montagebereich an seinen Traditionsstandorten in Westdeutschland nur noch unterdurchschnittlich wachsen konnte. In den übrigen Regionen Westdeutschlands war die Situation meist umgekehrt: Es bestand zwar keine Niveaustandortgunst, jedoch waren die regionalen Wachstumsbedingungen positiv, so daß in Westdeutschland im Montagebereich eine Tendenz zur Umschichtung zugunsten der schwächer industrialisierten Räume erkennbar ist.

Die Industriegruppe *Elektro* war in zehn der zwölf Regionen mit Leitsektorfunktion vertreten, eine nur geringfügige Besetzung dieses Sektors war lediglich in den Regionen Trier und Rheinhessen-Pfalz zu verzeichnen. Die Niveaustandortbedingungen waren ähnlich wie für den Montagebereich in den Regionen Düsseldorf, Arnsberg und Darmstadt günstig und in den übrigen Regionen i.d.R. ungünstig. Die regionalen Wachstumsbedingungen waren meist recht unterschiedlich ausgeprägt. Prinzipiell zeigte sich jedoch auch bei dieser Industriegruppe, daß dort, wo ein niedriges Niveau bestand, die Wachstumsbedingungen i.d.R. günstig waren. In der Mehrzahl der

Regionen nahm im Beobachtungszeitraum der Anteil des Sektors am Sekundärbereich zu.

Die Chemische Industrie war für die industrielle Entwicklung der Region Westdeutschland von besonderem Gewicht: In sieben Regionen hatte diese Industriegruppe Leitsektorfunktion, und sie war damit in Westdeutschland erheblich stärker repräsentiert als in Nord- oder Süddeutschland. In diesen Regionen waren die Niveaustandortbedingungen positiv, die regionalen Wachstumsbedingungen waren dem gegenüber jedoch i.d.R. negativ, d.h. das Wachstum blieb hinter dem Sektordurchschnitt zurück. Ausnahmen davon bildeten der Hauptproduktionsstandort in Südhessen und die relativ schwach besetzten Regionen Münster und Kassel. Mit Ausnahme der Regionen Köln und Rheinhessen-Pfalz, wo der Anteil des Sektors am Sekundärbereich konstant blieb, nahm das Gewicht des Chemiebereiches in allen Regionen zu.

In vier Regionen kam der Eisen und Metall schaffenden Industrie Leitsektorfunktion zu. Die Niveaustandortbedingungen an den Traditionsstandorten, in Düsseldorf, Arnsberg, Koblenz und im Saarland, zeigten -erwartungsgemäß- eine hohe Standortgunst, die regionalen Wachstumsbedingungen waren jedoch negativ. Der Anteil dieses Sektors am Sekundärbereich der Standortregionen war rückläufig. Jedoch bestehen weiterhin relativ hohe Beschäftigungsanteile (zwischen 2o% und 4o%) am Sekundärbereich der Regionen, so daß die Wachstumsmöglichkeiten dieser Regionen weiterhin behindert sind.

Die Industriegruppe *Textil* war in acht Regionen mit Leitsektorfunktion vertreten. Die Niveaustandortbedingungen waren überwiegend positiv, die Wachstumsbedingungen waren regional unterschiedlich: In den weniger stark industrialisierten Regionen Kassel, Koblenz, Trier und Detmold vollzog sich der Beschäftigungsabbau langsamer als im Durchschnitt des Sektors; in den Regionen Koblenz und Trier nahm die Beschäftigung sogar entgegen dem Branchentrend zu. Mit

Ausnahme der Region Trier war der Anteil der Textilindustrie am Sekundärbereich jedoch rückläufig.

Die Holz und Kunststoff verarbeitende Industrie hatte in drei Regionen Leitsektorfunktion, in den schwächer industrialisierten Regionen Detmold, Koblenz und Trier. In allen Regionen bestand sowohl eine Standortgunst bezüglich des Niveaus als auch des Wachstums. Der Anteil dieses Sektors am Industriebereich hat sich während des Beobachtungszeitraumes in allen drei Regionen erhöht, so daß dieser Industriegruppe künftig gerade für die schwächer industrialisierten Regionen ein zunehmendes Gewicht zukommt.

In Westdeutschland war nur in den Regionen RBe Detmold und Trier die Industriegruppe *Nahrungsmittel* mit Leitsektorfunktion vertreten, so daß diesem Sektor in Westdeutschland nur in zwei Randgebieten wirtschaftliche Bedeutung zukommt. Die Sektorgruppe *Steine* hatte -als regionale Besonderheit- in der Region Koblenz Leitsektorfunktion. Ihr Anteil am Sekundärbereich der Region ist jedoch relativ gering und entwickelt sich rückläufig.

Die industrielle Entwicklung der Regionen Westdeutschlands stützte sich im Beobachtungszeitraum auf die Sektorgruppen *Montage*, *Elektro* und *Chemie*, wobei der Chemiebereich in Westdeutschland überdurchschnittlich vertreten ist. Ihm kam daher für die wirtschaftliche Entwicklung eine hohe Bedeutung zu. Ebenso war es für dieses Teilgebiet charakteristisch, daß hier -trotz vorhandener Dekonzentrationstendenzen- fast drei Viertel der Eisen und Metall schaffenden Industrie ihren Standort hat. Während des Beobachtungszeitraumes zeigte sich in der Industriestruktur Westdeutschlands eine ausgeprägte Umschichtung: Mit dem Vordringen synthetischer Werkstoffe vollzog sich eine Verschiebung der Beschäftigung vom Eisen- und Metallbereich hin zum Chemiebereich. Die Holz und Kunststoff verarbeitende Industrie ist aufgrund ihrer relativ dezentralen Produktionsstruktur vor allem für Randgebiete Westdeutschlands von Bedeutung gewesen.

Nur in wenigen strukturschwachen Randgebieten Westdeutschlands hatten im Beobachtungszeitraum die stagnierenden Sektoren *Textil* und *Nahrungsmittel* Leitsektorfunktion.

(3) Süddeutsche Regionen

Die Industriegruppe *Elektro* war im Beobachtungszeitraum für die wirtschaftliche Entwicklung Süddeutschlands von besonderem Gewicht: Dieser Sektor hatte in allen elf Regionen Leitsektorfunktion. Die Niveaustandortbedingungen waren i.d.R.positiv, ebenso die regionalen Wachstumsbedingungen; eine Ausnahme bezüglich der positiven regionalen Wachstumsgunst bildeten jedoch die industriellen Schwerpunkte in Nordwürttemberg, Nordbaden und Mittelfranken. In diesen Ballungsgebieten fand nur noch ein sektoral unterdurchschnittliches Wachstum statt. Eine weitere Ausnahme bildeten die im Zonenrandgebiet liegenden Regionen Oberfranken und Unterfranken. Hier waren die Standortbedingungen bezüglich des Niveaus und des Wachstums negativ.

Die Industriegruppe *Montage* war mit einer Ausnahme, der Region Oberpfalz, in allen Regionen Süddeutschlands mit Leitsektorfunktion vertreten. Die Niveaustandortbedingungen waren regional unterschiedlich. Die regionalen Wachstumsbedingungen waren i.d.R. positiv. In der Mehrzahl der Regionen nahm der Anteil am Sekundärbereich zu; er stagnierte in Nord- und Südbaden, Niederbayern und Mittelfranken. An den Schwerpunktstandorten Nordwürttemberg und Oberbayern bestand für den Montagebereich auf hohem Niveau keine Tendenz zum Abflachen des Wachstums.

Ebenso wie der Bereich *Elektro* war im Beobachtungszeitraum auch der Bereich *Textil* in Süddeutschland überproportional vertreten. Die Niveaustandortbedingungen waren i.d.R. positiv. Ebenso bestanden teilweise günstige Wachstumsbedingungen, es zeigte sich jedoch, daß vor allem in industriellen Schwerpunktgebieten der Textilbereich verstärkt rückläufig war, während in schwach industrialisierten Regionen wie Niederbayern, Oberpfalz und Unterfranken die Textilindustrie entgegen dem Branchentrend eine Beschäftigungssteigerung realisieren konnte und sich ihr Anteil am Sekundärbereich der Regionen erhöhte. Es ist zu erwarten, daß sich jedoch mittelfristig auch in diesen Randgebieten eine Entwicklung parallel zum Branchentrend ergibt; die künftige wirtschaftliche Entwicklung dieser Gebiete beinhaltet somit erhebliche Beschäftigungsrisiken.

Eine regionale wirtschaftliche Besonderheit im Industriebereich Süddeutschlands ist die Glas- und Keramische Industrie, der an ihren beiden Traditionsstandorten in Oberfranken und in der Oberpfalz Leitsektorfunktion zukommt. Die Entwicklung war hier jedoch rückläufig, die Anteile am Sekundärbereich der beiden Regionen verringerten sich. Diese Industriegruppe verliert zunehmend ihre Leitsektorfunktion.

Eine ähnliche regionale Besonderheit Süddeutschlands ist die Holz und Kunststoff verarbeitende Industrie in Mittel- und Oberfranken. An beiden Traditionsstandorten waren die Niveaustandortbedingungen positiv, die regionalen Wachstumsbedingungen jedoch unterschiedlich: Im Mittelfränkischen Industriegebiet nahm die Beschäftigung sektoral nur noch unterdurchschnittlich zu, und der Anteil am Sekundärbereich der Region stagnierte; im industriell schwachen Oberfranken wuchs dieser Sektor jedoch überdurchschnittlich und vergrösserte gleichzeitig seinen Anteil am Sekundärbereich der Region.

Nur in der Region Nordbaden hatte die Chemische Industrie im Beobachtungszeitraum Leitsektorfunktion. Hier bestand eine positive Standortbedingung bezüglich des Niveaus und auch des Wachstums. Das insgesamt vorhandene Defizit der süddeutschen Regionen am Chemiebereich hat sich jedoch im Beobachtungszeitraum nur wenig verringern können.

Der Industriegruppe *Nahrungsmittel* kam für die industrielle

Entwicklung Süddeutschlands nur geringe Bedeutung zu. Sie hatte lediglich in der Region Niederbayern Leitsektorfunktion. Hier waren zwar die Niveaustandortbedingungen günstig, die Beschäftigung entwickelte sich entsprechend dem Branchentrend rückläufig, und der Anteil am Sekundärbereich der Region nahm ab.

Für die industrielle Entwicklung der Regionen Süddeutschlands war es im Beobachtungszeitraum charakteristisch, daß das industrielle Wachstum von den Sektoren *Montage* und *Elektro* getragen wurde, wobei dem Elektrobereich ein überproportionales Gewicht zukam. Die in Süddeutschland ebenfalls überproportionale Textilindustrie entwickelte sich, entsprechend dem Branchentrend rückläufig, jedoch erfolgte der Abbau der Beschäftigung, von den Ballungsgebieten abgesehen, langsamer als im Branchendurchschnitt. Daher ist diese Branche für Süddeutschland auch künftig noch von erheblicher Bedeutung und birgt nicht unerhebliche Beschäftigungsrisiken.

3.3.2. Niveaubestimmte Unterschiede

Nachdem sich gezeigt hat, daß sich geographisch und historisch bedingte regionale Entwicklungsmuster nachweisen lassen, wird im folgenden die Frage untersucht, welcher Zusammenhang zwischen dem *Niveau* und dem Entwicklungspattern des Sekundärbereichs einer Region besteht, mit anderen Worten: Haben industrielle Ballungsräume ein charakteristisches Entwicklungsmuster, und wie unterscheidet es sich z.B. von dem industriell unterdurchschnittlich besetzter Regionen? Es wird daher eine Synopse derjenigen Regionen des Bundesgebietes vorgenommen, welche einen Industriebesatz in vergleichbarer Größenordnung aufweisen. Da sich bei der Analyse gezeigt hat, daß nur die Regionen mit einem hohen oder niedrigen Industriebesatz charakteristische Entwicklungspattern aufweisen, beschränkt sich die Synopse auf diese beiden Gruppen von Regionen.

(1) Ballungsgebiete

Es erscheint aus Gründen der empirischen Relevanz sinnvoll,

die Regionen mit einem ausgeprägt hohen Industriebesatz nicht anhand eines bestimmten Schwellenwertes auszuwählen, sondern die Regionen mit den zehn größten Ballungsgebieten dem Vergleich zu unterziehen. Dies gilt umso mehr, als die zehn größten Agglomerationen nach einer Reihe von Kriterien relativ homogen sind, so daß sich bei einer Reihung z.B. nach der Bevölkerungsgröße zwischen der 1o. und der 11. Agglomeration eine deutliche Zäsur ergibt.[1] Beim verwendeten regionalen Raster der Regierungsbezirke entfallen auf die genannten Agglomerationen im Durchschnitt drei Viertel der industriellen Beschäftigung der jeweiligen Gesamtregion, so daß es gerechtfertigt erscheint,die gesamte Region als industriellen Ballungsraum zu betrachten.

Die Entwicklung der Industriegruppe *Montage* war in den Ballungsräumen davon geprägt, daß in allen Regionen günstige Niveaustandortbedingungen bestanden und die regionalen Wachstumsbedingungen mit Ausnahmen der Regionen um Stuttgart und um München negativ waren, so daß i.d.R. das Wachstum im Montagebereich in den Ballungsräumen abflachte. Eine davon abweichende Situation bestand in den beiden genannten Schwerpunktregionen, wo das Wachstum des Montagebereiches im Beobachtungszeitraum keine Tendenz zum Abflachen aufwies. Bei der Hälfte der Regionen nahm der Anteil der Industriegruppe *Montage* im Sekundärbereich weiter zu, so daß das Gewicht dieses Sektors für die industrielle Entwicklung der Ballungsgebiete nur teilweise gestiegen ist.

In den Ballungsgebieten war die Situation der Industriegruppe *Elektro* ähnlich wie die im Montagebereich: In allen betrachteten Regionen kam dieser Sektorgruppe Leitsektorfunktion zu. Die Niveaustandortbedingungen waren im Beobachtungszeitraum i.d.R. günstig. Jedoch waren die regionalen Wachstumsbedingungen, mit Ausnahme der Region Oberbayern,

---

1) vgl. J.H.MÜLLER: Ballung, in: Handwörterbuch der Wirtschaftswissenschaft, Bd. 1, Stuttgart New York, Tübingen 1977, S. 46o und Raumordnungsbericht 1974 der Bundesregierung, Bonn-Bad Godesberg 1975, S. 25 .

negativ, so daß auch die Entwicklung des Elektrobereiches in den Ballungsgebieten durchweg unter dem Sektordurchschnitt blieb. Der Anteil dieser Industriegruppe am Sekundärbereich der Ballungsgebiete nahm i.d.R. zu, so daß sich das Gewicht dieses Sektors für die industrielle Entwicklung der Ballungsgebiete auch bei abflachendem Wachstum der Ballungsgebiete erhöht hat.

Von besonderer Bedeutung für die industrielle Entwicklung der Ballungsräume war der Bereich *Chemie*, welcher in fünf der zehn betreffenden Regionen mit Leitsektorfunktion vertreten und damit erheblich überrepräsentiert war. In allen Regionen bestand im Beobachtungszeitraum eine Standortgunst bezüglich des Niveaus, so daß hier ein komparativer Standortvorteil für die Ballungsgebiete festgestellt wurde. Die regionalen Wachstumsbedingungen waren in den Regionen Darmstadt und Nordbaden günstig, in den übrigen Regionen jedoch nur durchschnittlich. Der Anteil dieses Sektors im Sekundärprofil der Standortregionen hat i.d.R. zugenommen. Damit kommt dieser Sektorgruppe künftig für die industrielle Entwicklung der Ballungsräume ein erhöhtes Gewicht zu.

Die Bedeutung der Industriegruppe *Textil* für das industrielle Wachstum der Ballungsgebiete war gering. Diese Gruppe war deutlich unterrepräsentiert und hatte nur in den drei Regionen Düsseldorf, Nordwürttemberg und Oberbayern Leitsektorfunktion. Der Anteil am Sekundärbereich dieser Region war jedoch rückläufig, so daß sich das Gewicht dieses Sektors für die industrielle Entwicklung in den Ballungsgebieten weiter verringert hat.

Ähnlich war die Situation der Industriegruppe *Nahrungsmittel*, sie war im Beobachtungszeitraum in den Ballungsgebieten deutlich unterproportional vertreten; nur in zwei Regionen, in den beiden Hansestädten, kam ihr Leitsektorfunktion zu. Das ist jedoch auf eine historisch bedingte regionale Sondersituation zurückzuführen, da sich in den Hansestädten als traditionellen Importhäfen eine starke weiterverarbeitende Industrie im Nahrungsmittelbereich entwickelt hat. Prinzipiell läßt sich daher feststellen, daß der Nahrungsmittelbereich für die wirtschaftliche Entwicklung der Ballungsräume nur geringe Bedeutung aufwies.

Die Eisen und Metall schaffende Industrie besaß nur in den beiden Regionen des Ruhrgebietes, Düsseldorf und Arnsberg, und im Saarland Leitsektorfunktion. Ihr Anteil am Sekundärbereich der Standortregionen war im Beobachtungszeitraum rückläufig, so daß sich die Bedeutung dieses Sektors für die industrielle Entwicklung der beiden Ballungsgebiete verringert hat.

Vergleicht man die unterschiedliche Bedeutung der Industriegruppen, welche in den Ballungsgebieten Leitsektorfunktion aufweisen, so erweist es sich als typisch, daß hier die Industriegruppen *Montage* und *Elektro* stets gemeinsam vorhanden sind und über günstige Niveaustandortbedingungen verfügen. Die regionalen Wachstumsbedingungen waren i.d.R. weniger günstig, die Entwicklung blieb meist hinter dem Sektordurchschnitt zurück. Es zeigt sich somit, daß die Wachstumsmöglichkeiten in den Ballungsgebieten offensichtlich begrenzt sind. Weiterhin kann für die Regionen mit Ballungsgebieten als typisch gelten, daß der Chemiebereich über gute Standortbedingungen verfügt und infolgedessen in diesen Regionen überrepräsentiert ist. Den Industriegruppen *Textil* und *Nahrung* kommt hingegen nur in Ausnahmefällen Leitsektorfunktion zu; zudem gehen die Anteile dieser Sektoren in den Ballungsgebieten überdurchschnittlich stark zurück . Die Eisen und Metall schaffende Industrie hat zwar im Ballungsgebiet des Ruhrraumes ihren Hauptstandort, ihr Beschäftigtenniveau ist jedoch hier rückläufig, so daß sich ihr Einfluß auf die Entwicklung dieses Gebietes verringert hat.

(2) Strukturschwache Gebiete

Die Abgrenzung der industriell schwach besetzten Regionen wurde ebenfalls nicht anhand eines Schwellenwerts des Industriebesatzes vorgenommen statt dessen wurde als Kriterium der "Strukturschwäche" die Einbeziehung in die regionalen Förderprogramme des Bundes und der Länder verwendet. Beim vorliegenden regionalen Raster der RBe wurden diejenigen Regionen als Fördergebiete betrachtet, welche ganz oder überwiegend zu den Gebieten der Regionalförderung gehörten. Auf diese vierzehn Regionen entfielen 1971 18% der industriellen Beschäftigung des Bundesgebietes.

In den strukturschwachen Regionen hatte der Bereich *Montage* mit Ausnahme der Region Oberpfalz Leitsektorfunktion. Bei der großen Mehrheit (zehn) dieser Regionen hat der Anteil dieser Sektorgruppe am Sekundärprofil zugenommen, in drei Regionen stagnierte der Anteil. Die Niveaustandortbedingungen in den strukturschwachen Regionen waren i.d.R. ungünstig; entgegengesetzt dazu waren die Wachstumsbedingungen, von zwei Ausnahmen abgesehen, den Regionen Oldenburg und Oberfranken, positiv. Die Fördergebiete vergrößerten im Beobachtungszeitraum ihren Anteil an der wichtigen Leitbranche *Montage*.

Die Industriegruppe *Elektro* war nur in neun Förderregionen mit Leitsektorfunktion vertreten; in sechs Regionen erhöhte sich der regionale Anteil, in drei Regionen stagnierte er oder nahm ab. Die Niveaustandortbedingungen waren in der Regel negativ, die regionalen Wachstumsbedingungen nur in vier Regionen positiv. Es zeigt sich demnach, daß das Entwicklungsmuster des Montagebereiches in Fördergebieten, negative Standortbedingungen bezüglich des Niveaus, positive bezüglich des Wachstums, für den Bereich *Elektro* nicht gilt. Dieser Bereich war im Beobachtungszeitraum in den Fördergebieten unterrepräsentiert, und eine Erhöhung des regionalen Anteils an diesem zweitgrößten Leitsektor fand nur vereinzelt statt, so daß sich die industrielle Entwicklung der Fördergebiete im wesentlichen auf den Montagebereich gestützt hat.

Der Bereich *Textil* hatte im Beobachtungszeitraum für die strukturschwachen Regionen eine überdurchschnittliche Bedeutung; er war in acht Regionen mit Leitsektorfunktion vertreten. Entgegen der allgemein rückläufigen Entwicklung dieses Sektors nahm in vier der acht Regionen die Beschäftigung im Textilbereich zu. In der Mehrzahl der Regionen bestand eine Standortgunst bezüglich des Niveaus, in allen Regionen lag die Entwicklung über dem Sektordurchschnitt. Es zeigt sich daher, daß diese Industriegruppe in den Fördergebieten relativ günstige Standortbedingungen antrifft, so daß teilweise sogar Entwicklungen entgegen dem Branchentrend möglich waren. Für die künftige industrielle Entwicklung der Fördergebiete ergeben sich jedoch nicht unbeträchtliche Beschäftigungsrisiken, da in einigen Gebieten gegen Ende des Beobachtungszeitraumes bereits sichtbar wurde, daß die dortige Beschäftigungsentwicklung im Textilbereich dem Branchentrend lediglich mit einer Verzögerung von ca. 1o bis 15 Jahren folgt.

Eine vergleichbare Situation wie der Textilbereich zeigt die Industriegruppe *Nahrungsmittel*. Sie war im Beobachtungszeitraum in sieben (der vierzehn) Regionen mit Leitsektorfunktion vertreten. In der großen Mehrzahl der Regionen bestand sowohl eine Standortgunst bezüglich des Niveaus als auch des Wachstums. Es zeigt sich auch bei dieser Sektorgruppe, daß in industriell schwach strukturierten Randgebieten ein Beschäftigungswachstum entgegen dem rückläufigen Branchentrend möglich war. Der Anteil dieses Sektors an der Industriestruktur der Fördergebiete war jedoch, von zwei Ausnahmen abgesehen, rückläufig. Da sich der Beschäftigungsrückgang dieser Industriegruppe in den Fördergebieten i.d.R. mit zeitlicher Verzögerung vollzieht, welche jedoch geringer ist als im Textilbereich, bestehen auch in diesem Sektor erhebliche Beschäftigungsrisiken für die strukturschwachen Gebiete.

Weiterhin haben die Eisen und Metall schaffende Industrie in den drei norddeutschen Regionen Leitsektorfunktion sowie die Glas- und Keramische Industrie in Süddeutschland. Die Beschäftigung beider Sektorgruppen war im Beobachtungszeitraum rückläufig, so daß diese beiden Industriebereiche ihre Bedeutung für die industrielle Entwicklung der strukturschwachen Regionen verringert haben und absehbar ist, daß sich diese Entwicklung fortsetzt.

Vergleicht man die unterschiedliche Bedeutung der verschiedenen Sektorgruppen für die industrielle Entwicklung der Fördergebiete, so zeigt sich, daß im Beobachtungszeitraum der Bereich *Montage* der wichtigste und i.d.R. auch der alleinige "Motor" des industriellen Wachstums dieser Gebiete war; der Bereich *Elektro* war allgemein unterrepräsentiert und hatte nur ausnahmsweise günstige Wachstumsbedingungen. Ebenso ist der Chemiebereich in den strukturschwachen Regionen nur geringfügig vertreten und war ohne Leitsektorfunktion. Aufgrund dieses Defizits der Fördergebiete an den Wachstumsbranchen nehmen die Bereiche *Nahrung* und *Textil* in den Fördergebieten eine überdurchschnittlich wichtige Position im Sekundärbereich ein, ein Faktum, das -wie bereits ausgeführt- für die Zukunft erhebliche Beschäftigungsrisiken birgt.

4. Langfristige Tendenzen des regionalen Strukturwandels

4.1. Prognose des regionalen Wachstumspattern bis 1985

Bei der Analyse des industriellen Strukturwandels aus regionaler Sicht wurden die regionalen Leitsektoren verschiedenen Trendanalysen unterzogen. Da die Leitsektoren sowohl aufgrund ihrer hohen Beschäftigungsanteile als auch der intraregionalen Verflechtungen die industrielle Entwicklung einer Region bestimmen , ist es möglich, aus Prognosen der Leitsektoren eine Prognose für die jeweilige Gesamtregion abzuleiten, so daß folgende Fragestellungen beantwortet werden können:

(1) Welche Wachstumspositionen können für die Regionen des Bundesgebietes bis 1985 erwartet werden, wenn man die Trendprognosen der Leitsektoren zugrunde legt?

(2) Welche Wandlungen der regionalen Industriestruktur sind in dem zu erwartenden Wachstumspattern enthalten?

Die zusätzliche Beantwortung der Frage nach der Veränderung der regionalen Industriestruktur ist für die langfristige Regionalpolitik relevant. Im Kap. 2.3.4. wurde der qualitative Aspekt des regionalen Strukturwandels im Beobachtungszeitraum bereits untersucht mit dem Ergebnis, daß die Tendenz zu regionaler Dekonzentration nicht zu einer Verschlechterung der Wachstumsqualität in den "aufholenden" Regionen geführt hat. Auf der Grundlage der Leitsektorprognosen wird dieser Strukturaspekt des künftigen Wachstumspattern untersucht.

Bei Prognosen über längere Zeiträume als zwei Jahre besteht i.d.R. ein erheblicher Unsicherheitsbereich, so daß eine quantitativ ausgewiesene Prognose im Kern doch mehr eine qualitative Aussage enthält, d.h. eine Aussage über eine Entwicklungsrichtung. Es ist daher meist sinnvoll, metrische Prognosen nur ordinal meßbar zu interpretieren und sich auf Aussagen darüber zu beschränken, ob sich die beobachtete Entwicklung künftig verstärkt oder verlangsamt oder in einer ähnlichen Größenordnung verläuft wie bisher.

Die erstellte Prognose des regionalen Wachstumspattern der industriellen Beschäftigung bis 1985 hat eine quantitative Informationsbasis; sie stützt sich auf die Analyse der regionalen Leitsektoren der 34 Einzelregionen der Bundesrepublik mit Hilfe des verwendeten Indikatorkataloges. Diese quantitative Informationsbasis wird jedoch nur qualitativ ausgewertet: Es wird von vornherein eine Beschränkung vorgenommen, nur ordinale Prognosen zu erstellen und nur Aussagen darüber zu machen, ob aus den Entwicklungstrends der Beschäftigung und der Standortbedingungen eine Verstärkung, ein Gleichbleiben oder eine Abschwächung der im Beobachtungszeitraum gemessenen Entwicklung der Beschäftigung einer Region erwartet werden kann. Darüberhinaus gehende metrische Prognosen haben aufgrund des bestehenden Unsicherheitsbereiches keine größere empirische Relevanz; bei der Beschränkung auf eine ordinale Formulierung der Ergebnisse ergibt sich der Vorteil, daß der Unsicherheitsbereich im Ergebnis bereits mit zum Ausdruck kommt.

Qualitative Prognosen, welche nur ordinale Aussagen über Veränderungen oder Konstanz eines Entwicklungsverlaufes beinhalten, benötigen einen entsprechenden Bezug. Dieser ergibt sich bei der vorliegenden Untersuchung aus der Messung des regionalen Wachstumspattern 196o/72 mit Hilfe der Shift-Analyse. Hierbei zeigen sich die regional divergierenden Entwicklungspfade; die statistische Aufspaltung des Regionalfaktors in Struktur-und Standortfaktor macht den Einfluß der Wachstumsqualität der Industriestruktur auf die Wachstumsposition der Regionen kenntlich. Die qualitativen Prognosen beziehen sich auf diese im Beobachtungszeitraum realisierten regionalen Wachstumspositionen und geben an, ob die Wachstumspositionen bis 1985 "besser", "etwa gleich" oder "geringer" erwartet werden können.

Die Entwicklungsrichtung eines Leitsektors bis 1985 wird aufgrund der Indikator-Analyse abgeschätzt:

(1) Aus dem Vergleich der Trendprognosen L und M für 198o,
(2) aus den Trendprognosen der sektorspezifischen Standortbedingungen,
(3) und aus der Trendprognose des Gesamtsektors.

Das methodische Vorgehen bei der Erstellung der Prognosen enthält die Grundannahme, daß sich der sektorale Strukturwandel in gleicher Weise fortentwickelt wie im Beobachtungszeitraum, d.h. entsprechend den von *Hoffmann* festgestellten Entwicklungslinien.[1)] Der Konjunktureinbruch 1974/75 hat in den stagnierenden Sektoren zu einem beschleunigten Beschäftigungsabbau geführt, es ist jedoch in Analogie zur Rezession 1967 zu erwarten, daß in diesen Bereichen eine Stabilisierung eintreten wird und sich somit der langfristige sektorale Umschichtungsprozeß in ähnlicher Weise vollziehen wird wie im Beobachtungszeitraum.

In Tab. 3.1. sind die Prognoseergebnisse zusammen gefaßt. Auf den ersten Blick zeigt sich eine relativ hohe Stabilität des langfristigen regionalen Strukturwandels: in nur 13 der 34 Einzelregionen zeichnet sich für die Zukunft eine Änderung der Wachstumsposition ab.

In acht Regionen ist zu erwarten, daß sich die im Beobachtungszeitraum realisierte überdurchschnittliche Wachstumsposition verringert. Diese Regionen lassen sich in zwei Gruppen gliedern: In einigen industriellen Schwerpunkten, in welchen im Beobachtungszeitraum ein überdurchschnittliches industrielles Wachstum stattfand, sind Tendenzen einer sich künftig abflachenden Entwicklung erkennbar, vor allem im Rhein-Main-Raum (RB Darmstadt) und im Mittleren Neckar-Raum (RB Nordwürttemberg). Gleiches gilt für den Abschnitt der "Rheinschiene" zwischen Mainz und Karlsruhe, die Regionen Rheinhessen-Pfalz und Nordbaden. Hier vollzieht sich offensichtlich mit einer zeitlichen Verzögerung von zwei Jahrzehnten und in quantitativ geringerem Maßstab eine ähnliche

---

1) vgl. S. 27.

TAB. 3.1: PROGNOSE DES REGIONALEN WACHSTUMSPATTERN BIS 1985
IM VERGLEICH ZU 1960/72

REGION	INTERREGIONALE WACHSTUMSPOSITION		WACHSTUMSQUALITAET DER INDUSTRIESTRUKTUR	
	1960/72	BIS 1985 (TENDENZ)	1960/72	BIS 1985 (TENDENZ)
SCHLESWIG-HOLSTEIN	104.2	ETWA GLEICH	100.2	GERINGER
HAMBURG	78.0	ETWA GLEICH	105.1	GERINGER
HANNOVER	102.5	ETWA GLEICH	104.2	GERINGER
HILDESHEIM	98.0	BESSER	99.1	ETWA GLEICH
LUENEBURG	130.3	ETWA GLEICH	102.6	ETWA GLEICH
STADE	123.5	ETWA GLEICH	96.7	ETWA GLEICH
OSNABRUECK	106.2	GERINGER	91.7	ETWA GLEICH
AURICH	161.4	ETWA GLEICH	102.4	ETWA GLEICH
BRAUNSCHWEIG	97.3	BESSER	100.7	ETWA GLEICH
OLDENBURG	105.6	GERINGER	99.8	ETWA GLEICH
BREMEN	86.4	BESSER	102.4	GERINGER
DUESSELDORF	89.6	ETWA GLEICH	98.7	ETWA GLEICH
KOELN	97.3	BESSER	103.4	ETWA GLEICH
AACHEN	97.0	BESSER	97.2	ETWA GLEICH
MUENSTER	102.9	ETWA GLEICH	94.5	BESSER
DETMOLD	95.5	ETWA GLEICH	98.7	ETWA GLEICH
ARNSBERG	91.4	ETWA GLEICH	98.2	ETWA GLEICH
DARMSTADT	103.4	GERINGER	103.4	GERINGER
KASSEL	108.1	ETWA GLEICH	99.9	BESSER
KOBLENZ	109.0	ETWA GLEICH	96.4	BESSER
TRIER	142.1	ETWA GLEICH	96.3	ETWA GLEICH
RHEINHESSEN-PFALZ	100.9	GERINGER	100.7	ETWA GLEICH
NORDWUERTTEMBERG	102.0	GERINGER	102.5	ETWA GLEICH
NORDBADEN	100.2	GERINGER	102.8	GERINGER
SUEDBADEN	108.3	ETWA GLEICH	98.2	BESSER
SUEDWUERTTEMBERG	103.3	GERINGER	97.4	ETWA GLEICH
OBERBAYERN	115.4	ETWA GLEICH	102.6	ETWA GLEICH
NIEDERBAYERN	120.9	ETWA GLEICH	96.1	BESSER
OBERPFALZ	110.4	ETWA GLEICH	94.2	BESSER
OBERFRANKEN	92.3	ETWA GLEICH	93.8	ETWA GLEICH
MITTELFRANKEN	96.4	ETWA GLEICH	104.3	GERINGER
UNTERFRANKEN	112.9	ETWA GLEICH	99.0	ETWA GLEICH
SCHWABEN	105.2	GERINGER	96.3	BESSER
SAARLAND	107.8	ETWA GLEICH	94.8	BESSER

Entwicklung, wie sie in den Ballungsräumen an Rhein und Ruhr und in Mittelfranken bereits stattgefunden hat: Die industrielle Entwicklung in den Ballungsgebieten der Bundesrepublik zeigt nahezu einheitlich Tendenzen eines verringerten Wachstums. Alleinige Ausnahme ist der Münchener Raum (Oberbayern); hier sind aufgrund der Prognosen der Leitsektoren keine Stagnationstendenzen erkennbar.

Die zweite Gruppe von Regionen, in welchen eine Tendenz zur Abschwächung der Wachstumsposition besteht, hat als gemeinsames Merkmal eine unterdurchschnittliche Wachstumsqualität der Industriestruktur; die günstigen Standortbedingungen der Vergangenheit schwächen sich ab, und das wachstumshemmende Moment einer unterdurchschnittlichen Wachstumsqualität der Industriestruktur wird nicht mehr in ausreichendem Maße kompensiert. Es handelt sich hierbei um die Regionen Osnabrück, Oldenburg, Südwürttemberg und Schwaben.

Eine Tendenz zur Verbesserung einer bislang unterdurchschnittlichen Wachstumsposition ist in fünf Regionen erkennbar. In den Regionen Hildesheim und Aachen bestand im Beobachtungszeitraum eine unterdurchschnittliche Wachstumsqualität der Industriestruktur, die Entwicklung der Standortbedingungen macht eine künftige Verbesserung der Wachstumspositionen jedoch wahrscheinlich. In den Regionen Braunschweig, Bremen und Köln war die Wachstumsqualität der Industriestruktur überdurchschnittlich; die günstige Entwicklung der Standortbedingungen läßt hier eine Verbesserung der interregionalen Wachstumsposition erwarten. Betrachtet man die Agglomerationen Köln und Bremen, so liegen unterschiedliche Entwicklungsbedingungen vor. Im Kölner Raum besteht eine ausgeprägt wachstumsgünstige Industriestruktur, und in Bremen überwiegen günstige Standorteinflüsse. Es läßt sich jedoch nicht sicher sagen, ob die Auftriebstendenzen ausreichen, daß sich für beide Regionen künftig eine überdurchschnittliche interregionale Wachstumsposition einstellt; es ist eher davon auszugehen, daß nur eine Verringerung des Abstandes zum Bundesdurchschnitt stattfindet.

Betrachtet man die Entwicklung der regionalen Verteilung der Wachstumsqualität der Industriestruktur, dann zeigt sich in etwa der Hälfte der Regionen eine Änderungstendenz: In sieben Regionen ist eine Tendenz zur Verringerung der Wachstumsqualität erkennbar und in acht Regionen eine Tendenz zur Verbesserung. Da in vier norddeutschen Regionen eine Tendenz zur Verringerung der Wachstumsqualität besteht und in vier weiteren norddeutschen Regionen keine Tendenz zu einer Verbesserung der bereits unterdurchschnittlichen Wachstumsqualität erkennbar ist, verstärkt sich das bereits bestehende Nord-Süd-Gefälle bezüglich der Wachstumsqualität der Industriestruktur. Hauptursache dieses Tatbestandes ist die in Norddeutschland weit überrepräsentierte Nahrungsmittelindustrie. Tendenzen zu einer Verbesserung der Wachstumsqualität der Industriestruktur sind in West- und Süddeutschland erkennbar. Es handelt sich dabei ausschließlich um Regionen, welche bislang bei unterdurchschnittlicher Wachstumsqualität aufgrund von Standortbedingungen eine überdurchschnittliche Wachstumsposition realisiert haben. Hier zeigt sich offensichtlich eine Stabilisierung des regionalen Dekonzentrationsprozesses: Die aufgrund von Standortvorteilen erzielten Verlagerungsgewinne haben in den Regionen ohne Ballungsräume i.d.R. zu einer Verbesserung der Wachstumsqualität der Industriestruktur beigetragen, so daß erwartet werden kann, daß die beobachtete regionale Dekonzentration des Sekundärbereiches nicht nur vorübergehender Natur ist.

4.2. Entwicklungslinien 195o-1985

Bevor die Ergebnisse der vorliegenden Untersuchung thesenartig zusammengefaßt werden, wird der langfristige regionale Strukturwandel von 195o bis 1985 in seinen Grundtendenzen aufgezeigt. Für den Zeitraum der 5oer Jahre liegt eine Analyse des regionalen Wachstumspattern des Sekundärbereiches auf dem regionalen Aggregationsniveau von Regierungsbezirken vor,[1] so daß eine Darstellung der langfristigen Entwicklung aus einer Zusammenschau der Untersuchungsergebnisse der 5oer

---

1) W.UEBE, a.a.O., S. 55.

TAB. 3.3: LANGFRISTIGE ENTWICKLUNG DER WACHSTUMSQUALITAET DER SEKUNDAERPROFILE DER REGIONEN

REGION	(1) 1950/56	(2) 1956/62	(3) 1961/66	(4) 1966/71	(5) VERAENDERUNG BIS 1985 (TENDENZ)
SCHLESWIG-HOLSTEIN	106.5	96.8	100.4	100.1	GERINGER
HAMBURG	108.8	104.0	102.8	102.2	GERINGER
HANNOVER	101.2	104.0	102.2	101.9	GERINGER
HILDESHEIM	97.3	97.2	99.2	100.2	ETWA GLEICH
LUENEBURG	97.2	108.8	101.4	101.6	ETWA GLEICH
STADE	97.6	95.9	99.1	98.1	ETWA GLEICH
OSNABRUECK	94.6	95.8	96.3	95.3	ETWA GLEICH
AURICH	107.7	86.1	101.5	101.3	ETWA GLEICH
BRAUNSCHWEIG	100.0	100.9	100.3	100.3	ETWA GLEICH
OLDENBURG	101.3	99.0	100.2	99.8	ETWA GLEICH
BREMEN	111.0	102.0	101.4	100.6	GERINGER
DUESSELDORF	97.0	97.3	99.4	99.4	ETWA GLEICH
KOELN	102.4	106.1	101.7	101.8	ETWA GLEICH
AACHEN	93.4	91.7	98.6	98.4	ETWA GLEICH
MUENSTER	87.3	83.1	97.7	97.1	BESSER
DETMOLD	99.6	100.7	99.3	99.2	ETWA GLEICH
ARNSBERG	96.4	94.5	98.6	99.3	ETWA GLEICH
DARMSTADT	102.7	107.3	101.7	101.7	GERINGER
KASSEL	96.7	97.9	100.2	99.9	BESSER
KOBLENZ	97.4	99.0	98.1	98.6	BESSER
TRIER	97.4	99.0	98.4	97.4	BESSER
RHEINHESSEN-PFALZ	97.4	99.0	100.7	100.0	ETWA GLEICH
NORDWUERTTEMBERG	105.7	107.8	101.1	101.4	ETWA GLEICH
NORDBADEN	108.3	106.7	101.2	101.4	GERINGER
SUEDBADEN	97.0	100.2	99.2	99.1	BESSER
SUEDWUERTTEMBERG	100.2	96.5	98.8	98.6	ETWA GLEICH
OBERBAYERN	102.8	107.5	101.3	101.3	ETWA GLEICH
NIEDERBAYERN	98.6	100.4	98.2	97.9	BESSER
OBERPFALZ	100.1	95.8	96.9	97.3	BESSER
OBERFRANKEN	99.7	93.3	97.0	96.6	ETWA GLEICH
MITTELFRANKEN	114.5	110.6	101.7	102.3	GERINGER
UNTERFRANKEN	103.6	106.0	99.6	99.0	ETWA GLEICH
SCHWABEN	96.4	97.4	98.5	98.5	BESSER
SAARLAND	--	--	97.1	97.6	BESSER

TAB. 3.2: LANGFRISTIGER REGIONALER STRUKTURWANDEL IM SEKUNDAERBEREICH (WACHSTUMSPOSITIONEN IN V. H. DES BUNDESDURCHSCHNITTS)

REGION	(1) 1950/56	(2) 1956/62	(3) 1961/66	(4) 1966/71	(5) VERAENDERUNG BIS 1985 (TENDENZ)
SCHLESWIG-HOLSTEIN	101.9	100.1	100.2	104.0	ETWA GLEICH
HAMBURG	101.8	100.9	88.6	88.0	ETWA GLEICH
HANNOVER	98.6	111.5	102.0	100.5	ETWA GLEICH
HILDESHEIM	90.3	98.4	98.4	99.5	BESSER
LUENEBURG	110.8	113.1	118.0	110.4	ETWA GLEICH
STADE	90.3	104.6	112.4	109.8	ETWA GLEICH
OSNABRUECK	90.6	103.8	100.0	106.2	GERINGER
AURICH	97.0	119.0	133.1	121.2	ETWA GLEICH
BRAUNSCHWEIG	97.8	101.5	97.6	99.7	BESSER
OLDENBURG	108.8	106.6	98.0	107.7	GERINGER
BREMEN	112.5	89.5	90.5	95.4	BESSER
DUESSELDORF	95.6	94.4	95.3	94.2	ETWA GLEICH
KOELN	97.2	101.5	100.2	97.1	GERINGER
AACHEN	93.0	94.0	99.1	97.8	BESSER
MUENSTER	87.4	85.7	100.0	103.0	ETWA GLEICH
DETMOLD	96.6	97.8	99.0	96.5	ETWA GLEICH
ARNSBERG	93.0	88.3	94.7	96.5	ETWA GLEICH
DARMSTADT	101.8	106.0	102.4	100.9	GERINGER
KASSEL	96.4	113.4	104.6	103.1	ETWA GLEICH
KOBLENZ	105.2	100.2	103.0	105.9	ETWA GLEICH
TRIER	105.2	100.2	120.6	117.8	ETWA GLEICH
RHEINHESSEN-PFALZ	105.2	100.2	99.9	101.0	GERINGER
NORDWUERTTEMBERG	108.0	104.4	101.0	101.0	GERINGER
NORDBADEN	109.2	103.0	99.2	101.0	GERINGER
SUEBBADEN	98.7	107.3	104.0	104.1	ETWA GLEICH
SUEDWUERTTEMBERG	106.2	102.0	101.6	101.6	GERINGER
OBERBAYERN	116.9	118.1	107.9	107.0	ETWA GLEICH
NIEDERBAYERN	107.5	118.2	111.7	108.3	ETWA GLEICH
OBERPFALZ	103.2	110.4	109.7	100.7	ETWA GLEICH
OBERFRANKEN	93.9	95.2	96.2	96.0	ETWA GLEICH
MITTELFRANKEN	110.9	101.2	98.7	97.7	ETWA GLEICH
UNTERFRANKEN	104.3	111.6	106.2	106.3	ETWA GLEICH
SCHWABEN	106.8	107.3	106.3	99.0	GERINGER
SAARLAND	--	--	98.9	108.9	ETWA GLEICH

und der 6oer Jahre sowie der Prognosen bis 1985 möglich ist.

In der Tab. 3.2. sind die Regionalfaktoren der Zeitabschnitte 195o/56, 1956/62, 1961/66 und 1966/71 sowie die Veränderungstendenzen bis 1985 wiedergegeben. Es zeigen sich in den ersten beiden Perioden etwas größere Schwankungen als in den folgenden; das kann z.T. statistisch bedingt sein, da in den ersten Perioden die Vergleichsjahre keine Dreijahresdurchschnitte sind und die Auswahl evtl. atypischer Vergleichsjahre bei einem komparativ-statistischen Verfahren zu statistisch bedingten Schwankungen führen kann. In Tab. 3.3 ist als komplementäre Information die Entwicklung der Wachstumsqualität der Sekundärprofile der Regionen angegeben, so daß für jede Region der Zusammenhang von der Entwicklung der Wachstumsposition und der Wachstumsqualität der Industriestruktur sichtbar wird.

In systematischer Klassifikation ergeben sich vier Typen von Entwicklungsverläufen:

(1) Überdurchschnittliche Wachstumspositionen in allen Perioden.

In den acht Regionen Schleswig-Holstein, Lüneburg, Koblenz, Trier, Oberbayern, Niederbayern, Oberpfalz und Unterfranken lag das Wachstum in den 5oer und 6oer Jahren i.d.R. über dem Bundesdurchschnitt, und es ist aufgrund der durchgeführten Indikatoranalyse zu erwarten, daß diese Situation bis 1985 fortbesteht. Es kann für diese Regionen als typisch gelten, daß es sich mit Ausnahme von Oberbayern um "kleine" Regionen handelt, welche deutlich unterdurchschnittlich besetzt waren. Die überdurchschnittlichen Wachstumspositionen ergaben sich trotz wachstumsungünstiger Sekundärprofile aufgrund von standortbedingten Entwicklungen. Es zeigt sich somit, daß eine durchgehend überdurchschnittliche Wachstumsposition i.d.R. nur auf einem regional relativ niedrigen Niveau bestand, da hier quantitativ geringfügige Umschichtungen schon überdurchschnittliche Wachstumsraten ergaben.

(2) Erst über- dann unterdurchschnittliche Wachstumspositionen.

Ein abflachendes Wachstum, das anfänglich über und dann unter dem Bundesdurchschnitt liegt, zeigt sich in den zehn Regionen Hamburg, Oldenburg, Bremen, Darmstadt, Rheinhessen-Pfalz, Nordwürttemberg, Nordbaden,Südwürttemberg, Mittelfranken und Schwaben. Hierbei handelt es sich i.d.R. um schon überdurchschnittlich industrialisierte Regionen, deren Industriestruktur eine überdurchschnittliche Wachstumsqualität aufweist. Da in sieben der zehn Regionen Ballungsgebiete liegen, welche bevölkerungs- und beschäftigungsmäßig die jeweilige Region dominieren, zeigt sich somit im interregionalen Vergleich, daß die Wachstumsmöglichkeiten der "großen" Agglomerationen einschließlich ihrer Randgebiete begrenzt sind. Für die Regionen dieser Gruppe ohne Ballungsgebiete Oldenburg, Südwürttemberg und Schwaben besteht eine gänzlich andere Situation, es ergeben sich Wachstumsfriktionen aus dem Niedergang bestimmter Leitsektoren ab Anfang der 6oer Jahre, der durch den Aufbau anderer Branchen nicht ganz ausgeglichen werden konnte.

(3) Erst unter- dann überdurchschnittliche Wachstumspositionen.

Die Situation, daß sich aus einer anfänglichen Wachstumsposition des "Hinterherhinkens" hinter der Bundesentwicklung ein "Vorweglaufen" einstellt, ergibt sich für die acht Regionen Hannover, Stade, Osnabrück, Aurich, Münster, Kassel, Südbaden und das Saarland. Es ist für diese Regionen charakteristisch, daß mit der Verbesserung der Wachstumsposition i.d.R. auch eine Verbesserung der Industriestruktur einherging. Es zeigt sich demnach, daß in den genannten Regionen ein dauerhafter Anschluß an die Bundesentwicklung gefunden wurde. Eine Sonderstellung in dieser Gruppe nimmt die Region Hannover ein; das Wachstum des Sekundärbereichs dieser Region liegt anfänglich unter dem Bundesdurchschnitt, dann erheblich darüber und flacht schließlich auf eine durchschnittliche Position ab.

(4) Unterdurchschnittliche Wachstumspositionen in allen Perioden

Für die acht Regionen Braunschweig, Hildesheim, Düsseldorf, Köln, Aachen, Detmold und Oberfranken ergibt sich für den gesamten Untersuchungszeitraum nur ein Wachstum unterhalb des Bundesdurchschnittes. Es handelt sich hierbei um Regionen im Bereich des Rhein-Ruhr-Raumes oder des Zonenrandgebietes. Mit Ausnahme der Region Köln ist diesen Regionen gemeinsam, daß die Wachstumsqualität ihrer Industriestruktur nur unterdurchschnittlich ist, da große Teile des Sekundärbereiches dieser Regionen auf stagnierende Sektoren entfallen. Hinzu kommt, daß der Rhein-Ruhr-Raum im interregionalen Vergleich eine Spitzenstellung im Industriebesatz aufweist und ein Wachstum auf derart hohem Niveau i.d.R. auf Engpässe stößt.

5. Thesenartige Zusammenfassung der Untersuchungsergebnisse

(1) *Die sektorale Konzentration des Sekundärbereiches wächst.*

Im industriellen Bereich bestand in der Bundesrepublik bereits zu Beginn der 6oer Jahre eine hohe sektorale Konzentration. Die beiden metallverarbeitenden Sektorgruppen Montage und Elektro/Feinmechanik vereinigten zusammen über 4o% der industriellen Beschäftigung auf sich; in der Reihenfolge der Größenordnung folgten die Textil- und Lederindustrie (15,4%), die Eisen und Metall schaffende Industrie (11,1%), die Chemische Industrie (8%) und die Nahrungsmittel- und Tabakindustrie (6,7%). Im Beobachtungszeitraum 196o-72 verschob sich die sektorale Verteilung weiter zugunsten der metallverarbeitenden Bereiche und des Chemiebereichs und zulasten der Bereiche Textil/Leder, Eisen und Nahrung/Tabak.

Aufgrund der absehbaren technologischen Entwicklung und der weiterhin bestehenden Tendenz zu freiem Handelsaustausch im Verkehr mit den wichtigsten Handelspartnern kann man davon ausgehen, daß sich im industriellen Bereich die sektorale Konzentration weiter erhöhen wird.

Die Analyse der Entwicklung der regionalen Pattern der Sektoren ergab, daß im Beobachtungszeitraum sektormäßig verschieden sowohl Konzentrations- wie Dekonzentrationsprozesse stattfanden. Es zeigte sich, daß in nahezu allen Sektoren ein Trend bestand, die Beschäftigungskonzentration an den *Hauptproduktionsstandorten* zu verringern. Es ergab sich jedoch hinsichtlich der Entwicklung des *Gesamtpattern* ein Unterschied zwischen Wachstums- und Stagnationssektoren. Bei Wachstumssektoren erhöhte sich die regionale Konzentration des Gesamtpattern, da der Rückgang an den Hauptstandorten durch eine Konzentration der Produktion an "mittleren" Standorten überkompensiert wurde. Bei stagnierenden oder schrumpfenden Sektoren zeigte sich demgegenüber auch eine

Verringerung der regionalen Konzentration des jeweiligen Gesamtpattern, welche sich im wesentlichen aus dem überproportionalen Abbau der Beschäftigung in den Ballungsgebieten ergab sowie aus der Tatsache, daß sich der Beschäftigungsrückgang in Nichtballungsgebieten erheblich langsamer vollzog als im Durchschnitt des Sektors. Aus der Tendenz der Erhöhung der regionalen Konzentration in den Wachstumsbranchen ergab sich jedoch keine Erhöhung des regionalen Konzentrationsgrades für den gesamten Sekundärbereich, da die Standortpräferenzen sektoral differierten und somit die Konzentrationstendenzen nicht die gleichen Standortregionen betrafen.

(2) *Die regionale Konzentration des Sekundärbereiches nimmt ab.*

Die regionale Verteilung des Sekundärbereichs zeigte für das Regionsraster von Regierungsbezirken im Beobachtungszeitraum 196o-72 eine Tendenz der Dekonzentration. Diese Verringerung des regionalen Konzentrationsgrades war quantitativ geringfügig, sie ergab sich jedoch einheitlich bei unterschiedlichen Vergleichen: (a) Der Anteil der sechs größten Ballungsgebiete (ohne Hansestädte) an der industriellen Beschäftigung sank von 49,5% auf 48,5% und an der industriellen Bruttoproduktion von 51,6% auf 5o,3%; (b) Gebiete mit überdurchschnittlichem Industriebesatz (Ballungsräume) verzeichneten bei bundesweit rückläufigem Industriebesatz i.d.R. einen überdurchschnittlichen Rückgang; (c) das industrielle Wachstum in den Verdichtungsräumen war bezogen auf den Bundesdurchschnitt gekennzeichnet von unterdurchschnittlichen oder zumindest abflachenden Wachstumsraten.

Das Faktum einer *bestehenden* hohen regionalen Konzentration des Sekundärbereiches entlang der "Rheinschiene" wird von dieser Entwicklung nur marginal tangiert, jedoch - und das ist der Kern des Untersuchungsergebnisses - ist erkennbar, daß kein Prozeß zu einer *fortschreitenden* regionalen Konzentration bezogen auf die gesamträumliche Verteilung über das Bundesgebiet besteht.

Die Industriestrukturen aller Teilräume weichen, wie Tests ergaben, signifikant von der des Gesamtraumes ab: es besteht somit eine statistische Bestätigung für die Hypothese einer "interregionalen Arbeitsteilung". Die Einzelregionen weisen i.d.R. eine ausgeprägte Spezialisierung ihrer Produktionsstruktur auf; generell bestand jedoch kein Zusammenhang zwischen einer Veränderung des Spezialisierungsgrades und der Höhe des Wachstums einer Region. Im Querschnitt über alle Regionen zeigt sich eine quantitativ schwache Tendenz zur Verringerung des Spezialisierungsgrades. Infolgedessen ist im industriellen Bereich eine Tendenz zur Verkleinerung regionaler *Niveau- und Struktur*unterschiede erkennbar.

(3) *In Ballungsgebieten zeigt die Entwicklung des Sekundärbereiches i.d.R. einen "ertragsgesetzähnlichen" Verlauf.*

Vergleicht man die Entwicklungsverläufe des industriellen Bereichs in den Ballungsgebieten mit der Entwicklung des Gesamtbereichs, so zeigen sich i.d.R. *ertragsgesetzähnliche* Verläufe. Das Wachstum in den Ballungsräumen folgt im Zeitablauf einer Entwicklungskurve, welche eine Form ähnlich einer ertragsgesetzlichen Grenzertragskurve aufweist: Die Wachstumsraten bezogen auf den Gesamtdurchschnitt steigen erst an und flachen dann ab. Ein solcher Entwicklungsverlauf zeigt sich in den Regionen Südhessen, Nordwürttemberg, Nordbaden und Rheinhessen-Pfalz sowie für die Hansestädte Hamburg und Bremen, für letztere jedoch mit der Einschränkung, daß bei der vorliegenden Untersuchung auf dem Aggregationsniveau von RBen das Umland der Hansestädte zu den Nachbarregionen gehört. Im Rhein-Ruhr-Raum (RBe Düsseldorf, Arnsberg, Köln) verläuft die Entwicklung auf dem fallenden Ast einer Kurve ähnlich einer ertragsgesetzlichen Grenzertragskurve, da der industrielle Aufbau in diesen Gebieten erheblich früher erfolgte und der Höhepunkt des Wachstums schon längere Zeit überschritten ist. Für den Münchener-Raum (RB Oberbayern) kann man davon ausgehen, daß die Entwicklung bis zum Prognosezeitpunkt 1985 noch auf dem ansteigenden Ast der Entwicklungskurve verläuft.

(4) *Die strukturschwachen Regionen holen auf.*

Die wirtschaftliche Strukturschwäche einer Region hat i.d.R. einen Niveau- und einen Strukturaspekt i.e.S. und ist somit davon gekennzeichnet, daß in dieser Region sowohl nur ein unterdurchschnittlich ausgebildeter Sekundärbereich (und meist auch Tertiärbereich) besteht, als auch die Wachstumsqualität der Industriestruktur unter dem interregionalen Durchschnitt liegt. Ein interregionaler Angleichungsprozeß hat zur Bedingung, daß unterdurchschnittlich besetzte Regionen überdurchschnittliche Wachstumsraten aufweisen. Diese Bedingung war im Untersuchungszeitraum erfüllt. Es erfolgte ein regionaler Dekonzentrationsprozeß, welcher - wie oben ausgeführt - jedoch nur geringe regionale Umschichtungen bewirkte. Die Dauerhaftigkeit einer solchen Entwicklung setzt voraus, daß die Strukturschwäche i.e.S., d.h. die geringe Wachstumsqualität der Industriestruktur, sich zumindest nicht verstärkt. Diese Prämisse eines dauerhaften interregionalen Ausgleichs war im Beobachtungszeitraum im wesentlichen erfüllt. Es hat sich vor allem bei der Untersuchung des langfristigen regionalen Strukturwandels gezeigt, daß in denjenigen unterdurchschnittlich besetzten Regionen, welche ihre interregionale Wachstumsposition verbesserten, gleichzeitig eine Verbesserung der Wachstumsqualität der Industriestruktur stattfand. Es besteht somit Grund zur Annahme, daß der *Trend zu größerer Gleichmäßigkeit* in der regionalen Verteilung des Sekundärbereiches sich zumindest bis zum Jahr 1985 nicht umkehren wird, sondern etwa in gleicher Größenordnung fortbestehen wird.

6. Anhang: Indikator *Bruttoproduktion*

Im folgenden sind die Tabellen 1.2B, 1.3B, 1.5B, 1.6B,1.7B und 1.8B zusammengefaßt, welche die Untersuchungsergebnisse für den Indikator *Bruttoproduktion* enthalten. Es handelt sich dabei nur um die Ergebnisse der Strukturanalyse aus *gesamtwirtschaftlicher* Sicht, da sich gezeigt hat, daß i.d.R. nur geringfügige Unterschiede zwischen den Verteilungen und den Verteilungsänderungen von industrieller Beschäftigung und Bruttoproduktion bestehen und keine relevanten zusätzlichen Ergebnisse für eine Analyse aus regionaler Sicht zu erwarten waren, welche den statistischen Aufwand gerechtfertigt hätten.

Betrachtet man die *sektorale* Verteilung des Indikators Bruttoproduktion, so zeigt sich in zwei Sektoren ein Niveauunterschied im Vergleich zur Beschäftigung. Der Sektor *Nahrung* hat einen höheren und der Sektor *Elektro* einen niedrigeren Anteil an der Bruttoproduktion als an der Beschäftigung. Demgegenüber weisen die Anteilsentwicklungen eine hohe Parallelität in Ausmaß und Richtung der Umschichtungen auf; eine Ausnahme hiervon bildet lediglich der Sektor *Steine*, sein Beschäftigungsanteil verringerte sich, sein Bruttoproduktionsanteil nahm jedoch zu. Ein ähnliches Bild zeigt sich auch bei den *regionalen* Strukturwandlungen, hier ergibt sich bei den 34 Regionen nur ein Fall, in welchem die Wachstumspositionen einer Region bei Beschäftigung und Bruttoproduktion signifikant voneinander abweichen.

Es läßt sich daher feststellen, daß die in der Zusammenfassung (Kapitel 5) herausgestellten Untersuchungsergebnisse für beide Indikatoren gelten, so daß sich der industrielle Strukturwandel bei Beschäftigung und Bruttoproduktion weitgehend *gleichförmig* vollzogen hat.

TABELLE 1.2B: REGIONALE VERTEILUNG DER SEKTOREN, VERGLEICHSVARIABLE: BRUTTOPRODUKTION

BEOBACHTUNGSZEITPUNKT: 1961 (DREIJAHRESDURCHSCHNITT)

REGION	SEKTORGRUPPEN											REG. ANTEIL
	STEINE	EISEN	CHEMIE	HOLZ 1	MNTAGE	ELEKTR	KERAM	HOLZ 2	PAPIER	TEXTIL	NAHRG.	
SCHL-H	4.0	.5	1.1	3.6	2.5	1.6	2.6	1.4	3.7	1.8	6.8	2.6
HAMB	1.3	1.6	5.0	.6	3.4	4.8	1.7	1.2	7.1	.9	10.6	4.1
HANN	3.2	.4	3.7	1.0	2.0	3.4	2.8	3.6	2.6	1.5	3.7	2.4
HILD	2.9	1.7	.6	3.7	.4	2.4	2.4	2.0	2.0	.9	1.3	1.4
LUENEB	1.9	.1	.8	2.0	8.0	.2	.0	.6	.5	.4	1.5	2.3
STADE	.9	.1	.1	.2	.1	.1	.2	.2	.3	.2	1.2	.3
OSNA	.9	1.2	.2	2.1	.5	.1	.0	.9	.9	2.2	1.2	.9
AURICH	.2	.0	.0	.2	.5	.1	.0	.1	.2	.0	.9	.3
BRAUN	1.8	2.0	.7	1.4	1.6	1.7	.5	.9	1.1	.7	2.0	1.5
OLDENB	.8	.1	.5	.4	.8	.6	.5	.6	.8	1.0	1.1	.7
BREM	1.0	.0	.2	.9	2.1	.6	.0	.5	.5	.4	4.0	1.3
DUESS	9.6	31.0	21.5	6.2	11.3	13.0	14.3	4.8	11.0	14.8	9.7	15.1
KOELN	3.8	2.6	8.1	3.2	6.5	4.5	8.6	3.9	5.0	1.8	3.4	4.6
AACHEN	1.2	1.4	2.6	3.8	.6	.9	7.6	.7	2.0	1.7	1.4	1.5
MUENST	4.7	1.6	4.2	1.2	2.3	1.0	5.0	2.8	1.8	8.0	2.4	3.0
DETMO	2.3	1.5	.8	6.6	2.1	2.2	1.8	12.7	5.4	5.5	4.5	3.2
ARNS	6.3	31.0	2.9	5.4	5.7	10.2	3.4	3.8	3.7	1.9	3.6	8.6
DARMST	7.2	2.8	14.3	3.9	8.6	8.2	4.1	5.9	8.4	4.8	4.4	6.9
KASSEL	1.7	.3	2.1	1.4	1.7	.8	.9	1.7	1.3	2.4	1.0	1.4
KOBL	7.2	2.3	.9	2.6	.5	1.1	4.3	3.2	1.3	.9	1.3	1.5
TRIER	.6	.1	.2	.7	.1	.1	.8	.2	.1	.2	.8	.3
RHES-P	3.4	.6	10.8	3.3	1.5	.9	4.3	3.5	2.7	4.0	2.6	3.0
NWUERT	5.2	2.5	2.8	5.3	13.3	12.9	2.3	10.8	9.4	9.9	4.8	8.2
NBAD	4.6	1.5	2.9	4.6	4.2	5.8	2.2	7.2	3.8	3.2	3.9	3.9
SBAD	2.4	1.8	2.5	6.9	2.3	2.8	2.0	3.2	4.6	4.4	3.3	2.9
SWUERT	2.6	.8	.7	5.3	3.0	3.3	.5	4.0	2.4	7.1	1.4	2.8
OBAY	3.3	.9	4.4	8.1	5.2	5.6	1.1	4.2	6.6	3.8	4.7	4.3
NIEBAY	2.0	.2	.6	2.4	.6	.4	1.9	.8	.3	.7	1.6	.8
OBPFAL	3.3	.9	.1	1.4	.1	.5	7.8	.8	.5	.9	1.3	.8
OBFRA	2.4	.2	.3	1.2	.9	1.2	11.3	4.6	1.6	5.4	1.8	1.8
MITFRA	2.4	1.6	.9	.9	1.7	6.7	2.7	4.7	4.4	1.8	2.6	2.6
UNTFRA	2.0	.2	1.1	4.0	2.2	.8	1.1	1.1	1.3	2.0	1.5	1.5
SCHWA	2.2	.9	2.0	4.5	2.3	.7	1.2	2.8	2.1	4.6	2.2	2.2
SAARL	.7	5.8	.3	1.0	1.0	.6	.2	.6	.5	.4	1.3	1.5
SUMME	100.0	100.0	100.0	100.0	100.0	100.0	100.0	100.0	100.0	100.0	100.0	100.0
SEKTOR-ANTEIL	3.3	13.9	10.5	2.6	21.6	13.7	1.4	3.8	2.9	11.6	14.6	100.0

TABELLE 1.28: REGIONALE VERTEILUNG DER SEKTOREN. VERGLEICHSVARIABLE: BRUTTOPRODUKTION

BEOBACHTUNGSZEITPUNKT: 1971 (DREIJAHRESDURCHSCHNITT)

REGION	SEKTORGRUPPEN											REG. ANTEIL
	STEINE	EISEN	CHEMIE	HOLZ 1	MNTAGE	ELEKTR	KERAM	HOLZ 2	PAPIER	TEXTIL	NAHRG.	
SCHL-H	3.8	.4	1.4	3.3	2.5	1.6	2.4	2.1	5.6	1.3	7.0	2.6
HAMB	1.3	1.4	3.9	.3	2.8	3.6	1.2	.8	4.0	.5	8.7	3.3
HANN	3.2	.6	3.3	1.3	3.4	3.0	3.4	3.5	2.7	1.5	5.5	3.0
HILD	2.7	1.6	.6	3.3	.5	2.2	2.5	1.6	3.3	.8	.8	1.3
LUENEB	1.9	.1	.9	1.8	4.7	.3	.1	.7	.5	.5	1.8	1.7
STADE	1.1	.1	.2	.2	.2	.1	.3	.4	.3	.2	1.6	.4
OSNA	1.1	1.2	.2	3.1	.6	.2	.1	1.2	1.1	2.5	1.5	1.0
AURICH	.3	.0	.0	.2	.8	.1	.0	.1	.2	.1	.6	.3
BRAUN	1.3	1.6	1.0	.9	1.9	1.0	.5	.7	1.1	.5	1.3	1.3
OLDENB	1.1	.1	.4	.5	1.0	.5	.6	.8	1.0	.9	1.4	.8
BREM	.6	.0	.2	.9	1.4	1.3	.0	.3	.0	.6	4.0	1.2
DUESS	8.4	31.5	19.5	5.7	10.5	10.5	11.2	4.5	10.3	12.5	9.4	13.4
KOELN	3.6	2.6	8.9	3.9	5.8	4.0	8.9	2.4	4.6	1.5	2.8	4.5
AACHEN	.9	1.5	1.7	4.0	.6	.8	8.6	.8	2.4	1.6	1.1	1.3
MUENST	4.6	1.8	3.8	1.4	2.2	1.0	4.8	3.8	1.8	8.5	2.3	2.9
DETMO	2.3	1.7	.8	7.3	1.9	2.4	2.4	13.3	5.8	5.7	4.4	3.3
ARNS	5.9	27.4	2.6	5.8	7.7	8.7	3.2	4.1	3.6	1.9	3.4	7.8
DARMST	7.6	2.9	13.7	3.1	7.0	9.0	3.6	7.3	9.0	4.3	5.0	7.1
KASSEL	1.8	.5	2.2	.9	1.7	1.0	.6	1.9	1.5	2.9	1.4	1.6
KOBL	5.9	2.6	1.2	2.7	1.0	1.3	5.6	3.3	1.8	1.1	1.5	1.7
TRIER	.6	.2	.1	.7	.1	.2	.4	.8	.3	.7	1.0	.4
RHES-P	3.4	.5	10.9	3.2	4.4	1.0	4.9	3.3	2.6	4.2	3.0	3.8
NWUERT	5.0	3.1	2.5	5.1	13.5	12.9	3.8	9.5	9.0	8.9	4.0	8.4
NBAD	4.8	1.9	5.0	4.9	3.2	5.4	3.3	5.4	3.2	2.0	3.3	3.7
SBAD	3.0	2.5	3.4	7.5	1.8	3.7	1.9	4.0	4.1	4.3	3.4	3.2
SWUERT	3.2	.9	.8	5.5	3.2	3.1	1.2	4.3	2.4	7.8	1.4	2.9
OBAY	4.9	1.0	5.2	8.3	6.7	8.3	1.1	3.8	6.8	4.1	4.3	5.4
NIEBAY	1.9	.3	.6	2.2	.4	.6	1.7	1.1	.5	1.3	1.8	.8
OBPFAL	3.3	.8	.1	2.0	.1	.6	8.2	.9	.6	1.2	1.6	.9
OBFRA	2.2	.2	.3	1.0	.9	1.0	8.6	4.7	1.5	6.0	1.8	1.7
MITFRA	2.5	1.7	1.1	.8	1.6	7.7	2.2	3.8	3.8	2.0	2.3	2.9
UNTFRA	2.6	.4	1.1	3.9	2.1	.8	1.3	1.1	1.8	2.8	2.4	1.7
SCHWA	2.3	1.4	1.9	3.2	2.0	1.2	.8	2.9	2.8	4.9	2.9	2.3
SAARL	.8	5.4	.5	1.0	1.6	.8	.7	1.1	.2	.6	1.2	1.5
SUMME	100.0	100.0	100.0	100.0	100.0	100.0	100.0	100.0	100.0	100.0	100.0	100.0
SEKTOR-ANTEIL	3.5	10.9	11.9	2.1	24.0	16.0	1.4	5.1	3.4	9.0	12.9	100.0

TAB. 1.3B: RAEUMLICHE KONZENTRATION DER SEKTOREN
VERGLEICHSVARIABLE: BRUTTOPRODUKTION

SEKTOR	MEDIANVERHAELTNIS 1961 (1)	1971 (2)	CHI-Q.-KOEFFIZIENTEN 1961 (3)	1971 (4)
STEINE	126.7	127.2	13.	24.
EISEN	23.9	24.4	620.	868.
CHEMIE	54.2	54.3	187.	373.
HOLZ 1	126.0	114.9	11.	18.
MNTAGE	83.2	84.3	192.	387.
ELEKTR	72.6	75.6	151.	318.
KERAM	81.4	84.5	14.	22.
HOLZ 2	102.3	108.4	27.	68.
PAPIER	98.0	98.5	20.	41.
TEXTIL	87.7	79.5	102.	133.
NAHRG.	124.8	123.8	68.	100.

TABELLE 1.58: SHIFT-ANALYSE, VERGLEICHSVARIABLE: BRUTTOPRODUKTION

REGION	REGIONALFAKTOR			STRUKTURFAKTOR			STANDORTFAKTOR		
	1961/66	1966/71	1961/71	1961/66	1966/71	1961/71	1961/66	1966/71	1961/71
1 SCHL-H	99.4	103.1	102.5	100.5	100.2	100.4	98.9	102.9	102.1
2 HAMB	88.3	88.8	78.3	102.9	102.4	105.3	85.8	86.7	74.4
3 HANN	102.4	102.4	104.9	102.0	101.7	103.9	100.4	100.7	101.0
4 HILD	98.4	99.7	98.1	98.7	99.6	98.0	99.7	100.1	100.1
5 LUENEB	119.9	109.2	131.0	102.0	102.2	103.8	117.6	106.9	126.1
6 STADE	114.3	109.7	125.4	99.3	98.4	97.3	115.0	111.5	128.9
7 OSNA	99.5	105.3	104.7	96.0	94.8	91.0	103.6	111.0	115.1
8 AURICH	137.3	124.4	170.8	102.1	101.9	103.8	134.4	122.1	164.5
9 BRAUN	98.0	100.8	98.7	100.2	100.2	100.5	97.8	100.6	98.2
10 OLDENB	96.9	106.0	102.6	100.1	99.7	99.7	96.7	106.3	103.0
11 BREM	88.0	94.6	83.3	101.8	101.0	103.3	86.4	93.7	80.7
12 DUESS	94.6	94.4	89.3	98.8	98.8	97.5	95.7	95.5	91.5
13 KOELN	101.2	97.9	99.0	101.5	101.7	103.1	99.6	96.2	96.0
14 AACHEN	99.0	98.1	97.2	98.2	97.8	96.0	100.9	100.4	101.2
15 MUENST	98.5	102.0	100.4	97.2	96.3	93.1	101.3	105.9	107.8
16 DETMO	99.2	95.3	94.5	98.9	98.3	97.5	100.3	96.9	96.9
17 ARNS	94.7	96.6	91.5	98.1	98.9	97.2	96.5	97.7	94.1
18 DARMST	102.4	100.3	102.7	101.4	101.3	102.7	101.0	99.0	100.0
19 KASSEL	105.0	104.3	109.5	99.9	99.4	99.2	105.1	104.9	110.4
20 KOBL	103.7	107.5	111.5	97.9	98.3	95.9	105.9	109.4	116.3
21 TRIER	125.8	124.4	156.5	98.4	96.9	96.0	127.9	128.5	163.1
22 RHES-P	100.5	102.3	102.8	100.1	99.2	99.2	100.4	103.2	103.7
23 NWUERT	101.4	101.8	103.2	100.9	100.9	101.8	100.5	100.9	101.5
24 NBAD	99.8	99.9	99.7	101.0	101.0	102.2	98.8	98.9	97.5
25 SBAD	104.1	103.2	107.4	98.7	98.3	96.9	105.4	105.0	110.9
26 SWUERT	101.1	102.2	103.3	98.3	97.7	95.9	102.8	104.6	107.7
27 OBAY	108.6	108.4	117.7	101.1	100.9	102.0	107.4	107.4	115.4
28 NIEBAY	113.9	109.0	124.1	98.1	97.3	95.7	116.0	112.1	129.7
29 OBPFAL	109.6	99.9	109.5	96.6	96.5	93.2	113.5	103.5	117.4
30 OBFRA	97.3	95.7	93.1	96.6	95.5	92.4	100.7	100.2	100.7
31 MITFRA	100.1	96.7	96.8	101.4	101.7	103.4	98.7	95.1	93.6
32 UNTFRA	108.1	107.8	116.4	99.7	98.8	98.9	108.4	109.1	117.7
33 SCHWA	104.3	97.7	102.0	98.2	97.9	95.4	106.3	99.9	106.9
34 SAARL	99.6	108.6	108.2	96.9	97.5	94.5	102.9	111.4	114.5
BRD	100.0	100.0	100.0	100.0	100.0	100.0	100.0	100.0	100.0

@FIN

TABELLE 1.6B: INDUSTRIESTRUKTUR DER REGIONEN, VERGLEICHSVARIABLE: BRUTTOPRODUKTION

BEOBACHTUNGSZEITPUNKT: 1961 (DREIJAHRESDURCHSCHNITT)

REGION	S E K T O R G R U P P E N											SUMME
	STEINE	EISEN	CHEMIE	HOLZ 1	MNTAGE	ELEKTR	KERAM	HOLZ 2	PAPIER	TEXTIL	NAHRG.	
SCHL-H	5.1	2.8	4.6	3.7	21.1	8.8	1.4	2.1	4.2	8.0	38.3	100.0
HAMB	1.1	5.3	12.7	.3	18.0	16.1	.6	1.1	5.0	2.4	37.3	100.0
HANN	4.4	2.5	15.9	1.0	17.3	19.3	1.6	5.6	3.1	7.1	22.2	100.0
HILD	7.1	17.1	4.3	7.1	6.9	24.1	2.5	5.5	4.3	7.6	13.6	100.0
LUENEB	2.7	.4	3.5	2.3	76.0	1.2	.0	1.1	.6	2.2	9.9	100.0
STADE	9.4	2.4	4.9	1.7	9.6	3.2	.7	2.5	2.9	8.3	54.4	100.0
OSNA	3.3	18.5	2.6	5.9	12.8	2.2	.1	3.9	2.9	27.7	20.0	100.0
AURICH	2.8	1.1	.6	1.5	37.8	3.7	.0	1.2	2.1	1.3	48.0	100.0
BRAUN	4.0	18.7	5.1	2.4	23.3	15.9	.5	2.4	2.1	5.6	20.0	100.0
OLDENB	4.0	2.0	7.8	1.6	24.8	11.5	1.1	3.1	3.2	16.6	24.3	100.0
BREM	2.5	.4	1.8	1.8	36.0	6.2	.0	1.3	1.2	3.6	45.2	100.0
DUESS	2.1	28.6	15.0	1.1	16.1	11.8	1.3	1.2	2.1	11.4	9.4	100.0
KOELN	2.7	7.8	18.8	1.9	30.7	13.6	2.6	3.2	3.2	4.6	10.8	100.0
AACHEN	2.8	13.0	18.8	6.8	9.6	8.7	7.3	1.8	4.1	13.3	13.8	100.0
MUENST	5.1	7.4	14.8	1.0	16.9	4.4	2.3	3.6	1.8	31.1	11.5	100.0
DETMO	2.4	6.2	2.5	5.3	13.9	9.4	.8	14.7	4.9	19.6	20.3	100.0
ARNS	2.4	49.9	3.5	1.6	14.3	16.2	.5	1.6	1.2	2.5	6.1	100.0
DARMST	3.4	5.6	21.7	1.5	26.8	16.3	.8	3.2	3.6	8.0	9.2	100.0
KASSEL	4.0	3.3	15.7	2.7	26.4	8.4	.9	4.7	2.8	20.3	10.7	100.0
KOBL	15.7	21.3	6.6	4.6	7.4	9.9	4.0	8.0	2.6	6.8	13.0	100.0
TRIER	6.9	5.1	9.2	6.8	11.4	2.7	4.1	2.5	1.5	9.5	40.3	100.0
RHES-P	3.7	2.9	37.9	2.8	11.0	4.2	2.0	4.5	2.7	15.7	12.6	100.0
NWUERT	2.1	4.3	3.6	1.7	35.1	21.7	.4	5.0	3.4	14.1	8.6	100.0
NBAD	3.9	5.5	7.9	3.1	23.7	20.8	.8	7.0	2.9	9.6	14.8	100.0
SBAD	2.6	8.5	9.1	6.1	17.3	13.3	1.0	4.1	4.6	17.3	16.1	100.0
SWUERT	3.1	3.9	2.8	5.0	23.5	16.6	.2	5.5	2.5	29.7	7.2	100.0
OBAY	2.5	2.9	10.9	4.9	26.1	18.0	.3	3.7	4.5	10.3	16.0	100.0
NIEBAY	8.7	4.0	7.8	8.2	16.6	6.5	3.4	3.8	1.3	9.9	29.9	100.0
OBPFAL	13.0	15.3	1.6	4.5	3.7	8.1	13.2	3.8	1.7	12.5	22.5	100.0
OBFRA	4.3	1.4	1.6	1.7	11.1	9.2	8.9	9.7	2.7	35.0	14.4	100.0
MITFRA	3.0	8.3	3.5	.9	13.8	34.9	1.4	6.8	4.9	7.9	14.6	100.0
UNTFRA	4.5	2.3	8.1	7.1	33.0	7.2	1.1	2.7	2.6	16.4	15.0	100.0
SCHWA	3.4	5.6	9.7	5.4	23.3	4.5	.7	4.8	2.9	24.8	14.9	100.0
SAARL	1.6	55.4	1.8	1.8	14.8	5.5	.2	1.5	1.0	3.2	13.1	100.0
BRD	3.3	13.9	10.5	2.6	21.6	13.7	1.4	3.8	2.9	11.6	14.6	100.0

TABELLE 1.6B: INDUSTRIESTRUKTUR DER REGIONEN, VERGLEICHSVARIABLE: BRUTTOPRODUKTION

BEOBACHTUNGSZEITPUNKT: 1971 (DREIJAHRESDURCHSCHNITT)

REGION	SEKTORGRUPPEN											SUMME
	STEINE	EISEN	CHEMIE	HOLZ 1	MNTAGE	ELEKTR	KERAM	HOLZ 2	PAPIER	TEXTIL	NAHRG.	
SCHL-H	5.0	1.6	6.3	2.6	23.1	10.0	1.3	4.0	7.3	4.3	34.5	100.0
HAMB	1.4	4.7	14.2	.2	20.2	17.7	.5	1.2	4.1	1.5	34.3	100.0
HANN	3.6	2.1	12.7	.9	26.7	15.7	1.6	5.8	3.0	4.5	23.4	100.0
HILD	7.1	13.2	5.6	5.4	10.2	27.4	2.7	6.4	8.5	5.2	8.3	100.0
LUENEB	3.8	.4	6.4	2.2	65.8	2.7	.0	2.0	1.0	2.5	13.1	100.0
STADE	9.7	1.9	6.0	1.0	12.9	3.5	.9	4.9	2.4	4.3	52.5	100.0
OSNA	4.0	13.8	2.1	6.8	16.2	2.6	.1	6.5	4.0	23.3	20.8	100.0
AURICH	3.8	1.6	.4	1.3	58.3	3.9	.0	1.6	2.0	2.2	25.1	100.0
BRAUN	3.5	13.9	9.4	1.5	36.0	12.5	.5	2.7	3.0	3.7	13.3	100.0
OLDENB	4.9	1.5	6.8	1.2	30.1	11.0	1.2	5.4	4.3	10.3	23.4	100.0
BREM	1.7	.1	1.7	1.5	28.4	17.8	.0	1.2	.0	4.1	43.4	100.0
DUESS	2.2	25.6	17.2	.9	18.8	12.6	1.2	1.7	2.6	8.4	9.0	100.0
KOELN	2.8	6.4	23.6	1.8	31.0	14.4	2.8	2.7	3.4	3.0	8.1	100.0
AACHEN	2.4	12.8	15.7	6.5	11.7	10.2	9.2	3.0	6.1	11.1	11.3	100.0
MUENST	5.5	6.8	15.6	1.0	18.1	5.8	2.3	6.6	2.1	26.2	10.0	100.0
DETMO	2.4	5.7	2.8	4.6	13.5	11.7	1.0	20.2	5.8	15.2	17.0	100.0
ARNS	2.6	38.2	3.9	1.6	23.4	17.8	.6	2.6	1.5	2.2	5.6	100.0
DARMST	3.7	4.4	22.8	.9	23.6	20.0	.7	5.2	4.2	5.4	8.9	100.0
KASSEL	4.0	3.2	16.9	1.2	26.3	10.3	.6	6.1	3.3	16.6	11.4	100.0
KOBL	11.7	16.3	8.4	3.3	13.2	12.0	4.6	9.8	3.5	5.7	11.4	100.0
TRIER	5.9	7.1	1.9	3.8	8.3	6.6	1.3	10.3	2.7	17.4	34.6	100.0
RHES-P	3.1	1.5	33.7	1.8	27.4	4.2	1.8	4.4	2.3	9.7	10.2	100.0
NWUERT	2.0	4.0	3.6	1.3	38.8	24.7	.6	5.7	3.6	9.5	6.1	100.0
NBAD	4.4	5.4	15.9	2.7	20.8	23.1	1.2	7.4	2.9	4.8	11.3	100.0
SBAD	3.3	8.7	12.8	5.0	13.4	18.9	.9	6.4	4.3	12.3	14.1	100.0
SWUERT	3.8	3.6	3.3	4.0	26.4	17.2	.6	7.6	2.8	24.3	6.4	100.0
OBAY	3.2	2.0	11.5	3.3	30.1	24.8	.3	3.6	4.3	6.8	10.2	100.0
NIEBAY	7.8	3.4	8.1	5.6	10.3	11.6	2.9	6.7	1.9	13.9	27.8	100.0
OBPFAL	13.1	10.2	1.8	4.8	2.8	10.9	13.1	5.2	2.2	11.9	23.9	100.0
OBFRA	4.4	1.2	2.4	1.3	12.4	9.2	7.1	14.2	3.0	31.5	13.3	100.0
MITFRA	3.0	6.3	4.5	.6	13.8	43.0	1.1	6.8	4.5	6.2	10.3	100.0
UNTFRA	5.4	2.7	7.5	4.9	30.7	7.5	1.1	3.4	3.6	15.0	18.4	100.0
SCHWA	3.5	6.8	10.1	2.9	21.6	8.3	.5	6.5	4.1	19.3	16.5	100.0
SAARL	1.9	39.8	3.6	1.4	26.3	8.4	.6	3.6	.5	3.4	10.5	100.0
BRD	3.5	10.9	11.9	2.1	24.0	16.0	1.4	5.1	3.4	9.0	12.9	100.0

TABELLE 1.7B: VERAENDERUNGEN DER ANTEILE, VERGLEICHSVARIABLE: BRUTTOPRODUKTION

BEOBACHTUNGSZEITPUNKTE: 1961/1971 (DREIJAHRESDURCHSCHNITTE)

REGION	SEKTORGRUPPEN											REG. ANTEIL
	STEINE	EISEN	CHEMIE	HOLZ 1	MNTAGE	ELEKTR	KERAM	HOLZ 2	PAPIER	TEXTIL	NAHRG.	
SCHL-H	94.0	77.3	121.5	91.1	99.9	98.6	94.1	146.7	152.4	71.6	102.9	101.3
HAMB	96.3	90.5	78.9	54.7	80.3	75.0	68.0	65.3	56.8	63.3	82.8	79.6
HANN	98.4	132.7	88.2	132.7	173.3	87.1	120.4	95.7	105.3	102.9	148.6	124.6
HILD	91.0	94.2	109.9	89.8	126.8	93.2	104.6	81.5	165.3	85.8	65.6	95.3
LUENEB	100.9	101.6	122.6	88.5	59.3	143.1	132.4	105.9	108.9	113.1	113.2	76.0
STADE	121.7	120.3	136.4	88.9	149.0	115.9	161.2	177.2	90.0	84.2	134.6	123.5
OSNA	119.5	100.1	74.6	151.7	120.0	103.7	132.4	130.1	124.7	114.9	123.3	105.3
AURICH	145.6	193.3	63.4	123.3	155.6	101.1	.0	109.2	91.9	252.8	66.2	112.1
BRAUN	72.5	81.9	141.9	68.4	120.6	58.2	94.4	72.3	105.5	73.9	64.9	86.5
OLDENB	129.0	105.9	86.9	107.4	122.4	91.6	122.8	143.3	129.8	90.3	122.1	112.0
BREM	61.1	44.1	75.1	96.6	66.2	231.0	.0	64.1	.0	138.5	101.2	93.3
DUESS	88.3	101.6	90.4	91.9	93.6	81.3	77.8	93.1	93.1	84.8	96.1	88.8
KOELN	96.1	102.2	108.9	119.4	89.0	88.6	103.6	61.0	91.5	84.0	82.7	97.9
AACHEN	73.9	113.1	66.8	106.7	99.2	90.5	113.8	111.5	117.3	96.9	83.1	89.9
MUENST	99.5	114.1	90.4	118.4	93.5	108.1	96.0	132.3	98.0	105.9	95.1	96.8
DETMO	100.3	119.3	101.6	111.8	89.9	109.4	133.5	104.7	106.3	103.9	97.3	102.8
ARNS	92.6	88.6	90.7	106.8	133.6	85.6	95.8	107.5	98.0	103.1	94.1	90.7
DARMST	106.8	104.2	95.9	77.7	82.0	109.0	86.4	124.8	107.5	90.7	113.7	103.1
KASSEL	106.5	141.4	107.2	64.2	100.4	118.3	69.1	107.3	117.0	118.9	136.0	112.2
KOBL	81.9	112.4	130.0	104.0	186.0	119.8	131.6	105.5	134.5	126.0	114.7	115.3
TRIER	110.2	243.9	24.7	94.8	88.9	287.6	44.5	414.6	221.7	321.9	131.8	135.9
RHES-P	101.1	87.8	101.4	98.9	288.0	108.9	114.3	93.9	95.6	103.2	117.2	128.5
NWUERT	95.9	122.5	90.1	96.5	101.9	100.0	164.6	87.7	94.9	90.0	81.8	102.5
NBAD	104.4	123.2	174.5	105.9	76.9	92.5	149.3	75.6	86.0	63.2	83.7	97.2
SBAD	129.0	140.2	133.8	108.3	75.1	131.3	95.7	125.3	89.2	99.4	106.0	107.6
SWUERT	123.2	120.4	106.5	103.2	105.1	92.0	256.7	106.7	100.7	110.4	104.3	103.7
OBAY	149.9	113.3	117.6	103.5	129.6	148.0	104.1	91.5	102.2	107.3	90.4	125.0
NIEBAY	91.0	116.8	98.0	90.3	59.6	161.7	91.9	136.5	132.7	193.6	111.4	106.0
OBPFAL	100.6	89.7	106.9	138.0	72.7	122.1	105.8	107.9	114.1	129.1	125.9	105.1
OBFRA	91.7	103.6	131.9	87.6	95.2	81.2	76.3	101.7	91.4	110.5	98.8	94.5
MITFRA	102.5	106.4	122.8	96.1	97.7	114.7	81.8	80.5	86.7	110.4	86.3	108.5
UNTFRA	131.4	168.3	94.0	98.4	96.5	102.8	117.9	107.2	137.1	136.8	159.9	115.3
SCHWA	102.8	163.4	96.4	71.0	87.3	166.4	69.8	103.5	128.7	105.4	130.7	104.5
SAARL	114.0	92.8	176.8	95.2	161.5	133.2	303.3	185.7	42.9	136.5	90.9	101.0
SEKTOR-ANTEIL	105.0	78.2	112.7	80.5	111.1	116.5	99.0	134.9	114.5	76.9	88.5	100.0

TABELLE 1.8B: WANDLUNGEN DER REGIONALEN INDUSTRIE-STRUKTUR

VERGLEICHSVARIABLE: BRUTTOPRODUKTION

REGION	MEDIANVERHAELTNIS		CHI-QUADRAT-KOEFF.	
	1961 (1)	1971 (2)	1961 (3)	1971 (4)
SCHL-H	56.1	61.2	10.	21.
HAMB	60.3	64.7	29.	30.
HANN	85.0	70.4	4.	9.
HILD	90.4	104.2	8.	18.
LUENEB	21.9	26.8	25.	24.
STADE	30.6	33.6	18.	35.
OSNA	75.5	87.7	12.	23.
AURICH	38.9	30.3	19.	36.
BRAUN	80.7	83.7	6.	15.
OLDENB	76.1	65.9	13.	25.
BREM	41.1	49.3	12.	23.
DUESS	83.8	85.9	528.	834.
KOELN	79.2	64.6	17.	36.
AACHEN	113.2	137.0	8.	20.
MUENST	79.2	88.3	11.	21.
DETMO	91.6	100.8	16.	42.
ARNS	50.4	57.3	309.	395.
DARMST	77.2	79.6	70.	140.
KASSEL	80.1	88.5	7.	12.
KOBL	100.0	132.6	10.	14.
TRIER	64.5	67.8	19.	34.
RHES-P	62.2	57.7	22.	49.
NWUERT	58.7	55.5	122.	257.
NBAD	84.3	88.5	7.	12.
SBAD	98.6	89.4	3.	6.
SWUERT	62.7	69.6	10.	19.
OBAY	83.2	64.3	12.	55.
NIEBAY	88.7	99.3	13.	25.
OBPFAL	98.0	105.6	14.	29.
OBFRA	82.6	89.7	14.	26.
MITFRA	79.0	62.1	9.	25.
UNTFRA	77.6	82.5	7.	12.
SCHWA	79.4	92.2	5.	8.
SAARL	30.1	53.4	14.	22.

L i t e r a t u r

Andrews, R.: The Mechanics of Urban Economic Base. The Historical Development of the Base Concept, in: Land Economics, Vol.3o (1954).

Ashby, L.D.: The Geographical Redistribution of Employment An Examination of the Elements of Change, in: Survey of Current Business 1964/1o.

Balassa, B.: Patterns of Industrial Growth, Comment, in: American Economic Review, Vol. 51 (1961).

Beckmann, M.: Location Theory, New York 1968.

Bhagwati, J.N.: The Pure Theory of International Trade. A Survey, in: The Economic Journal, Vol. 74 (1964).

Biehl, D., Hussmann, E.;Schnyder, S.: Zur regionalen Einkommensverteilung in der Europäischen Gemeinschaft, in: Die Weltwirtschaft, 1972/1.

Biehl, D; Hussmann, E.;Rautenberg, K.;Schnyder,S.;Südmeyer,V.; Bestimmungsgründe des regionalen Entwicklungspotentials, Tübingen 1975.

v. Böventer, E.: Towards a United Theory of Spatial Economic Structure, in: Regional Science Association, Papers Vol. 1o (1963).

Bombach, G.: Wirtschaftswachstum und Stabilität, in: Wachstum und Konjunktur, Veröffentlichungen der Deutschen Volkswirtschaftlichen Gesellschaft e.V., Darmstadt, Opladen, 196o.

Boudeville, J.: Les Espaces Economiques, Paris 1961.

Brandt, K.: Konzentration und Wachstum. K. ARNDT (Hrsg.) Konzentration in der Wirtschaft, Schriften des Vereins für Socialpolotik, N.F. Bd. 2o/I, 2.Aufl. 1971.

Bundesanstalt für Arbeitsvermittlung und Arbeitslosenversicherung: Geschäftsbericht für das Rechnungsjahr 1962.

Burns, A.: Production Trends in the United States since 187o, 2. Aufl., New York 195o.

Chenery, H.: Patterns of Industrial Growth, in: American

Economic Review Vol. 5o (196o).

Chenery, H.; Syrquin, M.: Patterns of Development 195o-197o, Oxford 1975.

Chenery, H.; Taylor, L.: Development Patterns among Countries and over Time, in: Review of Economics and Statistics, Vol. 5o (1968).

Clasen, S.: Die Flexibilität der volkswirtschaftlichen Produktionsstruktur, Göttingen, 1966.

Chow, G.E.: Statistical Demand Functions for Automobiles and their Use for Forcasting, in: A.C. Harberger (Hrsg.): The Demand for Durable Goods, Chicago, London 196o.

Christaller, W.: Zentrale Orte in Süddeutschland. Eine ökonomisch-geographische Untersuchung über die Gesetzmäßigkeit der Verbreitung und Entwicklung der Siedlungen mit städtischen Funktionen, Nachdruck der 1. Aufl. von 1933, Darmstadt, 1968.

Clark, C.: The Conditions of Economic Progress, London, New York 196o.

Davin, L.E.: Economie Regionale et Croissance, Paris, 1964.

Dorner, K.: Strukturverschiebungen in modernen Industriegesellschaften, Diss., Köln 1964.

Fabricant, S.: Employment in Manufactoring 1899-1933, an Analysis of its Relation to the Volume of Production, NBER, New York 1969.

Fels, G.; Schatz, K.W.; Wolter, F.: Der Zusammenhang zwischen Produktionsstruktur und Entwicklungsniveau, in: Weltwirtschaftliches Archiv, Bd. 1o6 (1971).

Fischer, A.: Die Struktur von Wirtschaftsräumen. Ein Beitrag zur Anwendung statistischer Methoden in der Regionalforschung, Wiesbaden 1969.

Fourastié, J.: Die große Hoffnung des 2o. Jahrhunderts, Köln 1954 (entspricht der 3. französischen Auflage, Paris 1952).

Fourastié, J.: Die Produktion, in: derselbe (Hrsg.): Gesetze der Wirtschaft von morgen, Düsseldorf, 1967.

Frisch, R.: New Methods of Measuring Utility, Tübingen 1932.

Gerfin, H.: Gesamtwirtschaftliches Wachstum und regionale Entwicklung, in: Kyklos, Bd. 17 (1964)

Gilbert, M.; Kravis, I.B.: An International Comparison of National Products and Purchasing Power of Currencies, Paris 1954.

Görgens, E.: Wandlungen der industriellen Produktionsstruktur im wirtschaftlichen Wachstum, Bern 1975.

Gollnick, H.: Ausgaben und Verbrauch in Abhängigkeit von Einkommen und Haushaltsstruktur, in: Agrarwirtschaft, Hannover 1959, Sonderheft 6/7.

Greenhut, M.L.: Needed - A Return to the Classics in Regional Economic Development, in: Kyklos, Bd. 19 (1966).

Grumbach, F.; Greve, G.: Wandlungen in der Beschäftigungsstruktur, in: H. König (Hrsg.): Wandlungen in der Wirtschaftsstruktur in der Bundesrepublik, Schriften des Vereins für Socialpolitik, N.F. Bd. 26 (1962).

Harris, C.: The Market as a Factor in the Localization of the Industry in the United States, in: Annals of the Association of American Geographers, Vo. 44 (1954).

Hildebrand, G.; Mace, A.: The Employment Multiplier in an Expanding Industrial Market, Los Angeles County 194o-1947, in: The Review of Economics and Statistics, Vol. 23 (195o).

Hoffmann, W.G.: Stadien und Typen der Industrialisierung, Jena 1931.

Hoffmann, W.G.: Stadien und Typen der Industrialisierung, Weltwirtschaftsarchiv, Bd. 1o3/II (1969).

Hoffmann, W.G.: Antikritisches zu "Stadien und Typen der Industrialisierung", in: Weltwirtschaftsarchiv, Bd. 1o4 (197o).

Hoffmann, W.G.: Das Wachstum der deutschen Industriewirtschaft 195o-1968, in: derselbe (Hrsg,): Untersuchungen zum Wachstum der deutschen Wirtschaft, Tübingen 1971.

Hoover, E.M.: An Introduction to Regional Economics, New York 1971.

Hotelling, H.: Stability in Competition, in: Economic Journal, Vol. 39 (1929).

Hoppen, H.D.: Die Shift-Analyse, Untersuchungen über die empirische Relevanz ihrer Aussagen, in: Raumforschung und Raumordnung, 1975/1.

Hoppen, H.D.; Käshammer, B.: Empirische Untersuchungen der Wanderungsströme innerhalb des Bundesgebietes, in: Raumforschung und Raumordnung, 1976/4.

Houthakker, H.S.; Taylor, L.D.: Consumer Demand in the United States, Cambridge, Mass., 2. Aufl. 197o.

Hoyt, H.: Holmer Hoyt on the Development of the Concept of Economic Base, in: Land Economics, Vol. 3o (1954).

Hymans, S.H.: Consumer Durable Spending, Explanation and Prediction, Brookings Paper of Economic Activity No.2 (197o).

Isard, W.: Regional Science, the Concept of Region, and Regional Structure, in: The Regional Science Association, Papers Vol. 2 (1956).

Isard, W.: The General Theory of Location and Space Economics, in: Quarterly Journal of Economics, Vol. 63 (1949).

Isard, W.: Location and Space Economy, New York, London 1956.

Isard, W.: Methods of Regional Analysis, Cambridge, Mass., 7. Auflage 1971.

Kendrick, J.W.: Productivity Trends in the United States, New York, London 1961.

Kendrick, J.W.: Postwar Productivity Trends in the United States, New York, London 1973.

Klemmer, P.: Abgrenzung regionaler Arbeitsmärkte in der Bundesrepublik Deutschland für die Zwecke der Gemeinschaftsaufgabe "Verbesserung der regionalen Wirtschaftsstruktur", Bochum 1972.

Kloten, N.: Wandlungen der industriellen Raumstruktur in der Bundesrepublik, in: H. König (Hrsg.): Wandlungen der Wirtschaftsstruktur in der Bundesrepublik, Schriften des Vereins für Socialpolitik, N.F. Bd. 26 (1962).

Kneschaurek, F.: Wachstumsbedingte Wandlungen der Beschäftigungsstruktur im industriellen Produktionssektor, in: F. Neumark (Hrsg.): Strukturwandlungen in einer wachsenden Wirtschaft, Schriften des Vereins für Socialpolitik, N.F. Bd. 3o/II (1964).

Kravis, I.B.: "Availability" and other Influences on the Comodity Composition of Trade, in: Journal of Political Economy, Vol. 64 (1956).

Kreiszig, E.: Statistische Methoden und ihre Anwendung, 3. Aufl., Göttingen 1972.

Kuhn, W.; Kuenne, R.E.: An Efficient Algorithm for Numerical Solution for the Generalized Weber Problem, in: Journal of Regional Science, Vol. 4 (1962).

Kuznets, S.: Modern Economic Growth, Rate, Structure and Spread, New Haven, London 1966.

Kuznets, S.: Economic Growth of Nations, Total Output and Production Structure, Cambridge, Mass., 1971.

Lago, A.M.: The Hoffmann Industrial Growth Development Path, an International Comparison, in: Weltwirtschaftsarchiv, Bd. 1o3/II (1969).

Launhardt, W.: Der beste Standort einer gewerblichen Anlage, in: Zeitschrift des Vereins deutscher Ingenieure, Bd. 26 (1882).

Launhardt, W.: Mathematische Begründung der Volkswirtschaftslehre, Neudruck der Ausgabe von 1885, Aalen 1963.

Lenort, N.J.: Entwicklungsplanung in Stadtregionen, Köln und Opladen 1961.

Leontief , W.: The Structure of the American Economy 1919-1939, 3. Auflage, New York, Oxford, 196o.

Leontief , W.: Input-Output Economics, in: Scientific American, 1951.

Leontief , W.: Input-Output Analysis, in Scientific American, 1965.

Leontief , W.: Domestic Production and Foreign Trade. The American Capital Position Re-examined, in: Economia Internationale, Bd. 7 (1954).

Lichtenberg, R.M.: One Tenth of a Nation, Cambridge, Mass. 196o.

Linder, S.B.: International Trade and the Composition of Production, in: R.S. Weckstein (Hrsg.): Expansion of the World Trade and the Growth of National Economies, New York, London, 1968.

Lösch, A.: Die räumliche Ordnung der Wirtschaft, 3. Aufl.; Stuttgart 1962.

v. Malchus, V.: Zentrale Orte und ihre Verflechtungsbereiche in Baden-Württemberg, Freiburg 1967.

Mertens, D.: Veränderungen der industriellen Branchenstruktur in der Bundesrepublik 195o-196o, in: H. König (Hrsg): Wandlungen der Wirtschaftsstruktur in der Bundesrepublik, Schriften des Vereins für Socialpolitik, N.F. Bd. 26 (1962).

Mertens, D.; Kirner, W.: Investitionsverflechtungen in der Bundesrepublik Deutschland 195o-197o, DIW-Beiträge zur Strukturforschung, 1967/1.

Miksch, L.: Zur Theorie eines räumlichen Gleichgewichts, in: Weltwirtschaftliches Archiv, Bd. 66 (1951/I).

Müller, J.H.: Wirtschaftliche Grundprobleme der Raumordnungspolitik, Berlin 1969.

Müller, J.H.: Das Basic-Nonbasic-Konzept, in: Methoden der empirischen Regionalforschung, 2. Teil. Veröffentlichungen der Akademie für Raumforschung und Landesplanung, Hannover 1975.

Müller, J.H.: Ballung, in: Handwörterbuch der Wirtschaftswissenschaft, Bd. 1, Stuttgart, New York, Tübingen 1977.

Niehans, J.: Strukturwandlungen als Wachstumsprobleme, in: F. Neumark (Hrsg.): Strukturwandlungen in einer wachsenden Wirtschaft, Schriften des Vereins für Socialpolitik, N.F. Bd. 3o/I (1964).

North, D.: Location Theory and Regional Growth, in: Journal of Political Economy, Vol. 63 (1955).

North, D.: A Reply, in: Journal of Political Economy, Vol.64 (1956).

Odum, H.W.; Moore, H.E.: American Regionalism, New York 1938.

Perloff, H.S.; Dunn, E.S.; Lampard, E.E.; Muth, R.F.: Regions, Resources and Economic Growth, 2. Aufl., Baltimore 1961.

Plassmann, Chr.: Bestimmungsgründe der Nachfrage nach dauerhaften Konsumgütern, Berlin 1964.

Pfister, R.L.: Terms of Trade as a Tool of Regional Analysis, in: Journal of Regional Science, Vol. 3/II (1961).

Richardson, H.W.: Regional Economics, London 1969.

Richardson, H.W.: Regional Growth Theory, London 1973.

Richardson, H.W.: Agglomeration Potential. A Generalization of the Income Potential Concept, in: Journal of Regional Science, Vol. 14 (1974).

Rittenbruch, K.: Zur Anwendbarkeit der Exportbasiskonzepte im Rahmen von Regionalstudien, Berlin 1967.

Rostow, W.W.: Patterns of Economic Growth, 2. Aufl., Cambridge, England 1956.

Sachverständigenrat zur Begutachtung der gesamtwirtschaftlichen Entwicklung: Jahresgutachten 1965/66. Stabilisierung ohne Stagnation. Stuttgart, Mainz 1965.

derselbe: Jahresgutachten 1974/75, Deutscher Bundestag, Bonn 1974.

Salter, W.E.G.: Productivity and Technical Change, Cambridge, England 196o.

Scheffé, H.: The Analysis of Variance, New York, London 1959.

Schröder, D.: Strukturwandel, Standortwahl und regionales Wachstum, Stuttgart 1968.

Schröder, D.: Wachstum und Gesellschaftspolitik, Stuttgart 1971.

Siebert, H.: Zur Theorie des regionalen Wirtschaftswachstums, Tübingen 1967.

Siebert, H.: Regionales Wirtschaftswachstum und interregionale Mobilität, Tübingen 197o.

Stabler, J.C.: Exports and Evolution. The Process of Regional Change, in: Land Economics, Vol. 44 (1968).

Statistisches Bundesamt: Statistisches Jahrbuch, Wiesbaden, 195o - 1973.

Stavenhagen, G.: Wilhelm Launhardt, in: Handwörterbuch der Raumforschung und Raumordnung, Hannover 1966.

Steidle, E.: Region, in: Handwörterbuch der Raumforschung und Raumordnung, Hannover 1966.

Streissler, E.u.M.: Konsum und Nachfrage, Köln 1966.

Thoss, R.: Einkommenspotential und Multiplikatoranalyse, in: Raumforschung und Raumordnung, 1969/5-6.

v. Thünen, J.H.: Der isolierte Staat in Beziehung auf Nationalökonomie und Landwirtschaft. 4.Aufl., Stuttgart 1964.

Tiebout, Ch.: Exports and Regional Growth, in: Journal of Political Economy. Vol. 64 (1956).

Uebe, W.: Industriestruktur und Standort, Stuttgart 1967.

United Nations: Patterns of Industrial Growth 1938-1958, New York 196o.

Weber, A.: Über den Standort der Industrien. Erster Teil. Reine Theorie des Standorts, 2. Aufl., Tübingen 1922.

Weber, E.: Grundriß der biologischen Statistik, Stuttgart 1967.

Wold, H.: Demand Analysis, a Study in Econometrics, Stockholm, New York 1952.

Schriften zu Regional- und Verkehrsproblemen in Industrie- und Entwicklungsländern

Herausgegeben von J. Heinz Müller und Theodor Dams

1 **Strukturelle Unterschiede zwischen Binnenschiffahrt und Eisenbahn im Hinblick auf den gegenseitigen Wettbewerb.** Von M. Drude, S. Geisenberger und J. H. Müller. 112 S. 1969. DM 31,80

2 **Möglichkeiten und Grenzen der Erstellung und Auswertung regionaler Input-Output-Tabellen** unter besonderer Berücksichtigung der derivativen Methode. Von G. Strassert. 123 S. 1968. DM 26,80

3 **Die Regionalpolitik als Instrument der französischen Wirtschaftspolitik.** Von U. Thumm. 208 S. 1968. DM 47,60

4 **Zur Anwendbarkeit der Exportbasiskonzepte im Rahmen von Regionalstudien.** Von K. Ritterbruch. 141 S. 1968. DM 33,80

5 **Der Arbeitsmarkt der bayerischen Industrie.** Von W. Steden. 212 S. mit 17 Tab. 1970. DM 59,80

6 **Regionale Krankenhausplanung.** Von S. Bopp. 115 S. 1970. DM 26,80

7 **Die Gewerbeparks (‚industrial estates') als Mittel der staatlichen regionalen Industrialisierungspolitik.** Von H. Niesing. 193 S. mit 30 Tab. 1970. DM 57,60

8 **Nebenbahnen in ländlichen Räumen.** Von M. Drude. 177 S. 1971. DM 48,80

9 **Ortsgröße und regionale Wirtschaftspolitik.** Von N. Kloten, K. Höpfner und W. Zehender. 153 S. 1972. DM 33,60

10 **Die Einkommensstruktur in verschiedenen deutschen Ländern 1874 - 1913** unter Berücksichtigung regionaler Verschiedenheiten. Von J. H. Müller und S. Geisenberger. 219 S. 1972. DM 48,—

11 **Integration von Bildungs- und Wirtschaftsplanung in Venezuela.** Von H. Zwiefelhofer. 246 S. 1972. DM 49,60

12 **Regionale Planungsgemeinschaften als Instrument der Raumordnungspolitik in Baden-Württemberg.** Von G. Petersen. 198 S. 1972. DM 39,60

13 **Die Rolle der Wirtschaftsverbände im agrarpolitischen Entscheidungsprozeß der Europäischen Wirtschaftsgemeinschaft.** Von G. Braun. 408 S. 1972. DM 69,60